Christliche Spiritualität
gemeinsam leben und feiern

Evangelische Landeskirche in Württemberg / Evangelische Landeskirche in Baden /
Diakonisches Werk der Evangelischen Kirche in Württemberg e. V. /
Diakonisches Werk der Evangelischen Landeskirche in Baden e. V. (Hrsg.)

Christliche Spiritualität gemeinsam leben und feiern

Praxisbuch zur inklusiven Arbeit in Diakonie und Gemeinde

Kreuz

Bibliografische Information der Deutschen Bibliothek
Die Deutsche Bibliothek verzeichnet diese Publikation in der
Deutschen Nationalbibliografie; detaillierte bibliografische Daten
sind im Internet unter http://dnb.ddb.de abrufbar.

Herausgeber:
Evangelische Landeskirche in Württemberg
Gänsheidestraße 2–4
70184 Stuttgart

Evangelische Landeskirche in Baden
Blumenstr. 1–7
76133 Karlsruhe

Diakonisches Werk der Evangelischen Kirche in Württemberg e. V.
Heilbronner Straße 180
70191 Stuttgart

Diakonisches Werk der Evangelischen Landeskirche in Baden e. V.
Vorholzstraße 3
76137 Karlsruhe

Konzept und Realisierung: Mirja Küenzlen
Redaktion: Hans Heppenheimer, Mirja Küenzlen, Max-Siegfried Leibing,
Claudia Mann, Jochen Stiefel, Otto Wurst
Beratung: Dr. Antje Fetzer, Karl Georg Wagner

© 2007 Verlag Kreuz GmbH
Postfach 80 06 69, 70506 Stuttgart

www.kreuzverlag.de

Umschlagbild: Manfred E. Neumann
Umschlaggestaltung: Bergmoser + Höller Agentur, Aachen
Layout und Satz: Arnold & Domnick, Leipzig
Printed in Germany
ISBN 978-3-7831-3016-4

Inhalt

Zugänge zu inklusiver Arbeit

Wir feiern – Gottesdienst und andere liturgische Feiern

GESTALTUNGSIDEEN UND ENTWÜRFE

Grußwort

Liebe Leserinnen und Leser,

ich glaube, dass alle Menschen, die schon gestorben sind, oben im Himmel auf Wolken sitzen, auf die Lebenden herabschauen und auf uns alle aufpassen. Auch meine Mutter Ella sitzt auf einer Wolke und freut sich, dass ich inzwischen so berühmt geworden bin. Ich hoffe, dass dieses Buch auch ganz berühmt wird und dass es hilft, Menschen miteinander auf Ideen zu bringen.

Ich finde es sehr wichtig, dass wir zusammen Dinge machen. Jeder kann was, der eine kann gut singen, ein anderer kann gut zuhören. Es ist wichtig, dass wir miteinander sprechen und uns zuhören. Ich gehe gern in die Kirche, und wenn es geht, zünde ich immer eine Kerze an, denke an meine Mutter und an andere Menschen, die mir wichtig sind.

Einmal habe ich riesige Kerzen gefunden, die waren hinter dem Altar. Ich habe sie nach vorne geholt, denn es ist gut, wenn man auch die ganz großen Kerzen anzündet. Mein Bruder wollte, dass ich die Kerzen wieder zurückbringe, aber dann hat ein Mann von der Kirche gesagt, dass ich sie ruhig da lassen kann. Das hat mir gut gefallen.

Ich wünsche allen, die das Buch lesen, ganz viel Freude.

BOBBY

Bobby Brederlow

Bobby Brederlow, Schauspieler und Träger des Bundesverdienstkreuzes, mit Bruder Gerd

Geleitwort der Herausgeber

Liebe Leserinnen und Leser,

„Mit meinem Gott kann ich über Mauern springen!"
(Ps 18,30), so betet der Psalmist voller Zuversicht.
„Mit meinem Gott kann ich über Mauern springen!" –
Das strahlen auch die drei jungen Menschen auf dem
Titelbild aus.

Dass dieses Buch entstanden ist, ist schon einen
Luftsprung wert:

Es ist ein Buch, das Menschen auf besondere Weise dabei unterstützt, ihren Glauben zu leben und zu
feiern: zu Hause in der Familie oder in der eigenen
Wohnung, sonntags in der Kirchengemeinde oder
wochentags in der Werkstatt.

Überall gibt es Anlässe dazu, sich der Begleitung
Gottes gewiss zu machen oder ihr mit Gesprächen
und Liedern, mit Gebet und Tanz nachzuspüren.

„Christliche Spiritualität gemeinsam leben und feiern" gibt insbesondere Unterstützung dabei, dass Menschen mit unterschiedlichen Begabungen gemeinsame
Erfahrungen machen und Trennendes überwinden.

Wenn Menschen mit und ohne Behinderung einander begegnen, spielt Unsicherheit oft eine Rolle:
„Wie spreche ich ihn an?" – „Müssen die so ärgerlich schauen, nur weil ich Geräusche mache?" – „Ich
kann sie so schlecht verstehen."

Wo Menschen ihren Glauben gemeinsam feiern,
sich auf Gott hin ausstrecken, fallen Unsicherheiten
ab. Der entscheidende erste Schritt ist getan, der
Anlauf zum Sprung genommen.

Die Beziehung mit Gott leben, das geschieht nicht
nur im sonntäglichen Gottesdienst. Sie ereignet sich
an vielen Orten unseres Alltags, in Tageszeitenritua-
len und Geschichten, im Spiel und bei der Arbeit, in
Gemeinschaft und beim Alleinsein. Umso wichtiger ist
es, dass die Initiative zur Feier und Pflege der christlichen Spiritualität nicht nur den Menschen mit theologischen Ämtern vorbehalten bleibt, so unverzichtbar
deren Dienst ist. „Christliche Spiritualität gemeinsam
leben und feiern" möchte auch andere Berufsgruppen
und Ehrenamtliche motivieren, sich gemeinsam mit
den anvertrauten Menschen auf Spurensuche zu machen, Neues auszuprobieren – und zu feiern.

Unter dem Leitgedanken „Leben im Ort" entwickelt sich derzeit eine gemeindenahe Behinderten-

hilfe mit vielfältigen Wohnformen für Menschen mit
Assistenzbedarf, die in das Lebensumfeld unmittelbar eingebunden sind. Hier liegt eine große Chance
für das Zusammenwachsen verschiedener Menschen:
Im selbstverständlichen Alltagskontakt werden Mauern der Unsicherheit geschleift.

Als Herausgeber bedanken wir uns sehr herzlich bei
allen, die zu diesem Buch beigetragen haben: Mitarbeitende und Bewohnerinnen aus den Einrichtungen
der diakonischen Behindertenhilfe, Hauptamtliche
von evangelischen Kirchengemeinden in Württemberg
sowie viele Expertinnen und Experten. Sie haben sich
auf Spurensuche begeben, haben geistliche Formen
ausprobiert und Vorlagen gesammelt, dringende Fragen verfolgt und ihre Erfahrungen aufgeschrieben.

Schließlich wäre das Projekt ohne großzügige finanzielle Förderung nicht realisierbar gewesen. Hier
gilt unser Dank der Paul Lechler Stiftung Ludwigsburg, der Calwer Verlag-Stiftung Stuttgart und der D.
Ludwig Schlaich Stiftung Waiblingen.

„Mit meinem Gott kann ich über Mauern springen." – Gut, das zu erleben!

Landesbischof Frank Otfried July
Ev. Landeskirche in Württemberg

Oberkirchenrat Helmut Beck
Vorstandsvorsitzender des Diakonischen Werks der
Evangelischen Landeskirche in Württemberg e. V.

Landesbischof Dr. Ulrich Fischer
Evangelische Landeskirche in Baden

Oberkirchenrat Johannes Stockmeier
Hauptgeschäftsführer des Diakonischen Werks der
Evangelischen Landeskirche in Baden e. V.

Zu diesem Buch

Liebe Leserin, lieber Leser,

hinter dem Buch, das Sie in der Hand halten, stehen viele Menschen, viele Diskussionen und viele, viele Erfahrungen.

Menschen ohne Behinderung haben sich zusammengetan, um ein Buch mit Material zu erarbeiten für Gottesdienste und andere liturgische Formen, die offen sind für Menschen mit und ohne Behinderung. Menschen mit geistiger Behinderung, ihre Freunde und Angehörigen haben mitdiskutiert und viele Denkanstöße und Beiträge zu diesem Buch gegeben. Es wurde zu einem Projekt, das Menschen miteinander verbindet – Arbeitsgruppen haben getagt, ein inklusiver Fachtag wurde durchgeführt. Menschen aus verschiedenen Einrichtungen der diakonischen Behindertenhilfe haben mitgearbeitet, Menschen aus Wohnheimen, ambulant betreutem Wohnen und Werkstätten. Auch Mitarbeitende, Pfarrerinnen und Pfarrer aus Kirchengemeinden waren dabei, so dass es zu vielen Brückenschlägen zwischen Einrichtungen der Diakonie und Kirchengemeinden kommen konnte.

Christliche Spiritualität gemeinsam leben und feiern – worum geht es da?

Spiritualität ist eine Haltung, die sich durch das gesamte Leben zieht – es ist eine Haltung, die getragen ist von der Einsicht, dass es mehr als nur das Materielle geben muss. Das gilt für jeden und jede einzelne von uns und das gilt für die ganze Welt. Christliche Spiritualität weiß sich dem Gott Jesu Christi verpflichtet, der die Liebe ist und der mit uns geht ein Leben lang, auch bis zum Äußersten. Der uns befreit von Angst und Leistungsdruck und der zu jedem von uns sagt: Du bist mein geliebtes Kind, ganz egal was du kannst oder leistest – ich liebe dich so, wie du bist! Die Beziehung zu dieser Dimension der Liebe und der Vergebung gilt es zu gestalten, als Einzelne und auch gemeinsam. Denn wenn wir diese Grunddimension des Lebens außer Acht lassen, dann verliert unsere Gemeinschaft ihren wahren Grund.

So erfahren wir zusammen mit anderen Gemeinschaft mit Gott, und werden gestärkt, die Welt neu zu gestalten. Zum Leib Christi gehören alle Glieder – darum gilt es Formen zu finden, in denen alle Glieder beteiligt sind. Menschen mit ihren unterschiedlichen Gaben. Denn vor Gott ist niemand behindert.

Das gemeinsame Leben und das gemeinsame Feiern gehörten zusammen. Daher geht dieses Buch den Weg durch die Praxis: Das Leben in der Gemeinde wird im Kapitel mit gelungenen Praxisbeispielen und das gemeinsame Leben im Wohnheim wird im Kapitel Alltagsspiritualität behandelt. Der Umgang mit Trauer hat ebenfalls ein eigenes Kapitel bekommen, weil er die Fragen nach Gott in unserem Leben in besonderer Weise aufwirft. Die Gestaltung von Gottesdiensten und Andachten ist Thema des darauf folgenden Kapitels und zum Abschluss finden Sie eine Materialsammlung für Gottesdienste und andere Feiern.

„Inklusion" und die Vision der „Vielfaltsgemeinschaft"

Das Buch ist dem Ziel der Inklusion verpflichtet. Inklusion ist allerdings zum Teil ein unpräzises Modewort. Wir verstehen darunter die aktive äußere und innere Beteiligung von unterschiedlichen Menschen am gemeinsamen Leben, wobei jeder seine Eigenart bewahren und einbringen kann. Die Vielfalt der unterschiedlichen Gaben ist in diesem Verständnis der Reichtum des Ganzen. Für Menschen unterschiedlicher Herkunft, unterschiedlicher Bildung oder unterschiedlichen Alters und Geschlechts ist dadurch eine Grundlage gegeben. Die Erfahrung hat gezeigt, dass die Mitwirkung von Menschen mit geistiger Behinderung Inklusion ermöglicht. Durch das Miteinander von Menschen unterschiedlicher intellektueller Begabung kommt eine menschlichere Grundhaltung ins Spiel.

Einfache Sprache, ganzheitliche Kommunikation und die Abkehr von Leistungsprinzip und Perfektionszwang ist wohltuend für alle Menschen und führt zurück auf elementare Zuwendung und Wahrheit.

Die Vision der „Vielfaltsgemeinschaft", die ein lebendiges und wertschätzendes Miteinander der vielen Verschiedenen meint, setzt Maßstäbe, auch für die Beiträge in diesem Buch. Dabei müssen wir in der Praxis realistisch sein und barmherzig mit den Menschen, ihren Geschichten und Möglichkeiten. Daher wird in den Beiträgen des Buches „Inklusion" nicht als Ideologie durchbuchstabiert, sondern es werden mögliche Schritte auf dem Weg zur Inklusion aufgezeigt. Es werden keine fertigen Rezepte geliefert, denn die Menschen und die Situation vor Ort sind zu unterschiedlich. Vor allem aber gilt: „Mit meinem Gott kann ich über Mauern springen!"

Daher will das Buch

- Lust wecken – und bringt daher Erfahrungsberichte und Aussagen von Betroffenen;
- Grund legen – es reflektiert die Ansätze der Praxis aus theologischer und heilpädagogischer Sicht;
- Mut machen – es berichtet von gelungenen Praxisbeispielen, damit die Zweifler und Zauderer in uns und um uns nicht das letzte Wort haben;

- konkrete Impulse weitergeben – und bietet konkrete Materialien zur Gestaltung von gemeinsamer Spiritualität.

Damit will es zu eigenem Tun anstiften! Viel Freude dabei!

Stuttgart, im August 2007   Mirja Küenzlen

Zu den Bildern in diesem Buch

Künstlerinnen und Künstlern mit „geistiger Behinderung" haben Bilder zu diesem Buch beigesteuert. Es sind Beiträge zu Themen des Glaubens und zur Gemeinschaft, die eine starke Sprache sprechen. Besonderer Dank gilt den Künstlerinnen und Künstlern und den Verantwortlichen in den Werkstätten:
- Atelier 5, Mariaberg
- Diakonie Kärnten, Werkstatt de la Tour
- Die Schlumper, Hamburg
- Künstlergruppe „Ausdruck", Kloster Ebernach, Cochem
- Kreative Werkstatt, Diakonie Stetten

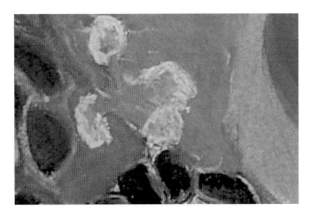

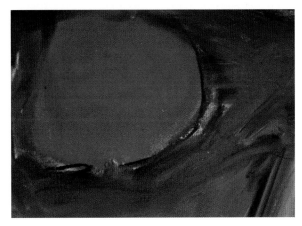

So leben wir, das suchen wir!

Menschen mit geistiger Behinderung stellen sich vor

Ihr aber seid der Leib Christi und jeder von euch ein Glied. *1. Kor 12,27*

Kennen Sie Menschen mit Behinderung?

Viele Nicht-Behinderte haben praktisch keinen Kontakt zu Menschen mit Behinderungen, es sei denn, sie sind selbst familiär betroffen. Unsere Gesellschaft hat für Menschen mit Behinderung Sonderwelten eingerichtet, mit Sondereinrichtungen für die Bildung, das Wohnen und das Arbeiten. So kommen Menschen mit Behinderungen in der „normalen" Welt kaum vor.

Hinzu kommt, dass in Deutschland zur Zeit der nationalsozialistischen Herrschaft Menschen mit Behinderung als „unwertes Leben" ausgesondert und getötet wurden. Eine ganze Generation behinderter Menschen war in Deutschland praktisch nicht vorhanden, weil sie durch die Terrorherrschaft der Nationalsozialisten umgebracht wurde.

Heute gelten Menschen mit einer Behinderung als „medizinisch vermeidbarer Störfall": 98 Prozent der Kinder, bei denen über eine Fruchtwasseruntersuchung ein Down-Syndrom erkannt wird, werden abgetrieben. Und dabei entsteht ein menschenverachtender Kreislauf – Menschen, die nicht der Norm entsprechen, werden am Leben gehindert, vom Leben fern gehalten. Gleichzeitig wird die Gesellschaft immer menschen- und lebensfeindlicher.

Jeder Mensch hat ein Recht auf Leben, auf Teilhabe und auf Selbstbestimmung. Und jeder Mensch hat ein Recht darauf, nicht völlig perfekt zu sein. Menschen „mit Behinderung" sind so unterschiedlich wie der Rest der Menschheit auch. In diesem Beitrag werden Sie einige Menschen „mit Behinderung" kennenlernen. Rechnen Sie damit, einige sehr nette Leute kennenzulernen! Und Sie werden feststellen: Die Sonderwelten lösen sich auf, Menschen mit Behinderung leben zunehmend mitten in der Gesellschaft und wollen ein gleichberechtigtes Glied sein – die kirchliche Gemeinde ist ein guter Ort, an dem wir dieses Miteinander beginnen und leben können.

Denn ihr seid allesamt einer in Christus Jesus. *Galater 3,28*

Sandra und Christof

Wir wohnen in der Silcherstraße und haben jeder ein eigenes Zimmer, nicht in der Wohngruppe, aber mit Kontakt zur Gruppe.

Wenn wir uns im nächsten Jahr verloben, möchten wir vielleicht zusammenziehen. Aber wir müssen uns das erst gut überlegen. Und dafür wollen wir uns Zeit lassen!

Sandra arbeitet in der Hauswirtschaft und ich als Springer oben in Stetten. Aber wir sehen uns jeden Tag.

Bei uns geht´s ja ziemlich früh los, aber wir nehmen uns immer Zeit, morgens noch mal kurz zu kuscheln, meistens kommt dann Sandra rüber zu mir.

Abends sind wir dann meistens noch bei der Gruppe. Wir unternehmen auch viel zusammen. Es ist uns wichtig, auch mal alleine loszuziehen, ohne die Gruppe. Am Freitag gehen wir manchmal zum Tanzen nach Bad Cannstatt. Und am Sonntag gehen wir in die Kirche.

Ich gehe dann auch immer zu den Taizé-Gottesdiensten, die ich zusammen mit dem Pfarrer organisiere. Manchmal kommen da über dreißig Leute. Mir tut das sehr gut mit den Taizé-Liedern und den Gebeten. Ich werde dann viel ruhiger. Ich merke das sogar im Zusammensein mit Sandra. Ich bin dann ihr gegenüber geduldiger. Manchmal regt es mich auf, wenn die Sandra nicht über ihre Probleme reden will, und ich sag immer: Das ist das einzige, was hilft, dass man darüber redet und nicht alles in sich hineinfrisst.

Für die Zukunft wünschen wir uns, dass wir zusammenbleiben und gut miteinander auskommen. Und dass wir dann auch eine Wohnung finden.

Sabine Hofmann: Ich weiß von der Liebe Gottes, und die endet nie

Sabine Hofmann ist eine junge Frau, die in einer Wohngruppe für schwer mehrfach behinderte Menschen wohnt. Sie hat stark autistische Züge. Mit 39 Jahren hat sie sich zum ersten Mal durch unterstützte Kommunikation geäußert:

„Sabine weint. Ich möchte mich öffnen. Ich will keinen Mitarbeitermangel. Ich bin ein Mensch."

Das waren die ersten Worte ihres Lebens. Als die Eltern benachrichtigt wurden, konnten sie es zunächst gar nicht glauben. „Sabine kann doch gar nicht schreiben!", war ihre ersten Reaktion. Aber Sabine kann schreiben und äußert dabei ihre eigenen Gedanken und auch Gefühle, wenn sie beim Schreiben unterstützt wird. Eine Mitarbeiterin der Diakonie steht neben ihr und berührt sie leicht am Handgelenk. Diese Methode heißt auf englisch „facilitated communication"; abgekürzt spricht man von fc.

Die Eltern waren sehr berührt und haben gemerkt, dass noch ganz andere Seiten in ihrer Tochter vorhanden sind, die ihnen vorher völlig verborgen geblieben waren, weil Sabine sich wegen ihres Autismus nicht öffnen konnte. Es war ein Wunder!

Das „Projekt fc" konnte in der Einrichtung weitergeführt werden. Dafür haben sich auch viele der Eltern von Betroffenen eingesetzt. Damit Sabine weiterhin schreiben kann und damit eine Mitarbeiterin dafür da ist.

„Wenn ein Mensch sich öffnen will, dann darf man dem doch nichts in den Weg stellen!", sagt Sabines

Mutter. Inzwischen gibt es immer mehr Menschen in der Einrichtung, die angefangen haben, über fc zu kommunizieren.

„Endlich konnte ich mich ausdrücken und sagen, dass ich ein Einzelzimmer will! – Stellen Sie sich mal vor, wie schlimm das ist, wenn man sich nie äußern kann", lautet die Botschaft von Max, der ebenfalls schon seit einiger Zeit mit Hilfe von fc schreibt.

„Viele Menschen glauben es bis heute nicht und behaupten, die Mitarbeiterin führt ihre Hand", berichtet die Mutter. „Aber wir haben es gesehen. Jetzt hat sie sogar einmal geschrieben, als ich hinter ihr stand. Sie schrieb: *Guten Morgen, Mama und Papa. Ich freue mich, dass ihr jetzt mal seht, wie ich schreibe.* Man merkt ja auch, dass sie Sachen schreibt, die die Mitarbeiterin gar nicht vorher wissen kann."

Sabine Hofmann macht sich viele Gedanken, auch über ihre Zukunft. Für ein Buchprojekt mit dem Titel „Autismus und Alter" schrieb sie Folgendes:

Meine Zukunft stelle ich mir sehr real vor mit der Fortsetzung der Gegenwart. Es soll möglichst viel konstant bleiben. Ich bin mir bewusst, dass sich manches ändern wird. Das wird schwierig werden, Verluste von Fähigkeiten zu verkraften, die mit dem Alter kommen. Schlimmer werden Verluste wichtiger Menschen sein. Vergeblich wird die Suche sein, Elternliebe ist nicht zu ersetzen. Aber ich weiß von der Liebe Gottes und die endet nie. Das stimmt auch zuversichtlich, wenn schwere Zeiten kommen.

Es ist im Moment stimmig, wo und wie ich wohne und betreut werde, deshalb habe ich keinen Veränderungsbedarf. Das Stimmigkeitsgefühl hilft mir bei der Entscheidung, wie ich künftig leben will. Sollte es verschwinden, dann ist Zeit für Veränderungen. Das lasse ich auf mich zukommen. Warum sollte ich große Pläne machen, wenn die Zukunft doch nicht zu kontrollieren ist?

Kleine Wünsche habe ich schon, z. B. Freunde finden, fc machen so viel wie möglich und möglichst selbstständig, mehr lebenspraktisches Können, Kultur genießen, reisen mit Gleichgesinnten. Kommt darauf an, Wünsche zu haben, die erfüllt werden können. Unerfüllbare Träume helfen nicht weiter und frustrieren nur. Ich bin Realistin und fahre gut damit. (Zöllner, Dietmar: Autismus und Alter, Berlin, 2006 – Abdruck mit freundlicher Genehmigung des Weidler Buchverlags, Berlin)

Gabi Landgrebe / Christina Scharfenberg / Heidrun Bächle: Beim Gottesdienst machen wir gerne mit – die brauchen uns da!

Wir sind 63, 42 und 38 Jahre alt und arbeiten in den Beschützenden Werkstätten Heilbronn. Seit rund sieben Jahren leben wir zusammen in einer Fünfzimmerwohnung und bestimmen das meiste selber.

Eigentlich sind wir vier – weil „Schneeweißchen", unsere Zwerghasendame, auch dazu gehört!

Wir kümmern uns um alles gemeinsam: Der Gemeinschaftsraum, Küche und Bad – das wird alles von uns in Schuss gehalten! Manchmal sieht´s nicht so recht gemütlich bei uns aus, aber wir kriegen das immer wieder schnell in Ordnung! Zurück ins Wohnheim will keine von uns – hier haben wir eher unsere Ruhe und können uns alles selbst einteilen, wie wir es machen wollen. Gabi arbeitet nur noch halbtags und kommt schon um 14 Uhr nach Hause.

Sommerfreude

Ich liebe das Leben
wenn Vögel anfangen
zu singen.

Ich liebe die Sonne. Ich
spüre die Wärme auf
mein Gesicht.

Ich liebe die Natur wenn
die Blummen Blühen
auf der Wiese
im
Zauberwald
dort wo der Tag am
längsten
ist.
Ich liebe es im See zu
Baden
im Sommerland
Ich liebe das Leben.

Christiane Grieb

Dann hat sie Zeit für ihre Hobbys: Computer und Tanzkurs, Lesen und Gedichte aufschreiben, Apfelküchle backen und, was ihr sehr wichtig ist, Bibeltexte lesen oder auswählen. Die tragen wir dann beim Gottesdienst der Beschützenden Werkstatt vor. Die brauchen uns da oft – und es macht uns Spaß, etwas mitzumachen. Wir haben auch schon mal ein bisschen Theater gespielt im Gottesdienst.

Zu Hause beten wir auch oft miteinander. Wir gehören zwar nicht alle zur gleichen Kirche, aber als Christen glauben wir doch an den gleichen Gott. Das ist wichtig, und wir sind ihm auch sehr dankbar für die schöne Natur. Die kennen wir nicht nur aus Büchern, sondern auch von Ausflügen und Reisen, die wir organisieren und unternehmen. Wenn es nötig ist, hilft uns dabei unser Betreuer, der zweimal die Woche zu uns kommt.

Für unsere Zukunft wünschen wir uns, dass wir zusammenbleiben können und dass wir noch viel miteinander machen können.

Der Fluss und ich

Ich fühle mich wie dieser Fluss.

Der Fluss dreht und
bewegt sich hin und her.
Ich auch.

Der Fluss geht von hier nach
dort.
Ich auch.

Der Fluss ist schön.
Ich auch.

Der Fluss ist glücklich.

Ich auch.

*Monique Hillebrand
(aus dem Niederländischen
von B. Weid-Goldschmidt)*

*Monique Hildebrand, 1982 – 1997
lebte in Dronten/Niederlande, war Schülerin in einer Schule für Körperbehinderte; bewegte sich trotz schwerster Behinderung – sie war bei allen Aktivitäten auf Hilfe angewiesen – selbstständig in einem Elektro-Rollstuhl; kommunizierte über ein Buch mit mehreren hundert BLISS-Symbolen, die sie über einen Augencode auswählte; nutzte auch eine elektronische Kommunikationshilfe mit synthetischer Sprachausgabe; liebte Musik und Natur*

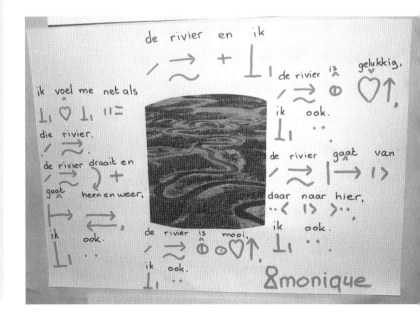

Susann Callenius: Sonne über Bäumen

Grundlagen inklusiver Arbeit

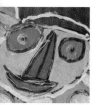

Grundlagen inklusiver Arbeit
Theologische Überlegungen und Annäherungen

Das steht am Anfang!

Lassen Sie sich mitnehmen auf den Weg zwischen Himmel und Erde! Die Annäherung an das Thema Spiritualität geschieht aus der Sicht von ganz unterschiedlichen Menschen. Die Spurensuche zeigt: Vor Gott ist niemand behindert!

Ein gutes Fundament will gelegt sein, damit das Haus der inklusiven Praxis einen guten Stand hat. Das Fundament wird gelegt durch gute Gründe, die abgewogen werden. Was gibt es für Gründe für Inklusion aus theologischer und aus heilpädagogischer Sicht?

Das Kapitel bietet eine Hinführung zum Thema Inklusion aus theologischer Sicht und eine Profilierung zu dem Thema „Was heißt Spiritualität aus evangelischer Sicht?"

Die seelsorgerliche Fragestellung erweitert das Kapitel um eine wichtige Auseinandersetzung: Warum bin ich „behindert"? Ein Artikel mit unterschiedlichen Stimmen versucht Wege des Umgangs aufzuzeigen.

Die Irrwege diakonischer Behindertenarbeit machen die besondere Verantwortung deutlich, mit der die Gestaltung von Spiritualität geschehen muss.

Und auch ihr als lebendige Steine erbaut euch zum geistlichen Haus. (1. Petr 5)

Inhalt

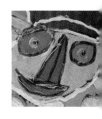

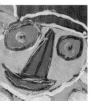

MIRJA KÜENZLEN

Da berühren sich Himmel und Erde!

Zugänge zur eigenen Spiritualität

Spurensuche 1:
**Beiträge von Menschen mit und ohne
geistige Behinderung**

Im Verlauf der Arbeiten an dem vorliegendem Buch
hat das Diakonische Werk Württemberg einen inklu-
siven Fachtag veranstaltet. Anhand verschiedener
Gegenstände (z. B. Glocke, Kerze, Liederbuch,
Kreuz ...) äußerten die Teilnehmerinnen und Teil-
nehmer einer Arbeitsgruppe spontan persönliche
Meinungen zur Spiritualität. Jochen Stiefel hat diese
Aussagen zusammengestellt:

- Spiritualität ist etwas, das mit mir zu tun hat, wo
  ich vorkomme.

- Etwas kommt in mir zum Klingen.
- Spiritualität ist etwas, das mich mit anderen ver-
  bindet.
- Spiritualität ist wie ein Weg. Auf diesem Weg brau-
  che ich Licht.
- Spiritualität bedarf einer „Haltung" (Bezugnahme
  auf Meditationshocker).
- Musik und Gesang sind wichtige Wesensäußerungen
  von Spiritualität, verbinden Menschen miteinander.
- Symbole sind wichtig für die Spiritualität.
- Spiritualität verbindet Himmel und Erde.
- Spiritualität und Gebet gehören zusammen, Ver-
  trautes wird immer wieder neu erlebt. Ich bin nicht
  allein, wenn ich bete.

- Spiritualität macht manchmal sprachlos, ist überraschend, Klassisches und Neues verbinden sich.
- Christliche Spiritualität bindet, bindet zurück, erdet sich an Gottes Wort.
- Spiritualität ist etwas Schmackhaftes, man muss „reinbeißen", um sie zu schmecken, Spiritualität ist wie ein „Lebensmittel".
- Spiritualität hat viele Ausprägungen, verschiedene Konfessionen. Manches ist mir fremd.
- Spiritualität ist wie eine Oase in der Wüste.
- Spiritualität braucht auch Zeit.
- Spiritualität verträgt den „Aktionismus" nicht, z. B. den voll durchorganisierten Gottesdienst.
- Spiritualität kennt keinen Leistungsgedanken.

Spurensuche 2:
Harald Schmid: „Mozart ist mein Freund."

Ich heiße Harald Schmid. Und wohne Karlshöhe, ich bin ein geistvoller Mensch. Spiritualität ist Geist. Mozart war auch ein geistvoller Mensch. Deswegen spiel ich Mozart in der Brenzband. Mozart hat die schönste Musik gemacht. Da lacht mein Geist.

Mozart ist mein Freund. Meine Freunde der Brenzband mögen auch Mozart.

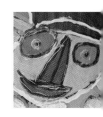

Wenn wir zusammen spielen ist es wie auf dem Bild von Leonardo da Vinci. Jesus und die Jünger sitzen beim Abendmahl. Wir leben viel später. Der Geist von Jesus lebt in mir. Mozart lebt auch in mir. Die Körper sind tot. Aber ihr Geist lebt noch. In der Kirche lese ich manchmal die Bibeltexte. Dann bin ich ein bißchen wie Jesus. Auf der Bühne spiel ich Mozart. Dann bin ich ein bißchen Mozart. Am liebsten würde ich heißen Harald Jesus Amadeus Jenny Schmid.

Spurensuche 3
Julia: „Danke, Liebergott!"

„Meike Überraschung!", sagt Julia – wie der Wind ist sie angelaufen gekommen und mit einem Wupps auf Meikes Arm gesprungen. So schnell konnte ich gar nicht gucken, schon saß sie da und umarmt Meike innig. „Gottesdienstfrau!" Sagt sie und zeigt auf mich. Sie weiß, dass ich gern mit ihr über Gottesdienst und so etwas sprechen möchte. Julia, eine Frau mit Down-Syndrom, ist 34 Jahre alt. Sie lebt in einer Pflegefamilie und geht zur Arbeit in die Handweberei in einer diakonischen Einrichtung.

Als Julia das Kassettengerät sieht, nimmt sie sofort das Mikrophon in die Hand und beginnt zu

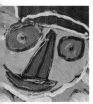

singen: Großer Gott, wir loben dich! Mit großer In-
brunst singt sie, mit Ergriffenheit, sie muss ein bisschen weinen, aber sie singt weiter, und sie kennt
viele Strophen.

Als ich dann versuche, mit ihr über Gott zu reden, verstehen wir uns nicht. Erst später begreife
ich: den abstrakten Begriff „Gott" gibt es nicht für
Julia. Wenn sie von ihm redet, sagt sie „Liebergott"
– das ist für sie keine Beschreibung, sondern es ist
der Name Gottes.

Als ich sie frage, ob sie auch manchmal wütend
auf Gott sei, sieht sie mich erstaunt und verständ-
nislos an und antwortet aus vollster Überzeugung:
„Nein!"

Ihr Glaube ist unverbrüchlich. Es gibt einiges, was
ihr im Leben Schwierigkeiten macht, aber „Liebergott" ist da. Daran gibt es keinen Zweifel. Für Julia
ist klar. „Liebergott" ist da, er wohnt im Himmel,
und die Menschen, die schon gestorben sind, sind
bei ihm im Himmel. „So wie die Vögel." Julia nimmt
sich auch ihr Recht auf Trauer, niemand kann sie davon abhalten zu weinen, wenn sie traurig ist, und
ein Gebet zu sprechen, wenn ihr danach ist. Sie bestimmt selbst die Zeit, die sie zum Trauern braucht.
Die Trauer um ihre Mutter und um ihren geliebten
Vogel.

Ähnlich wichtig wie die Trauer sind für Julia andere
spontane, fröhliche Gefühlsäußerungen: Sie singt im

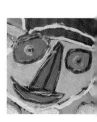

Wirtshaus ein Geburtstagslied, für die Frau, die mit am Tisch sitzt und die an diesem Tag Geburtstag hat. Das berichtet mir Julias Betreuerin.

Mein Gespräch mit Julia kommt nicht so recht in Fluss, immer wieder erzählt Julia mir vom bevorstehenden Abendessen mit Butterbrezel und von dem Rittersaal auf der Freizeit. Immer wieder aber greift sie zum Mikrophon und singt. Ich merke, die Sprache, das Gespräch, ist kein Mittel für Julia, um ihren Glauben zu begreifen. Später höre ich unser Gespräch auf dem Tonband an und denke: Es sind die Lieder, mit denen Julia ihren Glauben ausdrückt. Mit ihnen kann sie Stimmung und Haltung ausdrücken, mit den Liedern kann sie sich einer Sprache bedienen, die sie nur dort benutzt, nur dort benutzen kann. Ihr Wortschatz im Alltag besteht aus fünfzig bis hundert Wörtern, mit denen sie sich sehr beredt ausdrücken kann. „Der Mond ist aufgegangen ..." Julia singt, und sie kann wirklich fast alle Strophen. Ich bin sehr berührt, als ich Strophen höre, die ich nicht kannte. „So sind wohl manche Sachen, die wir getrost belachen, weil unsere Augen sie nicht sehn!"

Julia denkt nicht über ihren Glauben nach – Julia lebt ihren Glauben. Sie lebt ihren Glauben, indem sie singt und betet. Julia betet viel, und immer, so erzählt mir ihre Pflegemutter, immer sagt sie „Danke". Sie findet immer etwas, wofür sie aus tiefstem Herzen „Liebergott" dankt. Ihre Pflegefamilie und viele andere Menschen, die Julia erleben, sind davon sehr beeindruckt. Julia betet oft am Tag. „Danke für die Butterbrezel und danke, dass du so lieb bist!"

In Gottes Haus sind viele Wohnungen

Wie herrlich, Gott, sind deine Wohnungen, so betet der Psalmist. Ob es die Vorhöfe des Herrn sind oder das Nest der Schwalbe – es gibt viele verschiedene Wohnungen in Gottes Haus, viele Orte der Spiritualität.

Wenn wir uns Gedanken machen zum Thema Gottesdienst und Spiritualität mit Menschen mit Behinderung, dann ist es wichtig, dass wir uns unseren *eigenen Standpunkt* und *den eigenen Zugang* zu diesem Thema bewusst machen. Denn wenn ich Gottesdienste, Andachten oder einfach Rituale gestalte, wird immer *meine eigene Haltung* in jeder Gestaltung, deutlich und spürbar.

Es gibt eine *Grundhaltung,* die ich zu dem Thema Spiritualität habe, die sich speist aus meiner Ge-

schichte mit diesem Thema, meiner Herkunft, den Traditionen, mit denen ich aufgewachsen oder eben auch nicht aufgewachsen bin. Und es gibt eine mehr *situative Haltung*, die sich aus der momentanen Gestimmtheit heraus ergibt: Eigentlich finde ich die Morgenandacht wichtig, aber heute morgen bin ich einfach ziemlich müde und dumpf und würde lieber erst noch einen Kaffee trinken ...

Was macht Spiritualität aus, für mich? Was bedeutet Spiritualität für Sie? – Nehmen Sie sich doch einmal Zeit, um über Ihren eigenen, ganz persönlichen Zugang nachzudenken!

Kompass der Spiritualiät

Spiritualität spannt sich aus zwischen verschiedenen Polen, wie sie in diesem Kompass eingetragen sind. Es gibt natürlich noch viele andere Pole (z. B. die Pole Rationalität und Sinnlichkeit, Aktion und Kontemplation). Sie können den Spiritualitäts-Kompass noch weiter entwickeln – vielleicht ergibt sich eine Gelegenheit, ihn in Arbeitsgruppen einzusetzen und sich darüber auszutauschen: Wo befinden sich die Menschen, mit denen ich zu tun habe? Was brauchen sie für eine Form der Spiritualität? Welche Form bieten wir meistens an? Wenn wir Spiritualität gestalten, können wir uns zu vielen verschiedenen Orten auf diesem Kompass hin bewegen, alle sind gut. Aber sie sind gut zu ihrer Zeit und in einer gewissen Ausgewogenheit. Oft reicht es schon aus, sich zu vergewissern – über das, was man tut.

MARTIN SPERL

Christliche Spiritualität gestalten mit Menschen mit geistiger Behinderung

Theologische Hinführung zu Inklusion

> *Die Gemeinde baut*
> *sich aus der lebendig*
> *gegenseitigen Beziehung*
> *auf, aber der Baumeister*
> *ist die lebendige*
> *wirkende Mitte.*
>
> *Martin Buber*

Rita ist eine junge lebensfrohe Frau Ende Zwanzig und arbeitet in der Werkstatt für Menschen mit Behinderung an einer Stanzmaschine. Sonntags kommt sie stets gemeinsam mit Robert, einem eher ängstlichen Mittvierziger mit Down-Syndrom, zum Gottesdienst. Beim Austeilen des Abendmahls schüttelt Robert abwehrend den Kopf, sodass ich ihm nur hilflos-freundlich zunicke und mich dann dem Nächsten in der Reihe zuwende. Da fasst mich Rita am Arm, nimmt ein Stück Brot aus dem Körbchen und sagt: „Robert, das ist für dich", bricht das kleine Brot auseinander und reicht es ihm in drei kleinen Portionen, wobei sie liebevoll sagt: „... und das ist jetzt noch für die Martina, die ist heute krank, und das für den Dieter, der ist heimgefahren." In großer Selbstverständlichkeit nimmt Robert das Brot und später auch den Traubensaft von Rita entgegen, und seine Gesichtszüge werden dabei merklich entspannt und zufrieden.

Klaus ist ein sehr aktiver 30-jähriger Mann, der auf Grund einer Spastik viel Raum zur Bewegung braucht.

Seine Konfirmation liegt schon viele Jahre zurück. Er kommt nur selten zum Gottesdienst, aber wenn wir uns irgendwo begegnen, ergreift er strahlend meine Hand und legt sie auf seinen Kopf. Dann deutet er auf seine Füße, schüttelt den Kopf und sagt: „Stein net stoßen!" (Ps 91,11 f. – sein Denkspruch).

Die Trauergemeinde zieht feierlich von der Schlosskapelle hinauf zum Friedhof. Ein ehemaliger Mitarbeiter wird unter großer Anteilnahme zu Grabe getragen. Ich laufe unmittelbar hinter den Sargträgern. Der kleine Tommy, der unsere Sonderschule besucht, läuft auf mich zu und deutet auf den Sarg: „Wer liegt da drin?" Ich erkläre ihm ruhig, dass Herr L. gestorben ist und wir ihn jetzt zum Friedhof begleiten. Tommy entgegnet darauf: „I ka net mit, aber sag'sch e'm an liaba Gruoß!" und springt fort ...

Situationen im Lebensalltag einer großen Einrichtung, die uns Beispiel geben von den „mancherlei Gaben" des Geistes (1. Kor 12,4), auf die wir im Umgang mit Menschen mit geistiger Behinderung immer wieder treffen können. Sie zeigen etwas von der unverstellten Zuwendung in der Begegnung, von dem ganz persönlichen Annehmen und Auf-sich-beziehen-Können einer Zusage, von dem in unmittelbare praktische Liebe umgesetzten Glauben. Hier kommen Eigenschaften und Fähigkeiten zum Ausdruck, die Jesus meint, wenn er Voraussetzungen für die Teilhabe am „Reich Gottes" beschreibt (Mk 10, 15), die freilich keiner von sich aus erbringen kann, sondern die nur als Geschenk empfangen und erfahren werden können (Mk 10, 26 f.).

Damit wird auch deutlich, was „Spiritualität" im Wesenskern bedeutet: Menschen werden bewegt, setzen sich in Bewegung, bewegen sich aufeinander zu und lassen sich miteinander in eine große gemeinsame Bewegung hinein nehmen ...

Christliche Spiritualität –
Feier der Liebe Gottes

Spiritualität ist derzeit „in" – eine große Suchbewegung, hinter der die Sehnsucht des Menschen nach der verlorenen Ganzheit steht. Dem Zwiespalt von wissenschaftlichem Fortschritt und erfülltem Leben scheint im Raum der Kirche der Zwiespalt von Theologie und Frömmigkeit zu entsprechen. Dabei scheint sich auch Frömmigkeit nicht als eine nur geistig-seelische Grundhaltung zu genügen, sondern sucht sich in körperlich-praktischem Vollzug auszudrücken und sich zu verwirklichen.

Christliche Spiritualität, die dem Evangelium gemäß sein will, kann sich nicht in individualistisch abgehobenen, esoterischen „Gipfelerlebnissen" erschöpfen. Ihr Ziel ist es, die Liebe Gottes in einer *Gemeinschaft* zu feiern und diese im *Alltag* miteinander zu gestalten.

Gemeinschaft ist nicht machbar, entsteht aber dort, wo wir versuchen, einander so vorbehaltlos und offen zu *begegnen*, wie Jesus den Menschen begegnet ist – theologisch gesprochen: „wo wir dem Wirken des Heiligen Geistes Raum geben".

Nicht jede gemeinsame Aktivität führt schon zur Begegnung. Solange es ein Gefälle von „Stärkeren" und „Schwächeren" gibt, kann Gemeinschaft nicht wachsen. Es ist notwendig, das Bekenntnis ernst zu nehmen, dass wir „vor Gott alle gleich sind". Gemeinschaft beginnt da, wo die Schwachen stark und die Starken schwach sein dürfen – biblisch gesprochen: „Wo die Schwachheit ist, offenbart sich die Kraft Gottes." (2. Kor 12, 9) Dies erfahren zu können ist *Gnade*.

Christliche Spiritualität mit Menschen mit geistiger Behinderung so zu gestalten, dass sie sich und ihre Gaben dabei einbringen können, ist nicht primär eine Frage von Methodik und Didaktik. Grundlegende Voraussetzung ist vielmehr Begegnung auf Augenhöhe. Dass Menschen mit geistiger Behinderung – wie oben beschrieben – in dieser Beziehung häufig „stark" sind und uns entgegenkommen können, macht das gemeinsame Gestalten von Spiritualität so schön.

Geistige Behinderung stellt weder eine besondere Befähigung zum Glauben noch eine besondere Einschränkung im Glaubensvollzug dar. Auch gibt es zu diesem Thema weder in der Bibel noch im Glaubensbekenntnis eine spezifische Aussage. Wir können jedoch aus der Betrachtung des in der Bibel bezeugten Gottes- und Menschenbildes ableiten, dass die Notwendigkeit einer von uns Menschen nachzuweisenden Begründung oder Qualifikation für die Teilhabe am „Reich Gottes" sich erübrigt. Vielmehr wird durchgehend deutlich, dass *Gottes Liebe vorbehaltlos allen Menschen gilt.*

Gottes Liebe zu bezeugen und zu feiern ist Kernaufgabe der christlichen Gemeinde.

Die Liebe Gottes

Von einem „christlichen Menschenbild" zu reden, das wir biblisch unterlegen und mit dogmatischer Verbindlichkeit postulieren könnten, ist theologisch unkorrekt. Die Bibel spricht davon, dass Gott den Menschen „zu seinem Bilde" erschaffen hat (Gen 1,26 f.). So kann ein christliches Menschenbild nur in Relation zu Gottes „Bild vom Menschen" gesehen werden: Menschen erfahren sich als die, die Gott sieht. Gott ist Liebe (1. Joh 4,8), darum sieht er die Menschen mit den Augen der Liebe an. Sie sind das, was Gott in ihnen sieht: Gottes Kinder (1. Joh 3,1).

Auch Jesus stellt keine „Lehre" über den Menschen auf. Wir können jedoch aus den zahlreichen Berichten darüber, wie Jesus Menschen in unterschiedlichen Lebenssituationen begegnet, wie er mit ihnen und von ihnen spricht, wie er sie berührt, ihnen hilft und sie so der Liebe Gottes versichert, Modelle erkennen für die christliche Gestaltung menschlicher Gemeinschaft:

- So zeigt Jesus immer wieder eine geradezu provozierende Hinwendung zu Kindern, denen er die uneingeschränkte Zugehörigkeit zum Reich Gottes zuspricht und ihre unvoreingenommene, vertrauensvolle Offenheit als Vorbild für die angemessene Haltung des Glaubens und der Frömmigkeit hinstellt (Mt 18,1 ff.). Kindersegnung und Kindertaufe sind daher zeichenhafte Handlungen, mit denen wir die Liebe Gottes gerade den nach dem Gesetz „Unmündigen" sichtbar und handgreiflich mitteilen können.
- In vielerlei Gleichnissen, die er seinen Predigten zu Grunde legt, und in verschiedenen konkreten Situationen bringt Jesus die leidenschaftliche Suche und Heimholung der „Verlorenen" zum Ausdruck, denen die Chance eines Neubeginns

Doris Maier: Die Berufung des Matthäus

geboten wird (Lk 15,11 ff.). Letztendlich werden damit die „Starken" gefragt, ob sie des Arztes bzw. des „Heilands" überhaupt bedürfen (Mt 9,12). Zugleich wird hier der Verkündigung des Evangeliums an die Menschen „am Rande" klare Priorität zugesprochen.

- Von Grund auf stellt Jesus traditionelle Denkschemata, z. B. Krankheit, Leid und Behinderung mit einem Schuld-Strafe-Mechanismus zu begründen, in Frage (Joh 9, 1 ff.; Lk 13, 2 ff. u.a.). Indem Jesus deutlich macht, dass durch alle Schicksalsschläge hindurch Gott ein gutes Ziel mit dem Menschen vor Augen hat, stellt er sich einem Weltbild entgegen, in dem wir alle Lebensfragen moralisierend nach den Prinzipien von Ursache und Wirkung erklären und beurteilen wollen. Insgesamt zielt Jesu Reden und Wirken (Heilungen, Sündenvergebung) stets darauf hin, dem Menschen die ihnen mit der Schöpfung verliehene, aber durch unterschiedliche Ursachen bedrohte und aberkannte Würde der Gottebenbildlichkeit (Gen 1,27; 1. Joh 3,2) zurückzugeben.

- Indem Jesus immer wieder gesellschaftliche Schranken und Tabus durchbricht und Solidarität mit Ausgegrenzten übt, wird die von ihm selbst praktizierte *Tischgemeinschaft zum Urbild und Ziel des Glaubens und gelebter Inklusion* schlechthin (Lk 14,15 ff. sowie Mk 2,15 ff.). Das „Reich Gottes" darf als ein großes Festmahl verstanden werden, das in der „Hütte Gottes bei den Menschen" gefeiert wird, wo kein Schmerz, kein Leid, keine Tränen mehr sein sollen (Offb 21,3 ff). Demzufolge heißt das: Die Gemeinschaft Gottes mit den Menschen kennt keine Grenzen.

- Jesu Kreuzestod auf Golgatha macht ihn selbst zum total Ausgegrenzten, der menschliches Leid in aller Tiefe bis zum Tode durchleidet und mitleiden kann (Hebr 4,15). In dieser absoluten Solidarität kommt Gottes Liebe zur Vollendung.

Die inklusive Gemeinde – Herausforderung und Chance

Wie wir aus den Schriften des Neuen Testaments ersehen können, unterlag die christliche Gemeinde von Anfang an immer wieder der Gefahr, die Radikalität des Evangeliums aus den Augen zu verlieren und selbst in den eigenen Reihen Menschen auszugrenzen. Durch die ganze Kirchengeschichte wird deutlich, wie die Gemeinde Jesu Christi sich immer wieder in machtpolitische oder gesellschaftliche Ideologien verstrickt und versagt hat, wenn konsequente Solidarität mit den „Schwachen" und Ausgegrenzten gefordert war.

Der inklusive Denkansatz, der sich seit Anfang der 90er Jahre in der Pädagogik entwickelt hat, erweitert und vertieft das bisherige Verständnis von Integration konsequent. Inklusion (= „Einbeschlossenheit", Einbeziehung, Dazugehörigkeit) geht davon aus, dass jede Person ein wichtiges Glied der Gemeinschaft ist und gerade die Anerkennung der Vielfalt individueller Lernmöglichkeiten eine wesentliche Basis für die emotionale und die soziale Ebene gemeinsamen Lebens und Lernens darstellt.

Wenn demgemäß auch Theologie und Kirche dem Inklusionsgedanken im Selbstverständnis der christlichen Gemeinde heute hohe Priorität einräumen, dürfte damit nichts anderes als die Einlösung dessen gefordert werden, was von jeher Kernaussage des Evangeliums ist, dass nämlich „Gott die Person nicht ansieht" (Apg 10,34) und niemand von der Gemeinschaft mit Jesus Christus ausgeschlossen ist (Joh 6,37).

Der Apostel Paulus beschreibt in seinem Brief an die Gemeinde in Korinth mit der Parabel vom Leib und den Gliedern (1. Kor 12) eindrücklich den Reichtum, der in der lebendigen Vielfalt der Gaben und in der Ganzheit eines Organismus begründet liegt, und lässt die damit verbundene Mahnung in das „hohe Lied der Liebe" (1. Kor 13) münden. Ein inklusives Bild von Gemeinde eröffnet daher die große Chance zu gemeinsam gestalteter und gelebter christlicher Spiritualität.

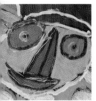

MIRJA KÜENZLEN

Es ist, was es ist

Theologisch-seelsorgerliche Auseinandersetzung mit „Behinderung"

> ## Leben
>
> *Es war, wie es war.*
>
> *Gut und schlecht.*
>
> *Es ist, wie es ist.*
>
> *Ich kämpfe.*
>
> *Es kommt, wie es kommt.*
>
> *Ich habe Hoffnung.*
>
> Rolf Gutsche

Große Fragen aus unterschiedlicher Richtung

Gott sieht zuerst den Menschen und nicht seine Behinderung. Soviel steht fest.

Und doch kommen Fragen auf: Warum gibt es für Menschen diese Behinderungen? Was sagt Gott dazu? Was hat er sich dabei gedacht? Es sind große Fragen – Fragen, die uns dazu bringen können, über unsere Grundeinstellung zu Gott und zum Leben nachzudenken. Es sind Fragen, auf die es keine einfachen Antworten gibt und die sich im Laufe eines Lebens immer wieder und auch immer wieder neu stellen.

Es sind wichtige Fragen. Aber es ist wichtig, zu berücksichtigen, wessen Fragen es sind: Sind es die Fragen des Menschen, der diese Leiden oder Einschränkungen hat, oder sind es die des Betrachters und der Betrachterin?

In einer Arbeitsgruppe, in der wir uns mit dem Thema „Behinderung – wie kann man das angemessen beschreiben?" – auseinandersetzten, sagte irgendwann eine Frau: „Ja, aber es darf doch nicht verschwiegen werden, dass Behinderung auch mit Leid zu tun hat." – Und sie gab dann im Verlauf der Diskussion auch den entscheidenden Hinweis: „Das Leid muss immer von den Betroffenen formuliert werden und nicht von mir, die ich immer meine Sicht und auch meine Ängste projiziere!"

Es ist wichtig, das auseinander zu halten: Finde *ich* vielleicht die Vorstellung schlimm, nicht laufen oder nicht allein essen zu können, oder ist es für den *betroffenen Menschen* schlimm?

Das Schlimmste ist die soziale Behinderung, die Aussonderung

Ich erlebe in meiner Arbeit Menschen im Umgang mit ihrer Behinderung sehr unterschiedlich. Einigen ist sie eine Beschwernis, und die Einschränkungen, die mit der Behinderung verbunden sind, sind oft nicht leicht zu ertragen. Vielen Menschen aber, denen ich begegne, ist ihre Behinderung eine Selbstverständlichkeit. Sie kennen es nicht anders und haben sich darin eingerichtet, zum Beispiel nicht laufen oder nicht allein essen zu können. Das, was sie belastet und bekümmert, sind vielmehr genau die Probleme und Schwierigkeiten, mit denen alle Menschen zu tun haben – die Frage: „Wie finde ich einen Platz, wo ich leben möchte, wo ich mich wohl fühle? Wie komme ich mit meinen Freunden oder mit meinen Eltern gut aus? Wie komme ich über meinen Liebeskummer hinweg?", und vieles mehr. Womit viele Menschen im Hinblick auf ihre Behinderung meiner Wahrnehmung nach Schwierigkeiten haben, ist meist die *soziale Behinderung*, die Isolation, die Abhängigkeit und die Unmündigkeit, die ihnen von der umgebenden Welt auferlegt wird.

„Das Schlimmste ist die Ausgrenzung!" – „Wenn ich merke, dass ich nicht mitmachen kann oder

darf ...!" – „Ich wünsche mir ganz normale Freunde, mit denen ich quatschen kann!" – „Dass ich immer so angestarrt werde ...!" – Dass ich nicht allein entscheiden darf, wie und mit wem ich wohnen will!"

Gegen diese Art von sozialer Behinderung können wir eine Menge tun. Diese soziale Behinderung ist nicht gottgewollt und nicht von Gott gemacht, sondern von uns Menschen, von unserer Art der Gemeinschaft oder auch der Nicht-Gemeinschaft!

Die Frage nach dem Warum

Natürlich stellt sich für viele Menschen mit Behinderung und für deren Familien die grundsätzliche Frage: „Warum?" – „Warum bin ich behindert?" – „Warum ist mein Kind behindert?" Darauf gibt es keine einfache pauschale Antwort, genauso wenig wie auf viele andere Schicksalsfragen: „Warum musste meine Mutter so früh sterben?" – „Warum hat mich mein Mann/meine Frau verlassen – war das der Wille Gottes?"

Oft erschließt sich der Sinn eines besonderen Schicksals erst im Verlauf des Lebens. Es gibt viele Zeugnisse von Menschen, die ihr Leben mit den Einschränkungen angenommen haben und als Geschenk ansehen. Grundsätzlich gilt: Gottes Segen und Beistand lässt sich in allen Lebenslagen erfahren, aber das ist in der konkreten Situation keine hilfreiche Antwort. Die überzeugendste Antwort ist es, den Menschen mit seinen Einschränkungen, aber auch mit seinen Gaben anzunehmen und ihn spüren zu lassen: Du bist da und du bist geliebt, so wie du bist. Du bist wichtig, du kannst uns viel geben.

(Vgl. zu diesen Fragen auch: Ebach, Jürgen: Biblische Erinnerungen im Fragenkreis von Krankheit, Behinderung ..., in Pithan, A.: Integrative Religionspädagogik, Gütersloh 2002, S. 98–112)

Biblische Notizen

Biblische Geschichten sprechen eine vielfältige Sprache. Einige Notizen können helfen, unseren Blickwinkel zu erweitern.

Es gibt Heilungsgeschichten, in denen Jesus Menschen von ihrer Behinderung heilt. Der Gelähmte kann wieder gehen, der Blinde wieder sehen. Heißt das, dass Jesus ein Leben mit Behinderung als nicht lebenswert ansieht und deswegen Menschen von ihrer Behinderung heilt? Aber Jesus schafft nicht die

Behinderung als solche aus der Welt, sondern lässt sich von der Verzweiflung der Menschen anrühren.

Rainer Schmidt, ein Theologe mit körperlichen Einschränkungen, formuliert es so: „Gott will, dass wir Menschen mit Grenzen leben, aber er will nicht, dass ein Mensch an seinen Grenzen zugrunde geht."

Jesu Zuwendung gilt den Menschen, und die Heilung hat oft zum zentralen Punkt, dass Jesus zunächst den Menschen und nicht die Behinderung ansieht. Seine Frage an den Gelähmten: „Was willst du, das ich dir tun soll?" zeigt uns deutlich, dass er nicht ungefragt an dem Menschen ein spektakuläres Wunder vollbringt nach der Devise: „Ich weiß, was gut für dich ist." Aus dieser Haltung können wir „nichtbehinderten" Menschen viel lernen! – Es geht um die Begegnung auf Augenhöhe!

In vielen Heilungsgeschichten geht es bei genauerem Hinsehen darum, dass Jesus die Menschen mit Behinderung ins Leben und in die Gemeinschaft stellt, Ausgrenzung beendet und Beziehungen heilt. Heil kann auch sein, wo keine Heilung ist (vgl. Schmidt, Rainer: Lieber arm ab als arm dran, S. 123).

Ich weiß es nicht! Aber ich weiß, dass ich dich lieb habe.

Es war beim Bastelnachmittag in der Tagesstätte, und es kam völlig unvermittelt. Da fragte Bärbel auf einmal die Leiterin des Hauses: „Warum bin ich eigentlich behindert?"

Die Leiterin war zunächst überrumpelt, so überraschend kam diese Frage. Dann antwortete sie: „Ja, weißt du, irgendwie sind wir alle ein bisschen behindert. Schau mich an, ich brauche zum Beispiel eine Brille."

Bärbels Mutter war auch dabei. Sie spürte, dass die Antwort der Leiterin ihre Tochter nicht befriedigte. Die Antwort verschob die Frage ja nur, man könnte ja gleich weiterfragen: Ja, und warum brauchst du eine Brille? Warum muss das so sein?

Die Mutter nahm Bärbel in den Arm und sagte: „Ich weiß nicht, warum du behindert bist. Aber das Wichtigste weiß ich: Du bist unser Schatz und wir haben dich lieb, ganz egal, ob du behindert bist oder nicht."

Bärbel sagte nichts dazu, ob ihr die Antwort ausreichte – aber sie hat nie wieder gefragt.

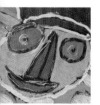

Jesus hat eine große Nähe zu den Menschen – keine Scheu vor körperlicher Nähe und direktem Kontakt. Er bestreicht Augen und Ohren mit Speichel. Er verneint unmissverständlich einen Zusammenhang von Behinderung und Schuld. Weder die eigenen Sünden noch die der Eltern gelten ihm als ursächlicher Grund einer Behinderung.

Fragen und Antworten

Warum bin ich behindert? Warum ist mein Kind behindert? Letztlich kann sich diese Frage nur im persönlichen Leben verwandeln:

- „Ich habe mit Sara so viel über das Leben gelernt. Auf eine ganz neue Art und Weise, Dankbarkeit und Tiefe, für die ich sehr dankbar bin!"
- „Durch den Christian haben wir Leute kennengelernt, die wir sonst nie kennengelernt hätten! Er ist so offen und spontan! Das ist einfach schön, mit ihm zu leben!"
- „Natürlich ist René nicht so wie andere Kinder, aber für uns ist er das größte Geschenk!"

Petra R.: „Ein Kind der Gnade"

Die nachfolgende Aufzeichnung gibt ein Gespräch wieder, das Mirja Küenzlen mit Petra R. über ihr Leben und den Glauben geführt hat.

„Der Vater der Barmherzigkeit mit seiner großen Liebe, mit der er uns geliebt hat, hat uns lebendig gemacht und zu Kindern seiner Gnade." Das steht auf einer Karte, die Petra vorn in ihre Bibel geklebt hat. Petra hat alle ihre Bibeln und das Gesangbuch bereit gelegt für unser Interview. Und die CD von Florian Silbereisen hat sie auch eingelegt: „Ich weiß, dass er da ist, auch wenn ich ihn nicht seh'", singt er da zusammen mit drei Nonnen.

Petra: „Den Spruch hab ich zu meiner Konfirmation bekommen. Schwester Ingrid hat ihn ausgesucht, da war ich noch im Oberlinhaus. An den Spruch musste ich immer wieder denken! Ich hab ihn nicht so leicht verstanden: Dass ich ein Kind der Gnade bin? Das kann ja wohl nicht stimmen! – Wo mich doch keiner haben will mit meinem Fehler und wo ich doch das alles nicht kann und so!"

Mirja: „Was meinst du denn mit dem ‚Fehler'?"

Petra: „Na, dass ich das mit dem Sprechen hab, dass ich nicht so gut sprechen kann und die Leute mich so schlecht verstehen. Deswegen hab ich auch immer geglaubt, das mit dem Mutterleib, das kann ja auch nicht stimmen, hab ich immer gedacht!"

Mirja: „Du meinst, dass Gott uns im Mutterleib gebildet hat?" (Psalm 139)

Petra: „Ja, genau – das kann doch nicht stimmen – wo ich doch den Fehler hab! Nie hab ich das glauben können, so'n Mädchen wie mich, das man nicht brauchen kann, zu nichts. Alle anderen waren auf der Schule, nur bei mir war das nichts. Aber später, im Hauskreis, haben es mir die anderen erklärt, dass ich auch ein Kind der Gnade bin."

Mirja: „Wie haben die das erklärt?"

Petra: „Halt so, und dass ich immer mitmachen konnte und sie auch zugehört haben. Und dann konnte ich das immer besser begreifen, dass ich ein Kind der Gnade bin. Und jetzt weiß ich, dass es nichts wirklich Schlimmes im Leben gibt, weil ich ein Kind der Gnade bin. Trotz des Fehlers!"

Petra weiß, was sie an ihrem Glauben hat. Sie besteht darauf, am Sonntag in den Gottesdienst zu gehen. Ihre Pflegefamilie achtet und unterstützt ihren Wunsch, und auch im Alltag leben sie den Glauben. Immer wieder hat Petra in ihrem sehr bewegten Leben Anschluss gefunden an Hauskreise und Gemeindegruppen. Trotz ihres „Fehlers". Gott sei Dank!

Melanie Ruf: Engel

PETER ZIMMERLING

Ich bin evangelisch und offen für andere

Profil diakonischer Spiritualität

Seit einigen Jahren lässt sich eine unvorhergesehene Rückkehr der Religion in den öffentlichen Raum beobachten. Damit verbunden ist ihre Bedeutungssteigerung in politischer, sozialer und kultureller Hinsicht. Einer der Gründe für die Wiederkehr der Religiosität besteht in der zunehmenden Anzahl von Angehörigen nicht-christlicher Religionen in Deutschland, unter denen Muslime die größte Gruppe darstellen. Dabei hat sich die religiöse Renaissance zunächst weithin an den christlichen Kirchen vorbei ereignet. Zu lange fühlte sich gerade der Protestantismus einer einseitig rationalistischen Wirklichkeitssicht verpflichtet. Die Konsequenz war eine bis in die Mitglieder der Kerngemeinden zu beobachtende „Selbstsäkularisierung" (Wolfgang Huber) der evangelischen Kirche. Im Gefolge der Wiederkehr der Religion haben die christlichen Kirchen ihr religiöses Monopol verloren. Der amerikanische Soziologe Peter L. Berger analysiert die Situation der evangelischen Kirche zu Recht als „Kirche auf dem Markt".

Angesichts der skizzierten gesellschaftlichen Entwicklung mit einem in Zukunft noch zunehmenden religiösen Pluralismus steht die Diakonie im Hinblick auf die von ihr vertretene und in ihren Einrichtungen gelebte Spiritualität heute vor einer mehrfachen Aufgabe: Zusammen mit der übrigen evangelischen Kirche geht es zunächst darum, dass sie sich darüber klar wird, worin das Profil evangelischer Spiritualität besteht. Außerdem hat sie sich neu der spirituellen Grundlagen ihres Auftrags zu vergewissern. Dazu scheint mir einerseits die spirituelle Profilierung der „Marke Diakonie" und andererseits die Entwicklung und Pflege der Spiritualität der Mitarbeitenden unverzichtbar.

Schließlich ist zu überlegen, wie evangelische Spiritualität in den unterschiedlichen Aufgabenfeldern und Einrichtungen der Diakonie einladend gelebt werden kann, ohne dass damit der Respekt gegenüber anderen konfessionellen und religiösen Überzeugungen verletzt wird. Es geht in der Diakonie also in Zukunft darum, zweigleisig zu fahren: einerseits sich der eigenen spirituellen Grundlagen zu vergewissern und andererseits mit anderen konfessionellen und religiösen Traditionen respektvoll umgehen zu lernen. Wer die eigene spirituelle Tradition hinreichend kennt, sich des eigenen Glaubens gewiss ist, wird eher willig und fähig sein, sich angstfrei auf das Kennenlernen anderer Traditionen einzulassen. Ich gehe deshalb im Folgenden davon aus, dass sich die Diakonie gerade auf dem Weg der Selbstvergewisserung ihrer eigenen spirituellen Traditionen in unserer Gesellschaft dauerhaft am wirksamsten für die Achtung anderer religiöser Traditionen einsetzen kann.

Zum Profil evangelischer Spiritualität

Dass gerade Menschen mit einer profilierten evangelischen Spiritualität in der Lage sind, mit anderen spirituellen Traditionen respektvoll umzugehen, hängt auch mit der Eigenart evangelischer Spiritualität zusammen (vgl. zum Folgenden: Peter Zimmerling, Evangelische Spiritualität. Wurzeln und Zugänge, Göttingen 2003). Sie zeichnet sich von Anfang an durch eine doppelte, gegenläufige Bewegung aus. Einmal verläuft diese Bewegung in Richtung auf Konzentration, zum andern in Richtung auf Grenzüberschreitung, wobei beide Bewegungen von Jesus Christus her begründet werden.

Schon das *solus Christus* („Christus allein") der reformatorischen Spiritualität zeigt, dass sie in einem im Vergleich mit der übrigen Kirchen- und Theologiegeschichte außergewöhnlichen Maße auf Jesus Christus ausgerichtet ist. Das wird besonders an Martin Luther deutlich: Zeit seines Lebens wird

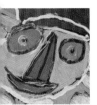

seine Spiritualität zunächst und vor allem von der persönlichen Gegenwart des auferstandenen Jesus von Nazareth geprägt. In ihm ist Gott dem Menschen unüberbietbar nahe gekommen. Darum ist das Grunddatum lutherischer Spiritualität die Inkarnation, die Geburt des Gottessohnes als Kind in der Krippe von Bethlehem, die an Weihnachten gefeiert wird. Martin Luther ist der erste neuzeitliche „Weihnachts-Christ". Evangelische Frömmigkeit ist zweitens Bibelfrömmigkeit. Luther gewann durch das Studium der Schrift sein neues Verständnis des Evangeliums. Daraus schloss er, dass jeder Mensch selbstständig aus der Bibel den Willen Gottes für sein Leben erfahren kann – wodurch der Glaube des Einzelnen unabhängig von kirchlichen Vermittlungsinstanzen wird. Formen der evangelischen Spiritualität sind eng mit der

Beschäftigung mit der Bibel verbunden. Dazu gehören die tägliche Bibellese durch die Losungstexte der Herrnhuter Brüdergemeine (Losungen und Lehrtexte der Brüdergemeine, hrsg. von der Evangelischen Brüder Unität, Herrnhut und Bad Boll, Lörrach/Basel), sowie Bibelkreise und Hauskreise, in denen Menschen miteinander die Bibel lesen und auslegen. Evangelische Spiritualität ist drittens von der Konzentration auf die Rechtfertigung *sola gratia* („allein aus Gnaden") geprägt. Luther entdeckte neu, dass Gottes Gerechtigkeit nicht als dessen – unerfüllbare – Forderung an den Menschen zu verstehen ist, sondern als Gottes aus freier Gnade gewährtes Geschenk. Viertens ist evangelische Spiritualität durch eine Konzentration auf den individuellen Glauben bestimmt. Das reformatorische Glaubensverständnis zeichnet sich durch einen vorher höchstens in der Mystik gekannten Gewissheits-, Intensitäts- und Subjektivitätsgrad aus. Inhaltlich ist Glaube als ein Sich-Halten an den gekreuzigten und auferstandenen Jesus Christus zu verstehen.

Die grenzüberschreitende Bewegung evangelischer Spiritualität zeigt sich an der Betonung von Familie, Beruf und Gesellschaft als deren Verwirklichungsfelder. Voraussetzung dafür ist die Erkenntnis, dass Christus selbst mir im Nächsten begegnet. „Wo kannst du ihn aber finden denn in deinem Bruder?" (Martin Luther). Glaube wird konkret, wenn Menschen einander zum Christus werden. Dadurch wird sowohl der Einsatz für das Wohl des Nächsten in der Familie als auch in der Gesellschaft zum Dienst für Christus, zum Gottesdienst.

Evangelische Spiritualität ist demokratisch, eine Spiritualität für jedermann. Sie befreit die Spiritualität aus der Usurpation durch religiöse Eliten. Die Freiheitsgeschichte des modernen Europa ist ohne diesen Vorgang nicht denkbar. Dazu kommt die Alltagsverträglichkeit evangelischer Spiritualität, indem sie die Grenzen zwischen Sonntag und Alltag, und damit zwischen heilig und profan, relativiert. Hinter diese Erkenntnisse sollte die Diakonie nicht wieder zurückfallen.

Peter Davids: Kreuz

Selbstvergewisserung des spirituellen Auftrags der Diakonie

Seit einigen Jahren wird im Raum der Diakonie in unterschiedlichen Diskursen die Frage nach den spirituellen Wurzeln diakonischen Handelns gestellt.

Dabei besteht kein Zweifel daran, dass zur Diakonie wesensmäßig ihr christliches Profil gehört – und zwar nicht nur in historischem Sinne im Hinblick auf ihre Wurzeln, sondern auch bezogen auf das aktuelle diakonische Handeln. Ohne Liturgie keine Diakonie! Schon die Alte Kirche lässt erkennen, dass die Diakonie ihren Ursprung im christlichen Gottesdienst besitzt. Die Diakonie bedarf der Spiritualität als kontinuierlicher Quelle der Kraft und der Inspiration. „Da die Diakonie Wesens- und Lebensäußerung der Kirche ist, kann sie ihren Dienst nur dann erfüllen, wenn das christliche Profil erhalten bleibt" (Klarheit und gute Nachbarschaft. Christen und Muslime in Deutschland. Eine Handreichung des Rates der EKD, EKD-Texte 86, Hannover 2006, S. 74).

Diese theologischen Erkenntnisse erfahren gegenwärtig von betriebswissenschaftlicher Seite her eine unvorhergesehene Unterstützung. Es ist eine Binsenweisheit, dass auf einem pluralen Markt nur die Anbieter auf Dauer überleben können, die sich durch ein klar erkennbares Profil von anderen unterscheiden. Seit einiger Zeit drängen immer mehr private Anbieter auf den heiß umkämpften Markt sozialer Dienstleister. Die „Marke Diakonie" genießt in weiten Teilen der Bevölkerung – auch bei Kirchendistanzierten, ja selbst bei vielen Menschen außerhalb der Kirche – hohes Vertrauen und große Wertschätzung. Dazu hat nicht zuletzt ihre spirituelle Prägung beigetragen. Es wird in Zukunft angesichts einer zunehmenden Pluralisierung des sozialen Dienstleistungsmarkts deshalb darum gehen, das evangelische Profil der Diakonie angesichts religiöser Pluralität nicht bis zur Unkenntlichkeit zu schwächen, sondern es umgekehrt zu schärfen – schon um des Selbsterhalts diakonischer Einrichtungen und Aufgabenfelder willen. Auf dem Weg dazu kommt der Förderung der Spiritualität der Mitarbeitenden entscheidende Bedeutung zu. Sie ist nötig, wenn die Diakonie nicht zu einem reinen Dienstleistungsunternehmen werden soll, das ausschließlich nach marktwirtschaftlichen Grundsätzen geführt wird. Sie ist auch deswegen nötig, damit die Diakonie ihren Wurzeln treu bleiben oder sich dieser neu vergewissern kann. Viele Mitarbeitende in den diakonischen Einrichtungen zeichnen sich durch kirchliches Engagement und eine profilierte Spiritualität aus. Andererseits arbeiten viele Menschen in der Diakonie, die – selbst wenn sie zu einer Kirche gehören – kaum Kenntnisse über den christlichen Glauben besitzen. Viele dieser Mitarbeite-

rinnen und Mitarbeiter sind schon aufgrund ihrer Tätigkeit im Rahmen der Diakonie motiviert, den christlichen Glauben näher kennenzulernen. Eine Möglichkeit zur Förderung ihrer Spiritualität besteht in regelmäßigen Angeboten von Seminartagen und Einführungskursen zu entsprechenden Themen. Der einladende Charakter solcher Veranstaltungen sollte selbstverständlich sein und Hand in Hand gehen mit einer diakonisch geprägten Unternehmenskultur.

An dieser Stelle ist es dringend nötig, den alten protestantischen Vorbehalt gegenüber jeder Form von Glaubensvermittlung an Erwachsene zu überwinden. Vor allem die Glaubensübung wurde lange als mit evangelischer Spiritualität unvereinbar betrachtet. Diese sei gesetzlich und verdunkle die voraussetzungslose Annahme des Menschen durch Gott. Heute gewinnt jedoch das Lernen durch Erfahrung auf allen Gebieten des Lebens immer mehr an Bedeutung. Es ist darum unerlässlich, mit den genannten protestantischen Vorbehalten gegenüber der Vermittlung von Spiritualität zu brechen. Dietrich Bonhoeffer war einer der ersten wissenschaftlichen Theologen, die im 20. Jahrhundert gezeigt haben, dass der Aspekt der Vermittlung und der Übung des Glaubens dessen Geschenkcharakter keineswegs schwächen muss, sondern ihn erst zur Entfaltung kommen und zur persönlichen Erfahrung werden lässt (vgl. dazu vor allem seine Bücher „Gemeinsames Leben", „Nachfolge", „Widerstand und Ergebung").

Einladend gelebte evangelische Spiritualität – Respekt vor anderen konfessionellen und religiösen Überzeugungen

Zur institutionalisierten Diakonie gehört seit ihren Anfängen im 19. Jahrhundert die Einladung zum Glauben. Eine einladend gelebte evangelische Spiritualität und der Respekt vor anderen konfessionellen und religiösen Überzeugungen bedingen sich dabei gegenseitig. Der einladende Charakter evangelischer Spiritualität geht in dem Moment verloren, in dem er nicht begleitet ist vom Respekt gegenüber der Religiosität anderer. Von daher lässt sich der Respekt vor einer anderen Spiritualität gerade mit dem Einladungscharakter evangelischer Spiritualität begründen. Aber auch in psychologischer Hinsicht spricht manches für diesen Begründungszusammenhang.

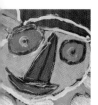

Eine respektvolle interreligiöse Begegnung wird am ehesten dann möglich sein, wenn beide Partner sich ihrer je eigenen Spiritualität zumindest bis zu einem gewissen Grade gewiss sind. Nur unter dieser Voraussetzung kann man Angehörigen anderer Religionen angstfrei begegnen. Die Begegnung mit einer anderen Religion stellt immer eine Fremdheitserfahrung dar, die automatisch eine Infragestellung der eigenen Position mit einschließt. Das beste Mittel, die natürlichen menschlichen Abwehrmechanismen gegenüber dem religiös Fremden außer Kraft zu setzen, ist eine reflektierte eigene Spiritualität.

Wie aber lässt sich eine einladend gelebte evangelische Spiritualität mit dem Respekt vor anderen religiösen Überzeugungen konkret vereinbaren?

Einerseits gehört zum Wesen der Diakonie nicht nur ihr kirchliches Profil, sondern auch die Offenheit der diakonischen Angebote für alle Menschen – ganz gleich welchem Glauben oder welcher Religion sie angehören. Die Dienste und Einrichtungen der Diakonie stehen deshalb nicht nur evangelischen Christen offen, sondern wenden sich an alle Menschen. Weil für das diakonische Handeln die evangelische Prägung grundlegend ist, umfasst es auch die Einladung zu Angeboten evangelischer Spiritualität für alle Menschen. Entscheidend ist dabei, dass das Moment der Freiwilligkeit unter allen Umständen gewahrt bleibt. Niemand darf zur Teilnahme an Angeboten christlicher Spiritualität gezwungen werden. Umgekehrt darf aber auch niemandem die Teilnahme daran verwehrt werden.

Viele Menschen mit Migrationshintergrund, die keiner christlichen Kirche angehören, haben natürlicherweise ein Interesse daran, die Lebensäußerungen des christlichen Glaubens in einem Land mit jahrhundertelanger christlicher Tradition kennenzulernen. Eine Möglichkeit dazu „bei Gelegenheit" stellt der Kontakt mit diakonischen Einrichtungen und Aufgabenfeldern dar. Bisweilen drängt sich im Rahmen von Diakonie und Kirche der Eindruck auf, dass hier gar nicht mit einem solchen Wunsch ge-

rechnet wird. Jedenfalls sollte keinem Menschen im Raum der Diakonie ein Kennenlernen evangelischer Spiritualität vorenthalten werden. Zur unverzichtbaren Freiheit des Glaubens gehört allerdings, dass es Sache des jeweiligen Menschen ist, wie er auf solche Einsichtnahme reagiert.

Andererseits sollte der Respekt gegenüber anderen religiösen Überzeugungen in der Diakonie die Mithilfe beim Zugang zu Angeboten anderer Glaubens- und Religionsgemeinschaften einschließen, wo dieser gewünscht wird. In den „Qualitätsgrundsätzen" der Bodelschwinghschen Anstalten Bethel heißt es dazu präzisierend: „Unsere Toleranz und Offenheit finden ihre Grenze, wo die Suche nach Orientierung zur Herstellung von Abhängigkeitsverhältnissen missbraucht wird. Wir unterstützen betreute Menschen dabei, nicht in Gruppen zu geraten bzw. sich von ihnen zu lösen, die solche Abhängigkeiten fördern und ausnutzen" (4. Auflage, Bielefeld 2000, S. 10). Beim Erschließen geeigneter Angebote sind vor allem Ehrenamtliche der jeweiligen Glaubens- oder Religionsgemeinschaft zur Mitarbeit gefragt. Überhaupt sollten in den diakonischen Feldern, wo speziell mit nicht-evangelischen Kindern und Jugendlichen, Senioren oder Beratungsuchenden gearbeitet wird, Angehörige der entsprechenden Glaubens- oder Religionsgemeinschaften als Ehrenamtliche und unter bestimmten Bedingungen auch als Hauptamtliche „als Kultur- und Sprachvermittler" gewonnen werden (Klarheit und gute Nachbarschaft. Christen und Muslime in Deutschland, S. 74).

Mitarbeitende der Diakonie sollten ihre spirituelle Überzeugung einladend, also offen und befragbar vertreten, ohne die Betreuten in irgendeiner Weise mit spirituellen Angeboten zu bedrängen. Gleichzeitig sollten sie helfen, dass Angebote anderer Glaubens- und Religionsgemeinschaften – sofern gewünscht – wahrgenommen werden können. Zu vermeiden ist dabei der Eindruck der Religionsvermischung – als ob es möglich wäre, einen Standpunkt außerhalb der gelebten Religionen einzunehmen.

MICHAEL KIEF / CHRISTIAN MÜRNER / KLAUS DIETER KOTTNIK

Ein dunkles Kapitel

Irrwege christlicher Behindertenarbeit

Die Geschichte der diakonischen Behindertenarbeit ist vor allem eine Geschichte, die in einem positiven Licht steht. Unzählige große und kleine Impulse und großes Engagement für die Menschen haben die Arbeit mit Menschen mit einer geistigen Einschränkung vorangebracht. Aber, wie in jedem Bereich, gibt es auch Irrwege, die von Einzelnen, auch in Verstrickung mit überindividuellen Strukturen, beschritten wurden.

In der Zeit der Nationalsozialisten ist die christliche Behindertenhilfe zum Teil schreckliche Verbindungen eingegangen. Dies kann in diesem Buch nicht aufgearbeitet werden, aber es soll zumindest nicht unerwähnt bleiben. Es soll ebenfalls nicht unerwähnt bleiben, dass es auch in der Mitarbeiterschaft der Diakonie kritische Haltungen gegenüber dem Nationalsozialismus gegeben hat. Der Band „Rundbuch" liefert dazu eindrückliche Beispiele.

Wenn wir heute christliche Spiritualität gemeinsam leben und feiern, müssen wir die Erinnerung auch an die Irrwege pflegen, als Mahnung und Verpflichtung, dass christliche Spiritualität stets dem Geist der Liebe und der Ehrfurcht vor Gott und den Menschen verpflichtet ist.

Ein Text von Erna Spang aus Stetten erinnert an den Abtransport von Menschen mit Behinderung zur Arbeit in Zwangslagern oder zur Vergasung

Früher
In den Kriegsjahren hat man immer Angst gehabt, dass die grauen Busse kommen. Der Erzieher hat einen Zettel gehabt, da standen die Namen drauf von denen, die fort gekommen sind. Der Inspektor hat eine Weile zugeguckt, aber dann wurde es ihm doch zu dumm, und er wehrte sich und ging dann bis nach Berlin. Ich kann mich noch daran erinnern, dass die Erzieherin gesagt hat, morgen müssen wir ganz früh aufstehen, dann kommen die Jäger wieder. Wir sind in die Krone

gegangen und haben uns versteckt. Abends um fünf sind wir wieder geholt worden. Als wir wiederkamen, waren andere nicht mehr da ...

Frieda W. und Erika M. kamen nach Mariaberg, dort haben sie nicht so viele abgeholt. In der Kapelle ist ein Kästchen mit allen Namen, die abgeholt worden sind.

Anmerkung der Redaktion:
Im Zuge des Ermordungsprogramms wurden in Stetten 324 Kinder, Jugendliche, Frauen, Männer und alte Menschen durch die sogenannten Grauen Busse abgeholt. Schon wenige Stunden nach der Abholung starben die Menschen in der Gaskammer von Grafeneck bei Münsigen. In den Sterbeurkunden wurden planmäßig spätere Todesdaten, teilweise auch andere Sterbeorte eingetragen.

Klaus Dieter Kottnik: Meditation zur Erinnerung

Ein Stein, ein Granitblock, zweifach gebrochen,
eingerahmt von Kreuz und Baum. Ermordet 1940.
Unübersehbar behindert er den Gang in den Schlosshof, an ruhiger Stelle gelegen,
hinter der Schlossmauer, in der Nähe des Ortes,
wo 1940 die „Grauen Busse" hielten.

330 Menschen haben sie nach Grafeneck
transportiert,
die Handlanger der Mörder,
die Schwestern und Pfleger von der
„Gemeinnützigen Krankentransport GmbH".
Ermordet, verbrannt, verscharrt.

Der Stein ist untragbar schwer,
die Geschichte lastet drückend,
die Menschen, sie sind uns nah,
die Schwestern und Brüder,

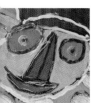

ihre Namen dem Vergessen entrissen,
eingemeißelt in Stein,
Tilly Bayer, Sofie Wunderlich, Adolf Maier,
Erwin Freytag,
und all die anderen,
jeder eine unverwechselbare Person.
Tränen, Geschrei.
„Sie wissen nicht, was sie tun."
Ein scheußliches Stück unserer Geschichte,
der Stein trägt die Spuren
wüster Verletzungen.
Entfesselte Gewalt kaltblütiger Rationalität
hat unbeschreibliches Leid gebracht.

Der Mensch
Sein Bild, selbst gemacht,
sein Nutzen selbst eingebildet,
menschenverachtend.
War es zu verhindern? Menschliche Kraft und
Vorsorge waren zu klein.

Sind wir heute gefeit?
„… nicht mutiger bekannt …", damals und heute?
„… nicht treuer gebetet …", damals und heute?
„… nicht fröhlicher geglaubt …", damals und
heute?
„… nicht brennender geliebt …", damals und
heute?

Der Stein lastet schwer.
Die Menschen, sie waren von uns. Wir suchen sie.
Tilly Bayer, Sofie Wunderlich, Adolf Maier,
Erwin Freytag.
Welche Namen tragen sie heute?
Oder werden sie gar nicht mehr geboren?

Das Kreuz. Das Zeichen des Todes.
Das Zeichen des Todes Christi.

„Ich bin bei euch alle Tage."
Das Kreuz hat Spuren des Schmerzes bekommen.
Unser Glaube – die Trauer, das Entsetzen,
beides hat sich in den Glauben eingekerbt.

„… dann aber werden wir sehen
Von Angesicht zu Angesicht."

Der Baum. Er wächst. Er grünt. Leben wird es geben.
Wir sind für das Leben da.
Ich lebe, und ihr sollt auch leben.

Der Stein mahnt uns:
Vergesst nicht zu bekennen
zu beten
zu glauben
zu lieben
Erinnerung an den Tod.
Wirken für das Leben.
Heute
Und morgen.

Weitere Information zum Thema bieten das Buch von Thomas Stöckle: *Grafeneck 1940. Die Euthanasie-Verbrechen in Südwestdeutschland. Stuttgart 2002*, und *Das Rundbuch 1940-46. Aus dem Archiv der Diakonie Stetten. Kernen 2003.*

Auch in der Nachkriegszeit sind Irrwege christlicher Behindertenarbeit auf der Ebene der Pädagogik, zum Teil untermauert durch den Missbrauch des Namens Gottes, zu beklagen, wo die Grundsätze der Arbeit sich nicht an liebevoller Förderung orientiert haben, sondern der Geist der Ordnung und der Disziplin herrschte. Nicht selten gehörten dann auch gewaltsame Methoden zum „Betreuungs"-Alltag. In Form von „theologischer" Untermauerung diente ein drohendes Gottesbild der schwarzen Pädagogik: „Gott sieht alles. Wenn du nicht folgsam bist, dann ...!"

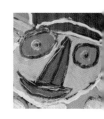

Gisela Doermer: Jahresfest

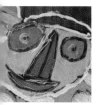

Der Psychologe Miachael Kief berichtet über die Folgen eines Missbrauchs christlicher Werte und Bezugssysteme:

Ein gefestigter Glaube kann für Menschen mit Behinderungen eine große Stütze im Umgang mit ihrer schwierigen Lebenssituation sein. Daher ist es besonders tragisch, wenn der Glaube für negative Erziehungsmaßnahmen ausgenutzt wird. Menschen mit geistigen Behinderungen haben einen sehr konkreten und häufig auch unreflektierten Zugang zu Fragen des Glaubens. Trifft diese Offenheit und mangelnde Reflexionsfähigkeit auf missbräuchlich eingesetzte theologische Ideologien, können sehr ungünstige Entwicklungen die Folge sein.

In der Vergangenheit haben eine ganze Reihe von Menschen mit geistigen Behinderungen neurotische oder gar psychotische Störungen entwickelt, die ihre Ursache in einer fehlgelaufenen religiösen Sozialisation haben. Die Drohung mit dem Jüngsten Gericht („Gott hört alles und sieht alles, über die

Verfehlungen wird Buch geführt") als Erziehungsmittel war weit verbreitet. Dies, gekoppelt mit dem Gefühl, als Mensch mit Behinderung ohnehin irgendwie schuldig, fehlerbehaftet und sündig zu sein (Behinderung als Folge unzureichenden Glaubens oder das Ausbleiben der Heilung als Resultat unzureichenden gottgefälligen Verhaltens), kann dazu führen, dass sich Überzeugungssysteme herausbilden, die von Angst und Depression geprägt

Werner Voigt: Alsterdorfer Passion

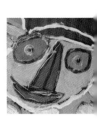

Erstes Gebet am Stein des Gedenkens in Stetten, 21. November 1999

Herr, wenn Du Sünden anrechnen wolltest, wer könnte bestehen?

Wenn Du uns fragst: Wo ist dein Bruder Abel? Wo ist deine Schwester Tilly? Und wir nicht antworten mögen, nicht antworten wollen: „Soll ich meines Bruders Hüter sein?"

Herr, wir flüchten uns zu Dir mit allem, was zu unserer Geschichte gehört: Opfer – Täter – Unterlasser. Alle nehmen wir sie an diesem Ort – Heute – bewusst und sichtbar als einen Teil, als den tiefsten Punkt unserer Geschichte an – und auf.

Und weil mir die Worte fehlen, möchte ich mit den Worten weiterbeten, die Daniel, der Prophet, auch schon betete:

Gott, unser Gott, höre auf unser Gebet und unser Flehen. Lass Dein Angesicht über Dein verwüstetes Heiligtum leuchten– Um Deinetwillen! Neige, mein Gott, Dein Ohr und höre; Denn nicht aufgrund der Erweise unserer Gerechtigkeit kommen wir zu Dir, sondern um Deiner vielen Erbarmungen willen! Herr höre, Herr vergib!

Ursula Schulz

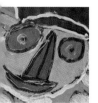

sind. Im Extremfall kommt es sogar zum vollständigen Realitätsverlust und zu wahnhaften Gedanken und Erlebensweisen. Vor allem aber kommt es dazu, dass sich die positive Kraft des Glaubens: „Ich bin als Mensch mit Behinderung ein geliebtes Geschöpf Gottes" nicht entfalten kann.

Therapeutische Zugänge bei ekklesiogenen Störungen sind schwer zu finden und meist nicht nur über psychologische Wege zu realisieren, sondern müssen durch eine theologische Neuinterpretation der Glaubensinhalte unterstützt werden. Die in früher Kindheit und Jugend internalisierten Glaubensgrundsätze sind sehr veränderungsresistent. Es ist deshalb von größter Wichtigkeit, in der modernen heilpädagogisch geprägten Religionspädagogik völlig auf potenziell missverständliche und bedrohliche Ausdrucksformen des Glaubens zu verzichten.

Werner Voigt: Alsterdorfer Passion II

Werner Voigt und seine Alsterdorfer Passion

Die *Alsterdorfer Passion* von Werner Voigt gibt ein bewegendes Beispiel für die Aufarbeitung schwerer Erlebnisse in diesem Zusammenhang. Sie hat eine außergewöhnliche Geschichte. Das zwei mal vier Meter große Bild entstand 1984 im Rahmen der Hamburger Ateliergemeinschaft „Die Schlumper". Der Kreuzigungsdarstellung ordnete der Künstler Szenen aus seinem schweren Anstaltsleben zu. Unumwunden ist zu sehen, wie eine Figur eine andere in die Badewanne zwingt. Auf der anderen Seite traktiert eine Figur eine andere mit einem Prügel. Werner Voigt erzählt, dass er von Pflegern geschlagen wurde. Wenn man genau hinschaut, ist zu erkennen, dass er die Figuren auch namentlich benannte. Deswegen konnte das Bild anfangs nicht ausgestellt werden. Man nahm die Darstellung ernst. Man forderte, die Namen zu übermalen. Werner Voigt antwortete: „Die wollen die Wahrheit nicht wissen." Aber er fügte

auch hinzu: „Jesus vergibt allen." Das Bild wurde in der Gnadenkirche inmitten Hamburgs und im Fernsehen gezeigt sowie in einer Zeitschrift veröffentlicht. Am ehemaligen Lebensort Werner Voigts, den damaligen Alsterdorfer Anstalten, wurde das Bild später in einem ungünstig engen Durchgang angebracht und im unteren Teil beschädigt. Es erregte Anstoß, als es in der Nikolauskirche hing, in der Werner Voigt einst als Kirchendiener arbeitete. Lange Zeit war es dann auf Initiative eines Richters im Sitzungssaal des Sozialgerichts Hamburg zu sehen. Als Ende 2004 dieser Sitzungssaal umgebaut wurde, hatte niemand mehr Interesse an dem Bild. Es lagerte aufgerollt im Atelier der Schlumper. Auf Initiative des vor kurzem verstorbenen Pastors Rolf Baumbach fand das monumentale Bild 2006 im Flur der Vorstandsetage der heutigen Evangelischen Stiftung Alsterdorf einen repräsentativen Platz.

Werner Voigts *Alsterdorfer Passion* lässt sich als Selbstfindung durch Malerei deuten. Er brachte seine Lebensgeschichte mit der Passion Christi zusammen. Rolf Laute, der künstlerische Leiter der Ateliergemeinschaft „Die Schlumper", regte Voigt an, seine immer wieder erzählten Geschichten aus seinem Anstaltsleben bildnerisch zu gestalten. Werner Voigt wurde 1935 in Hamburg geboren. Im vierten Lebensjahr kam er aufgrund einer sogenannten geistigen Behinderung und epileptischer Anfälle in die Alsterdorfer Anstalten. In einem Zeugnis findet sich der Eintrag eines Lehrers, dass Werner schön und gut mit Farben und Formen umgehen könne, was aber unbeachtet blieb. Nach Abschluss der Schule teilte man Werner Voigt Hilfstätigkeiten in der Sattlerei, der Schneiderei, der Weberei zu. 1963 zog Werner Voigt in das „Stadthaus Schlump". Mit 48 Jahren, um 1983, kommt er in Kontakt mit der Ateliergemeinschaft „Die Schlumper" und wird erstmals künstlerisch tätig. Wie auf seinen Selbstbildnissen ist Werner Voigt stets gut gekleidet, in einem dunkelblauen Anzug, mit weißem Hemd und roter, weiß gepunkteter Krawatte. Er sagt: „Ich habe drei Berufe: Herrenschneider, Damenschneiderin und Kunstmaler. Mal sehen, was Gott noch mit mir vorhat." Heute wohnt Werner Voigt im „Haus Erdlandscher Hof" der Vereinigung Integration & Assistenz (Via e.V.), auf einem modernisierten Bauernhof mit großem Garten im ländlich anmutenden Hamburger Stadtteil Neuengamme. Er hat ein individuell eingerichtetes, eher düster wirkendes Einzelzimmer, ausstaffiert mit vielen kleinen Ziergegenständen. In

seiner Freizeit oder im Urlaub war Werner Voigt nie künstlerisch tätig, denn Malen ist für ihn Arbeit. Mit 65 wollte er den Pinsel weglegen, in Rente gehen und aufhören zu malen, denn Gott habe ihm gesagt, er solle nur noch predigen. Rolf Laute, der ihn seit Beginn seiner Karriere als Maler förderte und den angekündigten Verzicht bedauerte, sagte ihm, dass Gott nicht gemeint habe, dass er keine Bilder mehr malen solle. Vielmehr seien seine Bilder der wichtigste Teil seiner Predigten.

Es gibt noch eine zweite Version der *Alsterdorfer Passion* (85,5 x 116 cm, 1986). Auf diesem Bild fügte Werner Voigt Texte ein. Rechts unten zum Beispiel steht, dass er dieses kleinere Bild mit weniger Geschichten aus seinem Leben gemalt habe, weil das gleichnamige große Bild noch seiner Wiederherstellung harrte. Links unten findet sich die Geschichte, wie ein Pfleger ihm die Bibel wegnahm und zerriss. In der Mitte unten gesteht er, dass er selbst auch gesündigt habe, weil er bei Karstadt ein Rasierwasser stahl. Wenn man diesen Begebenheiten auf dem Bild einzeln nachgeht, rückt die Kreuzigung in der Bildmitte automatisch in den Hintergrund. Versteht man hingegen diese und andere Szenen im Rahmen der Kreuzigung als Symbol der Leidensgeschichte, ist damit Werner Voigt ein „Klagebild" gelungen, das die Anprangerung überwindet. Eine Figur ist davon ohnehin ausgenommen, Werner Voigts „Pflegemutter", sie steht links unterhalb des Kreuzes, gewissermaßen in der Rolle der Maria. Der Heiland habe sie zusammengeführt, schreibt Voigt dazu, aber in der symbolischen Dimension könnte der Gekreuzigte nicht nur als derjenige, der stellvertretend fremdes Leid auf sich nimmt gedeutet, sondern müsse auch als unbewusste Selbstdarstellung begriffen werden. Insofern ließe sich sagen, dass gewisse Erfahrungen beim Malen selbst etwas Religiöses bekommen können, wenn eine Figur erschaffen und deren Schicksal nachgeahmt wird.

Auffallend ist, dass alle Figuren im Gegensatz zur ersten auf der zweiten Version der *Alsterdorfer Passion* ein fröhliches, lachendes Gesicht zeigen. Es ist eine offene Frage, ob die erste Version unmittelbarer von der bedrückenden Lebenserfahrung geprägt ist. Doch hat er die erzählten Predigten und Anklagen auf eine bildnerisch heilsame Form gebracht. Vielleicht könnte man dann folgern, dass Werner Voigt sich und seine Figuren in einer beharrlichen Freundlichkeit zu befreien versuchte.

Spiritualität für alle und mit allen!

Impulse zur Inklusion

Spiritualität für alle und mit allen
Überlegungen und Impulse zur Inklusion

Marcel Schenke: Inklusion

Ich wurde als ein „Individuum" geboren und durch verschiedene Menschen erzogen. Zuerst nur durch meine Eltern bzw. durch meine engsten Familienmitglieder (z. B. Großeltern). Dann kamen Kindergarten, Grundschule, weiterführende Schule und Ausbildung und Arbeitsplatz dazu.

In jeder dieser „Lebensstationen" wurde ich mehr und mehr ein Teil meiner Umwelt, in die ich hineingeboren wurde. Ich entwickelte Wissen und Fähigkeiten, die es mir ermöglichen, mit meinen Mitmenschen umzugehen und zusammenzuleben.

Für mich ist „Inklusion" das Einschließen oder Einbeziehen dieses einmaligen Individuums als Mensch in die Gesellschaft – in allen Lebensbereichen. Jeder Mensch ist gleichberechtigt und leistet seinen Teil zum Leben in der Gesellschaft. Dabei ist für mich der Satz aus dem Grundgesetz am wichtigsten, dass der Mensch aufgrund seiner Herkunft, Religion, Behinderung, Meinungen, Fähigkeiten usw. nicht benachteiligt werden darf.

Für mich heißt das ganz klar, dass jeder Mensch für sich zwar ein Individuum ist, aber jeder gleich behandelt wird. Deshalb finde ich auch den Werbeslogan „Mittendrin statt nur dabei!" sehr treffend. Denn Menschen, die nur „dabei" sind, sind nicht auch gleichzeitig „mittendrin" und somit nicht inkludiert (eingeschlossen). Zur Inklusion gehört für mich daher auch der Begriff Selbstbestimmung. Jeder sollte seine Meinung, sein Handeln, seine Interessen usw. selbst bestimmen können.

Daher ist für mich „Inklusion" sehr wichtig.

Maria Marx: Inklusion

Inklusion ist für mich, jeden Menschen so zu nehmen wie er ist, ob mit einer Behinderung oder ohne.

Als ich damals zur Schule gegangen bin, da war ich in einer Volksschule mit allen anderen Kindern zusammen. Eigentlich war ich da nur zu Besuch. Ich habe keine Noten bekommen. Meine Mitschüler und mein Klassenlehrer haben sich dann dafür eingesetzt, dass ich auch Noten bekam. Ich habe dann richtig zur Klasse dazugehört.

Einmal war ich im Rathaus. Da war eine Veranstaltung, auf der ich mit Professor Dreher ein Referat gehalten habe. Die Zuhörer waren von Rang und Namen, Politiker und so. Die haben aufmerksam zugehört, was ich zu sagen hatte, und nachher Fragen gestellt. Ich stand im Mittelpunkt.

Inhalt

KARIN TERFLOTH

Auf Kommunikation kommt es an

Inklusion und Exklusion in soziologischer Sicht

Inklusion ist ein neuer Begriff in aller Munde. Der Inklusionsbegriff wird fast inflationär gebraucht. So vielfältig wie die Kontexte, in denen der Begriff auch in der Behindertenhilfe genutzt wird, sind auch dessen Bedeutungsvarianten.

Häufig wird Inklusion synonym mit „Teilhabe", mit „Partizipation" verwendet. Während einige davon sprechen, dass Inklusion nur ein neues Wort für Integration darstelle, sagen andere, dass dieser Begriff eine veränderte Sicht auf das ‚Anderssein' von Menschen enthalte. Inklusion meint im Verständnis dieser Autoren die selbstverständliche Anerkennung aller. Aus der internationalen Literatur zum Thema „Disability" übernommen, verspricht die Idee der Inklusion einen gesellschaftlichen Idealzustand. Als Ideal wird eine heterogene Gemeinschaft angesehen, in der Vielfalt als Normalität verstanden wird und dies über die Veränderung gesellschaftlicher Strukturen und der Sichtweise von Behinderung erreicht werden kann (vgl. Elisabeth Wacker: „Paradigmenwechsel in der Behindertenhilfe?", in: Bundesverband Evangelische Behindertenhilfe: Paradigmenwechsel in der Behindertenhilfe. Freiburg 2001, S. 34–57).

Wird jedoch wie im Folgenden bei der Beschreibung von Inklusion eine soziologische Sichtweise, genauer gesagt die der Systemtheorie, eingenommen, treten weitere Bestimmungsaspekte des Begriffs zutage. Inklusion beschreibt in diesem Verständnis die Bedeutung eines Individuums für soziale Zusammenhänge wie die Gesellschaft, Institutionen (zum Beispiel eine Kirchengemeinde) oder Interaktionen (beispielsweise Gespräche im Rahmen von Veranstaltungen des Gemeindelebens). Alle drei genannten Formen von Sozialität basieren auf Kommunikation. Der Inklusionsbegriff impliziert in Bezug auf alle drei Ebenen die Frage „In welcher Hinsicht gehört wer dazu?" (vgl. Alfons Bora: „Wer

gehört dazu?" Überlegungen zur Theorie der Inklusion. In: Hellmann/Schmalz-Bruns [Hrsg.]: Theorie der Politik. Niklas Luhmanns politische Soziologie. Frankfurt/M. 2002, S. 60–84).

Inklusion und Exklusion in kirchlichen Institutionen

Im Hinblick auf die Gesellschaft kann die Frage danach, ob Menschen mit geistiger Behinderung im Kontext der christlichen Religion berücksichtigt werden, positiv beantwortet werden. Denn gerade die Fürsorge für Kranke und Schwache entstammt christlicher Tradition. Auch im Rahmen kirchlicher Institutionen können Menschen mit geistiger Behinderung Mitglied werden, zum Beispiel durch die Taufe, und so darin Berücksichtigung finden. Eine dauerhafte Mitgliedschaft ist jedoch daran gebunden, ob die organisationsspezifischen Rollenerwartungen erfüllt werden.

Wie steht es um Möglichkeiten der Inklusion auf der Ebene der Interaktion in der Gemeinde? Werden Menschen mit schwierigen Verhaltensweisen, mit einer kaum oder nicht entwickelten aktiven Verbalsprache angesprochen und können sie sich aktiv beteiligen? Werden sie als Gesprächspartner geschätzt und wird ihnen zugehört? Wird auf verschiedene Formen des Kommunizierens Rücksicht genommen? Werden Lernmöglichkeiten für diesen Personenkreis eröffnet?

Inklusion auf der Interaktionsebene bedeutet, in Gesprächen als jemand gesehen zu werden, der etwas zu sagen und für das soziale Miteinander etwas beizutragen hat. Darüber hinaus beinhaltet der Inklusionsbegriff auch den Aspekt, für andere eine Bedeutung zu haben und daher von ihnen angesprochen zu werden.

Von Exklusion ist die Rede, wenn ein Bewusstsein in Kommunikationssystemen nicht von Bedeutung ist. Dies trifft auch zu, wenn zum Beispiel ein Mensch mit geistiger Behinderung im Rahmen der Gemeindearbeit zwar anwesend ist, aber nicht als ernst zu nehmendes Mitglied in Betracht gezogen oder in dieser Interaktion auf den Körper reduziert wird, weil ihm kognitive Fähigkeiten nicht zugetraut werden.

„Soziale Adressen" als Ursachen für Exklusion

Ein Beispiel kann zur Illustration der Problematik hilfreich sein, um die es hier geht: Ob ein Katechet die Jugendlichen in der Gruppenstunde alle gleichermaßen anspricht oder mit deren jeweiligen Bedürfnissen berücksichtigt, hängt in erster Linie davon ab, welche Rollenerwartungen er an die Mitglieder der Gruppe richtet. Dies kann zum Beispiel Zuhören, Nicht-dazwischen-Reden, Mitschreiben, Interessiert-Sein oder die Diskussionsteilnahme auf einem bestimmten Sprachniveau sein. Jugendliche, die das erwartete Verhalten zeigen, werden gezielt angesprochen und einbezogen. Verhaltensweisen, die davon abweichen, werden negativ bewertet. Aber auch Vorannahmen oder Informationen über die Personen bringen Erwartungen hervor, die die Formen des Umgangs mit diesen Jugendlichen bestimmen – zum Beispiel das Wissen darum, dass ein Mitglied der Gruppe eine Schule für geistig Behinderte besucht, ein Junge aus einer sozial schwachen Familie stammt oder ein Mädchen in der Nachbarschaft durch Aggressivität aufgefallen ist. Solche Zuschreibungen können zu der Erwartung führen, dass diese Teilnehmer die Inhalte der Stunde oder die Gruppenregeln entweder nicht verstehen wollen oder können und sich daher die Mühe, sie kommunikativ zu erreichen, erst gar nicht lohnt. Oft wird die Ansicht vertreten, dass diese Jugendlichen eher dankbar sein sollten, dass ihnen die Teilnahme überhaupt gewährt wird.

Diese Bündel von Erwartungen und Vorbehalten noch im Vorfeld eines persönlichen Kontaktes, die im Kontext der soziologischen Systemtheorie als soziale Adressen bezeichnet werden, bedingen Inklusion und Exklusion. Auch geistige Behinderung stellt ein Fragment sozialer Adressen dar. Diese können durch persönlich erlebte, erschwerte Kommu-

nikation oder übernommene Meinungen entstehen und sich dann auf zukünftige Situationen auswirken (hierzu ausführlich Karin Terfloth: Inklusion und Exklusion. Konstruktion sozialer Adressen im Kontext geistiger Behinderung. Diss. Köln 2007).

Kommunikationsbarrieren im Alltag

Häufig wird eine Behinderung, verstanden als ein Fehlen oder ein nur eingeschränktes Vorhandensein von Kompetenzen bei behinderten Menschen aufgrund physischer, kognitiver oder psychischer Störungen, als Kommunikationsbarriere angesehen. Denn Kommunikation mit Personen, die für Mitteilungen kaum eine oder gar keine Verbalsprache, sondern ganz oder überwiegend körperliche Ausdrucksweisen nutzen, wird als ungewohnt, zeitraubend und als inhaltlich kaum oder gar nicht verständlich erlebt. Hierzu einige Beispiele:
- Die Unterschiedlichkeit von Körperfunktionen wie Atmung, Speichelfluss, Körpertemperatur oder Laute als Ausdruck innerer Befindlichkeit zu erkennen ist eine im hiesigen Kulturkreis kaum verbreitete Fähigkeit.
- Der Gebrauch von Einwortsätzen erfordert ein wiederholtes Nachfragen und verlangsamt die Kommunikation.
- Körpersprache als Ausdrucksform weist weniger Strukturreichtum auf, eröffnet aber einen weiteren Interpretationsspielraum.

Diese Kommunikationsmöglichkeiten werden kaum als lohnenswerte Quellen für interessante Informationen und Neuigkeiten eingeschätzt.

Mit zunehmender Schwere der Behinderung werden Personen weniger als Adressat oder Mitteilender im Kommunikationsprozess in Betracht gezogen. Alltagsbeobachtungen scheinen dies zu bestätigen: Nonverbale Ausdrucksweisen wie Lautieren, Gestik und Mimik werden häufig nicht als Mitteilung, sondern als auffälliges, störendes oder pathologisches und oft als behinderungsspezifisches Verhalten gedeutet, ignoriert oder sanktioniert. Damit gelungene Kommunikation möglich wird, müssen sich alle Beteiligten an geregelte Strukturen halten wie zum Beispiel die Festlegung und Einhaltung eines gemeinsamen Themas und die Aufteilung der gemeinsamen Redezeit. Grundlegend ist auch die Nutzung eines kompatiblen Zeichensystems als gemeinsame Basis. Nicht sprechenden Menschen wird

Christoph von Aichelburg: König

nicht selten ein Fehlen dieser kognitiven Kompetenz unterstellt.

Verhalten, das von den genannten Regelungen abweicht, kann die Kommunikation belasten. Wenn zum Beispiel ein Mensch während einer Predigt im Gottesdienst laut und scheinbar grundlos zu schreien beginnt, steigt die Belastung in der Situationen für alle Beteiligten, für den Redner, für die Angehörigen, für Begleitpersonen oder auch für die Sitznachbarn des Schreienden. Offene oder verdeckte Aussonderung der Störquellen ist häufig die Folge eines als inadäquat betrachteten Verhaltens.

Der Alltag vieler Personen, denen eine geistige Behinderung zugeschrieben wird, gilt daher häufig als kommunikationsarm, das bedeutet, dass Ansprache und kommunikative Anregungen abnehmen oder nur im geringen Maße vorhanden sind. Konsequenzen aus häufiger oder dauerhafter Exklusion ergeben sich durch Einschränkungen in der sprachlichen und kognitiven Entwicklung. Denn Inklusion in Interaktion ermöglicht den Spracherwerb eines Menschen und damit auch dessen kognitive Differenzierung.

Inklusion als Ausgangspunkt von Entwicklung

Damit ein Mensch sich ein Bild von sich selbst und der Welt um ihn herum entwickeln kann, bedarf es der Sprache. Der im Rahmen dieser Auseinandersetzung verwendete Sprachbegriff umfasst jeglichen Gebrauch von Zeichen, denen eine Sinnbedeutung unterstellt werden kann. Gemeint sind damit auch Laute, gestischer und mimischer Ausdruck sowie das gerichtete Zeigen auf Gegenstände oder Symbole. All den genannten sprachlichen Ausdrucksformen ist gemeinsam, dass dadurch Gedanken, Gefühle und Informationen, die in einem Individuum vorgehen, nach außen hörbar oder sichtbar werden.

Sprache hat die Funktion, zum Aufbau innerer Komplexität des Bewusstseins beizutragen, denn Bewusstsein bildet sich durch sprachliche Anregungen im Kleinkindalter heraus. Jede sprachliche Ansprache kann zum Aufbau eines Repertoires an Benennungen führen. Zum Beispiel zeigt ein Kind auf Gegenstände und eine Bezugsperson benennt diese. Im Laufe des Lebens entwickelt der Menschen dadurch die Fähigkeit, die eigene Befindlichkeit sowie die Vorgänge in seiner Umwelt zu bezeichnen. Auch Lernprozesse

sind oftmals abhängig von der Sprache. Der Gebrauch und das Verstehen von Sprache gelten als Grundlage für die Teilhabe an Gesellschaft.

Sprache gilt als Schlüssel für den Austausch zwischen Menschen, für den Aufbau von Beziehungen und sozialen Strukturen und für Informationsangebote. Es geht um wechselseitiges Verstehen und ein Sich-aufeinander-Beziehen. Auch im Rahmen einer Gemeinde steht das gesprochene und geschriebene Wort im Mittelpunkt von Predigten, Gebeten, Ankündigungen und der Heiligen Schrift selbst. Menschen von sprachlicher Anregung auszuschließen bedeutet, ihnen soziale Kontakte und Denkanregungen vorzuenthalten.

Doch es geht nicht nur um die Kompetenz, Worte und Sätze zu formulieren oder zu verstehen, sondern über Sprache erfährt ein Mensch auch, wie er in sozialen Beziehungen berücksichtigt oder auch nicht berücksichtigt wird. Über Ansprache kann Anerkennung und Wertschätzung erfahren werden. Ebenso kann ein Individuum Exklusion psychisch wahrnehmen und unterschiedlich bewerten. Es kann Nichtbeachtung akzeptieren, sich dagegen auflehnen oder resignieren und Kontaktversuche aus eigenem Antrieb einstellen. Nicht selten ergibt sich daraus die kommunikative Isolation einer Person oder auch deren Angehöriger. Letztendlich wird für Personen, die wenig Ansprache erfahren und sich kaum als Akteure in Gesprächen erleben, die Herausbildung eines Selbstbildes erschwert.

Inklusive und exklusive Gemeindearbeit

Gerade mit christlichen Wertmaßstäben scheint Exklusion nicht kompatibel zu sein. Doch auch wenn nicht von einer Sondertheologie oder kirchlichen Sonderinstitutionen die Rede ist, so kann doch auf der Ebene der Interaktion auch Exklusion beobachtet werden. Das Vorbild des Nazareners, gerade Menschen, die in sozialen Bezügen nicht beachtet werden, direkt anzusprechen und ihnen zuzuhören, findet oft wenig konkrete Nachahmung. Sicherlich liegt in der Vorstellung der Ebenbildlichkeit Gottes eine gute Basis dafür, von jedem Menschen Kompetenzen und Lernfähigkeit zu erwarten. Inklusion in der Gemeinde bedeutet, Gespräche zu ermöglichen, auch dort, wo vielleicht keine Sprache, oder besser gesagt noch keine gemeinsame Sprache vorhanden ist.

Aus der dargestellten gesellschaftstheoretischen Sicht stellen Inklusion und Exklusion zwei notwendige Seiten einer Medaille dar. Die eine Seite ist nie ohne die andere zu haben. Eine Person kann nicht in allen Interaktionen gleichzeitig berücksichtigt werden; dies wäre utopisch, weil es unmöglich bewältigt werden kann, gleichzeitig in verschiedenen Räumen, Häusern, Orten Gespräche zu verfolgen. Es geht also im Kontext des dargestellten Inklusionsbegriffs nicht darum, immer und überall eine Rolle spielen zu wollen und ein unrealistisches Idealbild von Inklusion zu zeichnen. Vielmehr steht im Mittelpunkt dieser Auseinandersetzung, geistige Behinderung als Ausschlusskriterium für die Berücksichtigung in Interaktion zu hinterfragen. Denn erst der soziale Kontakt ermöglicht Menschen Lernschritte, die diese wiederum brauchen, um sich zielgerichtet in Interaktion einbringen zu können. *Inklusion erscheint als Voraussetzung und Bedingung und Exklusion als Notwendigkeit und Schwierigkeit zugleich.* Dieses Spannungsfeld gilt als unauflösliche Paradoxie, denn jede Personen- oder Rollenerwartung kann Inklusion und Exklusion gleichermaßen hervorbringen.

Inklusion und Exklusion werden systemtheoretisch nicht räumlich gedacht im Sinne der Frage, wer drin ist und wer draußen. Diese Begriffe beschreiben keinen räumlichen Zustand, sondern zeitbezogene Prozesse. Wer in einem Gespräch keine Rolle spielt, kann in einem anderen Kontext im Mittelpunkt stehen. Das bedeutet aber auch, dass Inklusion immer wieder Engagement und die Bereitschaft zur wechselseitigen Auseinandersetzung erfordert. Im Alltag ist dies ein sehr hoher Anspruch und nicht durchgängig aufrechtzuerhalten.

Doch an die Rolle eines Professionellen in der Gemeindearbeit, der seine Ansprachen oder Veranstaltungen plant, kann die Erwartung herangetragen werden, sich über Möglichkeiten der Berücksichtung aller bewusst zu werden. Dazu ist nicht zuletzt eine kritische Reflexion des eigenen Bildes von Behinderung notwendig. Und es braucht Mut, auch unkonventionelle kommunikative Wege in der Begleitung des Glaubensweges anderer zu gehen. Doch auch der Glaube stärkt sich immer wieder neu in gelungener Interaktion, in der der Mensch sich selbst angenommen sieht.

THOMAS JAKUBOWSKI / MIRJA KÜENZLEN
Inklusive Gemeindekultur

Ein Puzzle mit vielen Teilen

Die Gemeinschaft der Christen orientiert sich an Jesus Christus. Nach neutestamentlichem Zeugnis ist Jesus auf die Menschen zugegangen. Er hat sie an seinen Tisch geladen und sie vorbehaltlos angenommen.

Sein Grund und sein Ziel war die Gemeinschaft mit Gott und den Menschen. Im Abendmahl ist er auch heute bei uns und verbindet uns miteinander und mit der Vergebung und der Liebe Gottes, die uns zum Leben befreit.

Heil und Heilung sind bei Jesus Christus ganz nah beieinander. Der Glaube führt zu einer Heilung, und Trennungen von der Gemeinschaft werden überwun-

den. Diesem Beispiel sollen und können wir nachfolgen, indem wir niemanden ausschließen, sondern Trennungen überwinden und heilen. Daher ist *inklusiv* als Gegenbegriff zu *exklusiv* zu verstehen: Eine christliche Gemeinde soll das Gegenteil von einer exklusiven Gemeinschaft sein! Um dies ehrlich und glaubwürdig zu verwirklichen, braucht es Merkmale, Hinweise und Selbstverpflichtungen. Dabei sind dies keine neuen Erfindungen, sondern zumeist alte Grundorientierungen aus Diakonie und christlichem Glauben. So gesehen ist eine inklusive Gemeindekultur eine missionarische Ausrichtung der gesamten Gemeindearbeit. Es geht hier eben nicht um herablassende Seelsorge aus Mitleid an wem auch immer, sondern um ein ehrliches Interesse am Nächsten, an seinen Besonderheiten, seinen Eigenheiten und seiner Einzigartigkeit.

Dieser Ansatz unterscheidet sich deutlich von einer reinen und falsch verstandenen Integration, die nur die Hineinnahme eines Menschen in einen bestimmten Kontext vorsieht, indem Hürden und Barrieren abgebaut werden. Die vielfältigen Barrieren abzubauen ist nur ein erster Schritt. Integration ist eine Voraussetzung, aber nicht das Ziel. Das Ziel ist und bleibt die volle Gemeinschaft, wie es uns verheißen ist. Der zweite Schritt, nachdem Hürden, Barrieren und Benachteiligungen überwunden sind, ist die Zuwendung zum Menschen, eben die inklusive Ausrichtung des Miteinanders. Diese Ausrichtung dient nicht nur den Menschen, die mehr oder weniger und wie auch immer behindert sind, sondern allen Teilen des Ganzen. Es ist wie bei einem Puzzle. Die unterschiedlichen Teile in Form und Farbe fügen sich zusammen, dann ergibt sich das Bild, und das Ziel ist erreicht. Es geht nicht um eine Gleichmacherei, sondern um das Zusammenfügen von Teilen, die zusammenpassen. Inklusive Gemeindekultur beruht nicht auf Gleichmacherei und Beliebigkeit.

In jeder Gemeinde gibt es andere Teile, an denen das Puzzle begonnen werden kann und von dem aus sich das weitere Bild entwickelt. Eine inklusive Gemeindekultur sollte nicht um jeden Preis und mit aller Macht errichtet werden, sondern Schritt für Schritt und immer im Hinblick auf eine gemeinsame Nutzung:

1. So sollte ein barrierefreier Zugang am Haupteingang einer Kirche oder eines Gemeindezentrums realisiert werden und nicht an einem unsichtbaren und versteckten Hintereingang.

2. In einer barrierefreien Kirchengemeinde sollten Induktionsschleifen und Verstärkeranlagen so dimensioniert sein, dass Menschen mit einer Hörbehinderung das Wort Gottes verstehen können. Dabei muss auch die Geschwindigkeit des Sprechens, die Wortwahl und die Betonung des Gesprochenen der Bedeutung der Botschaft entsprechen.

3. Eine feiernde Kirchengemeinde sucht die Begegnung und die Gemeinschaft aller. Dies gilt für die Gruppen in der Kirchengemeinde und auch für Menschen außerhalb der Gemein-

schaft. Ein Fest ist immer die Suche nach der Gemeinschaft. Sei es im Fest des sonntäglichen Gottesdienstes, des Abendmahls oder in der Beteiligung an Stadtteilfesten oder anderen Anlässen.

4. Die Konfirmandenarbeit ist für alle offen. Jugendliche mit einer Lernbehinderung oder geistigen Behinderung haben das Recht, mitzumachen und die Bekräftigung durch das Wort Gottes zu erfahren. Die Kirchengemeinde sorgt dafür, dass wirklich alle mitmachen können, die wollen. Diese Gemeinschaft zeigt uns und weist darauf hin, dass wir uns gegenseitig bereichern.

5. Gemeindebriefe, Informationen, Formulare und Internetauftritte signalisieren nach außen: Du bist hier willkommen. Die Formulierungen und der Gesamteindruck ist verständlich und auf ein Miteinander hin ausgerichtet.

6. Die Gruppen, Kreise und vor allem das Gottesdienstangebot sind offen für alle Menschen. Gerade in diesem Bereich werden Schwerpunktsetzungen sehr schnell zu ausschließenden Zielgruppenangeboten. Das altbewährte Zweitaktprinzip „Verdichten und Öffnen" sollte auch hier angewandt werden. Gruppen und Kreise haben sehr wohl das Recht und die Möglichkeit, sich zu finden und sich gegenseitig zu vergewissern. Diese Form der Verdichtung von Interessen und Befindlichkeit ist sehr wichtig. Der nächste Schritt muss aber auch eine Öffnung für alle sein. Denn auch spezielle Gruppen und Kreise schulden ihre Besonderheit und Verschiedenheit der Gemeinschaft.

Ein Puzzle hat verschiedene Teile. Die Menschen sind verschieden. Einige Menschen gelten als behindert, wobei dieser Begriff eine soziale Feststellung ist: Behindert ist man nicht, behindert wird man. Zur Größenordnung des Anteils von Menschen mit einer schweren Behinderung gibt es verschiedene Zahlen. Die Dimensionen schwanken zwischen 10 und 35 Prozent der Bevölkerung. Somit fehlen einer Kirchengemeinde zwischen einem Zehntel und einem Drittel der Gemeindeglieder, wenn dieser Bereich ausgeblendet wird.

Wir gehen davon aus, dass die Entwicklung einer Offenheit für alle die beste „Behindertenarbeit" ist, die wir uns vorstellen können!

KLAUS VON LÜPKE

... wo Du Dich als Mensch entfalten kannst

Nachbarschaftshilfen, Freundeskreise, Vielfaltsgemeinschaften

1. Beispiele

Wenn Jörg am Wochenende zu Hause in seiner Wohngruppe ist, dann freut er sich darauf, am Sonntagvormittag Margret und Gerd zu besuchen. Die beiden kennt er von den Ferienfreizeiten her, bei denen sie ehrenamtliche Mitarbeiter waren. Er sieht sie einfach gerne immer mal wieder, und sie freuen sich über seine Zuneigung. Ihre Tür steht ihm offen. Sie setzen sich im Wohnzimmer zusammen und unterhalten sich über Ereignisse der letzten Wochen und über Freizeiterinnerungen. Wenn Jörg sein Glas Wasser ausgetrunken hat, fragt er nach der Uhrzeit und verabschiedet sich, um zum Mittagessen wieder in der Wohngruppe zu sein. Er geht zu Fuß; den Weg kennt er gut, weil dem Haus von Margret und Gerd gegenüber das Gemeindehaus ist, in dem die Schwarzlicht-Theatergruppe ihre Proben hat, an denen auch Jörg mitwirkt.

Im Wohnheim an der Isabellastraße wohnen verschiedenste Menschen mit Behinderung, von denen viele ein besonderes Interesse oder Hobby haben. Frau Weber hört gerne klassische Musik, Herr Zens interessiert sich für Brieftauben, Frau Voigt sitzt gerne mal mit Muße im Café, Herr Lembke macht gerne Ausflüge und Wanderungen usw. Das Wohnheim stellt diese Bewohner mit ihren besonderen Interessen in der Zeitung vor und fragt nach Nachbarn mit gleichen Interessen. Einmal im Monat erscheint ein Einzelporträt mit Foto und Kurztext auf der ersten Lokalseite, und es melden sich Menschen aus dem Stadtteil mit der Bereitschaft, eine Stunde pro Woche das gemeinsame Interesse miteinander in die Tat umzusetzen. Da kommt eine Nachbarin, die gerne Klavier spielt, setzt sich an das Klavier im Wohnheim und spielt für Frau Weber Musikstücke, die sie beide gerne hören. Da hat ein Nachbar einen

großen Taubenschlag und beteiligt den Herrn Zens gerne am Füttern und Putzen, und beide haben sie Spaß daran, den Tauben zuzuschauen. Und mit Frau Voigt ins Café zu gehen, dafür war schnell jemand gefunden.

Inzwischen sind es viele, die sich – gut begleitet von MitarbeiterInnen des Wohnheims – an diesem Nachbarschaftsprojekt beteiligen, und eine Vielfalt von persönlichen Beziehungen ist gewachsen.

Frau Schulz ist anderweitig berufstätig, aber pflegt in ihrer Freizeit freundschaftliche Kontakte zu Bewohnerinnen der Arche-Wohngemeinschaft: Sie schenkt der einen zum Geburtstag einen Gutschein für eine gemeinsame Wanderung und der anderen einen gemeinsamen Friseurbesuch, und mit einer hauptberuflichen Mitarbeiterin als Dritter übt sie Flötespielen für einen gemeinsamen Auftritt beim nächsten Fest. Alle freuen sich immer wieder auf ihr Kommen, und ihr tut diese Freude gut.

Die Bergtour einer Jugendgruppe, zu der eine Jugendliche im Rollstuhl dazugehört: Einige Jugendliche spannen sich vor den Rollstuhl, andere schieben von hinten, einige Weitere sichern an der Seite ab. So bewältigen sie gemeinsam den Aufstieg, den holprigen Serpentinenweg bergan. So viele sind beteiligt, dass es keinem zu viel wird, dass alle miteinander Spaß haben. Sie haben nicht den Ehrgeiz, einen Eisgipfel zu erklimmen, sondern ihr Ziel ist eine Berghütte. Dort machen sie Feuer im Ofen und packen alles, was sie an Broten und Wurst, Getränken und Schokolade mitgebracht haben, auf den gemeinsamen Tisch, sodass sich jeder nehmen kann, was er möchte. Sie feiern miteinander an diesem Tisch das beglückende Erlebnis ihrer Gemeinschaft – die Gemeinschaft der Verschiedenen.

Das Café Nord ist ein Billard-Café, das von vielen jungen Leuten sehr geschätzt wird. Es ist ein Ort, wo „man" sich trifft. Seit einiger Zeit nutzen auch Menschen mit geistiger Behinderung diesen Ort, um dort Billard zu spielen, sich mit Kleinigkeiten zum Essen und Trinken bedienen zu lassen, an der schummrigen Kneipenatmosphäre teilzuhaben. Alle fühlen sich dort sehr wohl und voll dazugehörig, und auch die Leute vom Café-Service sind mit ihnen längst gut bekannt und vertraut. Als einmal neue Gäste dumme Bemerkungen über die ihnen befremdlichen Menschen mit Behinderung machten, gingen Service-Leute an ihren Tisch und erklärten ihnen: Hören Sie mal, das sind Stammgäste von uns. Wenn es Ihnen nicht passt, dann können Sie ja gehen!

Das sind Skizzen von kleinen Beispielen gelebter Menschlichkeit zwischen Menschen mit und ohne Behinderung, die wie Leuchtpunkte in einer sonst von viel sozialer Kälte geprägten Stadt verteilt sind. Diese Leuchtpunkte von Menschen, die einander kennen, sich mit Freude begegnen und einander gerne willkommen heißen, sind eine Saat von winzig kleinen Saatkörnern zwischenmenschlicher Liebe, die nach Mehrung und Stärkung fragen lassen, weil sie auch über sich hinauswirken und zur Verbesserung des sozialen Klimas insgesamt beitragen.

2. Strukturen

Was für Strukturen brauchen wir, um die Entwicklung von Nachbarschaftshilfen, Freundeskreisen, Vielfaltsgemeinschaften usw. zu fördern?

Die strukturelle Grundvoraussetzung ist ganz einfach die, dass Aussonderung von Menschen mit Behinderung in Sondereinrichtungen überwunden wird, dass Menschen mit Behinderung zu Mitschülerinnen und Mitschülern in gemeinsamen Schulen, zu Kolleginnen und Kollegen in kooperativen Arbeitsverhältnissen, zu Nachbarinnen und Nachbarn in allgemeinen Wohnquartieren werden, dass Räume und Zeiten eröffnet werden, in denen sich persönliche Beziehungen zwischen Verschiedenen entwickeln können – Beziehungen, die in vielfältigen Wechselwirkungen des Gebens und Empfangens alle Beteiligten bereichern.

Es gilt, in den verschiedensten Lebensbereichen die Vorherrschaft von monokulturellen Strukturen zu überwinden und Vielfaltsgemeinschaften in allen möglichen Formen auszubauen. Dann geschieht die

Entwicklung von Nachbarschaftshilfen und Freundeskreisen für und mit Menschen mit Behinderung als selbstverständlicher und inklusiver Bestandteil dieser Gemeinschaftsentwicklung und aus dem gleichen und gemeinsamen Interesse der Beteiligten. Wir brauchen dazu:

1. Gemeinsame wohnortnahe Kindergärten und Schulen sowie gemeinsame Kinder- und Jugendarbeit für alle – ohne Sortieren in Behinderte und Nichtbehinderte.

Das Zusammensein in Vielfalt schafft ein die Kinder stärkendes Zusammen-leben-Lernen. Das ermöglicht einen Gewinn an Sozialbildung aus den alltäglichen Erfahrungen miteinander und fördert die Entfaltung der eigenen Persönlichkeit der beteiligten Kinder. Es wirkt grundlegend über die Kinder- und Jugendzeit hinaus, und zwar auch auf die Eltern und Familien. Das geht hin bis zu gemeinsamen Geburtstagsfeiern, zu wechselseitigen Besuchen in den Familien, zu gegenseitigen, praktischen Hilfen in Engpässen der Alltagsgestaltung des Familienlebens. Die Entwicklung von Nachbarschaftshilfen und Freundeskreisen für und mit Kindern mit Behinderung sowie für und mit Familien mit einem behinderten Kind wird zu einem inklusiven Bestandteil der Weiterentwicklung von Erziehungs- und Bildungseinrichtungen aus dem gemeinsamen Interesse an einer besseren Lebensentwicklung aller Kinder.

2. Gemeinsame integrative Arbeitsprojekte von Menschen mit und ohne Behinderung:

Dabei geht es darum, neue zukunftsweisende Arbeitsmöglichkeiten für Nichtbehinderte (z. B. in der Form von Bürgerjahren und Bürgerarbeit) zu schaffen und diese – in unterschiedlicher Ausgestaltung von Arbeitsassistenz und Tandemarbeit – zu verbinden mit der Zusammenarbeit mit Menschen mit Behinderung, z. B. auf ausgelagerten Werkstatt (WfbM)-Plätzen. Und als gemeinsamer Arbeitsinhalt bietet sich an, miteinander vielerlei verschiedene Lebensgüter und Kulturgüter zu erarbeiten, die von vielen gebraucht werden, die für viele bedeutsam und bereichernd sind. Realistische Beispiele sind: integrative Stadtteilcafés und Restaurants, gemeinwesenunterstützte und pädagogisch arbeitende Biohöfe, Kunstateliers, Musikbands und Theatergruppen. Eine Fülle von Kontakten erschließt diese nicht aussondernde Ausformung von Arbeitsmöglichkeiten: zwischen den Tandempartnern mit und ohne Behinderung und den Mitverantwortlichen und zwischen diesen Arbeitsbeteiligten und den Kunden, Gästen und Interessierten drumherum: ein inklusiver Bestandteil der Entwicklung von Arbeitsprojekten aus dem gemeinsamen Interesse an der Entwicklung von neuen und sinnvollen Arbeitsmöglichkeiten für alle.

3. Gemeinsames nachbarschaftliches Wohnen in allgemeinen Wohnquartieren und Atrium-Wohnhöfen: Kinder mit Behinderung wachsen in der Regel wie alle Kinder in einer Familie auf und erfahren mit dem Standort ihres Elternhauses in einer allgemeinen Wohnnachbarschaft ein Stück Zugehörigkeit schon von Anfang an als Selbstverständlichkeit. Darauf aufbauend brauchen Erwachsene mit Behinderung ein zweites Zuhause möglichst im gleichen Stadtteil: in individuellen Wohnungen und kleinen Wohngemeinschaften und mit Assistenzleistung je nach persönlichem Bedarf. Genauso benötigten auch die Menschen, die als Erwachsene auf Grund von Krankheit oder Unfall eine Behinderung bekommen haben, alle Unterstützung dabei, in ihrer Wohnung und in ihrem vertrauten Wohnumfeld weiterleben zu können.

Für die benötigten Assistenzleistungen ist die soziale Infrastruktur mit ambulanten Eingliederungshilfen und Pflegehilfen auszubauen. Durch einen Mix von professionellen und nichtprofessionellen Hilfen sind bei der bezahlten Hilfeleistung viele verschiedene Menschen zu beteiligen; dabei ist auch Nachbarschaftshilfe – durch Bezahlung verbindlich und

zuverlässig gemachte Nachbarschaftshilfe – einzubeziehen.

Die Nähe von einzelnen, individuell wahrnehmbaren Menschen mit Behinderung in überschaubaren Nachbarschaften und die Zuverlässigkeit von bezahlten Assistenzleistungen fördern die Entwicklung von nicht bezahlten Nachbarschaftshilfen und Freundschaftsentwicklungen, die ihrerseits zur Entwicklung der zwischenmenschlichen Kommunikationskultur beitragen und damit dem eigenen und gemeinsamen Interesse an einer Verbesserung des sozialen Klimas dienen.

Es gibt mittlerweile viele Menschen, die sich zusammenschließen, um für sich mit anderen zusammen ein Wohnen in einer Mehrgenerationennachbarschaft zu verwirklichen und damit eine Alternative zur Vereinzelung und Vereinsamung in der Gesellschaft und zur einseitigen Zusammenfassung alter Menschen in Altenheimen zu schaffen. Zu dem Nachbarschafts- und Gemeinschaftsverständnis dieser Initiativgruppen gehört es meines Wissens in der Regel wie selbstverständlich dazu, Menschen mit Behinderung als gleich und dazugehörig zu achten und sie als Einzelne oder in kleinen Wohngemeinschaften zu beteiligen. Es gibt schon eine ganze Reihe von realisierten Projekten; sie unterscheiden sich von dem Nebeneinander in vielen Wohnquartieren durch: überschaubare Größenordnung, regelmäßige Versammlungen aller Nachbarn (im dazugehörigen Gemeinschaftsraum), verbindliches Mitarbeiten in Arbeitsgruppen zu verschiedenen Gemeinschaftsanliegen, kommunikationsförderliche Architektur (z. B. Zugang zu den Wohnungen über einen gemeinsamen – verkehrs- und parkplatzfreien – Innenhof).

3. Kräfte

Was für Kräfte brauchen wir, um die Entwicklung von Nachbarschaftshilfen und Freundeskreisen voranzubringen? Mindestens ebenso wichtig wie die Strukturen sind die in ihnen arbeitenden Menschen. Gute Kräfte können auch in schlechten Strukturen Gutes schaffen, doch in guten Strukturen schaffen sie mit mehr Spaß noch viel mehr Gutes.

1. Professionelle Mitarbeiterinnen und Mitarbeiter der Behindertenhilfe müssen ein Bewusstsein und eine Grundhaltung dafür entwickeln, dass sie nicht die Einzigen und nicht die Ersten sind, die Hilfen für Menschen mit Behinderung leisten, sondern vielmehr – in einem schematisch gedachten

Hilfeleistungssystem – die Dritten. Als Dritte haben sie mit all ihrer fachlichen Professionalität die Selbsthilfekräfte der Menschen mit Behinderung als Erste zu unterstützen und dann die persönlichen Beziehungsnetzwerke mit ihren vielfältigen Hilfskräften (Familie, Kollegen, Nachbarschaft, Freundeskreis) als Zweite zu stärken. Ihre Professionalität hat vor allem darin zu bestehen, eine gute, achtungsvolle, aufmerksame Assistenzhaltung und eine offene, starke und stärkende Kooperationsfähigkeit zu entwickeln. Es gilt eine Freude daran zu entdecken und zu pflegen, Menschen in ihren lebendigen Entwicklungsprozessen unterstützend begleiten zu können und mit einer bunten Vielfalt von nichtprofessionellen Helferkräften zusammenarbeiten zu können. Bei all dem geht es letztlich um Beziehungsarbeit und darum, diese Beziehungsarbeit mit Liebe zu füllen. Es gilt immer wieder neu zu lernen, jeden Menschen als von Gott geliebt zu erkennen und sich selber in den Kreislauf der göttlichen Liebe mit Geben und Empfangen einzubringen.

2. Das Bürgerjahr – als eine neue Form gesellschaftlicher Arbeit mit Bürgerjahreinkommen – erweist sich in der Praxis immer mehr als sehr effektives Instrument der Integrationsförderung und damit auch der Förderung von Nachbarschaftshilfe und Freundeskreisen. Da finden viele verschiedene Menschen in der Beschäftigungsform Bürgerjahr (bis zu 3 Jahren) bzw. Bürgerarbeit (über 3 Jahre hinaus) eine neue zukunftsweisende Form von Arbeit mit finanzieller Existenzsicherung (plus voller Sozialversicherung.) Sie leisten – in der Regel mit großem persönlichen Engagement – eine Arbeit, mit der sie einerseits die Arbeit der Professionellen (in strenger Orientierung am Zusätzlichkeitskriterium) sinnvoll unterstützen und ergänzen, mit der sie andererseits zugleich aber auch etwas ganz Eigenes einbringen. Bürgerjahrleistende bringen gerade in ihrer Nichtprofessionalität eine große Partnerschaftlichkeit zu den Menschen mit Hilfebedarf ein und erschließen mit ihrem eigenen sozialen Umfeld manche neuen Kontakte und Teilnahmemöglichkeiten. So werden sie zu besten Integrationshelfern: in den gemeinsamen Kindergärten und Schulen, in gemeinsamen Arbeitsprojekten, in gemeinschaftlichen Wohnprojekten – in verschiedensten Vielfaltsgemeinschaftsprojekten. Und bei all dem wird die Praxis im Bürgerjahr per learning by doing zu einer Praxisschule in Sozialkompetenz, in Bürgerschaftlichkeit, in Nachbarschaftlichkeit, in Menschlichkeit – und leistet damit einen effektiven Beitrag dazu, dass immer mehr Menschen auch über bezahlte Zeiten hinaus zu guten Nachbarn und Freunden werden.

So etwas wie das in Essen entwickelte Bürgerjahr sollte als – freiwillig wahrzunehmendes – Angebot für viele Menschen zum Einsatz in vielen – unterstützungs- und ergänzungsbedürftigen – sozialen Aufgabenfeldern institutionalisiert werden und als Praxisschule der Menschlichkeit weiter profiliert werden.

3. Kirchengemeinden sind aufgrund ihrer überschaubaren Größenordnung, ihrer stadtteilintegrierten Lage, ihrer räumlichen und personellen Ausstattung und vor allem ihrer eigenen Zielsetzung die geradezu idealen Wegbereiter und Kooperationspartner für die Entwicklung von Nachbarschaftshilfen und Freundeskreisen und für die Entwicklung inklusiver Lebensverhältnisse, von Vielfaltsgemeinschaften, von Kommunikationskultur.

Kirchengemeinden sind in der Regel (noch) Träger von Kindergärten und sollten diese ganz selbstverständlich für alle Kinder öffnen und qualifizieren und darin ein Qualitätsmerkmal ihrer kirchlichen Trägerschaft sehen. Sie sollten es als Chance begreifen, in ihrem Gemeindezentrum ein alternatives Laden- und Kulturzentrum mit neuen, tandempartnerschaftlichen Beschäftigungsmöglichkeiten für Menschen mit und ohne Behinderung zu schaffen: mit Eine-Welt-Laden, Basarwerkstatt-Laden, Second-Hand-Laden, Tandem-Café, Nachbarschaftskulturveranstaltungen usw.

Kirchengemeinden könnten und sollten zu effektiven weiterhelfenden Bündnispartnern für Mehrgenerationen-Wohnprojekte werden und sich auch dauerhaft an der Entwicklung und Pflege guter Nachbarschaftlichkeit und Mitmenschlichkeit in diesen Wohnprojekten beteiligen.

Kirchengemeinden könnten und sollten zum Praxisbegleiter und Mitträger von Bürgerjahrkräften werden: um noch mehr Menschen existenzsichernde und sinnvolle neue Tätigkeitsmöglichkeiten, verbunden mit eigenem sozialen Lernen aus den Praxiserfahrungen heraus, zu schaffen.

Angesichts dieser Herausforderungen und Chancen ist es kaum noch zu verstehen, warum Diakonie und Kirchengemeinden sich nicht ganz anders aufeinander zubewegen und sich nicht viel mehr der Wahrnehmung von sozialen, grundlegend menschlichen Aufgaben miteinander verbünden und verbinden.

Anregungen u.a. bei Klaus Dörner: Kirche ohne Diakonie verliert die Erde und Diakonie ohne Kirche verliert den Himmel. Vortrag Hamburg 2006. epd-Dokumentation Nr. 13, 21. 3. 2006.

4 . Quintessenz

Bei all dem geht es letztlich um die Wiederbeheimatung von Ausgesonderten, um die Überwindung gesellschaftlicher Desintegrationsentwicklungen, um die Stärkung der Zivilgesellschaft und der Solidaritätskultur und damit um die Wiederentdeckung der Bedeutung des Sozialen für die Entfaltung der eigenen Menschlichkeit, um die Wiederaneignung der Kultur des Sozialen. Es geht – aus eigenem und gemeinsamem Interesse – um die Entwicklung einer menschlicheren Stadt für alle, wie zum Beispiel die Aktion Menschenstadt Essen sie anstrebt. Und es geht – mit anderen Worten gesagt – um die Rückbesinnung auf die Bedeutung der Praxis von Liebe für die Lebendigkeit unseres Gemeindelebens und für die Entwicklung des eigenen Lebens.

Diese Praxis von Liebe ist nicht an Professionelle und an die Einrichtungen der Diakonie hinauszudelegieren, sondern sie ist in unser Zusammenleben in Gemeinden und Stadtteilen so vielfältig wie möglich zurückzuholen – aus eigenem und gemeinsamem Interesse an der Verbesserung des sozialen Klimas für alle, an mehr Menschlichkeit im gesellschaftlichen Zusammenleben aller, am besseren Gelingen des eigenen Lebens – in guter Nachbarschaft und unter guten Freunden mit und ohne Behinderung.

Es sind in vielfältigen Wechselbeziehungen zwischen verschiedensten Menschen immer wieder neu bereichernde Erfahrungen zu machen:

Wer einem anderen Menschen Würdigung erweist – durch aufmerksames Zuhören, durch achtungsvolles Hilfeleisten, durch gerechtes Teilen von Belastungen, durch Vertrauen usw. – der strahlt selber Würde aus.

Wer Geborgenheit für andere schafft – durch Beschützen, durch Wachen, durch Für-den-anderen-da-Sein, durch Verlässlichkeit –, der gewinnt Geborgenheit auch für sich selber aus dem Vertrauen der anderen.

Wer Wohltat schenkt – durch gute Mahlzeiten, durch Hilfen zur Körperpflege, durch Zu-trinken-Geben, durch schöne Dinge, durch einen Blumenstrauß –, der wird selber mit Wohlgefühl bereichert.

Wer Fröhlichkeit verbreitet – durch ein Lächeln, durch ein Lied, durch eine Geschichte, durch ein Fest – dessen eigenes Herz gewinnt Fröhlichkeit hinzu.

Wer mitmenschliche Wärme verschenkt – durch Herzlichkeit, durch Nähe, durch ein Zuhause –, der erfährt dieselbe Wärme auch als Wohl für sich.

Wer Gemeinschaft schenkt – durch Integrationshilfen für Desintegrierte, durch Hilfen zur Beteiligung an Gruppen-, Nachbarschafts-, Gemeinde-Angeboten, durch Einladungen zu Festen und Feiern, durch Schaffen neuer Gemeinschaftsangebote –, der wird sich selber umso mehr als Teil einer Gemeinschaft erfahren.

LUDWIG DINZINGER

Was heißt „Behinderung"?

Ein Zugang aus medizinisch-psychologischer Sicht

Es gibt eine außerordentlich große Vielfalt von Phänomenen der Behinderung, die von allen möglichen wissenschaftlichen Aspekten her betrachtet werden können. Allgemein ist „Behinderung" ein übergeordneter Begriff für gesundheitsbedingte Störungen der individueller Funktionsfähigkeiten. Man unterscheidet drei wesentliche Ebenen:

- Es liegen Störungen der *Körperfunktionen und Körperstrukturen*, etwa der Sinne, des Sprechens, der Muskulatur, der mentalen Funktionen usw. vor. Diese Dimension hat man früher mit „impairment" – „Schädigung" bezeichnet.
- Diese Störungen haben individuelle Auswirkungen: *Aktivitäten der Lebensentfaltung* sind eingeschränkt, etwa Lernen, Kommunikation, Bewegung, soziale Aktivitäten usw. (früher: „disability" – „Unvermögen").
- Die Daseinsentfaltung des Menschen vollzieht sich immer in Gesellschaft und Umwelt. Für behinderte Menschen ist die aktive Teilhabe *(Partizipation)* an der sozialen Welt, beispielsweise an Werten, Überzeugungen, Bildung und Ausbildung, Arbeits- und Wirtschaftsleben usw. erschwert (früher „handicap" – „Nachteil").

Was bedeutet geistige Behinderung?

Der Begriff „geistige Behinderung" ist fragwürdig – aus theologischer und philosophischer Sicht ist „Geist" nicht einschränkbar. Zudem ist die Definition des komplexen Begriffes schwierig, weil unter anderem auch die Übergänge zur sogenannten „Normalität" weitgehend fließend sind. In den letzten Jahren hat eine Sensibilisierung stattgefunden, die zu dem Anspruch führte, keine Begriffe anzuwenden, die „von oben herab" Mitmenschen klassifizieren und Beziehungen so von Anfang an reduzieren.

Manche Organisationen im In- und Ausland haben den Ausdruck „geistig" als diskriminierend aus ihren Definitionen gestrichen, und sprechen nur noch von „Behinderung".

Man könnte als Eingrenzung des Begriffes „geistig behindert" versuchsweise so formulieren:

Als kognitiv behindert gilt, wer in Folge einer physischen Schädigung in seiner psychischen und psychosozialen Entwicklung umfassende Erschwerungen des Lebens und Lernens erfährt, die mit erheblichen Nachteilen in der Partizipation einhergehen. Einschränkungen der Teilhabe selbst aber tragen wieder hindernd zur Entwicklung individueller Kompetenzen bei.

In solchem Verständnis wird deutlich, dass der traditionelle Begriff von „geistiger Behinderung" auch eine Verwandtschaft mit einem „Vorurteil" aufweisen kann. Die seit langem in der westlichen Leistungsgesellschaft eingebürgerte Vorstellung und die mit ihr verbundenen unbewussten Verhaltensnormen haben eine Menge dazu beigetragen, den behinderten Menschen auf Sonderrollen festzulegen, ihn aus der der gesellschaftlichen Normalität auszuschließen und der Abhängigkeit und Fremdbestimmung zu überantworten. So aber tragen auch Umweltfaktoren nicht unerheblich zur Behinderung bei.

Was behindert?

In Körperfunktionen und Körperstrukturen: Aus körperlicher Sicht sind Voraussetzungen der Behinderung meist physische Schädigungen, die vor, während, oder nach der Geburt eintreten können. Dazu gehören Veränderungen der Chromosomen, vorgeburtliche Schädigungen des Fötus, auch Komplikationen der Geburt, die über Sauerstoffmangel oder andere Traumata auf das Neugeborene wirken. Diese können sich auch in Störungen der Sinne, des Gehirns oder Zentralnervensystems und verschiedener anderer körperlicher Systeme äußern.

In *Aktivitäten der Lebensentfaltung:* Die Folge der Kompetenzen, die das Kind auf seinem Weg der Entwicklung erwirbt, weist mögliche Verluste an Lebensmöglichkeiten auf – in der Hemmung motorischer und sensorischer Möglichkeiten und in der nicht gelungenen Koordination von Bewegung und Wahrnehmung. Diese Verluste äußern sich in der individuellen Gestaltung von Bewegungen, der Selbstversorgung, der Pflege der häuslichen Aktivitäten, im Lernen und im Übertragen von Wissen auf neue Situationen, in sozialer Interaktion und in der Nutzung der kommunikativen Symbole und Zeichen. Dies sind Grundfähigkeiten, die wesentlich dazu beitragen, dass sich Teilhabe entfalten kann, beispielsweise um Geschäfte zu tätigen oder sich in der Welt der Information zu orientieren.

In der *Partizipation:* In den Lebensphasen und Lebensbereichen – Kindheit, Jugend, Erwachsenenwelt, Schule, Arbeit, Wohnen, Freizeit – erfährt gerade der behinderte Mensch Einschränkungen der Teilhabe, beispielsweise in Nichtbeteiligung am persönlichen Unterhalt, fehlenden Wahlmöglichkeiten beim Schulbesuch, Beschränkungen des Arbeitsfeldes auf die Werkstatt für Behinderte, Ausschluss von Freizeit- und Bildungsmöglichkeiten. Hinzu kommt die verringerte Teilhabe in einer Welt der Mobilität, Verringerungen in Quantität und Qualität sozialer Beziehungen, an Einbindung in das staatsbürgerliche Leben. Hier treten auch hindernde Umweltfaktoren hinzu, in hemmenden Konventionen, mangelnden Unterstützungen, ungenügend ausgebauten Diensten und Leistungen, unzureichenden Systemen und Verfahrensweisen.

Beziehung unbefangen gestalten

Die meisten Menschen in der Bundesrepublik Deutschland sind befangen, mit behinderten Menschen umzugehen. Manche aufkommende Beklommenheit hat in unserem Land sicher historische Gründe und kann auch noch in den Nachkriegsgenerationen mit überholten, aber gängigen Einstellungen und mit Schuld und Abwehr von Schuld in Verbindung gebracht werden.

Haltung

Wesentlich ist eine neue, von Grund auf veränderte Haltung. Diese Einstellung geht von den Ressourcen der von Behinderung betroffenen Personen aus, traut ihnen etwas zu und wünscht und erwartet von ihnen Beiträge. Man begegnet einander auf gleicher Augenhöhe; die Defizite treten in einer „Ich-Du-Beziehung" zurück. Das gegenseitige Interesse ist echt; die Beteiligten sind bereit, über sich selbst und die eigene Welt hinauszuschauen. Sie sind, in selbsttranszendentem Sinn, „beieinander". In dieser Haltung können Werte verwirklicht werden: Achtung, Toleranz, Zuneigung, Weitherzigkeit, Geduld, Stetigkeit, Liebe.

Mitteilung

Das Gespräch findet in einer „symmetrischen" Weise statt. Es geschieht in Form des partnerschaftlichen Dialoges. Der Austausch geschieht gleichberechtigt. Jeder Beteiligte spricht für sich und ist Anwalt eigener Bedürfnisse, Wünsche und Meinungen. Die interagierenden Personen werden als solche klar er-

Sind wir nicht wunderschön?

kennbar. Höflichkeit, „Ich-Botschaften" – Rückmeldungen eigener Eindrücke und Stellungnahmen –, ein Nachfragen bei Unklarheit, Gefühlsnähe, Lachen und Witz sind selbstverständlich.

Umgang mit Gefühlen

Anfängliche Befangenheit und Beklommenheit vergehen meist schnell; Angst löst sich. Zuvor ist es wichtig, diese Gefühle wahrzunehmen, sich ihnen zu stellen, sie auszuhalten. Mitleid, Vater- oder Muttergefühle, vermeintliche Sicherheit, „wie es eigentlich laufen sollte", können Unvoreingenommenheit verhindern; solche Haltungen werden die gegenseitige Ermutigung zur Individualität, zum „Anders-sein-Dürfen", untergraben. Traditionelle Rollenmuster bieten vielleicht emotionalen Halt, können aber nicht mehr als erste provisorische Stützen sein, die überwunden werden müssen. Über ihr Vorhandensein ist ein klares Bewusstsein nötig. Dann kann man die Einsicht gewinnen, dass „Helfergefühle" auf die Dauer Empathie und gegenseitiges Vertrauen erheblich stören; fast alle Behinderten lehnen diese ihnen oft begegnende Weise ab, weil sie sich selbst meist als nicht behindert erleben. Sich schuldig zu fühlen, weil man ein vermeintlich besseres Leben lebt, ist zwar verantwortungsbewusst, aber vielleicht sachlich gar nicht gerechtfertigt, weil man allein von den Normen unserer Bezugssysteme ausgeht. Zwar ist „Mit-Verantwortung" ein guter Ausgangspunkt, Solidarität zu üben, doch sollte man die Gründe des Schuldgefühls nicht übergehen, sie können auf kollektiver oder individueller, gesellschaftlicher oder persönlicher Ebene liegen.

Es gilt fein nachzuspüren, auf welchem Niveau man dem einzelnen Menschen mit Behinderung begegnen kann; die Gruppe der behinderten Menschen ist überaus vielfältig und fordert ein differenziertes Eingehen auf das jeweilige Gegenüber. Wegweiser sind die eigenen Empfindungen bezüglich Nähe und Distanz.

Ingo Molz, Rolf M. Seifert, Bettina Pilz, Manfred Rommel, Karl Heinz Hora: Behindert?

Jeder Mensch ist auf seine Weise vielleicht ein bisschen behindert, das will nur niemand zugeben. Die denken nur, sie machen alles richtig, die denken, sie

könnten es besser als die anderen, bloß bei einem geht's schnell und beim anderen geht's langsam. Nur wenn es schnell geht, wird's auch manchmal verkehrt.

Warum kann ich, Ingo, nicht gut lesen? Es wär´ mein Wunsch. Ich kann nur große Buchstaben lesen. Auch die Politiker sind behindert, die machen auch Fehler, die halten ihre Versprechungen nicht ein. Die denken anders als das normale Volk, die denken, sie machen alles richtig. Herr Schäuble sitzt auch im Rollstuhl. Das ist gar nicht schön, da kann man nicht mit dem Schlienzbus fahren, nur mit dem Bus für Rollstuhlfahrer.

Das Wort behindert ist blöd. Es ist ein Schimpfwort, eine Beleidigung. Wenn man was nicht kann, dann soll man zusammen helfen. Die können nichts dafür, wenn sie eine Brille haben oder im Rollstuhl sitzen oder sonst behindert sind. Wir können auch was.

Ich, Rolf, kann lesen, Schreibmaschine schreiben und in einer Disco den DJ machen. Wir können nicht alles, was wir gerne möchten, zum Beispiel den Führerschein machen oder Motorrad fahren.

Ich, Manfred, würde gerne mal wieder ins Stadion gehen. Früher war ich öfter da. Ich gehe auch gerne ins Konzert. Jetzt fehlen die Mitarbeiter, und alleine geht es nicht, wegen des Rollstuhls. Es gibt Leute, die uns manchmal doof anquatschen, die gucken uns an, als wenn wir was Besonderes wären. Wir sind auch Menschen. Die verstehen nicht, wie wir leben. Die sind an der Seele behindert.

Man darf andere Menschen nicht auslachen! Manche Menschen beleidigen uns. Wir können auch nichts dafür, dass wie hier leben müssen. Ich würde gern zum Beispiel in einer Außengruppe wohnen. Miteinander reden ist wichtig. Die Leute kriegen dann einen Einblick, wie wir leben.

Angelika Fuchs: Über das Gehirn

Im Gehirn ist das wie so ein Netz. Da sind wie so kleine Kieselsteine drin, das hab ich schon mal im Fernsehen gesehen. Das sind die Eier im Gehirn, das nennt man das Einetz. Das steuert die Gehirnströme, und wenn eins kaputt ist, dann gibt es epileptische Anfälle. Durchs Gehirn laufen auch Adern, und wenn die verstopft sind, dann werden die Gedanken nicht mehr richtig gespeichert, dann ist man vergesslich. Das Zentralnervensystem steuert unser Sehen, Sprechen und

unser Gehen. Der Kopf ist sehr wichtig. Es gibt das Großhirn und das Kleinhirn. Wenn das Gehirn nicht richtig funktioniert, dann ist das wie beim V. B. Der schmeißt die Stereoanlage zum Fenster raus und andere Sachen, alles, was er hat. Das ist ein heißer Typ. Jeder, der hier lebt, hat irgendwo eine Störung im Gehirn. Kein Mensch kann alles, das wäre ja langweilig. Ich hab neulich eine Mitarbeiterin gesehen, die ging bei Rot über die Ampel. Entweder sie konnte rot und grün nicht unterscheiden, oder sie war vergesslich oder sie wollte nicht und hat blockiert. So fängt Alzheimer an.

HEINER KÜENZLEN

Mach dir kein Bildnis!

Zugedecktes aufdecken

„Bildersturm"

Die Wirklichkeit von Menschen mit Behinderung wird zu oft zugedeckt durch Bilder von anderen Menschen, die aus „positiven" und „negativen" Vorurteilen bestehen. Die Menschen werden zur Zielscheibe für Übertragungen eigener Ängste und Vorurteile:

- „Oh, der oder die Arme!" – es wird nur die Einschränkung gesehen oder in den Mittelpunkt der Aufmerksamkeit gestellt.
- „Oh, so ein Sonnenschein!" – es wird ein verklärtes und unrealistisches Bild vermittelt.

Was sind die Gründe für die Bilder?

- Menschen ohne Behinderung erleben Menschen mit Behinderung als „anders".
- Menschen mit Behinderung sind in unserer Gesellschaft zu großen Teilen nicht präsent, sondern in „Sonderwelten" untergebracht. Dadurch gibt es eine Fremdheit und viel Unwissen über Menschen mit Behinderung und ihr Leben.
- Menschen mit Behinderung äußern sich auf ungewohnte Weise. Das erregt Verunsicherung.
- Menschen mit Behinderung wecken Ängste in Bezug auf die eigene Person.

Bilder und Übertragungen verhindern, dass Menschen miteinander in Beziehung treten, und sie verhindern, dass Menschen mit Behinderung in reale Lebensvollzüge eingeschlossen werden.

Fredi Saal, ein behinderter Mann, der nur durch Zufall der Mordmaschinerie der Nationalsozialisten entkommen ist, schreibt: „Nein, nicht der Behinderte erlebt sich wegen seiner Behinderung als unnormal – er wird von anderen als unnormal erlebt, weil ein ganzer Ausschnitt menschlichen Lebens ausgesondert wird. Dadurch bekommt seine Existenz etwas Bedrohliches. Man geht dabei nicht von den behinderten Menschen selbst aus, sondern vom Erlebnis der eigenen Person. Man fragt sich, wie man selbst reagieren würde, schlüge jetzt eine Behinderung zu – und überträgt das Ergebnis auf den Behinderten. So bekommt man ein völlig verzerrtes Bild. Denn man sieht nicht den anderen, sondern sich selbst. Das hat ein paradoxes Verhalten zur Folge: Man sieht in den anderen das Leid geradezu hinein – und meidet deshalb seine Gegenwart. (Warum sollte ich jemand anderes sein wollen? Erfahrungen eines Behinderten. Paranus 1992, S. 8)

Im Gegenzug kann durch die soziale Aussonderung auf Seiten der Menschen mit Behinderung eine Scheu entstehen, sich in den Kontakt zu begeben: Die Umwelt vermittelt dem Behinderten, er sei eine Belastung, ein Störfaktor, eine Zumutung. An dieser Stelle ist der Behinderte verwundbar, das ist sein Trauma, seine Wunde, sodass er tatsächlich ängstlich wird und sich vor neuen Enttäuschungen schützt, indem er neuen Kontakten aus dem Weg geht: „Wieder und wieder ging es mir durch den Sinn, wie belastend es doch ist, immer wieder um Hilfe bitten zu müssen, Störfaktor zu sein, auch wenn man gar nicht will ... Ich verbiss mich in den Gedanken, wie scheußlich es doch ist,

immer wieder Zumutung für andere sein zu müssen."
(Luise Habel: Herrgott, schaff die Treppen ab! Erfahrungen einer Behinderten, Stuttgart 1978, S. 149).

Nun ist es ist eine Aufgabe für den und die Einzelne, sich diese Bilder bewusst zu machen und sich von ihnen zu verabschieden. Aber es ist eine Aufgabe, die nicht nur vom Einzelnen erfüllt werden kann. Wir brauchen Formen des Zusammenlebens, die Gemeinschaft und Kennenlernen ermöglichen, und in denen jeder Mensch die Chance hat, als das gesehen zu werden, was er und sie ist: mit allen Aspekten des Menschseins.

Rainer Schmidt hat dazu (in seinem Buch Lieber arm ab als arm dran, 2006, Gütersloher Verlagshaus) einen eindrücklichen Traum aufgeschrieben.

Gemeinsam auf dem Weg des Glaubens

„Du sollst dir kein Bildnis machen." So lautet das zweite der Zehn Gebote (2. Mose 20,4). Wenn wir dies nicht befolgen, wenn wir also von unserer eigenen Wirklichkeit ausgehend uns Bilder machen von anderen Wirklichkeiten, seien es Menschen oder Lebensweisen oder Kulturen, projizieren wir nur unsere Teilwirklichkeiten und Teilweisheiten auf andere. Wir nehmen den anderen nicht in seiner Lebenswirklichkeit wahr, wir zwingen ihn in unsere Wirklichkeiten hinein und fixieren ihn dort. Auf dem Weg des Glaubens fällt es uns leichter, die Bilder, die wir von uns

Rainer Schmidt: Mein Traum

Ich träume von einer Welt, in der

... alle wissen, dass Menschen zugleich begrenzt und begabt sind. Da wäre niemand unnormal, weil keiner normal wäre.

... die Besonderheit eines Menschen nicht zum Anlass genommen wird, diesen auszulachen, auszugrenzen oder abzuwerten. Da müsste niemand vor seinen eigenen Grenzen weglaufen und niemand hätte es nötig, seine Grenzen voller Scham und Angst zu verbergen. Da verlören die Grenzen ihren Schrecken, ja ihre Bedeutung.

... wir unsere festgefahrenen Bilder über Behinderte, Ausländer, Frauen ... aufgeben, weil niemand diesen Bildern entspricht.

... die Menschen lernen, ihre verrückbaren Grenzen zu erweitern, ihre unverrückbaren Grenzen zu akzeptieren und beides voneinander zu unterscheiden. Da wären die Menschen dankbar für die vielen Möglichkeiten des Lebens. Und sie würden die Sehnsucht nach Unerreichbaren nicht mehr spüren.

... Menschen mit besonders engen Grenzen Hilfsmittel und Hilfsmenschen haben, damit sie am Leben teilhaben können. Wer nicht mitmachen kann, ist dennoch dabei.

... Helfende und Hilfe Suchende einander wie Partner behandeln. Da müsste sich niemand mehr klein fühlen, wenn er um Hilfe bittet.

... der Mensch wichtiger ist als seine Leistung. Da würde niemand am Leben verzweifeln müssen, weil er zu nichts mehr nütze ist. Da würde kein Leben verhindert werden, weil es nur eine Last wäre.

... das Wesen eines Menschen wichtiger als sein Körper. Da würde das Funkeln in den Augen eines Menschen mehr beeindrucken als makellose Schönheit.

... sich Menschen über Gaben freuen, ohne es nötig zu haben, sich über den weniger Begabten zu erheben. Welche Gabe haben wir schon uns selbst zu verdanken?

... jeder Mensch als eine Bereicherung verstanden wird, nicht als Schaden. Da wäre jeder gewiss: Meine Würde wird auch dann geachtet, wenn ich nicht mehr für sie einstehen kann.

... die Gesellschaft an den Menschen angepasst wird, und nicht der Mensch in die Gesellschaft passen muss. Da würden werdende Eltern die Angst vor der Überforderung verlieren, denn sie würden mit der Last ihres Kindes nicht allein gelassen. Da wäre ein gesundes und starkes Leben wünschenswert, aber anfälliges und bedürftiges Leben keine Katastrophe mehr.

... wir nicht immer mehr Geld für die Medizin und immer weniger für die Pflege ausgeben. Gerade am Ende des Lebens gilt nicht mehr „Hauptsache gesund", sondern „Hauptsache begleitet".

Abdruck mit freundlicher Genehmigung des Gütersloher Verlagshauses.

und voneinander haben, loszulassen. Wenn wir uns zusammen vor einer dritten Wirklichkeit sehen, vor Gott, vor dem wir alle Geschöpfe sind und der uns im ersten Gebot zusagt: „Ich bin der Herr, dein Gott, der dich erlöst hat aus der Knechtschaft in Ägyptenland" (2. Mose 20,2), dann wird deutlich: Vor ihm sind wir alle gleich. Wenn wir vor ihm und mit ihm gemeinsam feiern, singen, trauern und beten, dann leben wir als seine erwachsenen Söhne und Töchter, unterschiedlich begabt, gleich geliebt.

I have a dream

„Liebe deinen Nächsten wie dich selbst. Dazu fällt mir manches ein. Ich will mich selbst lieben können, auch wenn ich nicht der Norm entspreche. Auch wenn ich weder schön noch reich noch schnell bin.

Doch wie soll ich das hinkriegen, wenn die Geburt eines Kindes mit Behinderung in unserer Gesellschaft als vermeidbarer Schadensfall angesehen wird? Wenn ich in erster Linie nicht als Mensch, sondern als Kostenfaktor angesehen werde?"

Hagos Nestreab: Ihr alle!

WALTER LINDENMAIER

Assistenz bei religiösen Bedürfnissen

Aspekte einer Ethik der Achtsamkeit

Meine Erfahrungen mit religiösen Bedürfnissen und Erwartungen von Menschen mit einer geistigen Behinderung beziehen sich auf Menschen, die teilweise schon Jahrzehnte lang in einer evangelischen Einrichtung – einer klassischen Komplexeinrichtung – leben. Diese Menschen sind in dieser Einrichtung schon immer mit christlichen Lebensweisen konfrontiert und sozialisiert geworden.

In einer solchen Umgebung ist ein religiöses Leben Alltagspraxis. Mit Gebeten, Andachten, Gottesdiensten und kirchlichen Festen werden der Tag, die Woche, das Jahr strukturiert. Es gibt konkrete Handlungen, die vollzogen, festgelegte Orte, die besucht werden.

Religiöses Leben ist auch ein Teil der Geschichte, der Biografie dieser Menschen. Sie erinnern sich an die Konfirmation, an ein in der Gemeinde gefeiertes Jubiläum, an eine schöne Weihnachtsfeier, an eine Beerdigung.

Gleichzeitig ist es ein kontinuierliches über Generationen weitergegebenes Bildungssystem. Lieder, Gebete, Psalmen werden gelernt. Viele Bewohner haben ein großes Wissen über die biblischen Geschichten und können zum Beispiel bei religiöser Kunst die passende Geschichte dazu erzählen. Sicher sind einige von ihnen deutlich besser informiert als viele nicht-behinderte Menschen. Es ist auch nicht nur „totes" Wissen. Es gibt musikalische Menschen, die nur schlecht kommunizieren können, die mit der Melodie von Kirchenliedern ihre Stimmungen und Befindlichkeiten, manchmal sogar ganz konkrete Wünsche artikulieren.

Religiöses Handeln kann auch alle Sinne und Emotionen ansprechen. Erfahrungen von Musik, Licht, Bildern und vor allem von Gemeinschaft werden möglich. Es bietet in der Gemeinschaft Trost, aber auch Angst vor Verstößen gegen die Moral, was besonders problematisch ist, weil es eben nicht nur einen Verstoß darstellt mit den üblichen „irdischen" Strafen, sondern immer auch eine persönliche Zuschreibung als „schlechter" Mensch mit Konsequenzen für die Ewigkeit sein kann, die beispielsweise in der barocken Deckenausmalung unserer Kapelle drastisch zu sehen sind.

Die vier Dimensionen zeigen Aspekte religiösen Lebens. Mitarbeiter, die professionell Menschen mit einer geistigen Behinderung bei der autonomen Gestaltung ihres Lebens unterstützen wollen, müssen mit diesen Aspekten umgehen.

Bildung und sinnliche Erfahrung

Es kann sich beispielsweise herausstellen, dass die alltägliche Struktur, die Gliederung des Tags, des Jahres usw. rein außengeleitet ist und sich nur deshalb durchsetzen kann, weil es wenig andere, dem Individuum angemessenere, von ihm selbst entwickelte und von der Organisation unterstützte Orientierungsmerkmale gibt. Genauso kann sich die Erinnerung vor allem deshalb an kirchlichen Ereignissen festmachen, weil es sonst so wenig zu erinnern gibt. Bildung und sinnliche Erfahrung aller Art sind genauso gut außerhalb des religiösen Kontexts möglich.

In Bildung und sinnlicher Erfahrung werden gleichzeitig aber auch Themen angedeutet, wie die gemeinsame Kommunikation und Verständigung mit anderen, die Erfahrung von Lust und Ekstase, von Schuld und Versagen, von Leiden, Angst und Trost, die gleichsam unter der Oberfläche der konkreten Lernfelder, Erfahrungen und Verhaltensweisen auf eine zweite, tiefer, verdeckter liegende Struktur menschlicher Bedürfnisse und Bedürftigkeiten hinweisen.

Klaus Mollenhauer schreibt in „Anmerkungen zu einer pädagogischen Hermeneutik" (in: Klaus Mollenhauer: Umwege, Weinheim/München 1986, S. 127):

„Aber die ‚Existenz', das andere Ich, das eigentliche Subjekt, das hinter den Strukturen der sozialen Realität nur verborgen, nicht aber verschwunden ist, meldet sich, wenngleich nur in Spuren: z. B. in den Äußerungen des Leibes, in Erinnerungen, in den Unstimmigkeiten des Vokabulars. Es liegt in der Natur der Sache, dass dieses Subjekt des ‚Begehrens' nicht zu Wort kommen kann im Sinne unserer alltäglichen, auch wissenschaftlichen Diskurse."

Eine solche Konstruktion der „Tiefenstruktur" der Persönlichkeit produziert eher mehr Fragen als Antworten. Trotzdem ist sie der eigentliche Gegenstand, auf den sich sämtliche Bemühungen der Assistenz bei religiösen Bedürfnissen, die ja gerade nach Antworten auf die Themen dieses subjektiven Kerns suchen, beziehen.

Differenz und gemeinsame Erfahrung

Eine Annäherung und ganz wichtige Aspekte dazu findet man bei Hans-Georg Gadamer in seinem Kommentar zu Celans „Atemkristall" – „Wer bin Ich und wer bist Du?" (Frankfurt 1986, S. 43 f.) –, in der Interpretation des Gedichts:

Vor dein spätes Gesicht;
alleingängerisch zwischen auch mich verwandelnden Nächten, kam etwas zu stehen, das schon einmal bei uns war, unberührt von Gedanken.

„So scheint es kaum nötig zu wissen, wer Ich und wer Du ist. Denn das, wovon die Rede ist, geschieht beiden. Ich und Du sind beide Verwandelte, sich Verwandelnde. Es ist die Zeit, die ihnen geschieht – ob nun dies Du das Gesicht des Nächsten trägt oder das ganz Andere des Göttlichen –, die Aussage ist, dass bei aller Vertrautheit zwischen beiden ihnen mehr und mehr der Abstand bewusst wird, der zwischen ihnen bleibt."

In diesem Beispiel werden beide an der Interaktion Beteiligte verwandelt. Die Verwandlung bezieht sich aber auf gemeinsame Erfahrung, auf das, was schon einmal bei uns war, wenn man so will, auf eine Biografie, die zumindest zeitweise gemeinsam ist. Trotzdem, und ich denke, das ist ein ganz zentraler Aspekt bei Assistenz, wird respektiert, dass zwischen den Beteiligten Differenzen, Abstände sind, dass sich die Entwicklung allein-gängerisch, im eigenen Gehen vollzieht und sich gerade darin „tröstlich" auf das, was gemeinsame Erfahrung war, beziehen kann.

So weit, so gut. Ich denke, in diesen Überlegungen finden sich zentrale Positionen der derzeitigen Diskussion zur angemessenen Arbeit mit geistig behinderten Menschen.

Unterschiedlichkeit respektieren

So ist es im Bezug auf die Persönlichkeit und ihre individuellen Bedürfnisse und Bedürftigkeiten völlig belanglos, ob jemand als geistig behindert angesehen wird oder nicht. Es ist aber nicht belanglos, wenn jemand wegen dieser Definition als geistig behindert in eine bestimmte Biografie gedrängt wurde. Wenn das, was schon einmal bei uns war, die Geschichte der Versorgung von Menschen mit Behinderung mit allen Einschränkungen, erzieherischen Maßnahmen und Begrenzungen, von Machtgefälle und Machtausübung ist, dann ist das für die Zukunft höchst relevant.

Empowerment drückt sich allein-gängerisch sozusagen schon in zwei Facetten aus. Eine Seite ist das allein Gehen, das Selbstbestimmungsrecht, wer man ist und wie man die Welt sieht, interpretiert und in ihr handelt. Die andere Seite betont das alleingängerische ohne Bindestrich, die Möglichkeit, einsam zu sein und seltsam zu werden.

Es hebt sich in der Interpretation von Gadamer in Inklusion auf: Rückbezug auf gemeinsame Geschichte, gemeinsame Erfahrungen, Dialog zwischen Ich und Du und der gleichzeitigen Respektierung des Unterschieds, des Abstands zwischen den Beteiligten.

Im Vorwort zu „Jesus als Freund" (Gemeinschaft St. Égidio: Jesus als Freund – mit geistig behinderten Menschen auf dem Weg des Evangeliums, Würzburg 2004, S. 7–9) schreibt Jürgen Moltmann, dass es in Wahrheit keine „Behinderten" gibt, sondern nur Menschen mit unterschiedlichen Schwierigkeiten, die von der Gesellschaft, die sich über Leistungsfähigkeit – Tüchtigkeit – Stärke definiert, ausgeschlossen werden. „Wer meint, dass gut und gesund nur sei, wer arbeitsfähig, leistungsstark und genussfähig ist, hat eine krankhafte Vorstellung vom Menschsein. Es gibt kein reduziertes und auch kein behindertes Leben. Jedes Leben ist auf seine Art göttliches Leben und muss so geachtet werden."

Wenn man das ernst nimmt, bedeutet das, dass Hilfsbedürftigkeit immer Teil der menschlichen Existenz ausmacht und wir alle in bestimmter Weise auf Hilfe angewiesen sind. Dieses Angewiesensein auf Hilfe konstituiert oft soziale Beziehungen, die geprägt sind von Machtverhältnissen, besonders wenn eine „Expertengruppe" sozusagen weiß, was ein angemessenes und richtiges Leben beinhaltet und dadurch die Betroffenen zu Objekten ihrer Profession macht. Ich denke, das ist seit den Anfängen z. B. der Psychiatriereform keine neue Erkenntnis.

In der Praxis ist es trotz allem immer noch ein dringendes Problem. Nach wie vor gibt es dieses Machtgefälle beim Umgang mit Hilfsbedürftigkeit, nach wie vor ist Hilfsbedürftigkeit auch ein menschlicher Makel und kein wesentlicher Bestandteil menschlichen Lebens. Nach wie vor wird das Ausmaß der Hilfsbedürftigkeit auch durch die Frage, was die

Hilfe kosten darf, bestimmt und nur partiell durch individuelle Bedürfnisse. Und zunehmend mehr wird Hilfsbedürftigkeit nicht mehr ein Thema der Solidarität, sondern zum Verschulden derer, die nicht genügend vorgesorgt haben, zum Beispiel nicht nach einem Test das Leben von Menschen mit Down-Syndrom durch eine Abtreibung verhindert haben.

Thematisiert werden diese Fragestellungen zunehmend seit dem Erscheinen des Buchs von Elisabeth Conradi (Take care. Grundlagen einer Ethik der Achtsamkeit, Frankfurt/M./New York 2001). Care, Sorge und Fürsorge, zu geben und zu empfangen ist ein Ergebnis der grundlegenden Bedürftigkeit von Menschen. Sie

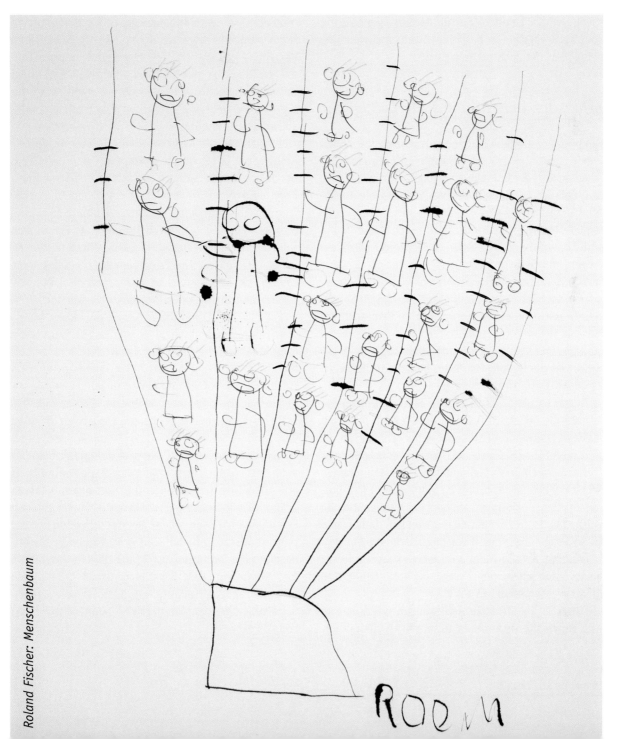

Roland Fischer: Menschenbaum

ist allgegenwärtige Praxis in menschlichen Interaktionen. Das heißt, dass der Prozess auch immer gleichzeitig von mindestens zwei Personen gestaltet wird, also auch der Hilfeempfänger nicht einseitig abhängig, sondern selbst an der Praxis beteiligt ist.

Trotzdem ist die Beziehung zwischen den Beteiligten nicht symmetrisch. Abhängigkeit und Angewiesenheit auf Hilfe ist ein Bestandteil der Beziehung. Das bedeutet aber nicht zwangsläufig Entmündigung oder Unterordnung, weil ein wesentlicher Teil des Konzepts auch ist, Möglichkeiten der Selbstbestimmung im konkreten Alltag zu erkennen. Dieses Erkennen setzt in den Interaktionen eine Kultur der Achtsamkeit voraus, die einerseits Achtung und Respekt vor der anderen Person fordert, gleichzeitig aber auch versteht und erkennt, welche Zuwendung gebraucht und auch realisiert wird.

Ethik der Achtsamkeit als Leitmotiv

Das hört sich simpel und banal an. In der alltäglichen Praxis ist es aber ein extrem komplexer Vorgang. Jemandem Respekt entgegenzubringen ist nicht etwas, was der „gute" Mensch sozusagen von selbst mitbringt. Es ist ein Prozess, der versucht, den anderen in seinen oft ganz unspezifischen Äußerungen und Aktivitäten zu verstehen. Gleichzeitig ist es ein Prozess der Selbsterfahrung, der Reflexion darüber, was an eigenen positiven wie schwierigen Lebenserfahrungen mein Verständnis für die andere Person beeinflusst. Und es ist ein Prozess, in dem auch der Mensch, dem die sorgende Unterstützung gilt, in der dialogischen Verständigung darüber, was Inhalt der Hilfe, was die Bedürfnisse sind, immer deutlicher erkennt, was er an Hilfe erwartet.

In dem aktuellen Zustand unserer Versorgungsnetze besteht die Gefahr, dass dieser Ansatz auch praktisch rückwärts gewandt missbraucht wird. Achtsamkeit als Wort mutet so nostalgisch an, dass alle Konnotationen konservativer Wertvorstellungen der uneigennützigen Selbstaufgabe geweckt und im Sinne eines nicht professionellen, möglichst weiblichen ehrenamtlichen Engagements instrumentalisiert werden. Dabei sind sie sozusagen über das Thema der Kosten die Kehrseite des aktuellen Bilds des autonomen Kunden, der als homo oeconomicus preisbewusst sich die benötigten Dienstleistungen einkauft.

Dabei ist die Ethik der Achtsamkeit, wenn man so will, subversiv. Sie kritisiert unsere Alltagsmoral, unsere Bilder von einem „geglückten Leben", das frei sein soll von Abhängigkeiten, frei von Angewiesensein auf andere Menschen. Sie respektiert die Hilfsbedürftigkeit, zeigt sie als elementaren Bestandteil menschlicher Existenz von unserer Kindheit bis in unser Alter. Sie entmündigt niemanden, nur weil er sorgende Zuwendung braucht, sondern beschreibt, wie in dialogischen Prozessen die Menschenwürde sowohl der Hilfe Empfangenden als auch die der Helfer gewahrt werden kann.

In der Ethik der Achtsamkeit werden diese Interaktionsprozesse ohne Rückbezug auf religiöse Basissätze beschrieben. Parallelen zur christlichen Soziallehre kann man an vielen Punkten finden. Es gibt aber keine Handlungsrezepte für den Umgang mit einzelnen Fragestellungen, z.B. für Schuld und Versagen, was ja in Beziehungen ein wichtiges Thema ist. Die Ethik gibt praktisch einen Rahmen, in der im gemeinsamen Dialog die richtige, nämlich die für die Beteiligten hilfreiche Antwort auf solche Fragestellungen entsteht.

Im Rahmen der Assistenz bei religiösen Fragestellungen, die ja oft für die Beteiligten sehr drängend, oft bedrückend, aber auch entlastend und Trost spendend sind – z.B. in der Frage nach Schuld, in der Frage nach Vergebung, im Umgang mit Leiden und Sterben, aber auch, obwohl seltener, als Frage nach Glück, nach guten Beziehungen zu Mitmenschen –, ist es hilfreich, sich an Prinzipien der Ethik der Achtsamkeit zu orientieren, sie sozusagen als Leitmotiv für den seelsorgerlichen Prozess zu verwenden.

Für die Gestaltung dieses Prozesses haben wir sicher zahlreiche praktische Möglichkeiten. Gerade die Handlungsorientierung der Ethik der Achtsamkeit legt es nahe, nicht nur zu reden, sondern auch im Interesse der Beteiligten etwas zu tun.

Aber auch Reden über Probleme, über ungeklärte Fragen ist notwendig. Nicht alle Fragen – z.B. beim Verlust von Angehörigen und Freunden, bei einer schweren Krankheit, bei tiefen Schuldgefühlen, aber auch bei so positiven Erfahrungen wie Verliebtheit mit allen Unsicherheiten und Erwartungen – lassen sich mit Handlungen allein lösen. Aus vielen eigenen Erfahrungen wissen wir aber, wie schwierig es ist, richtige Worte zu finden. Die Worte sollen ja zeigen, dass wir die Erfahrungen, die der andere gesammelt hat, verstehen, dass wir zuhören und nicht gleich abschließende Urteile fällen oder für die Fragen Scheinlösungen anbieten. Mehr können wir nicht tun.

MIRJA KÜENZLEN

„Behinderte"? –
„Menschen mit Assistenzbedarf"?

Wie sagt man es denn richtig?

Die Unsicherheit der Sprache ist verräterisch: Sie offenbart unsere Ohnmacht und Hilflosigkeit, mit der Andersartigkeit der Menschen umzugehen. Seit jeher suchen wir danach, wie man nun „Menschen mit Behinderung" nennen und bezeichnen soll. Die Suche ist nicht abgeschlossen: Jeder der Begriffe hat nach einiger Zeit neue „Klassifizierungen", Vorurteile und Stigmata aufgewiesen.

Es stellt sich die Frage: Muss man die Menschen denn überhaupt mit einem Sonderwort bezeichnen?

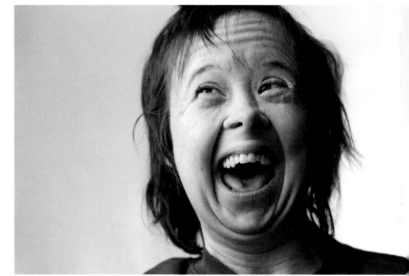

Jeder Mensch ist einzigartig; kann es da überhaupt einen Begriff geben, der die Besonderheit der Menschen wahrt und uns trotzdem hilft, uns darüber zu verständigen, über wen wir reden?

Ein Teil der Lösung ist es, weniger über die Menschen zu sprechen, und dafür mehr mit ihnen.

Menschen mit Lernschwierigkeiten

Dafür kämpfen wir:
Wir wollen „Menschen mit Lernschwierigkeiten" genannt werden!
Früher hat man uns viele Namen gegeben: Irre, Idioten, Geisteskranke oder Schwachsinnige. Diese Wörter sind sehr schlimm. Sie machen uns schlecht.
Später hat man uns den Namen „geistig Behinderte" gegeben. Man hat gemeint, der Name ist besser als die anderen Wörter.
Wir vom Mensch zuerst-Netzwerk People First Deutschland e. V. finden, dass die Wörter „geistig behindert" uns auch schlecht machen. Sie passen nicht dazu, wie wir uns selbst sehen.

Bei den Worten „geistig behindert" denken viele Menschen, dass wir dumm sind und nichts lernen können. Das stimmt nicht. Wir lernen anders. Wir lernen manchmal langsamer oder brauchen besondere Unterstützung.
Deshalb wollen wir Menschen mit Lernschwierigkeiten genannt werden.
Wir fordern, dass die Wörter „geistig behindert" nicht mehr benutzt werden!
Und übrigens: Wir wollen, wie alle anderen Erwachsenen auch, mit unseren Nachnamen angesprochen werden.
Es ist nicht in Ordnung, uns einfach zu duzen.
(Aus der Homepage www.peoplefirst.de)

In der Praxis empfiehlt es sich, die Menschen und deren Angehörige zu fragen, welche Bezeichnung sie für sich möchten oder ob sie überhaupt eine möchten.

Meinungen von Menschen, die normalerweise als „geistig behindert" bezeichnet werden:

„Ich brauche manchmal Hilfe, aber ich finde eigentlich nicht, dass ich behindert bin!" (Milena)

„Die haben doch drei Kategorien für die Welt: Normale und Verbrecher und Behinderte – so ist das doch!" (Gerhard Schoch)

„Diese Diskussion um die Bezeichnung ist doch seltsam, man kann auch hinter den korrekten Begriffen sehr kalt bleiben!" (Klaus L.)

Die Selbstvertretung „Mensch zuerst-Netzwerk People First Deutschland e. V." fordert, den Begriff „geistig Behinderte" durch die Bezeichnung „Menschen mit Lernschwierigkeiten" zu ersetzen.

Sabine Hofmann: Die Sache mit dem Sie und dem Du

Ich finde, man muss da sehr differenzieren. In Stetten duzen wir uns alle, und das finde ich vollkommen in Ordnung, wenn es auf Gegenseitigkeit beruht. Wobei ich es manchmal respektvoller fände, wenn neue Mitarbeiter mich um Erlaubnis fragen würden, ob ich das gegenseitige Du möchte.

In der Öffentlichkeit von fremden Personen geduzt zu werden finde ich nicht so schön, es ist aber leider sehr verbreitet. Wobei ich es immer noch besser finde, geduzt zu werden und damit wenigstens angesprochen zu werden, als dass man sich über meinen Kopf hinweg unterhält, als wäre ich nicht anwesend. Das ist viel respektloser als ein unangebrachtes Duzen.

Zur Verwendung von Bezeichnungen in diesem Buch

Im Redaktionsteam haben wir beschlossen, in den Beiträgen dieses Buches jeweils die Bezeichnung zu übernehmen, die die Autorin oder der Autor gewählt hat, weil es ihrer und seiner persönlichen Entscheidung entspricht. Zudem erachten wir keine der Bezeichnungen für so gelungen, dass wir sie für allgemeingültig erklären wollten.

So war es früher: Das galt dann schon als Fortschritt:

Irrenanstalt   Schwachsinnig   Behinderte

Vollidiot/Irre Mädchen!   Bewohner

Dorfdepp   Beschäftigte

Daraus wurden in den letzten Jahren: Mitarbeiter und Klienten!

Auf schwäbisch heißt es trotzdem oft liebevoll:

Unsere Leut´

Gängig ist auch:

Menschen mit einer Behinderung

Mit geistiger/ mit seelischer/ mit Sinnesbehinderung

oder weniger umständlich:

Menschen mit Handicap

Selbsthilfegruppen fordern die Bezeichnung:

Menschen mit Lernschwierigkeiten

Die Salamanca-Erklärung 1994, UNESCO-Weltkonferenz formuliert:

Menschen mit besonderen Bedürfnissen

Die Bezeichnung „Schwermehrfachbehinderung" wird vermieden:

es sind Menschen mit (hohem) Assistenzbedarf

Etwas euphemistisch heißt es dann:

Menschen mit Verhaltenskreativität

Wie wär´s denn einfach nur mit: Menschen!

Mit Herzen, Mund und Händen

Hinweise zu Didaktik und Methoden

Mit Herzen, Mund und Händen

Hinweise zu Didaktik und Methoden

Welche Methoden und welcher didaktische Ansatz eignen sich für die inklusive Arbeit?

Eigentlich keine anderen als sonst!?

In jedem Fall ist ein Ansatz gut, der möglichst viele Sinne anspricht, der Menschen Beteiligung ermöglicht und der sich auf ihre Lebenswelt bezieht.

Aber am wichtigsten ist, dass Sie eine Methode wählen, die Ihnen entspricht, die Ihnen Spaß macht, sei es

- erzählen,
- der Umgang mit Symbolen,
- tanzen,
- Rollenspiel,
- Musik oder
- Kunst.

Zu diesen Methoden bekommen Sie im folgendem Kapitel wichtige Hinweise.

Bei allen Methoden gilt: Das gemeinsame Anliegen soll im Vordergrund stehen, und das mit viel Liebe und Zuneigung. Dann entstehen die schönsten Dinge!

Wir wissen aber, dass denen, die Gott lieben, alle Dinge zum Besten dienen. Röm 8,28

Inhalt

WOLFHARD SCHWEIKER

Was ist wichtig für das Wie?

Einführung in eine Didaktik des inklusiven Feierns

Wie lernen wir unseren Glauben so zu feiern, dass alle Menschen durch diesen Vollzug persönlich angesprochen werden und niemand ausgeschlossen wird? Dieser Frage soll hier am Verlauf eines Gemeindegottesdienstes am Sonntagvormittag exemplarisch nachgegangen werden. Es ist nicht der Versuch, mit einer besonderen Zielgruppe einen eigenen ihr gemäßen Gottesdienst zu gestalten. Vielmehr soll an den Bedingungen eines normalen Gottesdienstes aufgezeigt werden, wie sich der gewohnte Rahmen so gestalten lässt, dass alle Menschen in ihren individuellen Besonderheiten angemessen berücksichtigt werden und ohne Ausgrenzung gemeinsam ein Fest der Verschiedenen feiern. Dazu folgen wir einzelnen Elementen im Verlauf der erneuerten Agende (1990) des Predigtgottesdienstes in der Evangelischen Kirche in Deutschland. Auf diesem Weg kommen didaktische Prinzipien der inklusiven Pädagogik und Sonderpädagogik dort zur Sprache, wo sie in der gottesdienstlichen Feier des Glaubens besonders praxisrelevant werden.

Prinzip der Gleichstellung und Einladung – Glockengeläut für alle

Die Glocken läuten für alle. Sie kennen keine Unterschiede. Ohne Ansehen der Person laden sie jeden Menschen auf gleiche Weise ein. Ihre Schwingungen weisen ein breites Klangspektrum auf. Sie rufen die Menschen, gerade auch diejenigen vom Rand, sich auf den Weg ins Zentrum der Gemeinschaft zu machen. Wie aber ist zu gewährleisten, dass alle, die sich aufmachen wollen, dies auch können? Einzelnen könnte von der Gemeinschaft eine Assistenz oder ein Fahrdienst angeboten werden, um auch den „Kirchgang" antreten zu können. Oder sie können durch einen „Kassettendienst" den Gottesdienst über Tonträger im Nachhinein mitfeiern.

Das Geläut bringt das *Prinzip der Gleichstellung* und die Einladung der vorbehaltlosen Gastfreundschaft zum Klingen. Beide Grundsätze müssen sich an der Kirchentür erneut bewähren. Der Eintritt in den Raum, in dem der Mensch Gottes Nähe bewusst begegnet, ist von alters her ein Schritt über die Schwelle. Sie sollte für niemanden zu hoch sein und von allen Besuchern und Besucherinnen möglichst selbstständig überwunden werden können. Sind Stufen vorhanden, ist eine Rampe bereitzustellen. Für Menschen im Rollstuhl oder mit Gehbehinderungen ist für einen weitgehend barrierefreien Zugang zu sorgen. Nicht weniger wichtig ist die Barrierefreiheit in den Köpfen der Gemeindeglieder, insbesondere gegenüber den Schwestern und Brüdern, die von den sozialen, kulturellen und lokalen Gewohnheiten abweichen. Die Begrüßung an der geöffneten Tür wird sich an einer zugewandten geschwisterlichen Haltung gegenüber allen Eintretenden messen lassen.

Prinzip der Versinnlichung – Musik und Gesang zum Eingang

Die liturgische Feier des Gottesdienstes beginnt mit Musik und Gesang. Liturgie wird von Christian Grethlein als „Präsenz des sinnlichen Reichtums" umschrieben: Möglichst alle Sinne sollen angesprochen werden. Das *Prinzip der Versinnlichung* ist für alle Menschen bedeutsam, insbesondere für alle, die in einzelnen Sinnesbereichen ihrer Wahrnehmung und Wahrnehmungsverarbeitung eingeschränkt sind. Noch vor dem Hören ist beim Betreten des Kirchenraums das Schauen der erste sinnliche Eindruck. Architektur und Gestaltung des Raumes sprechen ihre eigene Sprache.

Liturgische Farben, Symbole, Bilder und Kirchenfenster predigen während der gesamten Gottesdienstzeit kontinuierlich. Auf die Alphabetisierung und Ausformungen dieser nonverbalen Sprachformen im Gottesdienstraum sollte im Verlauf des Kirchenjahrs sorgfältig geachtet werden.

Das Hören der Orgel kann für Menschen, die überwiegend auf basale Weise kommunizieren, durch vibratorische Erfahrungen bereichert werden, indem sie die Schwingungen am Resonanzkörper der Orgel spüren. Auch beim Singen lässt sich das Spüren der Musik am Körper von vertrauten Personen erfahren. Die Gemeinde hat mit ihrem Gesang im Gottesdienst das erste Wort. Wer möchte, sollte einstimmen können. Gesangbücher oder Liedblätter im Großdruck sollten auch für diejenigen bereit stehen, die in ihrem Sehvermögen eingeschränkt sind.

Prinzip der Normalisierung – Gruß und Votum

Zum Votum erhebt sich die Gemeinde üblicherweise von ihren Plätzen. Wer nicht aufstehen kann, mag sitzen bleiben, oder alle bleiben solidarisch sitzen. Entscheidend ist nicht so sehr, was getan wird, sondern wie Menschen mit besonderen Lebensbedingungen wahrgenommen und ob und wie ihre Bedürfnisse berücksichtigt werden.

„Im Namen Gottes (...) feiern wir." So beginnt der Liturg oder die Liturgin die Feier. Gott, der tragende Ursprung des Lebens, wird zum gemeinsamen Bezugspunkt erklärt. Diese Ausrichtung der Herzen eröffnet ein Feiern auf gleicher Augenhöhe als Schwestern und Brüder. Die Anwesenden bestätigen dies mit einem gesungenen „Amen". So sei es! Alle werden gleichwertig behandelt und in die sonntägliche Feier auf gewohnte Weise einbezogen. In der Sonderpädagogik wird diese Vorgehensweise als *Prinzip der Normalisierung* bezeichnet. Jede Person wird so normal wie möglich behandelt und nicht durchgängig in gesonderten Veranstaltungen oder Einrichtungen separiert. Alle richten sich in demselben Raum auf ihren gemeinsamen Ursprung aus.

Prinzip der Ritualisierung – Psalm und Eingangsgebet

Die Elemente der Feier sind nicht zufällig aneinander gereiht. Alle Elemente, auch das Psalm- und Ein-

gangsgebet, haben ihren festen Ort in den regelhaft wiederkehrenden Abläufen. Die Ordnung stiftende Funktion rituell geformter Vorgänge unterstützt Menschen, sich zu orientieren, Handlungssicherheit zu gewinnen und heimisch zu werden. Dies ist nicht nur für Menschen mit geistiger Behinderung von großer Bedeutung. Das *Prinzip der Ritualisierung* fördert neben der Orientierung auch die Sinn- und Gemeinschaftsfindung. Im gemeinsamen rituellen Vollzug treten die individuellen Besonderheiten der einzelnen Menschen in den Hintergrund. Sie werden in einer „Gruppenexistenz" aufgehoben. Auf ein gutes Maß vertrauter, regelmäßig wiederkehrender Vollzüge ist darum sorgsam zu achten.

Das Gebet ist nicht nur ein „Reden des Herzens mit Gott", sondern des ganzen Menschen. Es kann darum auch körperlich mit Gesten, Bewegungen und liturgischen Tänzen „gesprochen" werden. Das *Prinzip der Handlungsorientierung* erleichtert es, dass Anliegen und Empfindungen, Gedachtes und Gesprochenes durch den Körper hindurch gehen und auf diese Weise intensiver zum Bewusstsein kommen. Die Körpersprache ist eine universale Sprache, die auch verstanden wird, wenn die Verbalsprache nicht entschlüsselt werden kann. Die Gebärden, Gesten und Symbolhandlungen der Liturgen oder Liturg und der Feiernden sind für die Teilhabemöglichkeiten im festlichen Vollzug von besonderer Bedeutung.

Prinzip der Visualisierung, der Rhythmisierung, der Elementarisierung – Prinzip der Differenzierung – Predigt

Das Wort Christi reichlich, also auch in vielerlei Gestalt, unter uns wohnen zu lassen ist eine Aufgabe, zu der schon Paulus (vgl. Kol 3,16) ermutigt hat. Das Wort Gottes ist nicht nur auf die Predigt und nicht nur auf das gesprochene Wort beschränkt. Unterschiedliche Formen der Versinnlichung (s. o.), insbesondere das Prinzip der Visualisierung von biblischen Geschichten und Auslegungen, sollten nicht ungenutzt bleiben. Die Gottesdienst- und Erzählliteratur bietet hier eine sehr breite Angebotspalette an methodischen Anregungen (vgl. zum Beispiel: Rheinischer Verband für Kindergottesdienst (Hg.): Erzählen mit allen Sinnen: Ein Kreativbuch mit über 50 Methoden und biblischen Erzählbeispielen). Mit

modernen Übertragungsmedien können Bilder und Bewegungen auch für alle (sehenden Personen) sichtbar vergrößert werden.

Insbesondere bei der Predigt ist auch das durchgängige *Prinzip der Rhythmisierung* zu beachten. Ein zwanzigminütiger Verbalmonolog, und sei er noch so spannend gestaltet, ist auch für intellektuell ausgerichtete Personen ein sehr einseitiger Zugang. Es sollte darum der Frage nachgegangen werden, wie durch narrative, fragende, dialogische, meditative oder sonstige Elemente der Verkündigungsteil kurzweilig gestaltet und rhythmisiert werden kann.

Die gesamte Gottesdienstgestaltung, nicht nur die Predigt, sollte vom mehrschichtigen *Prinzip der Elementarisierung* durchdrungen werden. Es geht hier nicht um eine Vereinfachung oder Simplifizierung der Sachverhalte, sondern wie bei einem Sirup um eine Konzentration auf das Elementare, d. h. auf die Grundbestandteile und Anfänge. Im Sinne elementarer Strukturen geht es vor allem um eine in Satzbau und Begriffen grundlegend einfache Sprache (s. o.), die von Leuten von heute gesprochen und verstanden wird. Zweitens nimmt die Feier des Glaubens auf die elementaren Erfahrungen Bezug, die für die Situation der Menschen lebensbedeutsam sind. Drittens ist sorgfältig auf elementare Zugänge und Methoden zu achten, wie sie hier verschiedentlich vorgeschlagen werden, die den Menschen über alle Wahrnehmungsformen, auch über die basalen Sinne erreichen. Und schließlich geht es um die Konzentration auf das elementar Christliche, das „gewiss machende Wahre".

Hier wird deutlich, dass das Elementare in dieser Vielschichtigkeit nicht für jede Person zu jeder Zeit und auf dieselbe Weise das Gleiche sein kann. Darum ist bei aller Betonung des Gemeinschaftscharakters einer liturgischen Feier auch darauf zu achten, dass jede Person zu ihrem Recht und zur Befriedigung ihrer individuellen Bedürfnisse kommt. Das *Prinzip der Differenzierung* kann dazu verhelfen, dies zu realisieren. So ist – wie z. B. im Konzept der sogenannten Thomasmesse – auch eine Phase denkbar, in der die einen kreativ tätig werden, die anderen meditieren und wieder andere singen, gesalbt oder gesegnet werden. Nicht alle Gottesdienstbesucher tun zu jeder Zeit dasselbe. Jede Person kann sich in dieser Phase ihren Möglichkeiten, Neigungen und Bedürfnissen entsprechend differenzierten Angeboten zuwenden.

Prinzip der Verleiblichung – Abendmahl

Das Abendmahl wird in der protestantischen Tradition nicht in jedem Predigtgottesdienst gefeiert. Wenn jedoch zum Gemeinschaftsmahl eingeladen wird, gibt es kein weiteres Beiprogramm. Alle sind vorbehaltlos eingeladen, auch Kinder, die in die Mahlfeier eingeführt wurden. Die Freiheit, ohne Vorbedingungen zum Abendmahl zu gehen, hat sich aufgrund einer langen Tradition einer rechtzeitigen Anmeldung zum Sakrament im Pfarramt und einer vorausgehenden Katechismusprüfung längst noch nicht überall durchgesetzt. Damit wirklich alle Christen, z. B. auch Kinder oder alkoholkranke Menschen, das Mahl einnehmen können, sollte es mit Traubensaft gefeiert werden. Christus kommt uns Menschen in den Elementen von Brot und Wein so nah, dass er sich uns einverleibt. Seine Menschenfreundlichkeit ist nicht nur zu sehen, sondern auch zu schmecken. Das *Prinzip der Verleiblichung* der Wohltaten Christi wird an diesem theologischen Kristallisationspunkt für uns Menschen am deutlichsten spürbar. Die leibliche Zuwendung kann aber auch durch viele andere Symbol- und Ritualhandlungen somatisch erfahrbar werden: Durch das Handreichen oder Umarmen bei der Weitergabe des Friedensgrußes, durch die Handauflegung bei Segenshandlungen oder bei Salbungen und Fußwaschungen. Die Einbeziehung dieser Nahsinne erfordert einen sensiblen Umgang und ist besonders für Menschen mit einer schweren mehrfachen Behinderung ein sehr bedeutsames Medium der Kommunikation.

Prinzip der Beteiligung – Fürbitten

Die Fürbitten am Ende des Gottesdienstes richten sich häufig auf Personen, die in ihrer schwierigen Lebenslage auf göttliche und menschliche Hilfe angewiesen sind. Menschen mit einer Behinderung werden nicht selten zu solchen hilfsbedürftigen und Mitleid erregenden Wesen stigmatisiert. Auch wenn sie zu ihrer Lebensbewältigung mehr Assistenz benötigen als sogenannte Nichtbehinderte, dürfen sie nicht in die passive Objektrolle der Hilfsbedürftigen abgedrängt werden. Wo auch immer Assistenz nötig ist, sollte sie, wenn möglich, als Hilfe zur Selbsthilfe angeboten werden. Menschen mit Handicaps sind als selbstbestimmte Persönlichkeiten wahrzunehmen und zu behandeln. Sie müssen darum auch als Subjekte von Fürbitten ernst genommen werden. Das *Prinzip der Beteiligung* gilt für den gesamten Gottesdienst. Jeder Mensch kann und sollte sich seinen Begabungen gemäß einbringen können. Was Paulus mit dem Wort Charisma umschreibt, wird in der Sonderpädagogik mit dem *Prinzip der Kompetenzorientierung* umschrieben. Auch in sogenannten Behinderungen stecken gewöhnlich viele Begabungspotenziale.

Prinzip des Empowerments – Segen

Der Gottesdienst endet mit einer Stärkung. Mit dem Segen Gottes wenden sich die Feiernden wieder nach außen und kehren zurück in die Lebenswelten, in denen sie verortet sind. Im Segen wird die Leben erneuernde Kraft des Gottesdienstes noch einmal gebündelt und für den Alltag weitergegeben. Die säkulare Entsprechung aus der Pädagogik ist das Prinzip des Empowerments. Menschen, die als schwach gelten, sollen für ihr Leben gestärkt werden. Im Gottesdienst geht diese Kräftigung von allerhöchster Instanz aus. Der göttliche Zuspruch: „Ich will dich segnen (...) und du sollst ein Segen sein!" (Gen 12, 2) gilt allen Menschen. Diese Begabtheit der vermeintlich Unbegabten zu entdecken wird die große Herausforderung im alltäglichen Miteinander der Verschiedenen sein.

Checkliste für einen inklusiven Gottesdienst

Die beschriebenen didaktischen Impulse und pädagogischen Prinzipien sind Orientierungspunkte auf dem Weg zu einem geistlichen Miteinander der Verschiedenen. Sie geben an, was beachtet werden sollte. Zu prüfen ist, ob es geschieht und wie es verwirklicht werden kann. Nicht immer können alle Punkte abgehakt werden. Es kommt auf eine sinnvolle Mischung an.

Es folgt nun eine kleine Checkliste zur Gestaltung des inklusiven Feierns von Andachten, Tagesgebeten, Besinnungen und Gottesdiensten. Sie bietet keine Antworten, sondern besteht aus Punkten, die nicht nur „durchgecheckt" werden möchten, sondern auch dazu anregen, die gewohnten Abläufe und Verhältnisse kritisch zu überprüfen. Sie regen an, die bislang offenen, unbedachten Aspekte zu bearbeiten und die oben umschriebenen Prinzipien im Vollzug des gemeinsamen Feierns konkrete Gestalt gewinnen zu lassen.

Prinzip der Gleichstellung

- Die innere und äußere Schwelle, an der Feier teilzunehmen, ist für alle gut überwindbar.
- Alle erhalten die gleiche Wertschätzung, unabhängig von Ansehen, Rolle und Sozialstatus.
- Die Beschallung des Raumes oder die Ausstattung mit akustischen Hilfsmitteln (Hörgeräte etc.) ist so gestaltet, dass alle möglichst optimal hören.
- Die Beleuchtung des Raumes und das zu Lesende ist (z. B. Gesangbücher im Großdruck) für sehbehinderte Menschen geeignet.
- Es bleibt für alle genügend Zeit, z. B. um das Liederbuch aufzuschlagen.

Prinzip der Normalisierung

- Menschen, die durch soziale oder diakonische Einrichtungen betreut werden, gehören selbstverständlich zur Kirchengemeinde vor Ort.

- Spirituelle Angebote in der Gemeinde stehen allen offen.
- Behindertengerechte Toilette, Pflegebereiche und barrierefreie Räume sind vorhanden.
- Ein unangemessener Behinderten- oder Mitleidsbonus und eine unsensible „Gleichmacherei" im Umgang miteinander wird vermieden.

Prinzip der Elementarisierung

- Eine elementare, verständliche Sprache wird gesprochen, die der Lebenswirklichkeit und der religiösen Tradition der Menschen entspricht.
- Existenzielle Fragen und elementare Erfahrungen von Freiheit und Zwang, Zugehörigkeit und Ausgrenzung, Sinn und Sinnlosigkeit, die alle Menschen in unterschiedlichen Lebenslagen miteinander verbinden, werden angesprochen.
- Der Anlass der Feier, die biblische Botschaft und die christliche Wahrheit wird im Kern „herausgeschält".

Prinzip der Versinnlichung

- Möglichst viele Sinne werden angesprochen (sehen, hören, schmecken, riechen, somatisch spüren, Schwingungen erleben, sich bewegen).
- Der Raum ist so gestaltet, dass Göttliches geatmet, gerochen, im Spiel der Farben und Formen entdeckt und klangvoll erfahren werden kann.
- Worte und Geschichten werden ebenfalls versinnlicht.

Prinzip der Visualisierung

- Bilder, Symbole, Kirchenfenster im Raum werden für die Verkündigung fruchtbar gemacht.
- Gegenstände aus dem Alltag oder der biblischen Welt werden mit modernen Medien (Bild, Film etc.) oder gespielten Szenen vor Augen geführt.

Prinzip der Verleiblichung

- Biblische Geschichten, die die Zuwendung Gottes leiblich erfahrbar machen, sind von besonderer Bedeutung.
- Das Schmecken der „Wohltaten Christi" wird in der Tischgemeinschaft des Abendmahls intensiv erfahrbar.
- Menschen, die das Abendmahl nicht einnehmen können (Menschen mit PEG-Sonde, Magensonde usw.), erhalten eine andere Form der spürbaren Zuwendung.
- Gebete und Lieder werden nach Bedarf mit Gebärden unterstützt.

Prinzip der Handlungs- orientierung

- Bewegung in der Feier besteht nicht nur im Aufstehen und Hinsetzen.
- Themen finden auch in Glaubens- und Symbolhandlungen ihren Ausdruck.
- Lieder und Gebete werden auch mit einfachen Handlungen, liturgischen Tänzen und Bewegungen verbunden.
- Liturgische Tänze oder Prozessionen werden gemeinsam durchgeführt.

Prinzip der Rhythmisierung

- Es gibt einen rhythmischen Wechsel von Passivität und Aktivität, von Aufnehmen und Geben, von Stille und Bewegung.
- Lange Phasen derselben Wahrnehmungsform werden vermieden.
- Der Verkündigungsteil wird durch Szenen, Bilder, Symbolhandlungen, Antwortelemente, Stille oder Betrachtung rhythmisiert.

Prinzip der Ritualisierung

- Die liturgischen Elemente sind bekannt und wiederkehrend.

- Die Liturgie entspricht der Zielgruppe und verzichtet trotz Vertrautem nicht auf Aktuelles.
- Aspekte, die für die jeweilige Zielgruppe wichtig sind, werden ritualisiert, wie z. B. die persönliche Begrüßung und Verabschiedung oder das gemeinsame Anzünden der Kerzen.

Prinzip der inneren Differenzierung

- Der Verkündigungsteil bietet die Möglichkeit, Gedanken und Aspekte zu vertiefen, die für den Einzelnen wichtig geworden sind.
- Es gibt eine Sequenz, in der Angebote gewählt werden können, in denen unterschiedlichen Charismen, Neigungen und Fertigkeiten nachgegangen werden kann.

Prinzip der Beteiligung

- Menschen, die unscheinbar, unangepasst, gehörlos, blind oder geistig behindert sind, werden aktiv beteiligt.
- Menschen mit einer schwer mehrfachen Behinderung und (ehemalige) Alkoholiker können am Abendmahl teilnehmen.
- Die unterschiedlichen Begabungen und Interessen kommen in der Feier vor.

Prinzip der Kompetenz- orientierung

- Die Menschen werden nicht im Blick auf ihr Defizit, sondern auf ihre Kompetenz betrachtet.
- Menschen beteiligen sich dort, wo sie ihre Stärken haben.

Prinzip des Empowerments

- In der Feier wird der Einzelne in seinem Selbstgefühl und für den Alltag gestärkt.
- Durch Wahrnehmung, Wertschätzung, Beteiligung und Segnung erfährt der Einzelne neue Kraft und Ermutigung.

MIRJA KÜENZLEN

Aber bitte mit Anspruch

*Paulus und Psalmen für Menschen mit
einer geistigen Behinderung*

In der Praxis ist es oft so, dass mangels anderer Vorlagen Material aus dem Kindergottesdienst benutzt wird. Oft finden sich da Umsetzungsideen, die die Sinne und das Handeln ansprechen, und gute Erzählungen. Ein Problem ergibt sich dann, wenn auch nur die klassischen Texte und Themen des Kindergottesdienstes behandelt werden und „schwierige" Texte, wie zum Beispiel die Paulusbriefe, ausgelassen werden. Es gibt jedoch aus theologischer und aus pädagogischer Sicht keinen Grund, warum in Gottesdiensten für Menschen mit starken Beeinträchtigungen eine andere Auswahl von Themen oder Texten vorgenommen werden sollte als für andere erwachsene Menschen. Der reiche Erfahrungs- und Gedankenschatz der Bibel wendet sich an alle Menschen: die Erfahrung von Gottesnähe und -ferne, von Gottessuche und der Suche nach dem eigenen Weg – Erfahrungen, die alle Menschen teilen.

Dabei spielt das Ringen mit schwierigen Aufträgen, die uns Gott auferlegt, eine Rolle, ebenso der Streit um verschiedene Positionen, wie sie Texte der Paulusbriefe oft widerspiegeln. Dies alles ist Menschen mit Behinderung sehr vertraut. Ebenso das Wissen und die Erfahrungen um die großen Aufgaben, die sich in jedem Menschenleben in unterschiedlicher Weise finden lassen: zu wachsen und zu reifen, den eigenen Weg zu finden, Beziehungen zu leben, Verschiedenartigkeit zu erfahren, Erfolge, aber auch Abschiede zu verarbeiten und in das eigene Selbstbild einzubeziehen.

Die Texte der Bibel zeugen von diesen Themen des Lebens und des Glaubens im Lichte der Liebe Gottes. An ihnen und mit ihnen können wir unser Leben und unseren Glauben immer besser verstehen. Die Auswahl der Texte darf daher nicht nur an einer „heilen" oder einer „Kinderwelt" orientiert sein. Ich denke zwar, auch Kinder brauchen „schwierige"

Texte, auch Kinder erleben in ihrem Leben schon Streit und Gewalt, Trennung und Ungerechtigkeit. Es wäre daher falsch, ihnen nicht davon zu erzählen,

und davon, wie sie überwunden werden können. Und dennoch ist da ein Unterschied im Umgang mit diesen Themen: Erwachsene Menschen mit geistiger Behinderung sind keine Kinder. Sie haben schon einen längeren Lebens- und Reifungsweg hinter sich. Sie sind ihren eigenen Weg gegangen, haben viele Dinge im Leben gelernt, haben Krisen und Abschiede überstanden und vieles mehr. Das lässt sich nicht mit der Erfahrungswelt von Kindern vergleichen.

Menschen mit geistiger Behinderung sind daher grundsätzlich an allen Texten der Bibel interessiert wie alle anderen Menschen. Nur bedürfen sie einer elementarisierten Vermittlung. Dies ist eine besondere Aufgabe, und auch eine besonders lohnende! (Wolfgang Lamers beschreibt diesen Ansatz für die Pädagogik in seinem Aufsatz: Goethe und Matisse

für Menschen mit einer Schwermehrfachbehinderung, in: N. Heinen / W. Lamers (Hrsg.): Geistigbehindertenpädagogik als Begegnung. Verlag selbstbestimmtes Leben, Düsseldorf 2000)

Für den Gottesdienst heißt das: Welches Thema hat der Text? Was ist die eigentliche Aussage in einfachen Worten? Wer spricht hier zu wem? Und warum? – Diese ganz einfachen Fragen führen uns oft zu der zentralen Aussage des Textes. Diese zentrale Aussage in leichter Sprache zu formulieren, erfahrbar und nachvollziehbar zu machen ist eine schöne und lohnende Aufgabe für jeden Gottesdienst, immer wieder neu!

ESTHER BOLLAG / MIRJA KÜENZLEN

Den Diamanten schleifen

Wie Elementarisierung funktioniert

Elementarisierung ist eine Sichtweise. Sie betrifft den Umgang mit *Texten und Themen*, mit *Lebenserfahrungen* und mit der *Planung und Durchführung* von Veranstaltungen. (Ich orientiere mich dabei an den Gedanken aus Ernst Nipkows Aufsatz: Die Frage nach Gott aus elementarisierender fachdidaktischer Sicht; im Internet abrufbar.)

Beim Umgang mit Texten und Themen handelt es sich mehr um den didaktischen Zugang (*Was* soll gelehrt werden? *Was* beschäftigt die Menschen?). Bei der konkreten Umsetzung jedoch geht es um die Frage des *Wie*. Es ist die Frage nach der Methodik.

Aus meiner Erfahrung mit der Planung und Durchführung von Gottesdiensten in einer Gemeinde mit vorwiegend Menschen mit einer geistigen Behinderung ergeben sich drei Stufen der Arbeit:

1. Elementarisierung als Suchbewegung
2. Elementarisierung als Auswahlverfahren
3. Elementarisierung als Gestaltungsprinzip

1. Elementarisierung als Suchbewegung

Die Suchbewegung in diesem Spielfeld geht zwischen A, B und C hin und her. Sie kann sprunghaft sein (Brainstorming erlaubt!). Sie kann auch kreisen. Die Reihenfolge ist nicht festgelegt. Vielleicht springt *im Text oder beim Nachdenken über ein Thema* schon ein Bild dermaßen ins Auge, dass sich daraus die Auslegung des Textes und die Methode ergibt oder mindestens ein einleuchtender methodischer Schritt, der in der konkreten Predigt/Schulstunde verwendbar ist. Vielleicht steht aus der Lebenserfahrung der Menschen, für die die Veranstaltung sein soll (Schulstunde, Andacht etc.), gerade ein Thema biografisch im Vordergrund. Dann beginnt die Suchbewegung bei *B: Lebens- und Gotteserfahrungen ...*

Im Folgenden beziehen sich die Ausführungen hauptsächlich auf die Predigtarbeit, weil ich auf diesem Arbeitsgebiet die Erfahrungen gesammelt habe.

Zu A:
Textarbeit
Grundsätzlich sind alle Verfahren der Exegese anwendbar, solange sie etwas zur Erkenntnis des Textes beitragen. Beim heutigen Exegesepluralismus ist es nicht angebracht, die eine Methode gegen die andere auszuspielen. Welche gewählt wird, hängt von der Vorbildung und den Vorlieben der auslegenden Person ab. Kann sie gut erzählen? Hat sie Erfahrung mit Bibliodrama?

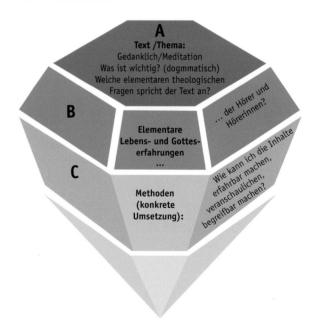

Wichtige oder hilfreiche Fragestellungen, um den Grundaussagen und -erfahrungen des Textes auf die Spur zu kommen, sind:

• Welche Aussagen im Text faszinieren mich? Oder ärgern mich? Was verstehe ich nicht?

Zu B:

Elementare Lebenserfahrungen	Elementare Gotteserfahrungen
	Gott gibt uns das Leben
Wir sind Menschen mit Leib und Seele	
Wir haben Hunger und Durst und wir brauchen Pflege	
	Er nährt uns an Leib und Seele
	Gott stellt uns vor Geheimnisse
Wir fragen: wozu lebe ich?	
Wir fragen nach dem Sinn	
	Gott hat mit unserem Leben einen Plan
Wir leiden	Er leidet mit uns
Wir haben Ängste	Er trägt uns durch Dunkelheiten
Wir hoffen auf eine gute Zukunft	
	Er schenkt uns seine Verheißung einer neuen Welt und eines neuen Himmels
Wir sehnen uns nach Heimat, nach Gemeinschaft, Liebe	
	Gott schenkt Vergebung und ermöglicht wahre Gemeinschaft
	Gott ist der Grund aller Freude
Wir sind froh und fröhlich	– er freut sich mit uns
Wir sind traurig und mutlos	Er macht frei von Angst und von Schuld
Wir brauchen Bestätigung	Gott gibt Bestätigung
Wir werden schuldig	
Wir brauchen Vergebung	Bei Gott ist Vergebung
Wir hadern mit unseren Lebensaufgaben und Lebensumständen	Gott beflügelt uns, schenkt uns neuen Mut und verbindet uns miteinander
Wir ärgern uns über uns selbst, sind unzufrieden mit uns selbst	Gott sagt: meine Kraft ist in den Schwachen mächtig!
Wir erleben unser Scheitern und unsere Grenzen	Gott liebt uns mit unseren Begrenzungen
Wir erleben Erfolg und Fortschritt	Er macht zornig gegen Ungerechtigkeit
Wir sind manchmal krank	Er ist bei uns in der Krankheit, er schenkt Kraft und oft auch Heilung
Wir brauchen Neues, wir sind neugierig	Gott schenkt Begegnung
Wir wollen Selbstständigkeit	
	Er traut uns etwas zu
Wir benötigen Unterstützung	
	Er hilft, wo wir Hilfe brauchen, manchmal anders, als wir es erwarten!
Gott ist immer größer oder kleiner, oder auch noch anders, als wir denken!	

- Was macht Gott für uns?
- Wie wird Gott in dem Text dargestellt?
- Welche Spannungen und Bewegungen sind im Text?
- Welche Körperhaltungen oder Gesten werden im Text erwähnt, schließen ihn auf, wenn wir darüber nachdenken?

Zu C:
Methoden
- Wie können die Grundaussagen kommuniziert/ übermittelt werden?
  Die Vermittlung geschieht auf mehreren Ebenen:
- Wie können Grundaussagen erfahrbar gemacht werden?
- Können sie veranschaulicht werden?
- Können sie vertont werden?
- Können sie begreifbar werden?
- Können sie in Bewegung umgesetzt werden?
- Gibt es spontane Assoziationen: Bilder oder Melodien/Gesten?

2. Elementarisierung als Auswahlverfahren

Nach etlichen Durchgängen der Suchbewegung geht es jetzt um eine Sichtung und Prüfung der Einfälle. Worauf will ich hinaus? Entspricht diese Denkbewegung dem Text? Was muss ich ausscheiden, was führt zu weit, was lenkt von dem ab, was mir wichtig ist? Es geht um eine Zuspitzung, unter dem Motto: Weniger ist mehr, immer auch im Hinblick auf die Menschen, denen die Veranstaltung gelten soll. Ihre Lebenserfahrungen sind so gut wie möglich zu berücksichtigen. In der Altenseelsorge gibt es dafür einen speziellen Ausdruck: Validation = Wertschätzung. Die Prinzipien der Validation sind auf jede Menschengruppe übertragbar. Vielleicht lege ich dann nur einen Vers aus, gehe nur einem Gedanken nach, aber natürlich im Zusammenhang, in dem er steht. Wichtig ist der Mut zur Beschränkung der Gedanken.

3. Elementarisierung als Gestaltungsprinzip

Dabei geht es um die Ausarbeitung der Predigt (Andacht, Religionsstunde etc.). Alle Elemente (Bilder, Geschichten, Gesten) sollen in den Dienst der Predigtidee gestellt werden. Es können und dürfen

durchaus mehrere Elemente sein z. B. für „Wüste" Sand, in den man greifen kann. Um die Eintönigkeit der Wüste darzustellen, ist aber auch eine Melodie, die immer wieder ertönt, möglich. Auch eine Bewegung, die wiederholt wird, kann Eintönigkeit ausdrücken. Die Auswahl der Elemente hängt auch von den Möglichkeiten der Gemeinde ab, ebenso aber von den Dingen, die gerade zur Hand sind. Elemente sind *„Verdichtungen"* der Gedanken. Dies können Symbole im Sinne der Symboldidaktik sein. Achtung! Jedes Symbol hat auch seine dunkle Seite, die man bei seinem Einsatz bedenken sollte.

Kann Elementarisierung gelernt werden?

„Das Glück bevorzugt den vorbereiteten Geist", sagt ein Sprichwort. Es lohnt sich, ab und zu „elementarisierende Fingerübungen" zu machen. Damit meine ich: sich einen Begriff vornehmen und ihn elementarisieren, z. B. „Schutz". Welche Begriffe kommen dazu in den Sinn? Welche Bilder? Was sind die Unterschiede? Was sind die verschiedenen Wort- und Lebensfelder, die damit verbunden sind? Ebenfalls bietet es sich an, einen Begriff von seinem Gegenteil her zu erschließen. Geht man von einer Bewegung aus, weil sie im Text erwähnt ist oder einem sonst in den Sinn gekommen ist, empfiehlt es sich, diese auch auszuführen, z. B.: Säen. Das ist eine Bewegung, bei der etwas aus der Hand gegeben wird. Ernten ist das Gegenteil.

Die Elementarisierungskiste

Wer steht nicht manchmal unter Zeitdruck? Dann ist es gut, in eine Kiste greifen zu können, in der Gegenstände liegen, die vielleicht inspirieren: Schnur, Handspiegel, Bilder, Bälle, Steine, Tücher, Musikinstrumente, Werkzeug, CDs mit verschiedenen Musikstücken, mit verschiedenen Musikstilen. Puppen, Masken, Farben, um Bilder zu malen, oder Schminkutensilien. Der Fantasie sind keine Grenzen gesetzt. Die Elementarisierungskiste erspart vielleicht die Suche in letzter Minute.

Zu guter Letzt:
Elementarisierung macht Freude und ist ein gutes Gehirntraining.

KARIN TERFLOTH

Damit es alle verstehen

Hinweise zu leichter Sprache

Selbstvertretungsgruppen von Menschen mit (geistiger) Behinderung fordern in ihren Bestrebungen nach Gleichberechtigung zunehmend den Gebrauch einer leicht verständlichen Sprache in allen zentralen Lebensbereichen des Alltags. Dies klingt selbstverständlich, zumal die Teilhabe an Kommunikation für die kognitive, psychische und soziale Entwicklung eines Menschen von besonderer Bedeutung ist. Dennoch fällt es Menschen ohne Behinderung oft schwer, dieser berechtigten Forderung nachzukommen. Woran liegt das?

Perspektivenwechsel

Die Forderung nach leichter Sprache geht in erster Linie von der Feststellung einer erschwerten Kommunikation zwischen Menschen mit und ohne Behinderung aus. Gelungene Kommunikation ist möglich, wenn verschiedene Personen wechselseitig aufeinander Bezug nehmen. Damit dies gelingt, müssen jedoch die jeweils genutzten Zeichensysteme vereinbar sein, oder, anders gesagt, eine gemeinsame Sprache muss verwendet werden. Leichte Sprache hilft dem wechselseitigen Verstehen, und zwar mit allen Menschen, ob diese mit einer anderen Muttersprache aufgewachsen sind, ob sie eine Behinderung haben, ob sie noch sehr jung oder bereits alt geworden sind. Doch diese zu benutzen bedeutet mehr als nur Sätze zu kürzen. Es erfordert vielmehr eine veränderte Sicht auf unterschiedliche sprachliche Fähigkeiten und somit nicht zuletzt auch auf Behinderung.

In der Entwicklung der Heil- und Sonderpädagogik war über einen langen Zeitraum zu beobachten, dass Lösungsansätze für erschwerte Kommunikation in der Regel an den Einschränkungen der Menschen mit Behinderung ansetzten. Es sind zum Beispiel seit 1990 Konzepte der sogenannten Unterstützten Kommunikation für den pädagogischen und therapeutischen Einsatz entwickelt worden, um körperliche und kognitive Einschränkungen von Ausdrucksmöglichkeiten zu kompensieren. Zahlreiche elektronische, nicht-elektronische und körpereigene Hilfsmittel, wie Talker (Computer mit Sprachausgabe), Symbolsammlungen, Buchstaben- und Bildtafeln, mimische und gestische Zeichen sowie Gebärdensysteme und anderes mehr sind für verschiedene Personen mit unterschiedlicher Sprachentwicklung auf den Markt gebracht worden. Zwar werden auf diese Weise Ausdrucksmöglichkeiten für Menschen mit Behinderung eröffnet, aber unterstützende Hilfen, das gesprochene oder geschriebene Wort zu verstehen, bieten diese Medien kaum. Doch gerade das Verstehen dessen, was ein anderer getan oder gesagt hat, eröffnet die Möglichkeit, sich darauf zu beziehen, und somit einen wechselseitigen Austausch.

Die Forderung nach leichter Sprache ist an Menschen ohne Behinderung adressiert. Es wird darauf aufmerksam gemacht, dass zur gelungenen Kommunikation zwischen Menschen mit und ohne Behinderung auch ein Teil der Verantwortung bei den beteiligten Menschen ohne Behinderung liegt. Auch an deren Sprech- und Schreibverhalten können Veränderungen hin zu einer barrierefreien Kommunikation ansetzen. Dieser Perspektivenwechsel vom Ausgangspunkt, dass Menschen mit Behinderung an das soziale Leben angepasst werden sollen, hin zu der Auffassung, dass die Strukturen des Alltags auf die jeweils darin angesprochenen Menschen verändert werden können, bildet die Grundlage für das Annehmen von leichter Sprache.

Auch wenn leichte Sprache noch nicht in Gesetzestexten verankert ist, fordern Behindertengleichstellungsgesetze, dass alle Menschen die gleichen Chancen haben. Konkrete Beispiele dafür könnten sein, dass Aushänge und Faltblätter einer Gemeinde

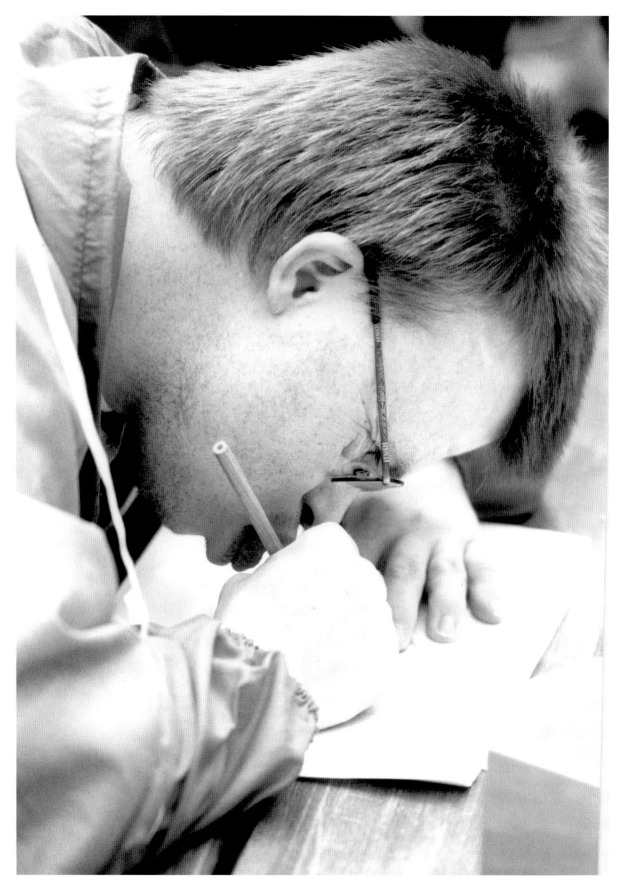

in verschiedenen sprachlichen Versionen verfasst werden, sodass verschiedene Zielgruppen sich daran orientieren können. Auch Ansprachen, Predigten und Gebete in leichter Sprache ermöglichen es einigen Teilnehmern erst, am Inhalt sinnvoll teilhaben zu können. Zudem eröffnet ein eigenständiges Verstehen neue Schritte in der Selbstständigkeit und Selbstbestimmung von Menschen mit geistiger Behinderung.

Leichte Sprache – aber wie?

Leichte Sprache kann sowohl für das gesprochene als auch für das geschriebene Wort von Bedeutung sein. Leichte Sprache lässt sich an kurzen Sätzen und Wörtern erkennen. In jedem Satz sollte nur eine Aussage enthalten sein. Zudem ist es sinnvoll, den Konjunktiv zu vermeiden. Abkürzungen sollten erst verwendet werden, nachdem der vollständige Begriff mindestens einmal ausgeschrieben worden ist. Beispiele und Abbildungen machen etwas Gesagtes oder einen Text anschaulich.

Um „leichte Sprache" in Gesprächen zu nutzen, werden verschiedene Herausforderungen an die Beteiligten gestellt. Voraussetzungen für leichte Sprache sind *Respekt, Geduld* und *Selbstbewusstsein*. Leichte Sprache muss von allen Gesprächspartnern in gleicher Weise als gemeinsame Gesprächsgrundlage akzeptiert werden. Sich selbst und seine Gesprächspartner immer wieder daran zu erinnern, ist ein erster Schritt. „People first", eine Selbstvertretungsgruppe von Menschen mit Lernschwierigkeiten, hat ein Handbuch zur leichten Sprache veröffentlicht. Darin gibt es zahlreiches Bildmaterial und Übersetzungen von schwierigen Wörtern. Ebenfalls enthalten ist eine rote Karte mit der Aufschrift „Halt, leichte Sprache!", mit der Menschen mit Behinderung selbst deutlich machen können, was sie gerade nicht verstanden haben (vgl. Mensch zuerst. Netzwerk People First Deutschland e. V: Wörterbuch für leichte Sprache. Kassel 2001). So wird deutlich, dass nicht nur der Sprecher oder Schreiber, sondern auch Leser und Zuhörer für eine gemeinsam gelungene Kommunikation verantwortlich sind. Aber ebenso offensichtlich ist wohl, dass auch beide Seiten dies erst lernen müssen.

Eine weitere Herausforderung liegt darin, dass hilfreiche Wiederholungen oder der Einsatz von Hilfsmitteln wie Bilder oder Gegenstände den Kommunikationsverlauf verlangsamen, weil insgesamt mehr

Zeichen eingesetzt werden müssen, damit Inhalte dargestellt werden können. Dies erfordert Geduld und Konzentration und steht oft im Konflikt mit der schnelllebigen Zeit.

In einfacher Sprache zu denken oder zu schreiben zwingt zudem, genau zu überlegen, was man ausdrücken möchte.

Leichte Sprache stellt auch das Selbstbewusstsein auf die Probe: Häufig wird gerade eine schwierige Ausdrucksweise mit Intelligenz und Bildung verbunden, und wer möchte nicht bei einem Vortrag vor der Gemeinde als gebildet gelten? Doch wenn es auf die Darstellung von Inhalten oder einen wechselseitigen Austausch und nicht auf das eigene Image ankommt, kann Bereitschaft für leichte Sprache entstehen und der jeweilige Sprecher oder Schreiber sich an das Tempo der Adressaten anpassen.

Ein Missverständnis wäre es nun, mit erwachsenen Menschen mit geistiger Behinderung eine Kindersprache zu praktizieren. Am Rande sei hier auch erwähnt, dass erwachsene Menschen mit geistiger Behinderung sehr häufig von fremden Menschen fraglos mit der vertraulichen Anrede des ‚Du' angesprochen werden anstatt mit dem respektvollen ‚Sie'. Dabei wird eine dem Alter angemessene Ansprache außer Acht gelassen.

Zentral scheint es daher, deutlich zu machen, dass die Intention der Nutzung leichter Sprache nicht darin liegt, dass kluge Menschen dummen Menschen etwas erklären wollen, sondern Ziel ist es, jedem und jeder zu ermöglichen, Texte zu verstehen oder Gesprächen zu folgen.

Zwar wird für leichte Sprache empfohlen, Fremd- und Fachwörter selten zu benutzen, dennoch muss man bedenken, dass diese Begriffe Lernanlässe bieten können. So kann eher die Regel gelten, dass Fachwörter aus dem religiösen Kontext, wie zum Beispiel „Sakrament", benutzt werden können, wenn diese dann mit leichten Wörtern erklärt werden.

Leichte Sprache ist, so lässt sich resümieren, gar nicht so einfach. Ihr Gebrauch vermag teilweise Kommunikationsprobleme, die auftreten können, wenn Menschen sich unterschiedlich ausdrücken, zu erleichtern, aber wohl nicht immer und überall vollständig zu lösen. Oft sind viel Fingerspitzengefühl und ein ehrliches Interesse am Anderen gefragt. Doch gerade Professionelle in der Gemeindearbeit könnten mit gutem Beispiel vorangehen und leichte Sprache praktizieren (vgl auch den Artikel zu leichterer Sprache auf beiligender CD).

Checkliste der Lebenshilfe Bremen, Büro für leichte Sprache:
Kriterien der leichten Sprache – worauf soll ich beim Schreiben achten?

Wortebene

Geläufigkeit:
- bekannte Wörter bevorzugen
- wenn nötig, Erläuterungen einfügen

Wortlänge:
- kurze Wörter bevorzugen

Positive Aussagen:
- Verneinungen vermeiden

Aktive Verbformen:
- passive Wörter vermeiden
  (liegt statt wird gelegt)

Konjunktiv vermeiden:
- Möglichkeitsform umgehen
  (z. B. könnte liegen)

Persönliche Ansprache:
- Du/Sie erhöht die Lesemotivation

Wörter nicht trennen:
- getrennte Wörter erschweren die Wort-
  erkennung

Satzebene

Kurze Sätze:
- möglichst nur einen Gedankengang pro Satz

Satzbau:
- keine Verschachtelungen, eingeschobene
  Nebensätze vermeiden
- nur einfache Satzverbindungen aus Haupt-
  und Nebensatz
- klare Satzgliederung: Subjekt – Prädikat –
  Objekt

Redundanzen:
- Informationswiederholungen verwenden (an
  vorangegangene Informationen anschließen)

Textebene

Logischer Textaufbau:
- Gleiches zu Gleichem
- Strukturierung des Inhalts durch
  Absätze und Überschriften

Wichtige Inhalte zuerst:
- am Anfang ist die Aufmerksamkeit
  am höchsten

Unnötiges streichen:
- überflüssige Informationen streichen

Gestaltung

Schrift:
- klare Schriftart mit deutlichem Kontrast
- höchstens zwei verschiedene Schriftarten
- Schriftgröße mindestens 14 Punkt
- Wichtiges in Überschriften durch fette Schrift
  oder Unterstreichung hervorheben

Zeilenlänge:
- nicht zu lange Zeilen,
- möglichst nur einen Satz pro Zeile

Zeilenabstand:
- mindestens einfach, besser 1½

Textausrichtung:
- linksbündig, rechts flatternd, offen,
  ohne Abtrennungen

äußerliche Gestaltung:
- ausreichend Rand
- nicht zu viel Text auf einer Seite

Symbole, Bilder, Zeichnungen:
- eindeutige Abbildungen zur Erklärung,
  Strukturierung und Motivation einsetzen

BIRGIT HÖVEL

Von außen nach innen gehen

Vom Umgang mit Symbolen

> *„Wer Symbole*
> *verstehen lernt,*
> *geht von außen nach innen,*
> *von der Oberfläche*
> *in die Tiefe,*
> *von der Schale in den Kern."*
>
> Hubertus Halbfas

Der Begriff „Symbol" lässt sich auf das griechische Wort *symballein* zurückführen und bedeutet: zusammenfügen, zusammenwerfen. Ein symbolon ist ein aus zwei Teilen zusammengesetztes Erkennungszeichen. In der Antike gab es den Brauch, dass zwei Freunde, die sich für längere Zeit trennten, eine Münze, einen Ring oder ein Tontäfelchen in zwei Teile zerbrachen. Damit wurde die Trennung „symbolisiert". Jeder bekam eine Hälfte als Erinnerung an die erlebte Freundschaft. Im Aufbewahren des Stückes zeigte sich die Treue der Freundschaft. Beim Wiedersehen wurden die beiden Teile wieder zusammengefügt. Überbringern von vertraulichen Nachrichten galt dieses Stück als Berechtigungsnachweis. Ähnliches geschah bei Vertragsabschlüssen: Die Besitzer der zusammengehörenden Stücke waren die rechtmäßigen Vertragspartner. Die beiden sichtbaren Gegenstände (Tontäfelchen) weisen auf eine dahinter liegende Wirklichkeit hin (Freundschaft, Vertragsabschluss).

Lernen, hinter die Dinge zu schauen

In unserer alltäglichen Lebenswelt machen wir häufig Erfahrungen, die sich kaum oder gar nicht in Worte oder Begriffe fassen lassen. Wir erleben eine Wirklichkeit, die letztendlich unsagbar, aber genauso real ist wie die Dinge, die wir konkret vor Augen haben (z. B. Liebe, die wir erleben, Hoffnungen, an die wir uns halten ...). Diese Wirklichkeit hinter den Dingen ist durch Nachdenken und Worte nicht mehr direkt oder unmittelbar zu erfassen. An dieser Stelle können wir nur in Symbolen reden. Mit Hilfe von Symbolen können sichtbare und unsichtbare Wirklichkeit miteinander verbunden werden. So verbinden Symbole den Menschen mit der Wirklichkeit, die hinter den Dingen liegt.

Dabei sind Symbole aber immer mehrdeutig und deshalb auf Deutung und Interpretation hin angelegt. Die Mehrdeutigkeit von Symbolen erfordert einen offenen Kommunikationsprozess. Symbol und Sprache sind deshalb ganz eng miteinander verbunden.

Religiöse Symbole unterscheiden sich von ihrer Funktion her nicht grundsätzlich von allgemeinen Symbolen. Im Unterschied zu diesen repräsentieren sie aber eine Wirklichkeit, die als göttliche Wirklichkeit beschrieben werden kann. Religiöse Symbole verbinden die Erfahrungen unserer alltäglichen Lebenswelt mit der religiösen Dimension, mit der Wirklichkeit Gottes. Auch diese Wirklichkeit lässt sich nicht durch Nachdenken oder durch die Sinne unmittelbar und direkt erfassen. Von dieser Wirklichkeit können wir gar nicht anders als in Symbolen reden.

Was Symbole vermitteln, ist durch keine andere Weise nachzuvollziehen oder zu erfahren. Was sie sagen, lässt sich weder empirisch erfassen noch vernunftmäßig analysieren. Für die Dimension, die

Symbole erschließen, gibt es keinen anderen Er-
kenntnisweg. Dies ist der Grund, warum symbolische
Rede die angemessene Ausdrucksform ist, um von
religiöser Wirklichkeit zu reden. Religiöse Symbole
helfen, sich über religiöse Wirklichkeit zu verständigen und in ihr zu kommunizieren.

Es liegt daher auf der Hand, dass es für religiöse
Bildung und Unterricht unerlässlich ist, in Symbolen
zu sprechen. So können Kinder und Jugendliche
lernen, über religiöse Erfahrungen zu sprechen und
sich zu verständigen.

Merkmale von Symbolen
**Symbole sind durch bestimmte Merkmale gekenn-
zeichnet, die allgemein anerkannt sind:**

Hinweischarakter des Symbols
Ein Symbol ist mehr als ein Gegenstand. Im Symbol
weisen alltägliche Dinge über sich hinaus, auf eine
Wirklichkeit außerhalb der empirisch erfahrbaren
oder sichtbaren Wirklichkeit. Symbole brechen die
Oberfläche der Dinge auf und weisen auf eine dahinter verborgene Wirklichkeit hin.

Für das Symbol „Wasser" bedeutet dies: Hinter den alltäglichen Erfahrungen von Wasser zum
Waschen, Baden etc. liegt eine andere Wirklichkeit,
auf die das Wasser hinweist. Auf den christlichen
Glauben bezogen weist es auf die Leben spendende
Wirklichkeit Gottes hin, die in der Taufe erfahrbar
wird.

Repräsentationscharakter des Symbols
Das Symbol verweist nicht nur auf eine andere Wirklichkeit, sondern lässt diese Wirklichkeit gegenwärtig sein, das heißt, es repräsentiert sie. Im Symbol
überschneiden sich die beiden Seinsebenen, es hat
an beiden Anteil.

Für das Symbol „Wasser" im Hinblick auf die Taufe
bedeutet dies, dass das Taufwasser im Zusammenhang mit den Einsetzungsworten nicht nur auf die
Leben spendende, reinigenden Kraft Gottes hinweist,
sondern sie auch vergegenwärtigen, d. h. repräsentieren kann.

Erschließungscharakter des Symbols
Symbole erschließen tiefere Dimensionen der inneren Wirklichkeit. Es kommt darauf an, über einen Gegenstand eine tiefere Wirklichkeit zu entdecken und
zu deuten. Symbole verweisen darauf, dass Leben
nicht eindimensional und oberflächlich ist.

Das Symbol Wasser kann den Zugang zu den
eigenen Lebenskräften öffnen.

Anerkennung des Symbols
Symbole müssen gedeutet werden und werden erst
zu Symbolen, wenn sie von einer Gemeinschaft oder
von Einzelnen anerkannt werden. Sie sind bezogen
auf die Erfahrungen der Gemeinschaft. Sie ermöglichen dem Einzelnen, sich zu orientieren und zu
kommunizieren. Somit sind Symbole immer auch sozial eingebettet und gesellschaftlich und geschicht-
lich bedingt.

Bezogen auf das Symbol „Wasser" in der Taufhandlung bedeutet dies, dass die Menschen, die zur
christlichen Gemeinschaft gehören und in ihr leben,
diese Handlung und den Symbolgehalt des Wassers,
als reinigende und Leben spendende Kraft Gottes verstehen, für sich vergegenwärtigen und somit Orientierung und auch soziale Einbettung erleben können
(als Getaufte/r gehöre ich zu dieser Gemeinschaft
und bin von Gott angenommen).

Ambivalente Wirkung des Symbols

Symbole sind ambivalent – sie haben eine helle und eine dunkle Seite. Sie reichen mit ihrer Wirkung in die Tiefen der Gefühlswelt der Menschen hinein und sind dabei nicht eindeutig, sondern widersprüchlich. Sie können Angst machen oder ermutigen. Welche Wirkung ein Symbol erzeugt, hängt von der Person und der individuellen Lebenssituation ab.

Auf das Symbol Wasser bezogen heißt dies: Wasser kann für Erfrischung, Reinigung, Wohlergehen stehen, aber genauso für Bedrohung, Angst vor dem Untergehen und Tod. Welche Bedeutung des Symbols bestimmend wird, hängt von der individuellen Lebenserfahrung ab wie auch von der Anerkennung des Symbols innerhalb der Gemeinschaft.

Zur Unterscheidung von Symbol und Zeichen

Zeichen sind eindeutig und haben Mitteilungsfunktion (Verkehrszeichen). Symbole sind mehrdeutig und können nicht auf einen Begriff reduziert werden. Zeichen werden entworfen, festgelegt und definiert. Sie richten sich an die Vernunft. Sie signalisieren einen Hinweis, der erfasst und befolgt werden soll. Symbole sprechen den ganzen Menschen an mit all seinen Sinnen und Gefühlen.

Zeichen beruhen auf einer Vereinbarung, die von der Sache her notwendig ist, und gelten innerhalb bestimmter Bereiche. Symbole haben keinen klar definierten Gültigkeitsbereich und können nicht einfach in oder außer Kraft gesetzt werden.

Vom Umgang mit Symbolen

Symbole können also tiefere Wirklichkeiten des Glaubens erschließen und für den Menschen ganzheitlich erfahrbar machen. Sobald es um religiöse Deutung menschlicher Wirklichkeit geht, bedarf es einer symbolischen Sprache. Der Glaube braucht den symbolischen Ausdruck. So ist symbolisches Reden und Handeln die angemessene Kommunikationsform in der religiösen Arbeit mit Kindern und Jugendlichen. Die Arbeit mit Symbolen ist kein verbal-erklärender Weg, sondern ein ganzheitlicher Prozess, der den Menschen als Ganzen ansprechen soll.

Die Arbeit mit Symbolen ist ein „ganzheitlicher Prozess, der Schweigen und Handeln, Erzählen und Spielen, Arbeiten und Feiern, Text, Bild und Musik umgreift." (Hubertus Halbfas) Für den religiösen Un-

terricht mit Kindern und Jugendlichen bedeutet das konkret:

- Wahrnehmung und Sensibilisierung der Sinne durch Stilleübungen. Damit soll erreicht werden, dass Kinder und Jugendliche lernen, sich der Innenseite der Dinge zuzuwenden.
- Symbole konkret, mit allen Sinnen erleben und erfahren.
- Symbole sehend, hörend, tastend, schmeckend, riechend, spürend erleben.
- Symbole erzählen in (biblischen) Geschichten, Gedichten, Märchen, Liedern. Eigene Texte verfassen.
- Symbole ausdrücken. Traditionen und Rituale kennenlernen und einüben, vertraut werden und feiern. Eigene, vielfältige Ausdrucksformen finden.
- Symbolen in Bildern begegnen.
- Symbole durch Lieder erleben.

BRIGITTE SCHWARZ

Das „Wir" kommt in Bewegung

Hinweise zu Rhythmik und Tanz

Warum sind Rhythmik und Tanz wichtig?

Rhythmus und Tanz sind ganz wichtige Elemente im Leben. Rhythmisierende Elemente sprechen eigentlich jeden Menschen an, denn Rhythmus ist die Grundlage unseres Lebens – an Herzschlag und Kreislauf zeigt sich dies. Rhythmus kann gesund machen und verbindet Körper, Seele und Geist. Falsche Rhythmen können sogar krank machen.

Kirchengemeinden empfehle ich, Rhythmen aufzuspüren, die lebensfördernd sind. Die Vollendung ist der Tanz im gemeinsamen Rhythmus. In Gruppen mit Menschen mit Behinderungen ist ein großes Gespür für Rhythmus da. Wichtig ist dabei der Wechsel von Power und Pause.

Bei meinen Musik- und Rhythmikgruppen für Kinder mit und ohne Behinderung lege ich großen Wert auf Anfang und Ende. Da haben wir immer das gleiche Ritual, zum Beispiel das gleiche Anfangslied. Das ist sehr wichtig für die Kinder. Dazu kommt der seelsorgerliche Aspekt. Ich frage jedes Mal: Wie geht's euch? Dann erzählt einer, dass sein Freund ihn gehauen hat, oder eine andere, dass die Oma zu Besuch kommt. Es ist ganz wichtig, dass die Befindlichkeiten der Kinder Raum haben. Auch die soziale Komponente wird berücksichtigt, indem wir die Aufgaben verteilen und gemeinsam schauen, wer was übernehmen kann oder wer Unterstützung braucht. Dann besprechen wir, wer heute das Xylofon holt oder wer beim gemeinsamen Tanz den Rollstuhl schiebt.

Welche Themen und Methoden eignen sich?

Die Themen legen sich oft von selber nahe. Wir nehmen beispielsweise die Jahreszeit auf. Wiederholungen tun gut – das merke ich auch daran, dass die Kinder sich am Geburtstag immer dasselbe Lied wünschen. Wenn sich Kinder zu langweilen beginnen, baue ich zusätzliche Elemente ein.

Hilfreich ist es, mit den Gegensätzen zu spielen: große Bewegungen und Feinmotorik, die Stimme hoch und tief, laut und leise. Bei den Orff-Instrumenten darf jeder alles ausprobieren, manche Kinder lieben die laute Pauke, auch wenn sie zuerst ganz scheu aufgetreten sind. Andere können mehr mit der zierlichen Triangel anfangen. Dazwischen gibt es immer Ruhephasen, in denen wir uns hinlegen und wo der „Fächer mit dem Sausewind" Kühlung und Entspannung bringt.

Die Kinder genießen das und kommen sehr gern. Es macht ihnen Spaß, kleine Sequenzen aufzuführen. Partneraufgaben stärken das Wir-Gefühl und die gegenseitige Wertschätzung. Es ist ein großer Moment, wenn sich die Kinder gegenseitig zum Singen animieren oder ein ganz Stiller seine Stimme plötzlich zu einem kraftvollen Ja erhebt.

Der Ausdruck kommt von innen – das „Wir" muss wachsen

Auch bei einer Aufführung oder der Mitwirkung im Gottesdienst gehen viele aus sich heraus. Was sich dafür sehr eignet, ist ein Segenslied mit Gesten. So etwas muss man allerdings inhaltlich vorbereiten, dann sind die Kinder auch mit Eifer dabei. So etwas kann man nicht geschwind antrainieren; dann wären die Bewegungen nicht mit Inhalten gefüllt. Das kann man an der Mimik der Kinder genau ablesen.

Für gemeinsame Unternehmungen von behinderten und nicht-behinderten Kindern oder auch Erwachsenen ist allerdings wichtig, dass ein Wir gewachsen ist. Es klappt nicht, einfach zu zeigen, wie's geht, und es die Kinder dann nachmachen zu lassen. Man darf auch nicht die Kinder aus dem Kindergottesdienst zwingen, die ihnen unbekannten Kinder mit Behinderungen anzufassen, um mit ihnen zu tanzen. Wenn aber die Kinder einander schon kennen und gemeinsam geprobt haben, sind sie mit Freude dabei, und dann gibt es keine Berührungsängste.

Einfache Beispiele

Es kommt gar nicht auf spektakuläre Beiträge an. Ganz einfache Dinge werden meist sehr gut angenommen. Wir haben zum Beispiel bei einem Fest Schilder mit den Buchstaben „H-e-r-z-l-i-c-h w-i-l-l-k-o-m-m-e-n" auf Tafeln geschrieben. So durfte jeder ein Schild mit einem bunten Buchstaben stolz tragen. Erst sind wir durcheinander gelaufen, dann wieder in die richtige Reihenfolge. Das machte Spaß, war einfach zu organisieren und kam gut an.

Die Arbeit mit Bewegungen birgt auch die Chance, Menschen mit unterschiedlichen Fähigkeiten einzubeziehen. So kann man einen Text aufteilen für solche, die etwas lesen, und solche, die dazu musizieren. So kann jeder nach seinen Gaben mitmachen. Wir haben den blinden Bartimäus auch schon pantomimisch gespielt.

Gottesdienstbesucher machen in der Regel gut mit. Zwei Drittel der Besucher geben spontan ihr Herz rein, ein Drittel geht erst mal beobachtend an den Rand, das sind vor allem Männer. Aber auch sie kann man gut abholen, zum Beispiel beim Gemeindefest.

Für einen unverkrampften Einstieg eignen sich nonverbale Mitmachaktionen als offenes Angebot. Eine Körper-Percussion zum Beispiel, will heißen, Töne mit dem Körper erzeugen. Ich kann mit einfachem Klatschen beginnen und dann weitermachen zum Beispiel mit Schrittfolgen – allerdings muss mir mein Ziel klar sein. Nach einer Gruppenaktion müssen alle das Gefühl haben, etwas gearbeitet zu haben. Über einen Tanz kann man gut Berührungsängste abbauen. Man kann als Zweierformation über kleine Bewegungen und Sprache schließlich zu einem gemeinsamen Lied mit Bewegung gelangen. Dabei kommt es überhaupt nicht auf die richtige Schrittfolge an, sondern auf die Beziehung zueinander, auf

Fantasie und Mut. Eine Verbindung zwischen Sport und Musik herzustellen macht Spaß.

Bei der Musik bin ich nicht festgelegt. Ich verwende zum Beispiel internationale Folklore. Soll's lebendig sein, nehme ich spanische Musik. Aber auch eine russische Troika mit Orff-Instrumenten ist möglich. Immer gut sind Kanons mit entsprechenden Bewegungen dazu. Auch eine Polonaise kann ein Riesenspaß werden. Eingängige und bekannte Lieder regen am meisten zum Tanz an. Es ist immer wichtig, aus dem Alltag heraus die Verbindungen zu schaffen. – Nur ja nichts erzwingen!

STEFAN BAUMGÄRTNER

Musik im Gottesdienst

Spirituelle Erfahrungen in der eigenen und gemeinsamen Kreativität

> *Wer sich die Musik erkiest*
> *hat ein himmlisch Gut*
> *gewonnen,*
> *denn ihr erster Ursprung ist*
> *von dem Himmel*
> *selbst gekommen.*
>
> Martin Luther, Lob der Musik

Musik ermöglicht jedem Menschen tiefe spirituelle Erfahrungen, ungeachtet seiner geistigen, körperlichen, sozialen oder emotionalen Fähigkeiten und Grenzen. Sie wird von jedem Menschen wahrgenommen und berührt ihn auf tiefen seelischen, mentalen und emotionalen Ebenen.

Beim Singen, Tanzen und Musizieren verbinde ich mich mit meinen schöpferischen Kräften. Ich äußere mich als gesamter Mensch, so wie ich bin, im Hier und Jetzt. Über meinen Atem, meine Stimme und meine Bewegung nehme ich mich selbst wahr und bringe meine Lebensenergie in Fluss. Ich erlebe mein eigenes Können und meine Kraft.

Ich äußere meine Befindlichkeit und nehme im gemeinsamen Musizieren tief schwingende Beziehungen zu anderen Menschen auf. Musik bietet eine sehr ursprüngliche Ausdrucks- und Begegnungsmöglichkeit, die auf einer anderen Ebene stattfindet, als es bei der Sprache der Fall ist.

Beim Musizieren erlebe ich mich als Teil der Gemeinschaft und erfahre, dass ich durch das Mitsingen oder Mitspielen zum gemeinsamen Gesamtklang einen Beitrag leisten kann. Auch zwischen Musizierendem und Zuhörer finden Begegnung und Austausch statt. Im Zuhörer werden Emotionen und Gedanken geweckt, er kann innerlich mitschwingen, sich in die Musik eingebettet fühlen und ist auf diese Weise ebenso ein Teil der Gemeinschaft.

Methodische Überlegungen aus der Praxis

Bei der musikalischen Gestaltung eines Gottesdienstes für Menschen mit einer geistigen Behinderung sollten einige methodische Schritte bei der Vermittlung und Durchführung beachtet werden, damit die Musik bestmöglich aufgenommen werden kann und zu einer spirituellen Erfahrung wird.

1. Die Teilnehmer sollten in möglichst vielen verschiedenen Sinnesbereichen angesprochen werden. Durch Hören, Sehen, Tasten, Riechen, Schmecken, Berührung und Bewegung sollten möglichst unterschiedliche und vielschichtige sinnliche Wahrnehmungen ermöglicht werden. Das bedeutet, dass neben Musik und Tanz auch Elemente aus anderen Künsten wie Theater und bildende Kunst in den Gottesdienst mit einbezogen sein sollten.

2. Das Tempo der musikalischen Gestaltung sollte nicht zu hoch sein. Es empfiehlt sich, das Tempo für eine Melodie langsamer als gewohnt zu wählen. Texte langsam und deutlich vorsprechen. Beim Erlernen neuer Lieder mehrere Wiederholungen einplanen. Nicht zu viele Strophen singen, nicht zu komplizierte Texte

wählen. Auch hier gilt das Prinzip „Weniger ist mehr". Es ist ratsam, sich auf Wesentliches zu konzentrieren, das zentrale Thema, die eigentliche Botschaft, durch unterschiedliche Erfahrungsmöglichkeiten herauszuarbeiten und die Gestaltung entsprechend zu wählen.

3. Durch begleitende Bewegungen beim Singen werden Inhalte und Abläufe deutlicher. Bilder und eindrückliche Wörter aus den Liedtexten können durch eine Geste oder Bewegung verstärkt werden. Melodieverläufe können mit der Hand in der Luft mitgespielt werden. Rhythmen können durch Klatschen oder durch Patschen der Hände auf den Körper verdeutlicht und unterstützt werden. Singen ist ganzheitlicher und freudiger, wenn der ganze Körper mitspielen darf.

4. Die Bewegung zur Musik kann sich bis hin zu einer Tanzform entwickeln. Ein Kanon wird eindrücklicher und seine Form verständlicher, wenn wir einen einfachen Tanz dazu entwickeln. Ein Lied kann als lange Kette mit ein-

fachen Gehschritten durch den Kirchenraum getanzt werden, der gleichzeitig auf diese Weise ganz anders wahrgenommen wird, als wenn man auf seinem Platz säße. Für das Tanzen genügen solch einfachen Formen wie im Kreis gehen, zur Mitte und wieder zurück, paarweise auf der Kreisbahn gehen, Stampfer und Klatscher am Platz, in großen Armbewegungen den Himmel zeigen, Segenshaltungen, Berührungen, die Geborgenheit vermitteln.

5. Lieder sollten neben der Orgel von verschiedenen anderen Instrumenten begleitet werden, um neue Klangräume und -eindrücke für die Gottesdienstteilnehmer zu schaffen.

6. Die Gottesdienstteilnehmer sollten am Spiel auf Instrumenten mitbeteiligt werden. Mit Rasseln, Klanghölzern, Trommeln oder einem Schellenkranz können ganze Lieder oder nur der Refrain begleitet werden. Die Instrumente können aber auch zur Gestaltung eines eigenständigen Klangbildes eingesetzt werden, mit dem eine Geschichte illustriert wird

(z. B. das Brausen des Windes, die Schritte von Menschen, ein Fest wird gefeiert). Einen besonderen Anreiz zum Musizieren bieten Instrumente, die auf einfache Weise selbst hergestellt wurden (siehe unten). Bei der musikalischen Gestaltung mit Instrumenten kann man sich auch von den sehr ursprünglichen Klängen leiten lassen, wie sie mit Steinen, Holz, Metall oder Wasser erzeugt werden.

7. Der ganze Kirchenraum sollte für akustische Ereignisse genutzt werden, weil er dadurch intensiver wahrgenommen wird und die Sinne aktiviert werden. Es können überraschende Orte gewählt werden, von denen her ein Instrument erklingt (Sakristei, Kanzel).

8. Wiederholungen und wiederkehrende Abläufe sind wichtig, weil sie Orientierung und Sicherheit bieten.

9. Zu einem Gottesdienst für Menschen mit einer geistigen Behinderung gehört eine Haltung, die die stimmlichen und andere musikalische Äußerungen der Teilnehmer positiv wahrnimmt, zulässt und annimmt, auch wenn sie nicht unseren sonstigen Hörgewohnheiten entsprechen.

10. Die Durchführenden eines Gottesdienstes müssen sich dessen bewusst sein, dass ihre Haltung, ihre Präsenz, die eigene Gestimmtheit und die Schulung stimmlicher, musikalischer und bewegungsorientierter Fähigkeiten sich unmittelbar auf Erfahrungsqualitäten der Gottesdienstteilnehmer auswirkt. Nicht die Vielzahl von Reizen ist das Besondere sondern die Ausrichtung auf das Wesentliche.

Günther Profanter:
Musik macht mich fröhlich

musik macht mich fröhlich
sie bewegt meinen Körper
da tanze und singe ich
meine Stimme macht große sprünge
dann ist sie wieder ganz ruhig
ich bin in den tönen
die töne klettern mit mir
hoch hinauf
in die berge in den himmel
dann fallen wir wieder
herunter ins gras
oder ins wasser – wassermusik
die schwalbe zwitschert
die blumen und schmetterlinge
tanzen mit mir
das ist ein glück
die musik getraut sich mit
mir ins leben

Pierre Schneider:
Schwebendes Orchester

Wir machen Musik, die von Herzen kommt. Das ist kein intellektueller Prozess, das kommt mehr von innen!

Wir sind als Musiker auch Instrumente – Instrumente Gottes, wir geben einen Impuls weiter. Das sind keine Spielereien – es ist eher so eine Art Botschaft.

Die Instrumente, die wir benutzen – da ist viel Holz dabei. Das verbindet uns mit unseren Wurzeln, wir brauchen ja alle Wurzeln. Und dann das Glockenspiel – das Metall gibt die Klarheit. Das ist auch wichtig.

Die Klänge verbinden sich mit der Erde und dem Feuer, wir brauchen Entspannung und Meditation, und wir brauchen Rhythmus und Freude.

Die Behinderten zeigen uns den Ursinn des Lebens: Echtheit und Glaubwürdigkeit.

Die Töne sind gar nicht so wichtig. Doch ein Klang ist ein Zeichen der Seele: ein Schlag auf die Trommel kommt von innen. Es ist kein Geräusch, da steckt ein Wille dahinter. Rhythmus ist Leben. Man muss es spüren: Es kommt ein Anfang, es entwickelt sich weiter, die Melodien sind wie eine Reise. Es entsteht etwas, manchmal auch eine eigene neue Melodie. Es gibt eine kleine Versammlung von Melodien und daraus entsteht ein Netz. Ein fröhliches Netz.

Auch der Augenkontakt ist wichtig, sonst geht die Verbindung verloren. Die Hand ohne Blick ist nichts. Und natürlich die Freude. Die Freude als Sinn der Musik: innerliche Freude – innerlicher Friede.

Oh, oh, ich rede so viel. Hören Sie selbst!

Das schwebende Orchester ist auf der diesem Buch beigelegten CD zu hören.

NILS PETERSEN

Die erzählerische Predigt

Drei Regeln, wie sie gelingt

Es sind Geschichten, die unser Leben gründen

Die erzählende oder narrative Predigt ist eine gepredigte Geschichte.

Damit steht sie zum einen in der langen biblischen Tradition von Erzählungen; Schöpfungsgeschichte, Vätergeschichten, historische Geschichten des Volkes Israels mit ihrem Gott, Apostelgeschichte usw. Zum andern begegnet sie dem Predigthörer in der Wahrnehmung seiner Lebenswirklichkeit. Denn wir alle, und im Besonderen trifft dies für Menschen zu, die ihr Leben mit einer geistigen Behinderung meistern, erleben unser Dasein in mehr oder weniger abgeschlossenen Geschichten. Unser Leben setzt sich aus Fragmenten von Geschichten zusammen. Teilweise deutlich abgeschlossen, durch eine Trennung, den Tod eines Menschen oder das Überschreiten einer Altersgrenze. Nie können wir unser Leben im Ganzen, wie aus einem Guss betrachten. Es sind Geschichten, die unser Leben gründen. Auch unser Sprachgebrauch ist davon bestimmt. „Das ist eine lange Geschichte, wollen Sie sie hören?" – „Da ist eine ganz üble Geschichte gelaufen." – „Was machst Du für Geschichten?" – Diese Wendungen unserer Sprache sind bekannt und üblich, in Sprache wird gedacht.

Und wenn wir Geschichten hören, wenn sie uns erzählt werden, bekommen wir ein tieferes Verständnis von einer Situation. Wir lernen einen Menschen näher kennen, wenn wir mit seiner Geschichte vertraut werden. Wir lernen die Historie als Geschichte kennen, die uns etwas angeht, und nicht als eine fremde Zusammenballung von Daten und Fakten. In der Erzählsituation werden wir als Hörende hinein genommen in die Geschichte, in den Verlauf und in die Aussage, die uns näher gebracht werden soll. Dafür aber muss es eine gute Geschichte sein, die uns Hörende tatsächlich in unserer Lebenswirklichkeit abholt, und – ganz wichtig – sie muss eine Geschichte bleiben, die in uns nachschwingt.

Eine erzählende Predigt erklärt sich selbst

Was ist eine gute Geschichte? Das ist natürlich schwer zu sagen, weil eine Geschichte im Geschehen des Erzählens zwischen den Hörenden und dem Predigenden erst ihre Wirkung zeigt. Und diese kann gänzlich unterschiedlich sein, wie die Erfahrung gelehrt hat. Die einen fanden sie mäßig witzig, während andere sich halb totgelacht haben. Dem einen sagt die Geschichte nichts, während sie einen anderen noch Tage und Wochen begleitet. Das ist normal und unterscheidet die erzählende Predigt nicht von der Symbolpredigt, der seelsorgerlichen Predigt und anderen

Darum darf es auch niemals gehen. Zu glauben, es gäbe eine Predigtform, die alle auf gleiche Weise erreicht, wäre unangemessen und bedarf an dieser Stelle keiner ausführlichen Diskussion.

Was aber einer gewissen Ausführlichkeit bedarf, ist die Form einer erzählenden Predigt an sich. Eine Predigt, in der eine Geschichte vorkommt, ist noch keine erzählende Predigt, sondern einfach eine Predigt, in der eine Geschichte vorkommt. Um eine erzählende Predigt zu schreiben, muss der Prediger oder die Predigerin einen Eros zur Schriftstellerei verspüren. Denn eine erzählende Predigt ist stärker literarisch als andere Formen. Die literarische Form steht sogar im Vordergrund, weil sie in diesem Falle der einzige Weg ist, auf dem der Inhalt transportiert wird. Es gibt daher keine Einleitung und keinen erklärenden Abschluss außerhalb der Geschichte. Denn eine erzählende Predigt erklärt sich selbst.

Ich möchte an dieser Stelle doch ein paar Negativbeispiele bringen, um zu verdeutlichen, was meines Erachtens eine gute und eine schlechte erzählende Predigt ist.

Landläufig kommen wir uns als Hörende einer Predigt so vor, als würde unser Gegenüber meinen, wir verstünden nicht, was er oder sie tut. „Ich möchte ihnen eine Geschichte erzählen..." – den Anfang kann sich jeder sparen. Fangen Sie an, eine Geschichte zu erzählen!

„Es begab sich aber zu der Zeit ..." oder „Alle sagen, ich sei ein dummer Esel. Nur weil ich ein Esel bin, muss ich ja wohl nicht dumm sein, oder?" Es muss niemandem erklärt werden, dass der Prediger kein Esel ist, auch keinem Menschen, der unter den Bedingungen einer geistigen Behinderung lebt.

Auch eine Hinführung, die schon Teile der Geschichte vorweg nimmt, ist überaus ärgerlich. „Hört einmal genau hin, diese Geschichte erzählt ein Esel, und die Geschichte spielt in einem Stall" usw. Wenn es eine gute Geschichte ist, die gut geschrieben ist, dann weiß nachher jeder und jede, dass die Geschichte in einem Stall gespielt hat.

Und weil eine erzählende Predigt sich selbst erklärt, bedarf sie eben keiner abschließenden Erläuterung, in der den Hörenden die Botschaft quasi an die Stirn genagelt wird. „Habt ihr gehört? In der Geschichte haben sich ein Esel und ein Ochse unterhalten."

Anfang und Ende sind eingewoben in die Geschichte, und alles, was erklärt werden muss, wird in der Geschichte erklärt. Und dabei riskieren wir, dass jemand etwas anders versteht, als es gemeint war. Aber das unterscheidet die erzählende Form der Predigt nicht von anderen. Sobald wir unsere Botschaft gesendet haben, sind wir nicht mehr Herr über das, was beim Empfänger ankommt. Was verstanden und gehört wird, hängt ja eben auch von der Situation ab, in der der Hörende sich gerade befindet.

Erste Regel: Die gesamte erzählende Predigt ist eine Geschichte.

Es hängt von unseren Begabungen ab, ob die erzählende Predigt uns liegt. Sie müssen eine Liebe zur Sprache und zum Fabulieren haben. Dabei treffen Sie mit jedem Wort und jedem Satz eine Entscheidung.

Sie können sagen: „Ein Mann geht um ein Haus." Dieser Satz enthält ein paar Informationen, und es

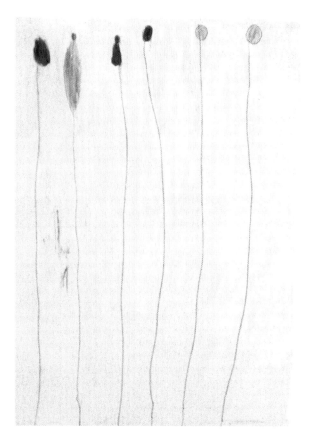

Roland Fischer: Blumenwiese

passiert etwas im Hörenden. Fragen stellen sich ein. Wie sieht der Mann aus? Was ist das für ein Haus? Warum geht er um das Haus? Vielleicht möchte er gucken, ob alle Fensterläden geschlossen sind.

Dieser Satz regt die Phantasie an. Ohne die Geschichte in die Länge zu ziehen, können Sie aber viel mehr Informationen in den Satz hinein arbeiten. „Ein Dieb schleicht um eine Villa." Nun geben wir die Richtung vor. Etwas Spannendes passiert. Vielleicht ein Einbruch. Die Besitzer einer Villa sind reich. Es ist bestimmt nachts ... Wir treffen Entscheidungen, wann wir Informationen setzen. „Ein Mann geht um ein Haus." Eher neutral. „Als er sich ganz sicher war, dass ihn niemand beobachtete und der Hausherr auch wirklich zum großen Fest gegangen war, schlug er die kleine Scheibe an der Seitentür ein und drehte den Schlüssel herum." Wir können die Information Stück für Stück preisgeben, was einen steigenden Spannungsbogen erzeugt, oder wir können bewusst darauf aufmerksam machen, dass jetzt etwas Spannendes passiert. Aber erzählen Sie es. Mit der Information „Ich möchte euch jetzt eine ganz spannende Geschichte erzählen" lösen Sie vielleicht Erwartungen

aus, die Sie gar nicht erfüllen. Bei einer Predigt geht es ja letztlich auch gar nicht darum, dass eine spannende Geschichte erzählt wird, sondern darum, dass die erzählende Form den von Ihnen gewählten Inhalt transportiert. Darum: Schreiben Sie spannend. Viele aus der Gemeinde werden Ihre Geschichte spannend finden. Andere vielleicht nicht, und trotzdem können jene, die Ihre Geschichte nicht spannend fanden, noch sagen: „Es war eine gute Geschichte", weil sie letztlich dann nicht an dem von Ihnen gegebenen Versprechen gemessen wird, spannend zu sein.

Erzählen Sie!

Wir sind immer noch beim Schreiben und noch nicht bei der Form, in der eine erzählende Predigt dargeboten werden kann. Und trotzdem ermutige ich Sie zum Erzählen.

„Sie saß nervös am Fenster." Das ist nicht erzählt. Das ist Beschreibung wie im Fernsehen: Ich sehe etwas mit meinen eigenen Augen, und mir wird klar, diese Frau sitzt nervös am Fenster. Nun sind wir nur auf Worte angewiesen, aber vor Ihrem inneren Auge ist ein Bild entstanden. Dieses Bild möchten Sie den Hörenden nahe bringen. Das muss man ein bisschen üben. Sie müssen üben, auszuhalten, nicht das Wort nervös zu benutzen, obwohl Sie es sagen wollen und am liebsten sofort in Ihre Geschichte hineingeschrieben hätten. Nehmen Sie Ihre Gemeinde mit, führen Sie sie in das Zimmer mit dem Fenster. Stellen Sie ihr die Person vor, diese junge Frau, die unentwegt an ihrem Ehering dreht und sich immer wieder die eine Haarsträhne um den Finger wickelt. Wie oft ist sie nun schon zur Telefondose gelaufen, um zu kontrollieren, dass der Stecker auch wirklich fest drinsteckt? Dass der Aschenbecher vor Zigaretten langsam überquillt und der Türrahmen langsam eine tiefe Delle von ihren klopfenden Fingern bekommen hat. Fest hält sie ihre Knie an die Brust gedrückt, während sie aus dem Fenster starrt, immer auf die lang gestreckte Kurve, auf die sein Auto sonst immer so pünktlich einbiegt, usw.

Allen wird klar, wie nervös diese junge Frau ist. Und alle sind bei ihr im Zimmer, ganz persönlich. Erfahrungsbereiche werden greifbar, und verständlich, weil wir alle in ihnen zu Hause sind. Wir kennen das Gefühl, auf etwas zu warten. Wir wissen, wie die Luft am Morgen riecht. Aber um dieses innere Bild in uns zu wecken, bedarf es einer erzählenden Hinführung. Manchmal können innere Bilder von einem Symbol ausgelöst werden, von Musik oder einem Foto.

Verschiedene Zugänge zu unseren inneren Bildern, die wir alle Menschen haben, auch wenn wir sie auf Grund einer Behinderung vielleicht anders ausdrücken oder nicht so verbalisieren können. An diese inneren Bilder müssen wir heran, wenn wir wollen, dass unsere Predigt etwas Bleibendes auslöst.

Zweite Regel: Erzählen Sie, um innere Bilder zu wecken.

Lösen Sie sich vom Beschreiben. Vertrauen Sie Ihrer Erzählung. Trauen Sie sich selbst zu, dass Ihre Geschichte so klar und so gut ist, dass sie weder einer erklärenden Hinführung noch einer nachträglichen pädagogischen Vertiefung bedarf. Und trauen Sie Ihrem eigenen inneren Bild, denn dieses ist der Werkstoff, aus dem Ihre Geschichte geschnitzt wird.

Keine Bilder zerstören

Mit Geschichten geben wir Vorgaben, Stimmungen, Landschaften, Situationen. Wenn wir bewusst eine

Jasmin Ludwig: Strelizie

Situation benötigen, damit die Geschichte funktioniert, dann arbeiten wir dieses Bild heraus. Denn wir wollen, dass alle dasselbe Bild haben, auch wenn es vielleicht nicht aus dem inneren Erfahrungsschatz der Einzelnen kommt. Wir brauchen einen Stall, in dem sich Ochse und Esel unterhalten. Da kann es besonders bei Menschen mit einer geistigen Behinderung zu einer Verwirrung führen, die aus der Geschichte herausreißt, wenn der eine oder die andere erst einmal das innere Bild eines Hühnerstalls bekommt, weil die Nachbarin oder die Großeltern so einen haben. Ihre Geschichte muss die Bilder malen, die Sie brauchen. Sie darf in ihrer Form keine Bilder zerstören.

Wenn Sie ein Bild brauchen, wecken Sie keine unbestimmten inneren Bilder, sondern erzählen Sie von Anfang an so, dass der Ort der Geschichte allen klar ist. Wecken Sie keine Bedürfnisse, die Sie nicht erfüllen wollen. Laden Sie nicht zum Träumen ein, wenn Sie führen wollen. Und wenn Sie wollen, dass die Phantasie die Führung übernimmt, geben Sie keine unnötigen Hinweise. Erzählen Sie nicht, dass Peter eine blaue Jeanshose trägt, wenn es egal ist. Lassen

Jasmin Ludwig: Rosenreihe

Sie den Hörenden die eigene Vorstellung, vielleicht ist Peter blond, vielleicht dunkelhaarig. Wenn Sie aber eine Vorgabe machen, dann muss sie auch eine Bedeutung haben. Wenn im ersten Akt eine Pistole auf die Bühne getragen wird, muss sie spätestens im letzten Akt abgefeuert werden.

Dritte Regel: Alles, was Sie erzählerisch vorgeben, hat eine Bedeutung.

Diese Bedeutung muss nicht immer tiefschürfend sein. Vielleicht bauen sie einen kleinen Witz ein, um durch allgemeines Lachen im Verlauf der Geschichte wieder die Aufmerksamkeit zu steigern. Oder eine Nebeninformation steigert das Verständnis, obwohl sie für den Verlauf der Geschichte sekundär ist. Eine kleine Beiläufigkeit könnte sehr ausführlich erzählt werden, bloß um den Wunsch der Hörenden zu steigern, man möge doch nun endlich wieder auf den Haupterzählstrang zurückkehren. Sie entscheiden, wann Sie Ihre Informationen preisgeben, und Sie wählen die Form, in der Sie es tun. Und seien Sie sich vorher im Klaren, was Sie bei Ihren Zuhörern auslösen möchten. Doch sagen Sie es niemals, es sei denn, es ist ein Teil der Geschichte. Es kann ein Ziel sein, eine gute Atmosphäre zu schaffen, Gefühle zu erzeugen, die weihnachtlich oder österlich sind. Denn die Predigt hat im Verlauf eines Gottesdienstes keine selbstständige, losgelöste Funktion, sondern ist Teil eines thematischen Ganzen. Vorangegangenes kann aufgegriffen und vertieft werden, noch Folgendes kann vorbereitet werden. Menschen mit einer geistigen Behinderung verweilen lange in erzählenden Predigten, sie bleiben lange in den Geschichten, und daher rate ich, dass im weiteren Verlauf des Gottesdienstes nichts nun völlig Fremdes den Augenblick schwächt oder gar zerstört.

Trauen Sie Ihrer Geschichte, trauen Sie Ihren Helden, trauen Sie Ihren eigenen Bildern und trauen Sie den Bildern jener Menschen, denen Sie predigen.

Erzählen Sie eine Geschichte, mit der Sie innere Bilder wecken, auf denen Sie eine Erzählung aufbauen. Ihre Erzählung ist die Predigt, mit der Sie die gute Nachricht und Ihre eigene Interpretation den Menschen verkündigen. Dabei führen Sie, wo es nötig ist, und dabei lassen Sie Raum für Phantasie, wo es möglich ist. Und im narrativen Predigtgeschehen

öffnen sich religiöse Räume, entstehen Momente der Begegnung zwischen dem Profanen und dem Heiligen; aber das liegt zum Glück nicht in unserer Hand.

Zur Erzählsituation

Häufig ist zu lesen oder zu hören, dass der Olymp der Predigt erreicht ist, wenn der Pfarrer oder die Pfarrerin frei predigt. Ich halte diese Aussage für falsch und ihren Anspruch für gefährlich. Gefährlich, weil sie so viele Predigerinnen und Prediger unter Druck setzt, sie müssten nun endlich auch frei predigen, um in den Stand der wirklich Guten erhoben zu werden.

Eine gut vorgelesene Predigt ziehe ich in der Regel jeder frei gehaltenen vor. Mit wenigen Ausnahmen kenne ich wirklich niemanden, der die Kunst der freien Predigt beherrscht, zumal sie eigentlich nirgendwo gelehrt wird. Bloß der Anspruch geistert durch die Kirche. Sie kennen vielleicht auch diesen Satz: „Der Pastor darf über alles predigen, nur nicht über sieben Minuten." Woran liegt das? Daran, dass man uns so gern zuhört? Wohl kaum. Ein gutes Trainingslager sind Lesungen, auch Trash-poetry und Ähnliches. Zum Teil sind dort Autoren, die eine Stunde vorlesen, ohne jemals den Kopf zu heben, und für eine Stunde ist konzentrierte Spannung im Raum. Manchmal ist es langweilig, obwohl der Vorleser oder die Vorleserin einen großen Namen hat. Mitunter

scheinen einem Geschichten banal, wenn aber der junge Dichter ans Mikrophon tritt und seinen Text mit Leidenschaft dem Publikum buchstäblich um die Ohren haut, dann wünsche ich mir ab und an diese Begeisterung und dieses Vertrauen auf den eigenen Text bei uns in den Kirchen.

Setzen Sie sich nicht unter Druck. Wenn Sie einen Eros fürs freie Erzählen haben, erzählen Sie Ihre Geschichte, aber arbeiten Sie sie vorher schriftlich aus, damit sie die inneren Bilder schon einmal in Sprache gebracht haben. Oder lesen Sie Ihre Geschichte vor, das ist meistens sogar besser, knackiger und konzentrierter. Freie Erzählungen neigen dazu, lang und länger zu werden.

Treten Sie ruhig in die Kanzel, ruhig mit Ihrem oft so verpönten schwarzen Ringbuch, denn dann ist klar und deutlich: „Nun kommt eine Predigt." Das stellen Sie damit schon einmal heraus. Und welche Form diese Predigt nun hat, das erlebt Ihre Gemeinde im erzählenden Predigtgeschehen.

Trauen Sie sich und trauen Sie Ihrer Gemeinde ganz viel zu! Je mehr Spannung im Predigtgeschehen wächst, desto besser wird die Predigt, und desto geschlossener wird der Gottesdienst.

(Zu diesem Beitrag gehört ein Gottesdienstbericht einschließlich Text der Lesung und der Predigt, die auf der dem Buch beigegebenen CD wiedergegeben wird)

BENJAMIN IRSCHIK
Der spontane Welterschütterer
Biblische Spontanrollenspiele

Zu meinen Aufgaben im Freizeitbereich des Sonnenhofs Gaildorf gehört es, einmal wöchentlich eine etwa dreißigminütige Andacht anzubieten. Diese findet als offenes Angebot am Nachmittag statt.

Die Besucherzahlen sind bei einem offenem Angebot sehr wechselhaft. Auch im kognitiven Bereich muss ich mich bei meinen Andachten auf ein sehr breit gefächertes Publikum einstellen. Von Werkstattbeschäftigten bis zu schwerst mehrfachbehinderten RollstuhlfahrerInnen reicht der Besucher-

stamm der Andacht. Außerdem sind alle Bewohner unseres Heimes erwachsen. Dies waren die Grundvoraussetzungen, nach denen ich meine ersten Andachtsplanungen in Angriff genommen habe.

Mein Weg zum szenischen Spiel

Ursprünglich wollte ich in meinen Andachten nur Geschichten erzählen und dazu Bilder oder passende

Gegenstände zeigen. Mir war allerdings sehr unklar, wie dies bei den BewohnerInnen unserer Einrichtung ankommen würde, ob sie mich verstehen würden.

Dann beschloss ich, auch noch mit zur Geschichte passenden Gegenständen zu agieren, statt sie nur herumzuzeigen. Von da aus war es nur ein kurzer Weg bis zu dem Gedanken, die gesamte Geschichte szenisch umzusetzen. Eine Ein-Mann-Show erschien mir aber immer noch zu fern und zu wenig greifbar für die Teilnehmer der Andacht. Der Gedanke, sie komplett einzubeziehen, kam mir, als ich an meiner ersten Andacht feilte.

Ich saß an einem Tisch und vertiefte mich in die biblische Geschichte um den Propheten Elia. Der Prophet wanderte durch wüste Gegenden und war auf der Suche nach Gott. Gott schickte ihm Elemente und Naturgewalten, aber in keinem war Gott anwesend.

Neben mir am Tisch saß ein Beschäftigter der Tagesförderstätte, der einen Regenmacher in der Hand hielt. Er drehte den etwa einen halben Meter langen Stab in seinen Händen und besah ihn sich von verschiedenen Seiten. Das dabei leise vernehmbare Riesel- oder eben Regengeräusch versuchte er zu verstärken, indem er den Stab auf die Tischkante schlug. Da ich gerade mit der Frage beschäftigt war, wie ich den Bewohnern wohl ein Erdbeben nahe bringen konnte, nahm ich das Schlagen nur am Rande wahr. Bis der junge Mann schließlich so heftig auf die Tischkante schlug, dass sich der Deckel des Regenmachers öffnete und ein Schwall bunter Murmeln klackernd und aufspringend über Tisch und Boden flog. Nach einer kurzen Schrecksekunde traf mich dann die Erkenntnis: Ich muss nicht nur von Erdbeben erzählen oder sie irgendwie darstellen, nein; ich muss die Andachtsbesucher in das Geschehen hinein nehmen: indem ich sie das Erdbeben sein lasse.

Jeder Mensch hat seine spezielle Art, sein Leben zu gestalten und auf Dinge zu wirken. Warum soll ich diese Charakterzüge nicht mit einbeziehen? – Klar war es der junge Mann, der in der nächsten Andacht das Erdbeben sein würde. Als spontaner Welterschütterer ist er seitdem die erste Wahl.

Die praktische Umsetzung des szenischen Spielens

Da die Andacht ein offenes Angebot ist, war es nicht möglich, eine Geschichte als Rollenspiel einzuüben.

Ich wählte deshalb eine Mischform aus Erzählen und Spielen.

Der Andachtsleiter erzählt die Geschichte und führt die Menschen in die Situation des Geschehens ein. Dabei ist er gleichzeitig Akteur und Regisseur des Spiels. Im Fußball würde man von einem Spielertrainer sprechen. Denn beim Erzählen besetzt er die Rollen des Spiels, indem er Teilnehmer der Andacht als Personen der Geschichte vorstellt und sie durch Requisiten, Verkleidungsstücke oder Körperhaltungen in ihrer Spielpersönlichkeit kenntlich macht.

Eine Verkleidung sorgt für eine größere Identifikation des Teilnehmers mit der Rolle. Dabei sollte man behutsam vorgehen. Bei manchen Teilnehmern ist es ratsam, sie vor Beginn auf ihre Teilnahme vorzubereiten. Der Regisseur übernimmt selbst eine Nebenrolle in der Geschichte. Er kann zum Beispiel ein Jünger Jesu sein oder ein Beobachter und aus dieser Perspektive die Geschichte erzählen.

In dieser Begleiterrolle führt er die Teilnehmer durch die Geschichte und leitet sie verbal oder durch Handführung in ihrem Handeln an.

Das, was erzählt wird, ist gleichzeitig auch Regieanweisung für die Spieler. Je nach Möglichkeiten der Spieler werden Dialoge vom Regisseur übernommen, also miterzählt oder dem Teilnehmer vorgesagt. Bei „fitten" Teilnehmern reicht es zum Beispiel auch, nur den Grund einer Kommunikation vorzugeben und den Betreffenden in seinen eigenen Worten sprechen zu lassen (z. B. sie/er bedankt sich, entschuldigt sich).

Wie schon erwähnt, können die Andachtsbesucher nicht nur als Rollenspielperson teilnehmen, sondern auch die Charakteristiken von Elementen spielen oder ausleben, quasi als „lebende Spezialeffekte". Mit einfachen Mitteln ist es möglich, sie wie schon beschrieben als Erdbeben oder mit einem Schlagzeug als Gewitter agieren zu lassen. Dabei ist es mir immer wichtig, dass dies zur Person passt. Ein ungemein sanfter Mensch sollte in einem Spontantheater keinen Waldbrand spielen.

Sozialform und Raumvorbereitung

Wir sitzen in der Andacht meistens im Stuhlkreis, die Sozialform des Publikums lässt sich aber auch sehr gut in das Thema der Andacht mit einbeziehen. Bei der Geschichte von der Sturmstillung bietet es sich an, Stühle in Schiffform aufzustellen, mit einem Kreuz als Mast in der Mitte. So sind alle im Sturm mit an Bord.

Grundsätzlich gelten zwei Dinge: Ich kann meine Sozialform an die Geschichte anpassen oder ich muss, wenn die Sozialform vorgegeben ist, wie es zum Beispiel in einer Kirche der Fall ist, meine Geschichte an die Räumlichkeiten anpassen. Dann gilt es, den Raum zu erobern und die Handlung auch in den Mittelgang zwischen die Bänke auszudehnen, um dem Publikum möglichst nahe zu sein.

Wichtig ist, dass ich den Raum, in dem ich die Andacht abhalten werde, vorher eingehend studiere, um zu wissen, wo das Publikum sitzen wird und welche Requisiten ich benötigen werde, um die Gegebenheiten eines Raumes in die Handlung einbeziehen zu können.

Ein Rednerpult kann auch der Eckstein eines Hauses sein und ein Mikrofonständer ein Zeltpfosten. Es muss Raum für Bewegung vorhanden sein und das Publikum sollte für den Regisseur möglichst erreichbar und sichtbar sein.

Zu Beginn der Andacht gestalte ich immer eine Mitte im Raum aus Requisiten oder aus den Effektgeräten. Dies dient zur Motivation und Hineinführung in die Grundhandlung. Während des Spiels verkleinert sich diese Mitte dann immer mehr, weil das Material Stück für Stück an die Teilnehmer ausgegeben wird. Die Aufmerksamkeit des Publikums soll sich von der Raummitte im Lauf der Geschichte immer mehr auf die Spieler übertragen. Manchmal empfiehlt es sich, einfache Szenerien als Handlungsrahmen schon im Vorhinein zu gestalten.

Zwei übereinander gestellte Tische zum Beispiel, die mit einem Tuch abgedeckt sind, können je nach Farbe des Tuches ein Steinhaus oder ein grasbewachsener Berg sein.

Materialien und Requisiten für alle Sinne

Verkleidungsmaterialien sorgen, wie gesagt, schon für eine größere Identifikation des Spielers mit seiner Rolle, und auch für den Beobachter wird dadurch eine andere Persönlichkeit über einen Menschen gelegt. Deshalb ist es wichtig, den Teilnehmer dann auch mit dem Namen seiner Rolle anzusprechen. Ansonsten kann man vieles nur durch eine besondere Aufstellung von Möbelstücken oder mit einfachen Dingen darstellen. Je einfacher die Mittel, desto mehr Möglichkeiten gibt man der Phantasie des Publikums.

Wenn man eine Andacht für alle Sinne machen will, ist es auch wichtig, Sinneffekte einzusetzen. Eine schöne Frau sollte auch schön duften, damit sehbehinderte Menschen die Besonderheit dieser Schönheit erahnen können, und bei der Speisung der Fünftausend sollte jeder etwas zu essen bekommen. Vielleicht ist es sogar möglich, die Anwesenheit eines Engels mit einem Mentholbonbonhauch auf der Wange zu erfühlen?! Probieren Sie es aus!

„Es gibt Tage, da ist mir so nach Engeln"

Kunst als Schlüssel zum „Jetzt"

Kunst ist ein Abenteuer, ein Schlüssel zum „Jetzt". Sie lädt dazu ein, einen Moment inne zu halten, stehen zu bleiben, die Konzentration einerseits auszurichten und den Gedanken andererseits freien Lauf zu lassen. Kunst kann nachdenklich machen und Phantasie anregend zugleich sein, sie kann die persönliche Stimmung widerspiegeln und gleichzeitig in Dialog mit ihr treten. Sie kann ein Weg sein, zur eigenen Spiritualität zu finden und daraus vielfältig zu schöpfen. Der kreative Prozess des Schaffens eröffnet Menschen die Möglichkeit, in Dialog mit sich, mit ihrem Umfeld, und auch mit Gott, zu treten.

Einige der Künstler, deren Bilder in diesem Buch veröffentlicht sind, sehen ihre künstlerische Arbeit als Dialog mit sich, mit Gott und der Welt. Manchmal ist es, wie wenn wir durch ein Schlüsselloch in eine andere Welt schauen – beim Betrachten der Bilder oder im eigenen künstlerischen Tun –; die Sprache ist jene, zwischen den Welten.

Ein Künstlerin antwortete mir auf die Frage, warum sie heute ein bestimmtes Motiv gewählt habe, mit dem Satz: „Es gibt Tage, da ist mir so nach Engeln."

Engel, Menschen biblischer Geschichten, werden zu zentralen Personen, persönlichen Helden, Beschützern und Heiligen in Bildern und Skulpturen erklärt, die im gestalterischen Prozess ihren eigenen Platz finden.

Bildbetrachtung – der Assoziation freien Lauf lassen

Bilder betrachten heißt sich für einen Moment Zeit nehmen und der Geschichte eines anderen zuhören. Die Bilder der Künstler aus Stetten laden dazu ein, sowohl den äußeren und als auch inneren Blick zu ver- oder entschärfen, die eigenen Sehgewohnheiten

loszulassen und sich auf ein „neues Terrain" zu begeben.

Bildbetrachtung – Tipp für die Praxis in der Gruppe

Wählen Sie ein Bild bzw. einen Ausschnitt in Form einer Wandprojektion, Kopie oder eines Originals aus, das sich inhaltlich mit einem Text (biblischer Text, Text zur Meditation …) befasst oder inhaltliche Gegensätze zum Text darstellen kann. Das Bild dient als Schlüssel zum Wort. Umgekehrt kann sich jeder Teilnehmer sein eigenes Bild zu einem von Ihnen ausgewählten Text machen und im Anschluss an das Vortragen des Textes gestalterisch umsetzen, sei es grafisch, malerisch oder in einer Collage. Die Teilnehmer sollen dabei ihrer Assoziation freien Lauf lassen. Im daran anschließenden Gespräch besteht

die Möglichkeit, in einer gemeinsamen Reflexion über die entstandenen Arbeiten zu sprechen und dabei die vielfältige gestalterische Umsetzung kennenzulernen.

Bildsprache – die eigenen Worte in der Gestaltung finden

Der Kunstschaffende selbst, sei es der Maler, Bildhauer, Musiker oder Schauspieler, wird zum Schöpfer seiner inneren Bilder und Kräfte. Nach außen hin sichtbar gemacht, lässt der Künstler den Betrachter an seiner Stimmung, seinen Gedanken und Gefühlen teilhaben und drückt diese auf seine persönliche Art und Weise, je nach künstlerischer Neigung, aus.

Die Tatsache, dass Menschen, unabhängig von Behinderung, in der Lage sind, ästhetisch künstlerisch zu arbeiten und ihre Werke zu reflektieren, macht sie zweifellos zu Kunstschaffenden.

„Kreativität verlangt nach der Fähigkeit, in sich selbst hineinzuhorchen." (Jean Christophe Ammann) Diese Fähigkeit beruft den Menschen wieder ganz auf sich selbst zurück, fordert ihn auf, sich mit sich selbst auseinander zu setzen. Die Reflexion über die künstlerische Gestaltung beginnt mit dem Abstand zu den Werken. Aus der Distanz heraus betrachtet

zeigt der Perspektivenwechsel neue schöpferische Dimensionen auf. Ein Ziel kann sein, den Impuls zu geben, um den künstlerischen Prozess in Gang zu setzen, die eigene Kreativität und Spiritualität zu entdecken, um den vielfältigen Möglichkeiten der Wahrnehmung nachzugehen.

Bildsprache – Tipp für die Praxis in der Gruppe

Ein Thema, dem ein Text zugrunde liegt, kann gestalterisch in verschiedenen Techniken umgesetzt werden. Wählen Sie beispielsweise inhaltlich eine Person oder eine Gruppe von Personen oder einen bedeutenden Gegenstand des Textes aus und ziehen Sie diese zum zentralen Thema einer Gestaltung für die Teilnehmer heran. Um die Kreativität und Assoziationen der Teilnehmer anzuregen, eignet sich dafür der Einsatz von Musik und Klängen sowie ein Tisch, auf dem unterschiedliche gestalterische Materialien (Farben, Kreiden, Ton ...) bereit stehen. Die Teilnehmer können einzeln oder gemeinsam in der Gruppe Assoziationen dafür entwickeln. Das Thema kann auch in Form eines von den Teilnehmern selbst erarbeiteten kurzen Theaterstücks oder Rollenspiels dargestellt werden.

MIRJA KÜENZLEN

Ein Bild sagt mehr als tausend Worte

Hinweise zum Einsatz von Bildern

Bilder ermöglichen einen vielschichtigen Zugang zu einer Geschichte oder einer Szene. Verwenden Sie Bilder, die Sie selber ansprechen!

Wenn Sie ein Bild mit einem Text zusammenbringen, dann interpretieren sich Text und Bild gegenseitig; eine intensive Text- und Bildwahrnehmung ergänzen einander.

Bildbetrachtung

Das Bild kann mittels eines Plakates in ausreichender Größe oder mit einer Folie/einem Dia oder mit einem Beamer im Raum sichtbar gemacht werden. Es können auch Bilder kopiert werden.

Ein gutes Bild braucht Zeit, um erschlossen zu werden. Darin liegt auch die Chance einer vertieften Wahrnehmung.

Für die Verwendung von Bildern in Andachten mit Menschen mit Behinderung sollte keine andere Auswahl getroffen werden als sonst: Gerade Bilder von großen Künstlern, wie Rembrandt, Picasso oder Miró haben eine starke Aussagekraft, die alle Menschen anspricht.

Fragen zur Bildbetrachtung
- Spontan – was gefällt mir an dem Bild, was gefällt mir nicht?
- Welche Gefühle löst es bei mir aus?
- Was steht im Zentrum des Bildes? Wohin wird die Aufmerksamkeit gelockt?
- Wie ist das Bild aufgeteilt?
- Was ist im Vordergrund, was im Hintergrund?
- Wie sind im Bild Licht und Schatten verteilt?
- Wie ist die farbliche Gestaltung? Klare Farben oder gedeckt?
- Gibt es geometrische Formen? Diagonalen oder Striche?

- Wie verhalten sich Personen, Gegenstände zueinander?
- Weist das Bild eine Spannung auf oder ist es eher harmonisch?
- Eigene Phantasien zum Bild: Wenn ich das xy sehe, denke ich an …
- Eigene Interpretation: Was bedeutet das Bild für mich?
- Information zum Maler, zu seiner Zeit, zur Kunstepoche.

Formen der Bildbetrachtung
- Verdecktes Bild nach und nach aufdecken (bei Bildern, die ich per Folie zeige)
- Bodenbild legen mit verschiedenen Symbolen oder Bildteilen

Bildauswahl

- Zu welchem Anlass will ich das Bild zeigen?
- Was möchte ich durch das Bild erreichen?
- Was gefällt mir – was gefällt dem ZuhörerInnenkreis?
- Präsentation: Wie kann ich das Bild für alle sichtbar machen?
- Was weiß ich über den Künstler?

Wo finde ich Bilder?

- Bilder-Bibeln (Chagall, Sieger Köder, Kees de Kort),
- Kunstbücher, in Büchereien und Bibliotheken erhältlich,
- Kunstkarten (Schreibwarenhandel).

Karl Heinz Maurer – Dorfbild

Zugänge zu inklusiver Arbeit

Auf dem Weg zu einer inklusiven Gemeindekultur

Reflexionen und Praxisbeispiele

Was hilft auf dem Weg zur Inklusion? Wie viel Gemeinsames ist machbar? Wie viel ist sinnvoll? Verschiedene Stimmen äußern sich zu inklusiver Arbeit – Reflexionen, Ermutigung und Sensibilisierung – das wollen die Texte dieses Kapitels geben. Daher sind ganz unterschiedliche Sichtweisen vereint: die Seite der Gemeinde, die Seite der Angehörigen, aber auch die Sicht derjenigen, die ein Wohnheim betreiben.

Die Diskussion ist eröffnet – treten Sie ein! Der Bericht einer Gemeinde aus Norwegen zeigt: Wenn man erst einmal beginnt, kommt etwas in Bewegung. Eigentlich wollten sie Gottesdienste für Menschen mit geistiger Behinderung machen – dann kamen immer mehr Menschen in diese Gottesdienste, Behinderte und Nicht-Behinderte –, und nun sagen sie: Es war das Beste, was unserer Gemeinde passieren konnte! Andere Beiträge zeigen: ein Seminar kann der Startpunkt sein oder ein Begegnungsnachmittag. Dass Menschen mit einer Behinderung oder ihre Angehörigen auf eine Einladung aber möglicherweise auch vorsichtig reagieren, das erläutert der Beitrag zu erlebten Verletzungen.

Bis wir Inklusion in allen Stücken erreichen, wird es noch ein Stück des Weges sein, das zeigt die Stimme aus der Gemeinde ebenso wie die eines Wohnheimleiters. Aber lassen Sie sich vom zweiten Teil des Kapitels mitnehmen: Da geht es um viele gelungene Praxisbeispiele!

Meine Schwestern und Brüder, ich schätze mich selbst noch nicht so ein,
dass ich's ergriffen habe. Eins aber sage ich: Ich vergesse, was dahinten ist,
und strecke mich aus nach dem, was da vorne ist.

Phil 3,13

Inhalt

EGON ASKVIK

Das Beste, was unserer Gemeinde passieren konnte!

Gottesdienst für alle

Am Anfang stand ein Fest

Vor sechs Jahren haben wir mit dieser Arbeit begonnen. Wir wollten ein Seminar mit dem Thema „Eine Kirche für alle" organisieren. Das hauptsächliche Ziel war es, dass Menschen mit geistigen Behinderungen Informationen über die Kirche, die kirchlichen Rituale und Gottesdienste erhielten.

Es gab
- einen Abend zur Taufe. Dabei wurde eine Puppe als Baby verwendet. Jede(r) übernahm eine Rolle als Mitspieler
- einen Abend zum Thema „Hochzeit"
- einen Abend zum Thema „Beerdigung"
- einen Abend zum Thema „Heiliges Abendmahl/ Kommunion"
- einen Abend über den Gottesdienst.

Am Ende war es ein großes schönes Fest für alle Teilnehmenden, und zum Abschluss des Seminars erhielt jede(r) ein „Abschlussdiplom".

Danach waren alle sehr vertraut mit der Kirche und den Pfarrern, dem Organisten und so weiter. Einige (vielleicht einer oder zwei) fingen an, die regelmäßigen Gottesdienste zu besuchen. Ansonsten passierte nichts weiter.

Doch dann fragte jemand: Ist es denn auch möglich, Gottesdienste zu feiern, ohne ein Seminar besucht zu haben?

Regelmäßige „Gottesdienste für alle"

Und heute? In den vergangenen drei Jahren haben wir regelmäßig diesen besonderen Gottesdienst gefeiert – viermal im Jahr. Wir nennen ihn „Gottesdienst für alle".

Wir haben diese spezielle Gruppe (von Menschen mit einer Behinderung) dabei, die besonders eingeladen ist. Aber inzwischen kommen immer mehr Leute zu diesen Gottesdiensten, die freitags um 18 Uhr stattfinden.

Der Gottesdienst ist kurz – etwa 35 bis 40 Minuten –, und es gibt Kaffee und Erfrischungen.

Der Ablauf sieht folgendermaßen aus:
1. Alle versammeln sich an der Tür. Es wird geklärt, wer das Kreuz, die Blumen, die Kerzen, die Bibel usw. tragen möchte.
2. Wir hören auf die Glocken.
3. Alle nehmen am Einzug teil, den wir wie eine Prozession gestalten und dabei jedes Mal dasselbe Lied singen.
4. Alle gehen zum Altar und versammeln sich um ihn herum.
5. Nach der Begrüßung setzen sich alle und wir hören eine biblische Geschichte. Wir versuchen jedes Mal, mit den Leuten ein Anspiel zu machen. Dabei werden immer verschiedene Gruppen und Texte ausgewählt.
6. Wir feiern das Heilige Abendmahl. Wer nicht daran teilnehmen möchte, kann eine Kerze vor der eisernen runden Weltkugel anzünden und aufstecken.
7. Abschließendes (immer dasselbe) Lied.
8. Segen (hier hilft jemand mit).
9. Wir hören dem Orgelnachspiel zu.
10. Anschließend treffen wir uns in der Kirche bei Kaffee und Erfrischungen.

In diesem besonderen Gottesdienst wird viel gelacht und viele freuen sich. Wir freuen uns auf jeden Gottesdienst und danken Gott für dieses Geschenk an unsere Gemeinde. Auf besondere Weise zeigt er uns den Weg zu Gottes Reich (Matthäus 11,25).

Ganz am Anfang haben wir gedacht, dass diese Gottesdienste Menschen mit einer geistigen Behinderung veranlassen sollten, in die gewöhnlichen Gottesdienste zu gehen. Aber jetzt haben wir gesehen, dass es vielleicht sogar umgekehrt ist: Mehr und mehr Menschen besuchen diese besonderen Gottesdienste, und vielleicht ist das ja der Anfang einer Erneuerung, einer Reformation der regelmäßigen Gottesdienste.

(Übersetzt von Jochen Stiefel)

HEIDE THORSEN

Heimisch werden in meiner Gemeinde

Der Meine-Kirche-Kurs

Der „Meine-Kirche-Kurs" ist ein elementares Seminar zu kirchlichen Festen und Ritualen für Konfirmanden oder Erwachsene, geeignet für Gemeinden, die ein erstes Angebot für Menschen mit Behinderung suchen, für Gruppen, die Themenreihen erarbeiten wollen, sowie für lernbehinderte und oder verhaltensauffällige Konfirmanden. Er ist in der Integrationsarbeit der norwegischen Kirche entwickelt worden, und wir führen ihn dort in unterschiedlichen Teams mit gutem Erfolg durch.

Die Teilnehmerinnen und Teilnehmer entdecken mit allen Sinnen ihre Kirche. Im Rollenspiel der unterschiedlichen kirchlichen Handlungen kommt es zum Er-Leben großer Tage unseres Lebens. Es wird besonderer Wert auf die Tischgemeinschaft gelegt, und verschiedene Wiederholungen ermöglichen ein Wiedererkennen und ein Gefühl von Heimat. Daraus folgt eine Sicherheit unter dem Dach der Kirche, der beste Boden für ein integrierendes Gemeindeleben.

Der Kursverlauf

Der Meine-Kirche-Kurs geht über vier Veranstaltungen à 90 Minuten, zum Beispiel im Laufe eines Monats. Die erste Stunde wird im Kirchenraum verbracht, wo sich Anfangs- und Schlusshandlung jedes Mal mit einer Liturgie wiederholen und ein Thema des Tages in der Mitte erarbeitet wird. Die letzte halbe Stunde wird gemeinsam an einer großen Tafel gegessen, meist mit einem Bezug zum Thema des Tages.

Wir haben nämlich sehr gute Erfahrungen damit gemacht, wenn das Essen das Thema des Tages aufnahm, und sei es nur, dass wir uns die Mühe gemacht haben, Servietten mit thematisch assoziativ passenden Motiven zu besorgen. Das überrascht geäußerte „Ohhh!" von Teilnehmern und Betreuern war

den Einsatz wert, und eine Atmosphäre der gegenseitigen Achtung war geschaffen.

Methoden

Das Rollenspiel ist für das Er-Leben des Themas ganz entscheidend. So weit wie möglich alle Handlungen von den Teilnehmern in deren Tempo ausführen zu lassen sorgt dafür, dass ein Verstehen möglich ist und auch der taktile Sinn angesprochen wird. Die Teilnehmer sind sehr empfänglich für die Kraft der Musik in der Kirche, eine feierliche Prozession bewegt manches Herz und manchen Rollstuhl. Ein lustiges Kinderlied, ganz wild intoniert, oder eine ruhige Melodie, beim Erleben des Karfreitags gespielt, vermittelt unmittelbar, worum es geht. Daher: An der Orgel sitzt ein ganz wichtiger Mitarbeiter dieser Kurse! Mit der Kamera werden jedes Mal Fotos von den Teilnehmerinnen und Teilnehmern gemacht, in A4-Größe ausgedruckt und mit einem Untertext versehen, zum Beispiel „Hans mit der Organistin Hilde an der Orgel". Ein Ordner für jeden Teilnehmer liegt im Vorraum aus; so können wir jedes Mal nachlesen, was letztes Mal geschah. Diese Mappe ist das Bindeglied zwischen dem Kurs und den Betreuern und den Familien der Teilnehmenden. Zum Schluss gibt es für jeden eine Urkunde über die Teilnahme am Meine-Kirche-Kurs.

Mitarbeiter

Man braucht mindestens den/die Pfarrer(in) – als Symbolträger für „meine Kirche" und den/die Organist(in). Hilfreich ist es, wenn weitere Mitarbeiter wie Diakon, Küster und Zivildienstleistende zur Verfügung stehen. Bei uns klappte es sehr gut, wenn wir beim Thema viele kurze Beiträge von Mitarbeitern hatten; dadurch war es abwechslungsreich, ihnen zuzuhören. Wenn man die Verantwortung für Tischschmuck und Essen delegieren kann, ist das eine ganz große Arbeitserleichterung. Jedenfalls, man braucht eine Person, die die Fäden in der Hand hält, bei der alle Informationen zusammenlaufen, die alle Mitarbeiter informiert, Material besorgt und Kontakt zu den Wohnheimen hält. Bei uns war das der Diakon.

Am ersten Kursabend lautete das Thema „Meine Kirche und wer dort arbeitet". Jeder Mitarbeiter stellte sich mit einem Gegenstand aus seinem Bereich vor. Wie eindrücklich war unsere Küsterin mit ihrem Wischmopp, die allen anderen hinterher wischt!

Vorarbeit

Vor der ersten Kurseinheit müssen die Veranstalter sich mindestens ein- bis zweimal zusammensetzen, die Themenreihe bestimmen und die liturgische Rahmenhandlung erarbeiten. Wer nimmt Kontakt mit der Zielgruppe auf? Vertrauen muss oft erst erworben und erarbeitet werden, das erfordert viel Geduld.

Wir haben sehr viel Skepsis erlebt, vor allem in Hinblick darauf, ob ein solcher Abendkurs denn etwas für Schwerstbehinderte sein kann. – Ja, das kann er! Absolut! Gerade wenn Worte fehl am Platz sind, sprechen unsere Sinneserfahrungen und das Rollenspiel, und das Ausprobieren spielt eine wichtige Rolle: Wie fühlt es sich an, einen Talar anzuhaben? Wie warm ist das Taufwasser? Wie schmeckt Traubensaft/Wein?

Themen

Hier folgt eine kleine Auswahl als Anregung. Ein Kurs besteht aus vier Themen. Oster- und Weihnachtswanderungen können jedes Jahr wiederholt werden, denn auch hier macht das Wiedererkennen Freude. Aus u.a. folgenden Themen lassen sich die vier Themen zusammenstellen:
- Meine Kirche und wer dort arbeitet
- Taufe
- Beerdigung
- Konfirmation
- Hochzeit
- Kirchenjahr
- Osterwanderung
- Weihnachten erwandern

- Abendmahl
- Vaterunser

Ein gutes „Startpaket" ist zum Beispiel:
- meine Kirche und wer dort arbeitet
- in meiner Kirche ist Taufe
- Trauer und Hoffnung (Beerdigung)
- Osterwanderung (je nach Jahreszeit)

Ein Praxisbeispiel: In meiner Kirche ist Taufe

Material:
Alles für die gemeinsame Mahlzeit hinterher (einschließlich der Sahnetorte), die Mappen der Teilnehmer, alles für die Prozession (Kreuz, Blumen, Gesangbuch, Bibel, Kerzen, Kanne mit Wasser zum Füllen des Taufbeckens), 2 Babypuppen mit Taufkleidern, 2 Taufkerzen, Schmuck für das Taufbecken, großes Kinderfoto (Paten), Kamera, Liederzettel

Heute ist der zweite Abend des Kurses. Wir begrüßen alle mit Handschlag an der Tür und sehen uns die Fotos vom letzten Mal an. Alle Teilnehmerinnen und Teilnehmer (und oft auch die Betreuenden) bekommen auch heute einen Gegenstand für unseren Altar in die Hände. Zu feierlicher Musik ziehen wir in unsere Kirche ein. Der Altar wird sorgsam gedeckt, die Lichter angezündet (innerhalb einer eigenen Liturgie) und wir singen und beten unsere Eingangsworte vom letzten Mal. Alle haben Platz in der ersten Reihe. Der Pastor präsentiert kurz das Thema des Tages mit einer Babypuppe auf dem Arm. Nun erleben

wir, wie der Organist sich auf die Taufe vorbereitet hat: ein Kinderlied für Geschwister und Verwandte des Täuflings vielleicht? – Wir singen alle mit.

Jetzt ist die Küsterin dran: Mit zwei Teilnehmern wird das Taufbecken rundherum mit Blüten geschmückt. Mit einem anderen Teilnehmer wird Wasser in der Silberkanne geholt. Alle dürfen mal das Wasser spüren – das ist ja warm! Stimmt ja, sonst bekommt das Baby einen Schreck! Sind die Taufkerzen da? Ja. Und was geschieht eigentlich, wenn getauft wird? – Der Pastor erklärt mit einer Puppe in der Hand die Taufhandlung in kurzen Worten. Mit der Diakonin untersuchen wir die schönen Taufkleider unserer Täuflinge und die Bilder auf den Taufkerzen. Der Pastor erzählt vom Taufgespräch und von der Aufgabe der Paten. Vielleicht weiß jemand, wer seine Paten waren? Die Küsterin hat ein großes Bild von einem Baby und ein kleines von einem Engel mitgebracht. Sie ist Patin eines Jungen, der heute schon sieben Jahre alt ist. Was macht sie denn so als Patin?

Endlich sind wieder alle an der Reihe. Zwei Kinder wollen wir taufen – wie sollen sie denn heißen? Und wer will Mama/Papa sein? Haben wir Paten oder sogar Großeltern? Wir singen ein Tauflied gemeinsam, dann ist die erste „Familie" an der Reihe. Die Mütze wird abgenommen, jemand darf die Kerze anzünden, man darf auch noch mal beim Wasser dabei sein ... Und natürlich machen wir ein Foto von der Taufgesellschaft! Dann ist das zweite Kind dran. Noch einmal

hören und genießen wir die Worte des Pastors bei der Taufe, sehen Licht und Wasser. Und der Fotograf steht hinterher bereit. Mit unseren Babys singen und beten wir die Liturgie, die das Ende der ersten Stunde ist, und wir ziehen hinter dem Kreuz aus der Kirche in den Raum, wo uns die gedeckte Tafel erwartet.

In rosa und hellblauen Farben ist heute gedeckt, und die Torte schmeckt wunderbar! Spontan erhebt sich ein Teilnehmer und hält eine Rede: „Wir sind heute hier beisammen, um die Taufe zu feiern. Das ist ein großer Tag. Deshalb sind wir hier zusammen ..." Applaus! Auch von dieser Tafel machen wir ein Bild für die Teilnehmer. Und bald schon ist es Zeit, Abschied zu nehmen.

Bei jeder Planung fragen wir, inwieweit die *Sinne* beteiligt sind. Haben wir

- genügend Bewegungselemente (Altar decken, Baby tragen, Kleidung des Babys ...),
- etwas zu hören außer Worten (Musik, Wasser),
- etwas zu schmecken (Torte),
- etwas zu sehen und zu fühlen (Taufkleider, Wasser, Fotos ...),
- etwas zu riechen (Blumen, Kaffee, ausgeblasene Kerzen)?

Viele der Teilnehmenden kommen nun auch von Zeit zu Zeit in die Gottesdienste der Gemeinde und fühlen sich da wohl.

RAINER HENNING / JOCHEN STIEFEL

Die ersten Schritte

Konzept für einen Begegnungsnachmittag

Wahrnehmen lernen

In jeder Gemeinde leben Menschen mit Behinderung, auch wenn sie oft im Gemeindeleben nicht sichtbar sind. Das Wahrnehmen der Menschen mit Behinderung ist ein erster Anfang und zugleich ein einfacher Schritt: Mit offenen Augen durch den Ort gehen, im Kirchengemeinderat darüber sprechen, Menschen mit Behinderung fragen, ob sie noch andere Menschen mit Behinderung in der Gemeinde kennen.

Einladen und kennenlernen

Menschen mit einer Behinderung und deren Angehörige leben heute immer noch in einer Art „Parallelgesellschaft", obwohl sie durch zunehmende ambulante Dienste, Tages-Förderstätten usw. immer seltener in Heimen untergebracht sind. Eine Einladung von Seiten der Kirchengemeinde zu einem Kennenlerntreffen bei Kaffee und Kuchen sollte am Anfang mehr einen seelsorgerlichen Charakter haben und sich auf den direkt betroffenen Personenkreis beschränken. Ein großes „Programm" ist nicht nötig, allein der Austausch und das gegenseitige Kennenlernen mit der Pastorin/dem Pastor ist Programm genug. In der Einladung kann auch das Angebot eines (seelsorgerlichen) Besuchs des Pastors oder des Besuchskreises der Gemeinde angeboten werden. In weiteren Schritten kann sich der Personenkreis zur Gemeinde hin öffnen, wenn sich abzeichnet, welche Interessen und Bedürfnisse bestehen.

Das Miteinander gestalten

Menschen mit Behinderung, die in einer Einrichtung leben und arbeiten, freuen sich in der Regel über eine Einladung der Kirchengemeinde. Dabei ist das Miteinander in Form von Mitmachen wichtig, als Teilnehmerinnen und Teilnehmer in Gemeindegruppen und im Gottesdienst oder beim Gemeindefest. Wichtig ist, dass Beziehungen über eine längere Zeit wachsen können. Daher sollte man mehrere Einladungen vorsehen, je nach Möglichkeiten der Gemeinde. Oft ergibt sich auch über die gemeinsame Nutzung von Räumlichkeiten ein reger Kontakt: zum Beispiel von Gemeindegruppen im Heim oder von Gruppen aus dem Wohnheim im Gemeindezentrum.

Beziehungen vertiefen

Die intensivste Form des Miteinanders ist die persönliche Beziehung. Sie erfordert viel Engagement. So können z. B. im Rahmen der Gemeindebesuche persönliche Begegnungen stattfinden, indem jeder Besucher aus dem Heim „seine" Kontaktperson (oder -familie) findet. Vielleicht gibt es sogar Einladungen in die Familien (z. B. nach einem gemeinsamen Gottesdienst). Es werden auch Briefe hin und her geschrieben. Manchmal wachsen freundschaftliche Kontakte über viele Jahre. In den meisten Einrichtungen gibt es die Möglichkeit eines regelmäßigen ehrenamtlichen Engagements. Auch für Menschen aus dem Wohnheim gibt es die Möglichkeit, sich ehrenamtlich bei Aktivitäten der Gemeinde einzubringen! Der Perspektivenwechsel dabei ist wichtig: nicht nur ehrenamtlicher Einsatz für Menschen mit Behinderung ist wichtig, sondern auch von Menschen mit Behinderung.

Grenzen überschreiten

Behindertenarbeit wird in der Regel von institutionellen Trägern betrieben, zu denen nur selten ein

Kontakt von Seiten der Kirchengemeinde besteht. Menschen in der Kirchengemeinde, die in örtlichen oder regionalen Einrichtungen der Behindertenarbeit arbeiten, können eine Brücke bilden zwischen Kirchengemeinde und Einrichtung. Auch Familien, deren Angehörige in einer Einrichtung leben, sind gute Ansprechpartner. In manchen Einrichtungen gibt es offizielle Ansprechpartner für Kontakte. Darüber hinaus gibt es eine Vielzahl von Informationsangeboten und Medien in den Einrichtungen sowie in den Medienzentralen.

MIRJA KÜENZLEN

Das vergisst man nicht so schnell

Erlebte Verletzungen müssen berücksichtigt werden

Es ist gut, dass Menschen mit Behinderung viele Menschen treffen und viele Situationen erleben, in denen man sich ihnen zuwendet und hilfreich begegnet. Und trotzdem gibt es auch das andere: viele Menschen haben keine Erfahrung im Umgang mit Menschen mit besonderen Einschränkungen. Da gibt es viel Unsicherheit und Unwissen. Menschen mit besonderen Einschränkungen und ihre Familien müssen dieses Unwissen oft „ausbaden".

Viele Menschen mit einer Behinderung und ihre Familien haben daher eine lange Geschichte von Ablehnung und Verletzung. Dazu hier einige Beispiele:

„Als Mensch mit einer Besonderheit merke ich, dass ich in den normalen Abläufen und Institutionen nicht vorgesehen bin. Der ganze Lebensweg ist vorprogrammiert. Ein Sonderweg. Man bekommt überall zu spüren, dass man stört, dass man einfach nicht da sein soll. Und da wird es immer schwerer, selbst hinauszugehen und sich anderen ‚zuzumuten'."

„Wir wollten unser Kind taufen lassen. Es war alles so schwer, aber wir wollten Leonie in Gottes Hände legen und die Kraft der Gemeinschaft spüren. Aber als der Pfarrer uns besuchte und die vielen Apparate sah, die Leonie zu diesem Zeitpunkt brauchte, sagte er, wir sollten es lieber zu einem anderen Zeitpunkt machen, wenn es Leonie besser ginge. Es wäre zu umständlich und es könnte zu viele Menschen stören und verängstigen. Wir waren sehr enttäuscht – gerade jetzt hätten wir die Gemeinde gebraucht, nicht später! Wir wussten ja nicht einmal, ob es überhaupt ein Später geben würde."

„Als wir Floris zum Kindergarten anmelden wollten, sagte man uns dort sehr abwehrend: ‚Nein, also dafür sind wir nicht zuständig!' Nur weil Floris das Down-Syndrom hat, sollte er nicht in den evangelischen Kindergarten gehen. Ich war wie vor den Kopf geschlagen! Ich bin dann dort auch nicht mehr in den

Gottesdienst gegangen, obwohl ich eigentlich sehr gläubig und auch gern evangelisch bin."

Diese Verletzungsgeschichten sitzen oft sehr tief und haben ihre Spuren hinterlassen.
Deshalb:
* Wenn du die Menschen einlädst oder etwas mit ihnen zusammen planst, dann suche den direkten Kontakt und frage vor allem, was sie schon erlebt haben!
* Du brauchst Zeit!
* Versprich nicht zu viel!
* Hör gut zu!
* Halte dich mit vorschnellen Kommentaren und Urteilen zurück. Gib lieber zu, dass du unsicher bist.
* Respektiere die Privatsphäre des anderen.

Manchmal gibt es Steine aus der Vergangenheit, die sich nicht so leicht wegräumen lassen. Wenn's klappt, kann man einen neuen Anfang wagen!

Wer Menschen mit einer Einschränkung offen begegnen will, muss erst sein Verhältnis zu dem Thema „Grenzen" klären oder sich zumindest bewusst machen. Das ist etwas, das jeder Mensch gern beiseite drängt, und unsere ganze Medien- und Konsumwelt blendet es völlig aus. Da sind doch überall nur schöne, dynamische und „gesunde" Menschen zu sehen. Die Begegnung mit Menschen mit einer Einschränkung konfrontiert mit etwas, was man nicht so gern wahrhaben möchte: Das Leben ist nicht nur strahlend und perfekt, sondern wir alle sind Einschränkungen ausgesetzt. Viele Übertragungen und Ausweichmanöver erübrigen sich dann.

Mütter, die Kinder mit Behinderung haben, berichten von ihren Erfahrungen

Ich empfinde mich oft als schwierig für meine Mitmenschen!

Als Mutter einer behinderten Tochter bin ich in einer besonderen Lage. Ich bin sehr verletzlich. Man hat schon so viele schlimme Sprüche gehört – ich möchte es nicht wiederholen, aber ich kann Ihnen versichern, dass sich diese Sätze in meine Seele eingebrannt haben. Auch wenn ich weiß, dass die Sätze falsch und dumm sind, sie tun weh, sehr sogar. Da brauche ich als Mutter eine sehr dicke Haut – und ich brauche viel Kraft mit meiner Tochter, um die Dinge zu tun, die für andere Familien normal sind.

Wenn wir mit anderen Menschen zusammen sind, kann ich einen gewissen „äußeren Blick" nicht abschalten – wie wirkt meine Tochter mit ihrem eigenen Wesen auf die anderen? Mit welchen Augen, mit welchen Gefühlen sehen und erleben sie meine Tochter?

Ein Beispiel: Wenn ich in der Kirche mit dem Chor auf der Empore stehe und höre, wie meine 43-jährige Tochter mitten in der Stille unten im Kirchenschiff „Mamamama" ruft, dann vergehe ich schier vor Peinlichkeit und ich habe Angst, dass es die Leute stört. Wenn ein anderer Mensch mit Behinderung oder ein Kind „stört", dann ist mir das gar nicht unangenehm und ich denke: „Ach, das ist

der Wolfgang, schön, dass die auch da sind!" Für meine Tochter fühle ich mich verantwortlich.

Noch ein Beispiel: Unsere Tochter hat ein Gespür dafür, ob etwas echt ist: Gold, Wolle oder Seide. Sie spürt es, wenn sie es anfasst, und das ist manchmal wie ein Zwang. Da hat eine Frau eine schöne goldene Kette. Ich weiß und merke, dass sie diese gern berühren möchte, und weiß, dass die Berührung auch manchmal heftig sein kann und Schaden anrichtet. Ich versuche, die Frau zu warnen. „Ach lassen Sie nur, das macht doch nichts", gibt die Frau zurück. Aber wenn dann tatsächlich die Kette zerreißt, ist das doch sehr unangenehm.

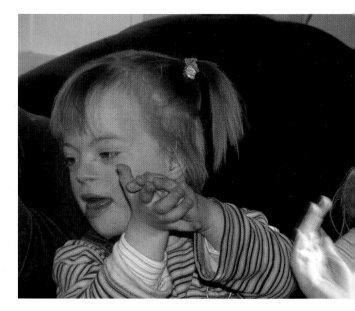

So ein Sonnenschein

Es ist, als sei ich zwei verschiedene Personen. Ich fühle mich gespalten, immer in einem Ausnahmezustand, und das hört nie auf. Wie oft haben mein Mann und ich den Satz gehört: „Aber jetzt solltet ihr doch darüber hinweg sein." – Nie bin ich darüber hinweg, nie. Ich bin damit für meine Umwelt nicht einfach, und das ist mir bewusst. Aber das dürfte niemand anderes über mich sagen. Das versteht sicher nur jemand, der selbst betroffen ist.

U. R. Mutter einer Tochter, 43 Jahre, mit Autismus

Eine weitere Mutter berichtet:

Ich finde es am besten, wenn ich merke, dass die Menschen, denen wir begegnen, sich einfach auf unsere Tochter einlassen und offen auf sie reagieren. Dann ergibt sich von allein ein „normaler" Kontakt. Oft mache ich die Erfahrung, dass es so ganz typische Reaktionen gibt. Da steckt bestimmt Unsicherheit dahinter und ganz freundliche Absichten. Aber viele Menschen reagieren nicht normal, wenn Sie uns mit unserer Tochter, die das Down-Syndrom hat, das erste Mal sehen – aber die Frage ist ja auch: Was ist denn normal?

Interesse ist normal, aber ich will als Mutter nicht dauernd Auskunft geben und immer wieder die gleichen Geschichten erzählen.

Ein Beispiel:
Was ist das? – *Das ist eine Magensonde.*
Wieso hat die das? – *Sie kann nicht so gut essen.*
Wieso kann sie nicht so gut essen? – *Sie braucht ihre Kraft gerade für andere Dinge – sie hat einen Herzfehler.*
Oh.
Und das an der Nase? – *Das ist ein Sauerstoffschlauch.*
Aha. Wieso hat sie das? – *Weil sie nicht so gut atmen kann.*
Wieso kann sie nicht so gut atmen? – *Sie ist so früh auf die Welt gekommen.*
Und wieso ist sie so früh auf die Welt gekommen? – *Das hängt auch mit dem Herzfehler zusammen.*
Ach so... und warum hat sie den? – Marie hat das Down-Syndrom, da ist das manchmal so.
Down-Syndrom, was ist denn das? – ....

Mitgefühl ist normal, aber ich will kein Mitgefühl, vor allem nicht, wenn es in die falsche Richtung geht:

„Wie schaffen Sie das bloß?" – *Am liebsten möchte ich manchmal zurückfragen: „Wieso? Denken Sie, mein Kind ist nur eine Belastung?"*

Ich finde es normal, erst einmal Kontakt herzustellen und unvoreingenommen wahrgenommen zu werden und sich mit Bewertungen zurückzuhalten: positive oder negative. Anerkennung ist normal, aber wieso habe ich so oft das Gefühl, dass die Anerkennung so schnell kommt, bevor jemand meine Tochter überhaupt wahrgenommen hat?

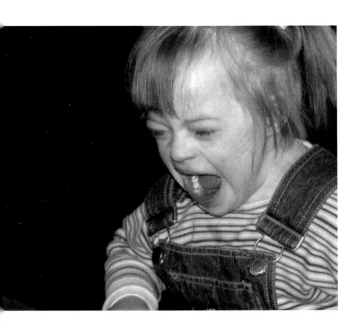

Ja, wie alle Kinder

„Gell, sie ist so ein Sonnenschein!" – „Ja, das stimmt, aber sie kann auch ganz schön kratzbürstig sein. Wie alle Kinder halt."

Ich weiß, dass die Leute etwas Nettes sagen wollen, aber es tut mir weh, wenn es über das Klischee nicht hinausgeht.

Trost ist normal – aber vielleicht brauche ich gar keinen Trost?

Eine typische Bemerkung ist:

„Down-Syndrom, also da kann man ja heute so viel machen, so mit Förderung und so!"

„Ja, das stimmt. Aber eigentlich finden wir unsere Tochter auch so schon ganz ok. Ohne Förderung! Wir wünschen uns, dass Marie ihren Weg in ihrem Tempo gehen darf. Mit ihren Besonderheiten. Zum Thema Förderung: Es ist nicht einfach, den Weg der Mitte herauszufinden, zwischen zu viel und zu wenig Förderung. Welchem der Therapeuten soll ich glauben? Schaffen wir das als Familie? Als Eltern bewegen wir uns gefühlsmäßig immer wie bei einem Drahtseilakt. Wenn ich zu einem falschen Zeitpunkt auf der falschen Seite angestupst werde, ist mir das gar nicht recht. "

Ich bin mir durchaus bewusst, dass ich als Mutter für die Begegnung mit Marie eine vermittelnde Aufgabe habe. Wenn ich normal und freundlich bin, dann hilft es den Menschen über ihre Unsicherheiten hinweg und es kann ein „normaler" Kontakt entstehen, aber manchmal habe ich einfach keine Lust. Will einfach nicht. Will einfach meine Ruhe.

Es gab Zeiten, da bin ich halt lieber nicht auf den Spielplatz gegangen. Aber wenn ich Kontakt vermeide, dann fühle ich mich Marie gegenüber schuldig. Wie soll sie denn in die Welt integriert werden, wenn wir als Eltern sie nicht mitnehmen? Was ist, wenn die Geschwister merken, dass wir wegen Marie gewisse Situationen vermeiden?

Erst langsam lerne ich und lernen wir, dass Marie sich inzwischen auch ganz gut selbst bekannt machen und genauso zeigen kann, wenn sie nicht an einem Kontakt interessiert ist. Fröhlich und kratzbürstig – wie sie eben ist. Und ich als Mutter darf gern auch mal signalisieren, dass ich jetzt gerade nicht als „Botschafterin" unterwegs bin! Oder?

M. P., Mutter von Marie, 4 Jahre

Nicht überschüttet werden mit fremden Schicksalen

Eine Erfahrung ist es, dass mir auf einmal ganz viele Leute von ihrem Schicksal erzählt haben, als sie hörten, dass unsere Tochter zu früh auf die Welt gekommen ist. Ich habe auf einmal von Schicksalen erfahren, die ich vorher nie geahnt hatte: von Frühgeburten und totgeborenen Kindern. Von Kindern, die eigentlich ein Zwillingsgeschwisterchen hatten, das dann aber sehr bald gestorben ist, und von noch viel mehr. Das Problem war nur: Ich wollte oder konnte diese Geschichten gar nicht alle hören. Ich war doch selbst gerade erst frisch aus dem Krankenhaus zurück und hatte gar nicht die Kraft. Ich habe immer gedacht: Wieso merkt der oder die das jetzt nicht, dass das jetzt eigentlich völlig daneben ist? Das Schlimmste war, wenn die Menschen aufgrund ihrer eigenen Erfahrungen zu wissen glaubten, wie es mir gerade ging. Dabei ist es doch so, dass jeder es anders erlebt!

Ich habe verstanden, dass sich die Menschen mit mir solidarisieren wollten und dass sie durch uns an das eigene Schicksal erinnert wurden. Ich habe einen ganz anderen Blick auf die Welt bekommen. Manchmal habe ich mich gefragt: Warum hat sie oder er mir das nicht schon früher erzählt? Was wissen wir eigentlich voneinander in der Nachbarschaft und in der Gemeinde?

Andererseits habe ich mir vorgenommen, dass ich sehr vorsichtig und zurückhaltend sein möchte, wenn ich mal in eine vergleichbare Situation komme.

Man kann ja signalisieren: Ich glaube zu wissen, wie es dir geht – mir ist auch mal etwas Unvorhergesehenes passiert. Aber dann muss ich abwarten, ob der andere meine Geschichte (in allen Einzelheiten?) hören will. Ich hoffe, dass ich es schaffe werde, wenn ich in diese Lage komme!

M. Küenzlen, Mutter von Clara

EIN VERUNSICHERTES GEMEINDEGLIED

... denn ich möchte in meiner Gemeinde zu Hause sein!

Ein Brief an den Gemeindepfarrer

Lieber Herr Pfarrer,

ich bin's nur – ein Mensch Ihrer Gemeinde. Sie kennen mich vermutlich, fünfte Reihe rechts, gleich am Anfang der Bank. Fast jeden Sonntag besuche ich Ihren Gottesdienst. Es gefällt mir gut: die feierliche Stimmung, Ihre guten Worte, die Musik, die alten gehaltvollen Texte, die Spiritualität. Auch manche Neuerungen der letzten Zeit sprechen mich an, z. B. der Gospelchor mit der modernen Musik. Ich bin immer sehr bereichert.

Mir gefällt auch, dass ich einfach so hereinkommen und wieder gehen kann, ohne dass etwas von mir verlangt wird. Wissen Sie, ich führe ein anstrengendes Leben – im Gottesdienst kann ich mich entspannen.

Nun habe ich im neuen Gemeindebrief gelesen, dass die Kirchengemeinde einen Kontakt zu einer Gruppe aus dem Schwerbehindertenheim aufbauen will. Sie wollen sie einladen, in unsere Gottesdienste zu kommen – nicht nur einmal, sondern regelmäßig. Sie schreiben von „Begegnung ohne Gefälle", „inklusivem Gottesdienst", „ganzheitliche Gottesdienstgestaltung". Solche Worte machen mich unsicher. Den jetzigen Gottesdienst bin ich gewohnt, er entspricht genau meinem Bedürfnis. Und jetzt wollen Sie etwas völlig Neues.

Verstehen Sie mich nicht falsch, ich habe nichts gegen die armen Menschen aus dem Heim. Aber die bekommen doch gar nichts mit von unserem Gottesdienst, und wenn ich es recht weiß, gibt es dort im Heim eine Andacht für die Bewohner. Das machen dort die Betreuer, die wissen, wie man mit denen umgeht. Ich glaube, ich könnte den Anblick nur schwer ertragen, die Gerüche, die Bewegungen. Manche sind auch recht unruhig und stoßen Laute aus. Ich glaube, ich könnte mich nicht mehr entspannen wie bisher.

Ich weiß, Gottes Liebe gilt allen Menschen. Als Kirche müssen wir uns um Außenseiter kümmern. Und Sie schreiben ja auch, dass diese Sache keine Belastung werden soll, sondern Bereicherung, dass man langsam aufeinander zugehen muss, sich aneinander gewöhnen muss. Sie schreiben: „Rechnen Sie damit, einige sehr nette Leute kennenzulernen!" – Ich kann mir das zwar kaum vorstellen, aber ich will auch nicht einfach nur an mich denken. Ich weiß, dass Jesus seinen Jüngern das auch zugemutet hat und in Kontakt kam mit Bettlern, Zöllnern, Huren und nicht nur mit den „normalen" Menschen.

Lieber Herr Pfarrer, Sie merken, ich befinde mich in einem Zwiespalt: Ich will nichts geändert haben und will mich doch auch nicht drücken, das Neue zu wagen.

Vielleicht diese Bitte: dass die Veränderung langsam gehen möge; dann kann ich mich daran gewöhnen – vielleicht. Denn ich möchte in meiner Gemeinde zu Hause sein!

Mit freundlichen Grüßen

TRAUGOTT ZIWICH

Inklusion aus Sicht des Wohnheims

*Warum wir mit Menschen in den Wohnheimen (noch)
besondere Gottesdienste feiern*

Historische und gesellschaftliche Aspekte der Entstehung besonderer Gottesdienste

Historisch gesehen war die Entwicklung zu Gottesdiensten innerhalb des Heimes sicherlich folgerichtig. Das Heim bot einen Ort zum Leben an, eine eigene Infrastruktur, eine eigene Lebenswelt. Da war es selbstverständlich, dass auch die Andacht und der Gottesdienst innerhalb des Heimes stattfanden. Der eigene Heimgottesdienst ergibt sich als Folge der Wohnform, der Gottesdienst außerhalb der Dorf- oder Stadtgemeinschaft steht geradezu symbolhaft für die Wohnform Heim, die alles zum Überleben Notwendige bereithält, aber eben in einer eigenen Welt. Viele Menschen in den Heimen, besonders die Älteren, haben niemanden mehr außerhalb, der den Kontakt zum normalen Leben fördern könnte. Sie leben geradezu in einer Parallelgesellschaft.

Sicher gab es in den vergangenen Jahren eine Entwicklung hin zu mehr Eingebunden-Sein in die Gemeinden. Die neu gebauten Wohneinheiten wurden kleiner, und je kleiner sie waren, desto normaler gestalteten sich die Kontakte zu den Nachbarn und auch zu den Kirchengemeinden. Und auch aus den größeren Heimen gehen einzelne Bewohner in die Gemeindekirche zum Gottesdienst. Aber die, die das können und wollen, sind oft die Menschen mit einer leichteren Behinderung, die Fitteren, die von sich aus soziale Kontakte und Integration suchen und sich akzeptabel verhalten können.

Und die anderen, die den Weg in die Kirche nicht allein schaffen, die ihren Körper nicht ruhig halten können, die nicht die Konzentration über eine volle Stunde aufbringen können, bei denen sich momentane Stimmungen lautstark oder in großem Bewe-

gungsdrang Bahn brechen? Diejenigen, die sich trotz großer Anstrengung nicht so weit anpassen können, dass sie in die Gemeinde passen? Sicher wäre denkbar, dass die Mitarbeiter, die in einer Wohngruppe für die Assistenz schwerbehinderter Menschen verantwortlich sind, diese jeden Sonntag statt in den Heimgottesdienst in den Gottesdienst der Kirchengemeinde begleiten. Was hindert sie daran?

- Der erste Grund ist ganz profan: Wir haben dafür nicht genug personelle und finanzielle Kapazitäten. Um rechtzeitig in der Kirche zu sein, müssten in vielen Gruppen am Sonntagmorgen mindestens ein oder gar zwei Mitarbeiter mehr im Dienst sein. Dazu kommt, dass wir nicht genügend Fahrzeuge zur Verfügung haben, um allen, die den Weg nicht zu Fuß schaffen, die Teilnahme am Gottesdienst außerhalb zu ermöglichen.

- Der Gemeindegottesdienst findet früher statt als unser Heimgottesdienst. Dazu kommt der längere Weg. Auch wenn wir die Ausstattung mit Mitarbeitern am Sonntag wesentlich verbessern könnten – das längere Ausschlafen am Sonntag, das etwas ruhigere Verrichten der morgendlichen Pflege, die gelassenere Atmosphäre beim Frühstück wären so nicht mehr möglich. In der schwerfälligen Organisation einer Gruppe, in der viele Menschen ihr Verhalten aufeinander abstimmen müssen, bringt jeder Termindruck einen Verlust an Gelassenheit mit sich.

- Wenn ganze Gruppen in die Kirche kommen, ist das immer etwas auffällig. Auch wohlwollende Menschen fühlen sich gestört, wenn eine ganze Gruppe Menschen, begleitet von „Erziehern", in der Kirche auftritt, zum Teil in Rollstühlen, mit körperlichen Gebrechen, Menschen, die ungewohnte Bewegungen machen, sich auf ungewohnte Weise artikulieren. Die Toleranz fiele sicher leichter, wenn nur einzelne Menschen integriert werden müssten. Aber so führt oft die Größe einer Einrichtung in einer Gemeinde zu Integrationsproblemen.

- Die Form des Gottesdienstes in der Gemeinde wird oft den Möglichkeiten von Menschen mit einer geistigen Behinderung nicht gerecht. Sie können nicht einfach gehen, wenn er ihnen zu lang wird, wenn die Konzentration überfordert ist. Auch die Möglichkeiten zur eigenen Mitbeteiligung sind für viele zu gering.

Ich bin mir sicher: Solange es Heime gibt, wird es dort, wo Bedarf an religiösen Angeboten gesehen wird, für die Menschen mit schwerer Behinderung auch die besonderen Angebote im Heim geben. Und eine Spezialisierung und ein Eingehen auf die speziellen Bedürfnisse der behinderten Menschen, eine zunehmende Entwicklung spezieller Angebote wurden und werden getragen von seelsorgerlicher Motivation und hoher pädagogischer Fachlichkeit.

Besondere Gottesdienste für besondere Bedürfnisse

Die Menschen, von denen wir reden, sind oft nicht imstande, einem „normalen", üblichen Gottesdienst zu folgen, oder ihre Möglichkeiten zu angepasstem Verhalten sind geringer.

Ich weiß um die Diskussionen, dass erst eine Sozialisation im Heim die Menschen sich so entwickeln lasse. Das mag die eine Hälfte der Wahrheit sein. Dennoch gibt es viele, die aufgrund ihrer besonderen Entwicklung spezielle Bedürfnisse haben.

- Sie können vielleicht ihre Aufmerksamkeit nicht für längere Zeit auf ein bestimmtes Objekt richten. Einige überschauen fremdbestimmte Abläufe nicht und können sich so nicht an äußere Gegebenheiten anpassen. Manche brauchen eine vertraute, nicht ablenkende Umgebung, die in einer großen Menschenansammlung nicht gegeben ist.
- Es gibt Menschen, die ihre motorische Unruhe oder ihr Bedürfnis nach Selbststimulation nicht kontrollieren können. Sie brauchen es, aufstehen zu dürfen, herumzulaufen, sich zu schaukeln oder ihre momentane Stimmung mit Lauten auszudrücken.
- Viele Menschen mit einer geistigen Behinderung können mit hochfliegenden Gedanken, abstrakten Sachverhalten und geschliffenen Formulierungen nicht viel anfangen. Sie brauchen eine bewusst

klare und einfache Gestaltung. Sie können viel besser teilnehmen, wenn sie eigene Erlebnisse aus ihrem unmittelbaren Erfahrungshorizont einbringen dürfen. Die Vermittlung braucht einfache Worte, klare Sätze, bildhafte Darstellungen und verlässliche Wiederholungen.

- Viele Menschen mit schweren Beeinträchtigungen haben nie aktiv eine Sprachfähigkeit erworben. Auch wenn viele auf einfache verbale Ansprache adäquat reagieren können: Sie leben viel unmittelbarer in und aus ihren Sinnen heraus. So ist für sie die basale Vermittlung wichtig, über körperliche Ansprache, Berührung, Streicheln, über Gegenstände, die man in die Hand nehmen kann. Dies geht einher mit einer direkten, intensiven persönlichen Zuwendung und ermöglicht eine

körpernahe Vermittlung von Gottes Wort über die Sinne. Grundlage ist eine gewachsene Vertrautheit in den Beziehungen, die die Umsetzung von Gottes Wort in den Alltag bedeutet: „Ich habe dich bei deinem Namen gerufen."

Der normale Gottesdienst ist in der Regel für andere Wahrnehmungsebenen gestaltet, er braucht seine Zeit und hat neben den liturgischen Elementen, die die Sinne ansprechen, auch viele Elemente, die verbal ausgerichtet sind und kognitive Fähigkeiten voraussetzen.

Ich befürchte, für erwachsene Menschen, die nicht behindert sind, wäre ein Gottesdienst, der die Botschaft basal vermittelt, erst mal befremdlich und ungewohnt. Vielleicht würden sich manche durch die notwendige Einfachheit auch nicht ernst genommen fühlen. Doch kann nicht auch der Gemeindegottesdienst solche Elemente aufgreifen? Würde nicht mehr Beziehung und mehr Körperlichkeit, mehr Einfachheit und Alltagsnähe auch den nicht behinderten Gemeindemitgliedern gut tun? Könnten nicht beide Seiten von mehr Begegnung profitieren?

Begegnung und Vernetzung der Lebenswelten

Aber wie könnte die Gemeinde zusammenwachsen? Wie könnten die Ressourcen der Heime ergänzt werden? Wie könnte die Aufnahmefähigkeit der Gemeinde für behinderte Menschen gestärkt werden? Wie könnte ein inklusiver Gottesdienst aussehen, der Menschen mit und ohne Behinderung gerecht wird? Was müsste geschehen?

Eine Vernetzung und Begegnung beider Lebenswelten kann nicht nur von einer Seite getragen werden. Voraussetzung wäre sowohl eine Veränderung der Gesellschaft als auch der Heime – vielleicht sogar bis zu ihrer völligen Auflösung und dem Umzug ihrer Bewohner in die Gemeinden, zu ihren Mitbürgern.

In den letzten Jahren wurden in verschiedenen Ländern, auch in Deutschland, die neu gegründeten Wohn- und Betreuungseinheiten für Menschen mit Behinderungen immer kleiner. Statt großer Komplexe, wo Wohnen und Betreuung für zwei-, drei- oder gar fünfhundert Menschen mit Behinderungen an einem Ort organisiert wurden, baute man Heime mit hundert, dann fünfzig, dann vierundzwanzig Plätzen. Außenwohngruppen wurden eingerichtet, ambulante Betreuungsformen entwickelt.

Bald zeigte sich, dass die Möglichkeiten zur Integration und Aufnahme in die Gemeinde umso besser und vielfältiger wurden, je kleiner die Zahl der Menschen mit Behinderung war, die an einem bestimmten Platz in der Gemeinde wohnten. Oft engagierte sich gerade die Kirchengemeinde.

Freilich befinden sich Menschen mit einem hohen Bedarf an Begleitung noch mehrheitlich in den Heimen. Der Weg in die Gemeinden war doch eher den Menschen mit einer leichteren Behinderung möglich geworden, die die notwendigen Anpassungsleistungen in der Öffentlichkeit auch erbringen können. Sie, wie auch die leichter behinderten Heimbewohner, können auch jetzt schon problemlos in Gemeindegottesdienste integriert werden.

Neue Formen

Wir wollen die Situation ändern, dass Menschen aufgrund ihrer Behinderung aus der Gesellschaft ausgeschlossen werden. Dazu müssen wir das eine tun, ohne das andere zu lassen:

Das eine ist, die Veränderungen in den Hilfsangeboten weiter zu entwickeln und immer mehr Menschen zu ermöglichen, die Hilfe, die sie brauchen, zu bekommen – ohne deswegen aus ihrer Gemeinde wegziehen zu müssen.

Das andere ist, die Heimgottesdienste weiter zu entwickeln, sodass dort mehr Inklusion stattfinden kann. Dazu muss es gelingen, wieder mehr MitarbeiterInnen für eine Teilnahme zu begeistern. Dies gelingt natürlich nur, wenn die Gottesdienste inhaltlich gut vorbereitet und durchgeführt werden. Die TeilnehmerInnen müssen angesprochen sein, spirituell, aber auch fachlich und menschlich. Dann könnte so etwas entstehen wie eine kleine, heiminterne Inklusion. Gemeinsames Feiern, Menschen mit und ohne Behinderung, die sich gegenseitig bereichern und für die der Gottesdienst der Schutzraum, ein Lernfeld für Inklusion sein kann.

Und warum muss der Gottesdienst nur am Sonntag stattfinden? Vielleicht könnten viel mehr Begegnungen geschaffen werden, wenn wir mit neuem Mut Menschen aus der Gemeinde zum Gottesdienst an einem Wochentag einladen.

Aber auch der andere Weg, verstärkt die Begegnung im Gemeindegottesdienst zu suchen, wäre lohnenswert. Könnten wir nicht einen Abholdienst mit ehrenamtlichen Gemeindegliedern organisieren?

Vielleicht gibt es auch Interessenten, die eine Patenschaft übernehmen können.

Und was den Gottesdienst betrifft, so gibt es bestimmt die Möglichkeit, ab und zu einen besonderen Gottesdienst in der Kirche anzubieten. Einen Gottesdienst, in dem wir neue Formen finden, Formen, die für Menschen mit und ohne Behinderung neue Erfahrungsfelder bereit hält. Mehr Körperlichkeit, mehr direkte Zuwendung, mehr Sinnlichkeit schadet auch den Nichtbehinderten nicht.

Und wenn Übersetzungsarbeit notwendig ist, von einer Sprache, einer Lebenswelt zu anderen, von der Sinneswelt zur Welt der Worte und umgekehrt, dann kann eine Seite von der anderen lernen.

Eine Begegnung ist möglich, erfordert aber Engagement, Ideen und ein Aufeinander-Zugehen. Und manchmal auch Sensibilität für notwendige Schutzzonen auf beiden Seiten

Unsere Gesellschaft verändert ihre Haltung – ist Inklusion möglich?

Unser Staat hat eine klare Haltung eingenommen: Ausdifferenzierte exklusive Lebenswelten, wie die großen Heime sie darstellen, soll es so nicht mehr geben. Menschen mit Behinderung sollen die Chance haben, wie jeder andere nach Möglichkeit selbst über seine Wohnform zu entscheiden. Die Professionalisierung der Betreuung ist zu teuer geworden. Profis müssen abgeben, mehr bürgerschaftliches Engagement ist gefragt.

Dabei ist das „Persönliche Netzwerk" ein wichtiges Stichwort: Jeder Mensch soll einen Kreis aus Freunden, Verwandten, Partnerschaften haben, der ihn stützt. Im Idealfall wirkt die Stütze dieses Kreises nicht als eine Einbahnstraße, sondern in Gegenseitigkeit.

Eine zukünftige Aufgabe in der sozialen Arbeit ist das Herstellen und Begleiten solcher Netzwerke. Unsere Gesellschaft muss Anreize schaffen für Bürgerengagement. Ehrenamtliche und sozial engagierte Menschen brauchen Ausbildung und Begleitung, die Aufgaben müssen abgegrenzt sein, um Überforderung vorzubeugen. Dabei wird es Engagement von beiden Seiten geben, von Menschen mit und ohne Behinderung – gerade die Bewohner unserer Außenwohngruppen zum Beispiel sind bei den Gemeindefesten unter den engagiertesten Helfern zu finden.

Das Miteinander, das Engagement für den Nächsten ist gefragt. Und dabei kann die Kirche eine wichtige Rolle spielen, die jetzt noch getrennten Welten zusammenzubringen. Dann werden wir in Zukunft unsere besonderen Gottesdienste in der Gemeinde feiern. Wir glauben, das kann auch für die Gemeinde etwas ganz Besonderes sein.

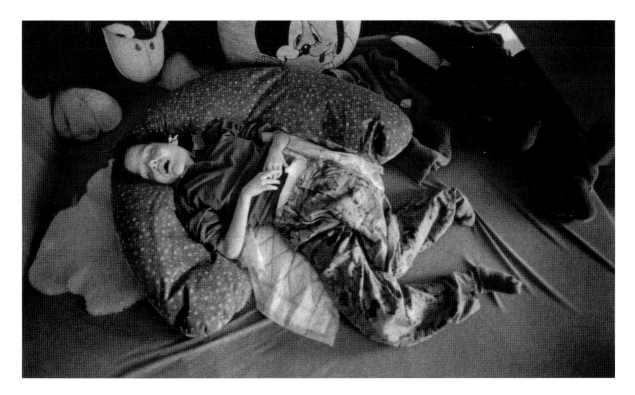

Hubert Lucht: Im Gespräch

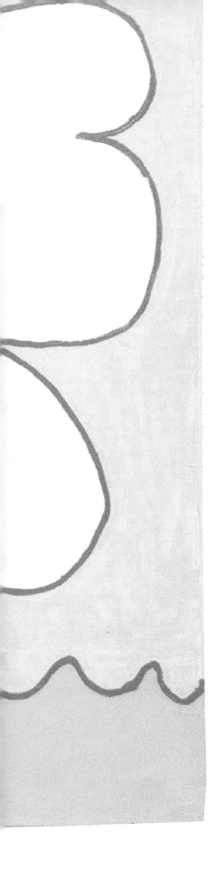

Wir machen es gemeinsam: gelungene Praxisbeispiele

Wir machen es gemeinsam

Beispiele gelungener Praxis

Gemeinsame Gottesdienste – wie soll denn das gelingen, wenn man sonst nur in getrennten Welten lebt!?

Die Praxisbeispiele zeigen, wie der christliche Glaube gemeinsam gelebt werden kann: im Kindergarten, bei der Kinderbibelwoche und Jugendarbeit, im Kontakt zwischen Wohnheim und Gemeinde, sei es Tür an Tür oder über die grüne Wiese hinweg. Im alltäglichen Beisammensein erfüllt sich die Spiritualität und nimmt ihren Anfang, im gemeinsamen Vorbereitungskreis für Gottesdienste genauso wie in gemeinsamen Urlaubsangeboten.

Natürlich kann man fragen: Ein Tandem-Café? Was hat das mit Spiritualität zu tun? – Diese Frage stand bei der Redaktion immer wieder im Raum – ein Café, das von Menschen mit und ohne Behinderung betrieben wird? „Das gehört doch wirklich nicht hierher!" – „In diesem Café herrscht ein ganz besonderer Geist!", entgegnet eine, die es wissen muss. „Zu uns kommen die Leute und erleben ein ganz fröhliches und offenes Miteinander. Von einem anderen Tandem-Café, das regelmäßiger geöffnet ist, erzählt die Leiterin: „Zu uns kommen Menschen gerade auch in besonderen Momenten – zum Beispiel nach einer Beerdigung. Sie fühlen sich bei uns in guten Händen. Hier geht es sehr ehrlich zu, und niemand muss eine Maske aufsetzen!"

Das muss doch irgendwie mit einem guten Geist zu tun haben!

Und alles, was ihr tut mit Worten oder mit Werken, das tut alles im Namen des Herrn Jesus und dankt Gott, dem Vater, durch ihn. *Kol 3,17*

Inhalt

JOCHEN STIEFEL

Gemeinsam von Anfang an!

Inklusion im Kindergarten

„Das war das Beste, was uns passieren konnte, denn Nadine hat sich in der Kindergartengruppe sehr wohl gefühlt. Und ich glaube, auch für den Kindergarten war es eine tolle Sache, denn vor allem auf die schwierigen Kinder hatte Nadines Art und Weise eine positive und beruhigende Ausstrahlung."

Christina Müller, Mutter, über die Erfahrungen ihrer behinderten Tochter Nadine im evangelischen Kindergarten der Matthäuskirche

„Er ist unser Sonnenschein, wir freuen uns, wenn Florian kommt."

Franziska Schmidt, Leiterin des Kindergartens, nach einigen Wochen über die erste Einzelintegration in ihrem Kindergarten mit Florian, 6 Jahre, Down-Syndrom

„Kevin ist in der Gruppe voll integriert, ist von den Kindern akzeptiert und beliebt, hat Freunde gefunden und die anderen Kinder helfen ihm sehr gerne, wenn er Hilfe braucht."

Ergebnisse eines Runden Tisches nach einem Jahr Einzelintegration von Kevin, 5 Jahre, körperlich und sprachlich behindert, in einer evangelischen Kindertagesstätte im Bereich des Stadtverbandes Stuttgart

Einzelintegrationen im Bereich von evangelischen Kindertagesstätten sind die Regel geworden. An vielen Orten gibt es inzwischen sogenannte Einrichtungen mit integrativen Gruppen, das heißt Kindergärten, in denen Kinder, die aufgrund ihrer Behinderung einer zusätzlichen Förderung bedürfen, in gemeinsamen Gruppen mit nicht-behinderten Kindern betreut werden. Sie entsprechen damit dem Kindergarten-

gesetz von Baden-Württemberg, das in §2 (2) die Aufgaben und Ziele von Kindertagesstätten entsprechend definiert hat.

Voraussetzungen

Evangelische Kindertagesstätten, die bereits Erfahrungen mit einer Integration gemacht haben, stehen weiteren Integrationsvorhaben meist sehr offen gegenüber. Denn vor der Aufnahme und während der Betreuung eines Kindes mit Behinderung in der Einrichtung müssen entsprechende Voraussetzungen erfüllt sein (z. B. bedarfsgerechte Gruppenstärke, gute personelle Besetzung, geeignete Räume). Eine Unterstützung durch Fachstellen und Fachkräfte sowie eine Zusammenarbeit mit anderen Institutionen ist erforderlich. Die innere Bereitschaft aller Beteiligten, an der gemeinsamen Aufgabe von Erziehung, Bildung und Betreuung behinderter und nicht-behinderter Kinder in evangelischen Kindertagesstätten konstruktiv mitzuarbeiten, ist notwendige Voraussetzung jeder Integrationsmaßnahme.

Die vielfältigen Erfahrungen haben gezeigt, dass Integrationsmaßnahmen in Kindertagestätten meist positive Veränderungsprozesse auslösen. So bewirkt pädagogisch sensibel gestaltete Integration als gemeinsame Lebenserfahrung von Kindern mit und ohne Behinderung bei den Kindern, Eltern, Mitarbeiter(innen), Trägern, Kooperationspartner-(innen) einen gemeinsamen Lernprozess innerhalb und außerhalb der Kindertageseinrichtung und ermöglicht auf Dauer innovative Erfahrungen, z. B. Erfahrungen des Nichtausgrenzens und der Akzeptanz anderer Lebenskonzepte.

Für eine gelingende Integration müssen folgende konzeptionelle Fragen vorab und im Integrationsprozess beantwortet sein:

- Die an der Integration beteiligten Personen müssen das Zusammenleben von Kindern mit und ohne Behinderung als Normalität begreifen.
- Die pädagogische Konzeption der Einrichtung muss integrative Pädagogik umfassen und weiter entwickeln können.
- Das Gemeinwesen und seine Möglichkeiten sind in den integrativen Ansatz einzubinden.
- Eine Kooperation mit dem Träger der Einrichtung, anderen beteiligten Institutionen und Fachdiensten wird als selbstverständlich vorausgesetzt.
- Die Dialogbereitschaft mit Eltern und Kindern ist Grundlage für die notwendige Beratungs- und Kooperationsarbeit mit den Familien.
- Durch fachliche Begleitung sowie regelmäßige Fortbildungen der pädagogischen Fachkräfte wird die Qualität der Arbeit erhalten und weiterentwickelt.

Eine einfühlsame und kontinuierliche Öffentlichkeitsarbeit sowie die Transparenz der integrativ-pädagogischen Konzeption fördern das gegenseitige Verständnis und die Toleranz innerhalb und außerhalb der Einrichtung.

Erfahrungen

Über den Ablauf und die Durchführung einer Einzelintegration informieren die zuständigen Kindergartenfachberatungen. Auch wenn eine Einzelintegration immer auch eines erhöhten Aufwandes bedarf, wiegt in der Regel der Gewinn dies auf. Denn die positiven Erfahrungen sind beachtlich:

Alle Beteiligten – Kinder, Eltern und Träger – machen ganz neue Erfahrungen.

Eine Behinderung wird nicht mehr als Bedrohung, sondern als eine Bereicherung der eigenen Lebenssituation erlebt.

Kinder mit einer Behinderung bereichern positiv das gemeinsame Miteinander in der Gruppe. Kinder, Eltern und Mitarbeiterinnen haben die Möglichkeit, etwas mehr über eine Behinderung zu erfahren und sicher im Umgang mit Menschen mit einer Behinderung und deren Umfeld zu werden.

Die fachlichen Kenntnisse der Mitarbeiter(innen) werden erweitert.

HANS HEPPENHEIMER

„Die Tiere der Bibel"

Inklusive Kinder-Bibel-Woche

„Und er gebot den Raben, dass sie ihn versorgen sollten. Und die Raben brachten ihm des Morgens und Abends Brot und Fleisch."

(1. Kön 16)

Seit fünf Jahren veranstalten die Evangelische Kirchengemeinde Mägerkingen (Dekanat Reutlingen) und die Mariaberger Heime e. V. gemeinsam eine integrative Kinder-Bibel-Woche jeweils in den Herbstferien. Eingeladen sind Kinder mit und ohne Behinderungen im Alter von vier bis zwölf Jahren.

Wie in vielen anderen Kinder-Bibel-Wochen üblich, erstreckt sich die Veranstaltung über vier Nachmittage in der Woche und schließt mit einem Familiengottesdienst am darauf folgenden Sonntag ab.

Inzwischen nehmen über 80 Kinder an der Integrativen Kinder-Bibel-Woche teil, über zehn davon sind Kinder mit ganz unterschiedlichen Behinderungen aus den Mariaberger Heimen oder deren Umfeld. Thema ist jeweils eine biblische Geschichte, in der ein oder mehrere Tiere eine entscheidende Rolle spielen:

Ein von mir verfasstes Bibel-Theater-Stück wird abschnittsweise immer zum Anfang der jeweiligen Nachmittage von MitarbeiterInnen für die Kinder gespielt. In diesen Bibel-Theater-Stücken wird eine

biblische Geschichte immer aus Sicht der Tiere erlebt, und Tiere spielen auch die entscheidende Rolle. Danach wird die Geschichte durch Gespräche, Singen, Tanzen und Basteln vertieft. Wenn die entsprechenden Tiere auch erlebt werden können, ist dies für die Kinder-Bibel-Woche natürlich eine sehr große Bereicherung.

Alle vertiefenden Elemente sind auf die Geschichte bzw. auf die Tiere in der biblischen Geschichte ausgerichtet. Wenn es machbar ist, basteln die Kinder für sich ein Tierkostüm, um in die Rolle des Tieres nicht nur gedanklich, sondern auch körperlich zu schlüpfen. Natürlich müssen alle Elemente altersgemäß zubereitet sein, insbesondere die Bastelarbeiten.

Die bisherigen Themen waren: „Die Eselin des Bileam" (nach 4. Mose 22), „Die Raben und der Prophet Elia" (1. Kön 15), „Die Hunde des Lazarus" (Luk. 15), „Petrus und der Hahn" (Passionsgeschichte) und „Mose und die Schlangen" (nach 4. Mose 21).

Im Verlauf der bisherigen Integrativen Kinder-Bibel-Wochen hat sich gezeigt, dass die Tiere der Bibel die integrativen Elemente sind, die behinderte und nicht-behinderte, große und kleine Kinder jeweils auf ihre Art faszinieren und zusammenhalten. Die Integrative Kinder-Bibel-Woche ist im Laufe dieser Jahre zu einem „Renner" in der Gemeindearbeit geworden, wobei sich auch leicht MitarbeiterInnen finden lassen – über 30 Personen helfen zum Gelingen der Veranstaltung auf unterschiedliche Weise mit. Vermutlich sind die Tiere der Bibel für alle Beteiligten das Bindeglied auf der emotionalen Ebene.

Die Aufgaben der biblischen Tiere

In der Geschichte vom Propheten Elia aus dem ersten Buch der Könige haben die Raben eine ganz entscheidende Aufgabe: Sie sollen den Propheten Elia vor dem Verhungern bewahren. Die Bibel erzählt solche wichtigen Umstände äußerst knapp. Da wird kein Wort darüber verloren, warum Gott gerade die Raben dafür ausersehen hat, da wird auch nicht erwähnt, woher die Raben in dieser Hungerszeit Brot und Fleisch ergattern. Nein, sondern nur „Gott gebot den Raben ..."

Vielleicht ist sonst niemand mehr da, der diese Aufgabe übernehmen könnte. Und es ist eine entscheidende Aufgabe, denn wie würde Gottes Botschaft weitergetragen, wenn der Prophet verhungerte? Nicht auszudenken. Aber Gott hat bekanntlich viele Wege, seine Botschaft dieser Welt kundzutun.

„Wenn die Menschen nicht mehr reden, dann werden die Steine schreien", heißt es im Petrusbrief. Auch Tiere können diese wichtige Aufgabe übernehmen, wenn die Menschen dazu nicht in der Lage oder willens sind. So gibt es verschiedene Erzählungen in der Bibel, in denen Tiere eine entscheidende Rolle spielen.

Neben dieser Geschichte von Elia und den Raben gibt es dazu die Geschichte vom Propheten Bileam (4. Mose 22), in der die Eselin des Propheten ein besseres Ohr für Gott hat als der Prophet selbst. Nur mit Hilfe seiner Eselin findet Bileam wieder den richtigen Weg und den richtigen Auftrag Gottes.

Auch in der Geschichte vom Propheten Jona hat ein Tier die Schlüsselrolle: Der Wal verschlingt Jona und speit ihn nach drei Tagen auf Gottes Geheiß wieder aus. Jona ist nach dieser Erfahrung nun bereit für den Auftrag, den Gott ihm gab. Der Wal ist hier ein ausgezeichneter Gehilfe Gottes.

Oder in der Geschichte vom reichen Mann und dem „armen Lazarus" (Luk 15) heißt es ganz lapidar: „Und Hunde leckten seine Schwären." Aber dahinter verbirgt sich viel mehr. Denn die Hunde bringen Gefühle in dieses kalte, erstarrte und gefühllose Verhältnis zwischen dem Reichen und dem armen Lazarus. Sie schenken dem Armen eine Zuwendung, die er sonst von niemandem mehr bekommt.

Beispiele dieser Art sind in der Bibel noch mehr zu finden.

Aber die Frage ist ja dabei: Warum hat Gott gerade dieses oder jenes Tier für eine bestimmte Aufgabe ausgewählt? Und: Nehmen wir die Tiere in dieser wichtigen Aufgabe für Gott auch wahr?

In den Bibeltheaterstücken spielen die Tiere deshalb immer die Hauptrolle. Die Geschichte wird im Grunde von den Tieren her aufgerollt. Und das weitere Programm der Kinder-Bibel-Woche besteht dann darin, gedanklich und spielerisch in diese Rolle der

Tiere zu schlüpfen. Bei der Geschichte von „Bileam und seiner Eselin" beispielsweise haben die Kinder in altersspezifischen Gruppen unter Anleitung von MitarbeiterInnen einfache Eselskostüme gebastelt und am Ende der Kinder-Bibel-Woche waren da viele kleine und große Esel zu sehen. Bei der Geschichte von Elia und den Raben haben sich alle Beteiligten in Raben verwandelt.

Eine Brücke für die Menschen

Im Laufe dieser bisherigen Integrativen Kinder-Bibel-Wochen waren überraschende Beobachtungen zu machen:

Das Thema „Tiere der Bibel" vermag Kinder ganz unterschiedlicher Herkunft und Auffassungsgabe zu verbinden. Kinder mit und ohne Behinderung sind von Tieren gleichermaßen fasziniert. Und Kinder in dieser großen Altersspanne von vier bis zwölf Jahren nehmen regelmäßig an dieser Veranstaltung teil, ohne dass die Größeren sie als „Kinderkram" abtun (während Kinder-Bibel-Wochen oft darunter leiden, dass größere Kinder sich rar machen). Und es liegt ganz offensichtlich an den Tieren, die diese ganz unterschiedlichen Kinder zusammenführen. Die Tiere der Bibel sind wie eine „Brücke für die Menschen".

Die Bibeltheaterstücke mit Anleitungen für eine Integrative Kinder-Bibel-Woche und mit einer einführenden DVD sind als Broschüre zu beziehen bei: Mariaberger Heime e. V., Öffentlichkeitsreferat, Klosterhof 1, 72501 Gammertingen, Tel. 07124/923-218.

HANS JÜRGEN HINNECKE

Mit Handicap oder ohne – das interessiert uns nicht die Bohne!

Inklusion und evangelische Jugendarbeit

Kindern, Jugendlichen und jungen Erwachsenen fällt es deshalb so schwer, sich gegenüber Menschen mit Besonderheiten und Handicaps richtig zu verhalten, weil sie es im alltäglichen Zusammenleben aufgrund der separierten Lebenswelten in der Regel nie gelernt haben. Aber auch umgekehrt lernen Kinder, Jugendliche und junge Erwachsene mit Besonderheiten und einem Handicap nicht, sich in einer Gruppe von Gleichaltrigen zu behaupten, eigene Bedürfnisse und Wünsche zu artikulieren und ein unbehindertes Miteinander zu leben.

Kinder und Jugendliche mit und ohne Behinderung sind willkommen

Bei der Inklusion in der Evangelischen Jugendarbeit geht es um eine außerschulische Pädagogik/Freizeitpädagogik und um eine Jugendarbeit für Kinder, Jugendliche und junge Erwachsene – mit und ohne Behinderung. Diese gilt es je nach individuellem Unterstützungsbedarf in Hinblick auf die Art und Schwere der Beeinträchtigung subjektzentriert zu modifizieren.

Es geht nicht um ausdifferenzierte, sonderpädagogische Angebote für Menschen mit einer Behinderung. Es geht auch nicht um eine Jugendarbeit, in der der Andere zum Objekt einer meist projektorientierten diakonischen Zuwendung wird mit dem Lernziel, dass Kinder und Jugendliche ohne Behinderung ihre sozialen Kompetenzen erweitern. Wenn Erweiterung sozialer Kompetenzen, dann bitte miteinander! Es geht um eine Jugendarbeit, in der wir Gruppen-, Freizeit- und Bildungsangebote so gestalten, dass Kinder und Jungendliche mit und ohne Behinderung willkommen sind. Die Angebote in der Evangelischen Jugendarbeit sollen so ausgestaltet sein, dass jeder darin mit oder ohne Unterstützung interagieren, kommunizieren und

sich artikulieren kann. Er soll sich dort wohl fühlen und angenommen wissen. Dies betrifft insbesondere auch die Artikulation und das Ausleben von Glaubensäußerungen, Spiritualität und Sinnfragen.

Es geht also nicht um eine Eingliederung von Menschen mit einem Handicap in die Jugendarbeit im Sinne einer Anpassung an „normale" Jugendarbeitsstandards von Menschen ohne Handicap, sondern es geht um die Umgestaltung der Jugendarbeit, ihrer Rahmenbedingungen und ihres Selbstverständnisses im Sinne einer inklusiven Vision, in der ein unaufgeräumtes Miteinander ermöglicht und gefördert wird. Was damit gemeint sein kann, beschreibt eine Freizeitteilnehmerin wie folgt: „Einen so ungezwungenen, normalen und schönen Umgang zwischen Menschen mit und ohne Behinderung wie auf diesen Freizeiten, die ich bisher erlebt habe, wünsche ich mir in allen Bereichen. Da ich in eine Sonderschule für Körperbehinderte gehe, kommen immer wieder auch Klassen von anderen Schulen, um mit uns Projekte durchzuführen. Auch wenn sich die Lehrer sehr viel Mühe geben, dass kein Besichtigungscharakter entsteht, habe ich oft das Gefühl, wie im Museum besichtigt zu werden. Ein Kontakt über die Projekte hinaus entsteht nie. Ich möchte kein Projekt sein, sondern wünsche mir, dass es vielmehr normale Gemeinsamkeiten gibt ..."

Inklusive Jugendarbeit als Leitidee erfordert eine Abkehr von Angeboten, die nur das Behindert-Sein oder nur das Nicht-behindert-Sein als selbstverständliche Voraussetzung in Augenschein nimmt.

Stattdessen ist es notwendig, Kinder, Jugendliche und junge Erwachsene mit und ohne Handicap

a) als Lebensgemeinschaft in ihrem vertrauten Lebensraum wahrzunehmen und

b) zu allen Angeboten im Freizeit- wie im Bildungsbereich einzuladen sowie

c) Bedingungen zu schaffen, die es ermöglichen, an bestehenden Mitbestimmungs- und Beteiligungsformen (Gremien, Projektgruppen) mitzuwirken.

Vor diesem Hintergrund der Unaufgeräumtheit kann sich auch ein anderes religiöses Bewusstsein entfalten, ein Bewusstsein, in dem nicht ausgesondert, sondern im Sinne eines christologischen Verständnisses zur Tisch- und Lebensgemeinschaft eingeladen wird und das konkret im Alltagsleben Gestalt annimmt.

Auf diesem Weg befindet sich die evangelische Jugendarbeit im Kirchenbezirk Bad Cannstatt. Schon seit über zwanzig Jahren werden integrative Freizeitmaßnahmen für Kinder, Jugendliche und junge Erwachsene angeboten. Engagierte ehrenamtliche Mitarbeiter(innen) gründeten einen eigenen Fachausschuss, in dem die Belange einer integrativen – und nun seit einigen Jahren die Anliegen einer inklusiven – Jugendarbeit in die entsprechenden Gremien eingebracht, Projekte initiiert und begleitet werden. Hierbei war es von Anfang an wichtig, dass sich dieser Fachausschuss aus Mitarbeiter(innen) mit und ohne Behinderung zusammensetzt. Unterstützung erhalten sie von einer hauptamtlichen Fachkraft.

Wohnortnahe Angebote

Ein wesentlicher Charakter für die Umsetzung der Angebote innerhalb der Jugendarbeit ist die Kooperation mit den unterschiedlichsten Einrichtungen der offenen Behindertenhilfe. Dies ermöglicht eine personelle, finanzielle und ideelle Bündelung von Res-

sourcen. So kooperieren wir bei einigen unserer Angebote mit dem Körperbehindertenverein Stuttgart, der Behindertenhilfe Stuttgart oder der Behindertenhilfe Stuttgart/Diakonie Stetten. Dies erleichtert zum Beispiel die Umsetzung wohnortnaher Angebote, wie es in einer der Cannstatter Kirchengemeinden geschieht. Fahrdienst und notwendige Assistenz werden zum Teil vom Körperbehindertenverein übernommen. Fachliche Fragen und Programmplanung werden in gemeinsame Besprechungen geklärt.

Freizeitmaßnahmen

Freizeiten bieten sehr gute Gelegenheiten für gemeinsame Erfahrungs- und Erlebnisräume. Häufig verbringen hier Kinder und Jugendliche mit und ohne Behinderung erstmals eine längeren Zeitraum gemeinsam, können ihre Unterschiedlichkeiten wahrnehmen, thematisieren und miteinander „normale" Erfahrungen machen.

„Die bisherigen Freizeiten haben immer viel Spaß gemacht. Jeder hat mit seinen Möglichkeiten mitgemacht. Ich hatte nie das Gefühl, ich gehe den Leuten auf den Keks, wenn ich irgendwelche Hilfe benötige, und, was mir noch wichtiger ist, ich fühlte mich den Leuten nie ausgeliefert. Ich kann meine Wünsche äußern, und diese werden in der Freizeitgestaltung berücksichtigt. Selbst wenn am Anfang etwas als unmöglich erschien, wie zum Beispiel eine Bootsfahrt auf Malta, wurde das irgendwie möglich gemacht. Ich genieße die Zeiten, die man zur freien Gestaltung mit den anderen Freizeitteilnehmern hat. In relativ kurzer Zeit habe ich Kontakte und einen vertrauten Kreis, mit dem viel gemeinsam unternommen werden kann."

Kinder und Jugendliche mit einer körperlichen oder geistigen Behinderung oder einer Einschränkung ihrer Sinneswahrnehmung können sich für die Freizeitmaßnahmen anmelden. Einziges Kriterium ist, dass die erforderliche Assistenz für die Freizeitteilnehmer(innen) durch das Freizeitteam gewährleistet werden kann. Nach einem Hausbesuch durch die Freizeitleitung wird dies im Freizeitteam abgeklärt. Ein dafür entwickelter Fragebogen dient als Grundlage für das Gespräch. Kann eine erforderliche Assistenz durch das Freizeitteam nicht gewährleistet werden, wird das betreffende Kind oder der betreffende Jugendliche nicht auf die Freizeit mitgenommen, was aber nur sehr selten vorkommt.

JÜRGEN GOTTSCHLICH

Das Wohnheim und die Kirchengemeinden

Ein Erfahrungsbericht aus Bad Cannstatt

Erste vorbereitende Kontakte

Bereits vor dem Einzug ins Cannstatter Wohnheims gab es Kontakte zu den umliegenden evangelischen und katholischen Kirchengemeinden. Mitarbeiter(innen) der Diakonie Stetten wurden zu ersten Gesprächen in Kirchengemeinderatssitzungen eingeladen und der eine und andere Gemeinderat besuchte im Vorfeld den Rohbau des Wohnheims. Dabei hatte ich stets die Gelegenheit, über das Wohnprojekt und die geplante Belegung durch Menschen mit Handicap zu berichten. Die Gemeinderäte wiederum informierten ihre Gemeindmitglieder über die Planungen der Diakonie Stetten. Ich hatte stets den Eindruck, dass die Menschen mit Behinderungen in Cannstatt willkommen sind.

Nach dem Einzug ins neue Wohnheim haben einige Bewohner(innen) im Rahmen der Gottesdienstbesuche und des jeweils anschließenden Beisammenseins umgehend Kontakt zu den Bürgerinnen und Bürgern des Stadtteils aufgenommen.

Intensive Beziehungen und Freundschaften

Die besondere Verbundenheit zwischen Gemeinden und Wohnheim zeigt sich darin, dass einige Pfarrer zu den Geburtstagsfeiern der Bewohnerinnen und Bewohner eingeladen werden und sich auch die Zeit für einen Besuch nehmen. Einige Bewohner(innen) haben ihr Heimatjubiläum (25, 40 bzw. 50 Jahre Leben in der Diakonie Stetten) inmitten der Gemeinde im Rahmen des Gottesdienstes gefeiert. Es sind inzwischen Beziehungen und Freundschaften entstanden, die von allen Beteiligten in guter Weise gepflegt werden.

Seit ungefähr einem Jahr kommt die afrikanische Kirchengemeinde jeden Sonntag von 10 bis 14 Uhr ins Wohnheim und feiert in der Halle einen sehr lebendigen Gottesdienst, an dem auch unsere Bewohnerinnen und Bewohner teilnehmen können. Obwohl die wortgewaltigen Texte und Gebete in englischer Sprache gesprochen und die von Trommeln begleiteten, sehr stimmungsvollen Lieder auf Englisch gesungen werden, macht es allen vom Wohnheim Beteiligten großen Spaß, an diesen Festen teilzunehmen.

Bei unserem Weihnachtsspiel im letzten Jahr hat uns eine Gospelsängerin aus dieser Gemeinde mit ihrer kraftvollen Stimme begeistert. Der Auftritt war ein tolles Weihnachtsgeschenk an alle Menschen im Wohnheim.

Insgesamt sind die Menschen im Wohnheim über das „Eingebettet-Sein" in den Kirchengemeinden sehr glücklich. Von Anfang an hatten wir alle das Gefühl der Akzeptanz, einer von Herzlichkeit geprägten menschlichen Nähe und eines vertrauensvollen Miteinanders im Alltag.

Wenn wir Sonntags in die Gemeinden ausströmen
Wohnheimbewohnerinnen und -bewohner berichten über ihre Besuche in den umliegenden Kirchengemeinden

Renate: Wenn ich Sonntags zum Gottesdienst in meine Kirchengemeinde gehe, hoffe ich, dass ich die Konfirmanden wiedersehe. Diese waren ja im Sommer bei uns im Wohnheim. Es ist immer schön, wenn der Mesner mir als Rollifahrerin schon von Weitem die Tür aufhält und man vom Pfarrer mit einem Händedruck begrüßt wird. In der Kirche winken mir einige der Konfirmanden kurz zu. Nach dem Gottesdienst nehme ich auch gern an einem sogenannten Ständerling teil.

Dieter: Ich besuche Sonntags verschiedene Kirchengemeinden in Stuttgart und im Landkreis Waiblingen.

Auf diese Weise habe ich schon viele Pfarrer und neuerdings auch Pfarrerinnen kennengelernt. Ganz besonders gern gehe ich zu den Gemeindefesten. Da ist echt was los und man lernt sehr viele nette Leute kennen. Manchmal helfe ich nach einem guten Mittagessen beim Geschirrspülen in der Küche oder bringe den Müll zum Container. Sehr gern fahre ich auch zum Posaunentag nach Ulm und hoffe dabei immer, dass das Wetter hält.

Thomas: Ich gehe regelmäßig zu meiner Kirchengemeinde in Stuttgart-Wangen. Dort kennen sich alle Leute sehr gut und sie helfen sich gegenseitig, wenn es einem nicht so gut geht. Wir singen und beten gemeinsam und schenken uns gegenseitig Trost. Das gemeinsame Mittagessen ist dann immer auch ein tolles Erlebnis. Bei der Zubereitung und der Bestuhlung des Raumes bin ich meistens dabei. Hier haben die Leute viel mehr Zeit für einen als im Wohnheim. Schön ist auch, dass einige Gemeindemitglieder mich an jedem Geburtstag besuchen und für mich singen und mir oft ein kleines Geschenk mitbringen.

Susanne: Ich gehe nicht regelmäßig in den Gottesdienst, weil ich Sonntags auch gerne ausschlafe. Ich muss ja die ganze Woche immer so viel schaffen. Aber wenn ich mich dann aufraffe, ist es immer sehr schön. Vor allem, wenn die Lieder, die ich aus meiner Kindheit noch kenne, gesungen werden. Die neuen Lieder sind zwar auch schön, aber ich kenne sie halt nicht und höre dann eben nur zu. Ich freue mich, dass der Pfarrer meinen Namen kennt, wenn er mich sieht. Manchmal ist ein anderer Pfarrer da, aber der übersieht mich. Zu den Gemeindefesten gehe ich gern hin, weil so viel los und alle Leute so nett zu einem sind und ich manchmal eine Wurst geschenkt bekomme.

Gottesdienstbesuch mit Thomas
Die Mutter eines Jugendlichen mit geistiger Behinderung berichtet

Ich gehe mit unserem Sohn Thomas seit seiner Konfirmation im Jahr 1996 in den Gottesdienst in unserer Gemeinde und auch in andere Gottesdienste. Thomas ist gern in der Kirche und mag die Atmosphäre. Wenn er die Glocken läuten hört, dann weiß er schon, dass wir gleich losgehen werden. Und wenn wir in die Kirche kommen, dann ruft er laut den Namen des Organisten, weil er sich auf die Musik freut. Obwohl er stark geistig behindert und blind ist, reagiert er oft auf das Geschehen oder das Gesagte und wiederholt sogar manch-

mal genau die Schlüsselbegriffe dessen, was gerade vorkam. Ich bin darüber manchmal selber erstaunt. Das Vaterunser und Teile der Liturgie, die sich in den Gottesdiensten wiederholen, kennt er und spricht sie manchmal ganz oder teilweise mit. Er kennt auch viele Kirchenlieder und versucht sie mitzusingen.

Manchmal äußert er sich auch mit einem seiner Laute. Das kann ganz schön laut werden! Wenn ich merke, dass er zu unruhig ist und mich stört und ich das Gefühl habe, dass er auch die anderen Gottesdienstbesucher stört, gehe ich mit ihm raus. Aber das ist nur sehr selten nötig.

Nach all den Jahren sind wir mit vielen Menschen bekannt und es haben sich einige kleine Freundschaften entwickelt. Eine negative Erfahrung habe ich in all dieser Zeit nur einmal gemacht. Da hat sich eine Frau während des Gottesdienstes zu uns umgedreht und mich mitleidig angeschaut: „Wie halten Sie das

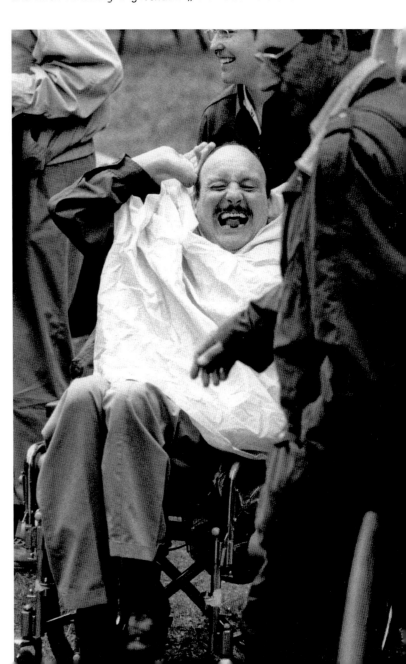

bloß aus?", hat sie gefragt. Wir haben uns dann einfach nicht mehr in die Nähe dieser Frau gesetzt. Auch
an dem Ort, an den wir immer in den Urlaub fahren,
habe ich nur gute Erfahrungen gemacht.

Ich möchte eigentlich nicht extra angesprochen
werden, weil ich einen Sohn mit Behinderung habe.

Wenn es sich im Gespräch ergibt, dann ist das normal.
Viele Menschen haben mir schon gesagt, dass sie es
schön finden, dass Thomas dabei ist. Er gehört einfach dazu. Sie vermissen ihn, wenn er nicht mit in den
Gottesdienst kommt.

GERHARD AMEND

Begegnung trotz Distanz

*Gemeinsames Leben zwischen Kirchengemeinde
und Wohnheim „auf der grünen Wiese"*

Wälde-Winterbach ist eine Kirchengemeinde im länd-
lichen Raum nahe Ravensburg, und die Haslachmühle ist eine Behinderteneinrichtung für Menschen mit
geistiger und Hörsprachbehinderung „auf der grünen
Wiese" zehn Kilometer entfernt. Wegen der Lage der
Einrichtung ist die Verbindung durch alltägliche Begegnungen nicht möglich. Gerade deswegen versuchen beide Seiten, den Kontakt miteinander zu pflegen und zu gestalten.

Voraussetzung ist, die Sprache zu erlernen

Zum Leben miteinander ist es unerlässlich, die
sprachbegleitenden Gebärden der hör-sprachbehin-
derten Menschen aus der Haslachmühle zu erlernen

In den verschiedenen Schulgottesdiensten der
Gemeinde Wälde-Winterbach verwenden wir des-

halb sprachunterstützende Gebärden, wie sie in der Haslachmühle üblich sind. Sie machen bewusst, dass Menschen unter uns leben, die hörsprachgeschädigt sind.

In der Gemeinde werden Gebärdenkurse für alle Gemeindemitglieder angeboten, die eine Verständigung zwischen den Menschen aus Wälde-Winterbach und den Menschen aus der Haslachmühle ermöglichen.

Projekt im Konfirmandenunterricht

Im Konfirmandenunterricht findet eine Diakonieeinheit statt.

In der ersten Einheit beschäftigt die Konfirmanden die Frage der „geistigen" Behinderung und die der Hör-/Sprachbehinderung. Dabei diskutieren wir die Frage: Was ist eigentlich „Behinderung"?, und wir sprechen über den Wert des Lebens.

Das Erlernen von elementaren Gebärden ist die Voraussetzung für einen Besuch einer Wohngruppe in einer folgenden Einheit. Bei diesem Besuch lernen sich die Bewohner der Haslachmühle und unsere Konfirmanden bei Getränken und Gebäck in ungezwungenem Gespräch kennen. Wir haben aus den Erfahrungen gelernt, dass sich die Intensität der Begegnung langsam steigern sollte. Anfangs begannen wir gleich mit dem gemeinsamen Kochen und Essen. Das ging zu schnell. Vielen KonfirmandInnen war es nicht möglich, das Essen einzunehmen, weil sie sich z. B. vor dem erhöhten Speichelfluss, den einzelne der anderen Jugendlichen haben, ekelten. Wenn davor ein Kennenlernen stattfindet und die KonfirmandInnen lernen, dass mit diesen Dingen auch ein pragmatischer Umgang möglich ist und dass sie auch zu ihren Gefühlen wie Ekel stehen dürfen, verläuft die Kocheinheit viel lockerer und unkomplizierter.

Am darauf folgenden Samstag verbringen die KonfirmandInnen und die gleiche Anzahl von Bewohnern der Haslachmühle einen Tag miteinander, in dessen Mittelpunkt die Vorbereitung des Gottesdienstes am Sonntag steht.

Beide Gruppen bereiten die Liturgie der Haslachmühle und ein Gebärdenspiel zum Predigttext vor. Alle bereiten gemeinsam das Mittagessen zu, essen gemeinsam, spülen gemeinsam und räumen gemeinsam auf.

Schwimmen im heimeigenen Schwimmbad, Ballspiele in der Turnhalle oder die Benutzung des Airtramps bilden den Abschluss des Tages. Am Sonntag feiern alle gemeinsam den Gottesdienst und treffen sich danach zum Essen und Trinken im Kirchcafé.

Die musikalische Begleitung übernimmt der Posaunenchor aus Wälde-Winterbach.

Weitere gemeinsame Aktionen

Der Posaunenchor übernimmt die musikalische Begleitung des Gottesdienstes in der Haslachmühle in sechswöchigem Rhythmus. Beide Gemeinden feiern weitere dreimal gemeinsam Gottesdienst.

Findet der Gottesdienst in Wälde-Winterbach statt, bleibl die übliche Liturgie, unterstützt durch Gebärden und bereichert durch ein Gebärdenanspiel. Auch die Predigt wird von Gebärden begleitet.

Bei Gottesdiensten in der Haslachmühle feiern wir die Liturgie der Haslachmühle. Die Gemeindemitglieder aus Wälde-Winterbach gebärden die Lieder und Gebete, besonders das Vaterunser mit.

Die beiden Gemeinden laden einander zu ihren Gemeindefesten ein und feiern gemeinsam. Beide Seiten erleben das Miteinander als Erweiterung ihres Erfahrungshorizonts, die Freude am Glauben in ihrer jeweils besonderen Art und die Erfahrung der Elementarisierung des christlichen Glaubens. Besonders deutlich wird das bei der besonderen Art des Gebets in den Gottesdiensten in der Haslachmühle:

Die Gottesdienstbesucher werden eingeladen, ihre Gebetsanliegen im Altarraum selbst vor Gott zu bringen. Das Gebet beginnt, unterstützt durch den Liturgen: „ Jesus, ich danke dir ..." oder „Jesus, bitte ..." und endet mit „Amen".

Das Gebetsanliegen wird vom Liturg verbal und mit Gebärdensprache übersetzt. Je nach Grad der geistigen Behinderung sind die Inhalte stark elementarisiert. Manchmal lautet das Gebet einfach: „Jesus, danke! Amen."

Weitere Inhalte des Gebets sind Essen und Trinken, Kaffee, Frühstücksei am Sonntag, Arbeit in der Werkstatt, Ausflug oder Kino, Mama und Papa, Krankheit oder Tod von Mitbewohnern und Erziehern, also Dinge aus dem unmittelbaren Erlebnisbereich, aber auch die Bitte um die Hilfe Gottes bei Katastrophen oder um Frieden in der Welt.

Die Gottesdienste enden mit dem Segenslied: „Herr, wir bitten, komm und segne uns".

Dabei kommen Menschen mit Behinderung in den Altarraum, heben beide Arme und erteilen der Gottesdienstbesuchern den Segen.

CHRISTINE STOPPIG

Viel Austausch und Aufeinander-Hören

Der Vorbereitungskreis für Gottesdienste

Seit vielen Jahren trifft sich der Gottesdienst-Vorbereitungskreis des Behindertenreferats, Evangelischer Stadtkirchenverband Essen, um Gottesdienste für Menschen mit Behinderung und ihre Familien und Freunde – so die offizielle Zielgruppe – vorzubereiten und zu gestalten. Die Gruppe besteht aus ca. 25 Personen mittleren Alters mit und ohne Behinderung, zu der immer wieder auch neue Gesichter kommen. Geleitet wird diese Gruppe von einem ökumenischen Kreis aus Laien und TheologInnen. Der Gottesdienst selbst findet viermal im Jahr statt und wird Samstag Nachmittags um 15 Uhr in der Essener Innenstadt gefeiert.

Die Arbeit im Vorbereitungskreis ist prozessorientiert und strukturiert so das Gottesdienstjahr. Dabei gibt es verschiedene Stationen, die aufeinander aufbauen:

Ein Vorbereitungswochenende

Anfang des Jahres fährt die Gruppe zu einem Wochenend-Seminar in ein Tagungshaus. Dort wird das jeweilige Jahresthema erarbeitet. Das ausgewählte Thema wird mit der Lebenswelt der behinderten Menschen in Beziehung gebracht, auf seine existentielle, direkt erfahrbare Dimension hin beleuchtet. Die Gespräche in der Gruppe zeigen deutlich, welche Aspekte des Themas besonders wichtig sind. Methodisch wird auf ganzheitliche Methoden zurückgegriffen, um möglichst alle – unabhängig vom jeweiligen Behinderungsbild – einzubeziehen.

Abschließend werden die verschiedenen Aspekte einer Thematik den einzelnen Gottesdienstterminen zugeordnet. Die Jahresthemen der letzten Jahre waren beispielsweise: „Zu-Hause-Sein", „Sterne", „Empfangen und empfangen werden".

Vorbereitungsabende

Etwa zwei Wochen vor dem Gottesdienst trifft sich die Gruppe zur konkreten Vorbereitung des nächsten Termins. Der geplante Inhalt des Gottesdienstes wird nochmals durchgesprochen und ggf. aktualisiert und präzisiert. Aus diesem Gespräch heraus werden Gestaltungselemente (Rollenspiel, Geste, Pantomime, Tanz, Statement ...) entwickelt. Außerdem werden bei diesem Treffen Lieder ausgesucht und eingeübt sowie liturgische Elemente durchgesprochen.

Gottesdiensttage

An den Gottesdiensttagen selbst trifft sich die Gruppe bereits vormittags. Zuerst werden die Tische für das spätere Kaffeetrinken festlich gedeckt und die Kirche wird gestaltet. Dann werden die einzelnen Schritte des Gottesdienstes durchgesprochen, zum Teil nochmals wiederholt oder eingeübt.

So ist die Vorbereitungsgruppe gut auf das eingestimmt, was kommt, und übernimmt damit eine tragende Rolle für den Verlauf des Gottesdienstes: Neue Lieder werden von Anfang an kräftig mitgesungen, und die Scheu, bei neuen und für einen Gottesdienst vielleicht ungewöhnlichen Aktivitäten mitzumachen, ist durch ihre Vorbildfunktion bei der ganzen Gemeinde deutlich geringer. Besonders beeindruckend sind die Phasen des Gottesdienstes, bei denen die Menschen mit Behinderung ihre Erfahrungen, Gefühle und religiösen Einsichten unmittelbar in den Gottesdienst einbringen. Ihre Authentizität und Offenheit stellen für alle Gottesdienst-BesucherInnen eine Bereicherung dar.

Krönender Abschluss des Tages für alle Beteiligten ist das Kaffeetrinken, das gemeinsam mit der inzwischen recht großen Gottesdienstgemeinde stattfindet.

Offenheit und Unmittelbarkeit

Die langjährige gemeinsame Arbeit prägt die Gesprächsatmosphäre innerhalb dieses Vorbereitungskreises sehr positiv: Es herrscht ein freundlicher Ton im Umgang miteinander. Geduldig hört man dem anderen zu, auch wenn jemand länger braucht, um etwas zu formulieren. Im geschützten Raum dieser Gruppe können Gefühle offen gezeigt werden, womit die anderen auch sensibel umgehen können. Beeindruckend sind die religiöse Unmittelbarkeit und das Gespür der Menschen mit Behinderung, das Wesentliche einer biblischen Erzählung zu erfassen. In aller Offenheit werden Glaubensfragen miteinander besprochen.

Aus dieser intensiven Arbeit heraus sind in den letzten Jahren noch drei andere Gottesdienstprojekte entstanden:

- die „Mirjamfrauen": Ein integrativer Frauenkreis, der jedes Jahr den Gottesdienst am Mirjamsonntag (Frauensonntag der rheinischen Landeskirche) feiert. Bei der Vorbereitung ist eine intensive persönliche Auseinandersetzung mit dem jeweiligen Jahresthema wichtig, Gespräche nehmen eine großen Raum ein, biblische Themen werden mit ganzheitlichen Methoden (Bibliodrama, Religionspädagogische Praxis u.a.) erarbeitet.
- eine Gottesdienstvorbereitungsgruppe mit Eltern von Kindern mit Behinderung, die sich jeweils für

einzelne ausgewählte Gottesdienste zusammenfindet. Für diese Gruppe ist es wichtig, die Elternperspektive in die Gottesdienste einzubringen.
- Gestaltung eines integrativen Gottesdienstes auf dem Kirchentag in Köln (2007) im Rahmen der Gottesdienst-Werkstatt dort.

HARTMUT SEITZ-BAY

Sinnvolle Ergänzung oder heimliches Sparmodell?

Organisationsgrundsätze ehrenamtlicher Arbeit in der Behindertenhilfe

„Mittendrin statt außen vor", „Nicht für uns, sondern mit uns", „Teilhabe", „Inklusion", „Gemeinwesenorientierung" – Forderungen, Schlagworte, Paradigmen, die uns in den letzten Jahren in den Diskussionen in der Behindertenhilfe immer häufiger begegnen, bei denen es sich aber lohnt, genau hinzuschauen, wer jeweils welche Absichten damit verfolgt. Geht es

wirklich um Teilhabe am Gemeinwesen und die Schaffung inklusiver Lebensbedingungen für Menschen mit einer Behinderung, oder verbergen sich hinter wohlmeinenden Theorien doch nur Spargedanken und der Abbau fachlicher Standards zu Gunsten des Einsatzes ehrenamtlicher Mitarbeiter? Erst wenn ich dies geklärt und klar definiert habe, macht es Sinn, ehrenamtliche

Kräfte in die Arbeit einzubinden, nicht als Ersatz, sondern als Ergänzung bestehender fachlicher Strukturen, versehen mit einem Konzept der Anleitung, Schulung und Begleitung ehrenamtlicher Mitarbeiter.

Möglichkeiten, Grenzen und Erfordernisse

Grundsätzlich gilt es beim Einsatz ehrenamtlicher Kräfte zu klären, wer sich für welche Aufgabe eignet und ob für bestimmte Einsatzbereiche ehrenamtliche Helfer überhaupt eingesetzt werden können. Bei Klienten, die eine sehr klare, stringente und stabile Anleitung und Beziehung benötigen, kann der Einsatz zusätzlicher ungelernter Kräfte durchaus kontraproduktiv sein (ich denke hierbei z. B. an Personen mit schweren psychotischen Verhaltensmustern).

Ehrenamtlich tätige Personen dürfen auch durch zu hohe Anforderungen oder Belastungen nicht „verheizt" werden. Manchmal kann es passieren, dass professionelle Mitarbeiter, die teilweise schon Jahrzehnte in einem bestimmten Bereich tätig sind und sich an vieles gewöhnt haben, sich nicht mehr klar

darüber sind, wie groß eine Belastung für jemanden sein kann, der ganz neu mit bestimmten Personen und Verhaltensweisen konfrontiert ist.

Es gibt wohl in den meisten Feldern der sozialen Arbeit Möglichkeiten, Ehrenamtliche sinnvoll ergänzend einzusetzen, doch sollte dies, insbesondere bezüglich der Grenzen des Einsatzes, vor Beginn einer ehrenamtlichen Tätigkeit genau bedacht und konzeptionell definiert sein.

Anleitung, Schulung und Begleitung

Wenn Sie beabsichtigen, ehrenamtliche Mitarbeiter in Ihre Arbeit einzubinden, so gibt es dabei verschiedene Dinge zu beachten:

Beginnen Sie mit dem Einsatz ehrenamtlicher Kräfte erst dann, wenn Sie ein Konzept für Anleitung, Schulung und Begleitung dafür haben. Definieren Sie genau, wem von den hauptamtlichen Mitarbeitern dabei welche Aufgaben zukommt und wie er diese wahrnimmt. Oft passiert es, dass Ehrenamtliche keine Ansprechpartner haben, von hier nach dort und wieder zurückgeschickt werden und durch diese Geringschätzung relativ schnell das Interesse an einer Mitarbeit verlieren. Wenn Sie wollen, dass ehrenamtliche Mitarbeiter ihre Aufgabe ernst nehmen und zuverlässig erledigen, so müssen zunächst Sie die Ehrenamtlichen ernst nehmen und ein zuverlässiger Ansprechpartner für sie sein.

- Die ehrenamtlichen Mitarbeiter müssen zunächst eine grundlegende Einführung bekommen, um ihnen den Stil und die Arbeitsweise, das Leitbild der Einrichtung zu verdeutlichen und sie darauf zu verpflichten.
- Beschreiben Sie das ehrenamtliche Tätigkeitsfeld möglichst genau, formulieren Sie Ihre Erwartungen und stimmen Sie diese mit den Erwartungen der ehrenamtlichen Mitarbeiter ab. Zeigen Sie klar und transparent die Möglichkeiten, aber auch die Grenzen der Mitarbeit auf.
- Vereinbaren Sie regelmäßige Reflexionsgespräche; vor allem zu Beginn der Tätigkeit sollten diese in engem zeitlichen Abstand liegen.
- Lassen Sie den Mitarbeitern eine fachliche Grundausbildung zukommen (Ursachen von Krankheits- oder Behinderungsformen, Umgang mit schwierigen Verhaltensweisen, Umgang mit besonderen Situationen wie z. B. Epilepsie). Dazu machen auch die Fachverbände Angebote; bei kleineren Einrichtungen kann es auch sinnvoll sein, hier gemeinsame Schulungen durchzuführen. Wir ver-

anstalten pro Jahr drei bis vier Fortbildungstage und ein Schulungswochenende. Die Teilnahme an zumindest einem Teil der Fortbildungen ist verpflichtend und Voraussetzung für eine ehrenamtliche Mitarbeit.

- Wenn Sie mit der Arbeit der Ehrenamtlichen nicht zufrieden sind, sollten Sie sie nicht aus falscher Dankbarkeit heraus vor Kritik verschonen. Konstruktive Kritik fördert die Kompetenz und Entwicklung der Mitarbeiter.

Neben der Anleitung und fachlichen Begleitung haben wir sehr gute Erfahrungen damit gemacht, den Einsatz der ehrenamtlichen Mitarbeiter durch regelmäßige, Atmosphäre schaffende Veranstaltungen zu würdigen. Dazu gehört z. B. ein jährlich stattfindendes „Mitarbeiter-Bedankungsfest" mit Musik, Kultur und einem guten Essen, aber auch Nachtreffen von Freizeiten, Grillfeste und/oder Weihnachtsfeiern, zu denen auch die ehrenamtlichen Mitarbeiter eingeladen sind.

Wenn sich ehrenamtliche Mitarbeiter fachlich und persönlich angenommen und aufgehoben fühlen, werden sie sich zu zuverlässigen und kompetenten Kräften entwickeln, die die hauptamtlichen Kräfte effektiv und sinnvoll in ihrer Tätigkeit unterstützen können.

Aufwandsentschädigung

Das Thema Aufwandsentschädigung wird ganz unterschiedlich gehandhabt und auch bewertet. Wir bezahlen unseren Ehrenamtlichen eine Aufwandsentschädigung im Rahmen der sogenannten Übungsleiterpauschale. Die gesetzlichen Regelungen dazu finden Sie im Einkommensteuergesetz in § 3, Nr. 26.

Menschen mit Behinderung als Ehrenamtliche

Das bisher Geschriebene gilt sehr allgemein für den Einsatz ehrenamtlicher Kräfte in den verschiedenen Feldern der sozialen Arbeit. Im Folgenden richte ich meinen Fokus auf den Arbeitsbereich, in dem ich selbst tätig bin: auf die ambulante Arbeit für und mit Menschen mit einer geistigen Behinderung.

„Eine gute Beziehung unter Menschen entsteht dann, wenn Geben und Nehmen in einem ausgeglichenen Verhältnis stehen." Dieses Verhältnis ist für Menschen mit einer geistigen Behinderung in

der Regel sehr einseitig; sie stehen auf Seiten des Empfangens von Hilfe und Unterstützung. Dies hat natürlich seinen Grund, weil durch die Behinderung häufig ein Unterstützungsbedarf gegeben ist, vernachlässigt aber die Tatsache, dass auch Menschen mit einer Behinderung Potenziale haben, die sie in ein Gemeinwesen einbringen können. Dies ist gleich doppelt profitabel, weil zum einen das Gemeinwesen durch den Einsatz profitiert, zum andern der Mensch mit Behinderung erlebt, dass er auch Gebender sein kann und nicht immer nur in der Schuld der anderen steht. Dies fördert ganz enorm sein Selbstwertgefühl und setzt Kräfte und Energien frei, die ihn dann unabhängiger von fremder Hilfe machen, denn er erlebt: „Ich kann etwas, das weder ich noch andere mir bisher zugetraut haben". Er wird sich dann auch zukünftig Dinge zutrauen, für die er bislang fremde Hilfe in Anspruch genommen hätte.

Selbstverständlich gelten auch bei ehrenamtlichen Helfern mit Behinderung die eingangs beschriebenen Bedingungen und Grundsätze im Umgang mit ehrenamtlichen Kräften. Ich kann Sie nur ermutigen: Trauen Sie Menschen mit Behinderung etwas zu, in der Regel können sie mehr als wir Nichtbehinderte glauben. Wir haben jedenfalls in der Freizeitarbeit sehr gute Erfahrungen damit gemacht, dass Menschen, die bei uns im ambulant betreuten Wohnen leben, auf Freizeiten für Menschen mit schwereren Behinderungen oder auf Kinderfreizeiten als Helfer eingesetzt werden, und es war und ist für alle Seiten sehr erfolgreich. Auch unsere Kneipe wird zu einem großen Teil von ehrenamtlichen Helfern mit Behinderung betrieben, und bei unserem diesjährigen Sommerfest standen viele dieser Helfer auch hinter den Verkaufsständen, Grills oder Zapfanlagen.

Die kirchliche Gemeinde als Ort der Integration

„Die Diakonie ist Teil der Kirche. Diakonie gehört zum Wesen und Leben jeder christlichen Gemeinde. Zum Leben jeder diakonischen Einrichtung gehört die innere Verbundenheit mit den jeweiligen Kirchengemeinden." So steht es unter der Überschrift „Wie wächst zusammen, was zusammengehört?" im „Leitbild konkret" des Diakonischen Werks Württemberg.

Allein dass diese Frage aufgeworfen wird, zeigt, dass das Eingangszitat wohl einen Anspruch, nicht aber die tägliche Realität beschreibt.

In Wahrheit haben sich durch die Professionalisierung der diakonischen Einrichtungen in den letzten Jahrzehnten Kirche und Diakonie als Einheit eher voneinander entfernt. Zumindest gilt dies für einen großen Teil der freien diakonischen Träger. Die Kirche wiederum, so erlebe ich es zumindest vor Ort, ist durch strukturelle Probleme, Umsetzung diverser Pfarrpläne und durch finanzielle Konsolidierungsmaßnahmen sehr stark mit sich selbst beschäftigt, und nur in Ausnahmen sind Menschen mit Behinderung Teil des normalen Gemeindelebens.

Wir versuchen, einen Zugang zu kirchlichen Gemeinden dadurch zu bekommen, dass wir als Einrichtung ganz bewusst auf eigene Räumlichkeiten verzichten. Fast alle unsere Veranstaltungen, Kurse, Treffs und Feste finden in kirchlichen Räumen statt, in denen wir uns als diakonische Einrichtung einmieten. Dadurch entstehen Kontakte zu anderen kirchlichen Gruppen, und immer wieder erwachsen daraus gemeinsame Aktivitäten mit kirchlichen Gruppierungen. Neben dieser ständigen diakonischen Präsenz im kirchlichen Umfeld veranstalten wir über das Jahr hinweg immer wieder gemeinsame Gottesdienste in verschiedenen Gemeinden. Dabei legen wir Wert darauf, dass nicht die Gemeinde einen Gottesdienst für behinderte Menschen feiert, sondern der Gottesdienst gemeinsam von Menschen mit und ohne Behinderung aktiv gestaltet wird.

Hier haben wir die Erfahrung gemacht, dass die Gottesdienste gut besucht sind, die Gemeinde beeindruckt ist, wenn Menschen mit Behinderung am Gottesdienst aktiv teilnehmen, dass sich aber daraus keine Kontakte in die Gemeinde hinein entwickeln. Die Integration in die kirchliche Gemeinde scheint mir derzeit schwieriger zu sein als in die bürgerliche Gemeinde. Aber auch hier arbeiten wir weiter daran, Menschen mit Behinderung am kirchlichen und gemeindlichen Leben teilhaben zu lassen. Aufpassen muss man aber, dass die Erwartungen hier nicht zu hoch gehängt werden. Wenn nur zehn Prozent der nichtbehinderten Gemeindeglieder den Gottesdienst besuchen, warum sollen es dann bei behinderten Gemeindegliedern mehr sein? Hier begegnet uns dann in der Distanz von behinderten Menschen zur Kirche ein Stück schmerzhafte Normalität.

Zu guter Letzt

Jahrzehntelang wurde durch die Professionalisierung sozialer Arbeit das Ehrenamt aus vielen diakonischen Arbeitsbereichen verdrängt. Jetzt besinnen wir uns, teils aus Gründen der Gemeinwesenorientierung, teils aus Gründen finanzieller Not, darauf zurück. Alles hat eben seine Zeit.

Klaus K.: Kneipendienst am Freitag

Jeden Freitagabend habe ich „Kneipendienst" in einem Café der Offenen Hilfen, in dem sich viele Menschen treffen, um etwas zu trinken, eine Kleinigkeit zu essen, Dart oder Kicker zu spielen. Eigentlich steht das „Café Treffpunkt" allen offen, meistens kommen aber nur Menschen mit Behinderung.

Manche von ihnen leben allein im betreuten Wohnen, andere in einer Wohngemeinschaft, im Wohnheim oder auch zu Hause bei den Eltern. Viele kennen sich aus der Werkstatt. Meine Aufgabe ist es, zusammen mit zwei Kollegen das Essen vorzubereiten, Getränke zu verkaufen, die Tische wieder abzuräumen, alles sauber zu machen und dafür zu sorgen, dass sich die Gäste wohl fühlen.

Auch für die Musik sind wir verantwortlich.

Das ist nicht einfach, weil die Musikgeschmäcker sehr unterschiedlich sind. Manchmal gibt es auch ein besonderes Programm. Einen Film, ein Konzert oder eine Diashow über eine Reise durch Afrika. Dann ist es meistens besonders voll und wir haben ordentlich zu tun, um alle Gäste zu versorgen. Wir versuchen immer wieder, verschiedene Speisen anzubieten: Würstchen mit Salat, Hamburger, verschiedene warme Baguettes oder auch mal Maultaschen. Meistens schmeckt es den Leuten, und viele von ihnen sind Stammgäste, die fast jeden Freitag kommen. Mir und meinen Kollegen macht die Arbeit viel Spaß. Schön ist es auch, dass wir dadurch jedes Jahr am Mitarbeiterfest für Ehrenamtliche der Offenen Hilfen und an anderen Veranstaltungen für freiwillige Helfer teilnehmen können.

Das Ehrenamt kann unsere Arbeit sehr bereichern, einerseits natürlich durch die tatkräftige Unterstützung, die die ehrenamtlichen Helfer einbringen, aber auch dadurch, dass die vielfältigen Erfahrungen, die ehrenamtliche Mitarbeiter z. B. mit behinderten Menschen machen, in deren Arbeits- und Lebensbereiche hineingetragen werden. Sie erzählen in ihrem Büro, ihrer Werkstatt, ihrer Schule davon, und so breitet sich das Thema Ehrenamt, aber auch die Erfahrungen mit so genannten sozialen Randgruppen, in Bereiche aus, wo es bisher wenig bekannt war. Wir bekommen durch eine positive „Mund-zu-Mund-Propaganda" die meisten neuen Mitarbeiter.

Das Ehrenamt hat eine Zukunft, aber nur dann, wenn es nicht als Sparmodell missbraucht wird, um fachliche Standards zu reduzieren und Leistungen billig zu machen. Es kann nur als Ergänzung zur professionellen Arbeit dienen, dabei allerdings kann es – wenn es gut gepflegt wird – hervorragende Dienste vollbringen.

SABINE SIGRIST-MAUZ

Mittendrin statt außen vor!

Der Café-Treff der Offenen Behindertenarbeit in Isny

Der Café-Treff als wöchentliches Angebot zum zwanglosen Treffen für Menschen mit und ohne Behinderung hat im Zentrum Isnys seit über zehn Jahren seinen festen Platz. Direkt an der Fußgängerzone gelegen, im Evangelischen Gemeindehaus, ist er gut erreichbar und nicht zu übersehen. Getragen wird er von einer Initiative aus Evangelischer Kirchengemeinde und Stephanuswerk. Ein Team ehrenamtlicher HelferInnen aus der Stadt und aus dem Stephanuswerk – behindert und nicht-behindert – sorgt dafür, dass der Café-Treff jeden Freitag zuverlässig offen ist. Unterstützt wird das Team von einer Mitarbeiterin im freiwilligen sozialen Jahr und der Diakonin des Stephanuswerks, die einen Teilauftrag in der Offenen Behindertenarbeit hat.

Der Café-Treff wird seit seiner Gründung sehr gern von behinderten Gästen aus dem Stephanuswerk, aus der bürgerlichen Gemeinde Isny und Umgebung, aber auch verstärkt von psychisch kranken Menschen, die stationär oder ambulant in Kliniken betreut werden, besucht. Wir sind ein öffentliches Café und wurden als solches auch von der Bevölkerung Isnys gut angenommen. Es gibt einen Stammtisch, und viele nutzen ihre Mittagspause für einen Besuch. Kaffee, Kaltgetränke und selbstgebackene Kuchen werden zum Selbstkostenpreis angeboten, immer mehr wird auch das Angebot einer preisgünstigen warmen Suppe und Würstchen angenommen.

Der Verkauf von Keramikartikeln aus der Werkstatt für behinderte Menschen und von Eine-Welt-Artikeln eines Gemeindearbeitskreises trägt dazu bei, dass Interessierte einfach nur hereinschauen und so unser Anliegen kennenlernen. So entstehen zwanglose Begegnungen auch mit Menschen, die nur einmal die schöne gotische Halle betrachten wollen.

Der Café-Treff ist auch ein Ort, an dem zu Veranstaltungen eingeladen wird. Sei es einmal eine Musik zur Kaffeestunde oder ein Clown, sind es oft aber auch Informations- und Diskussionsveranstaltungen über die Integration behinderter Menschen, z. B. über neue Gesetze für Betroffene oder den rollstuhlzugänglichen öffentlichen Nahverkehr.

Das Team ist für viele Betroffene eine ganz wichtige Gruppe. Es gibt Besprechungen, in denen jede Meinung gefragt ist. Und dann gibt es die gemeinsame Weihnachtsfeier, den Sommerausflug und das Grillen, die Tour am ersten Mai und vieles mehr. Viele sind schon über Jahre treu dabei, und so ist der Café-Treff zu ihrer Sache geworden.

MIRJA KÜENZLEN / ERIKA SYNOVZIK

Gemeinsames Interesse verbindet

Freizeitangebote in der Gemeinde nutzen

> „Machen Sie keine
> Behindertenarbeit,
> sondern machen Sie
> einfach, was Ihnen
> wichtig ist und was
> Ihnen Freude bereitet –
> und tun Sie es
> gemeinsam!"
>
> *Klaus von Lüpke*

Viele Kirchengemeinden haben interessante Gruppen- und Freizeitangebote. Meist ist dabei nicht speziell an Menschen mit Behinderung gedacht, aber die Erfahrung zeigt, dass sich die meisten Gruppen durch die Teilnahme von Menschen mit und ohne Behinderung sehr bereichert fühlen.

Ein Blumenteppich schafft Begegnung

In Esslingen trifft sich seit Jahren ein Freizeitkreis im Evangelischen Gemeindehaus. Teilnehmende sind Menschen mit und ohne Behinderung aus der evangelischen und der katholischen Gemeinde.

Immer Mittwochs werden gemeinsame Unternehmungen gemacht, oder es wird über Gott und die Welt geredet. So sind schon richtige Freundschaften entstanden, auch über Konfessionsgrenzen hinweg. Das bereichert das gemeinsame Leben und die lebendige Auseinandersetzung auch über Themen des Glaubens. Eine Teilnehmerin der Gruppe ist aktiv in ihrer katholischen Kirchengemeinde. Dort gestaltet sie schon seit Jahren die Blumenteppiche zur Fronleichnamsprozession mit. Nun hat sie die Gruppe zu sich eingeladen. Dort entstand zusammen mit Nachbarn ein wunderschöner gemeinsamer Blumenteppich. An Fronleichnam lag er mit den anderen Motiven in der Prozession.

Im gemeinsamen Tun können Grenzen überschritten werden und es können unerwartet schöne Dinge geschehen und entstehen! Ein Blumenteppich schafft Begegnung zwischen evangelischen und katholischen Christen – Menschen mit und ohne Behinderung.

Projekte werden zu prägenden Erlebnissen

Andere Angebote liegen oft im musischen Bereich; zum Beispiel wird die Mitarbeit in einem Chor oder in einer Tanzgruppe angeboten. Wenn sich keine durchgehende Teilnahme realisieren lässt, ist es eine

Möglichkeit, in verschiedenen Projekten gemeinsames Tun zu erproben. Daraus entsteht dann automatisch mehr:

- Gospel-Projekt,
- Chor zum Gemeindefest,
- Weihnachtsoratorium,
- Krippenspiel gemeinsam gestalten,
- Theaterstück zu einem Thema oder Festtag,
- Film drehen über ein Projekt der Gemeinde,
- Ausstellung gestalten mit Bildern und Kunstwerken,
- (lokalen) Kirchentag beherbergen oder besuchen.

Bei solchen Projekten engagieren sich viele Menschen, die sich in regelmäßigen Gruppen nicht festlegen können oder wollen. Viel Kreativität und Können fließen dabei ein, und das Projekt wird für die Beteiligten und die Gemeinde zu einem sehr prägenden Erlebnis, das weit über die Zeit des Projekts ausstrahlt! Oft entstehen dabei Beziehungen, die auf privater Ebene weiter gepflegt werden.

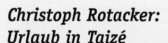

Christoph Rotacker: Urlaub in Taizé

Ich bin vom Urlaub zurück. Ich war in Taizé in Frankreich. Da war ich früher auch schon und es gefällt mir immer wieder. Es war super.

Es waren ganz viele Leute da. Sie haben sich in vielen Sprachen unterhalten, französisch, englisch, niederländisch oder in Schweizerdeutsch. In Taizé bin ich, um mit den Brüdern zusammen zu sein und in die Gottesdienste zu gehen. Die Gottesdienste sind ganz anders als bei uns. Evangelische und katholische Menschen gehen zusammen in die Kirche. Ich knie hin und nehme meinen Kopf in die Hände und bete. Dann singen wir viel. Ich bin auch mit anderen Menschen, auch mit vielen Jugendlichen zusammen. Wir hocken da zusammen im Kreis und reden und singen. Diesmal habe ich eine Psychologin aus Frankreich kennengelernt, wir waren Kumpel. An Bruder Andreas habe ich keine Postkarte geschrieben. Er betet für mich und denkt an mich. Ich habe auch Bruder Roger gekannt vom letzten Mal. Er wurde erstochen. Er hat viel für die Menschen getan, auch für behinderte Menschen. Ich brauche manchmal Hilfe. Aber wenn ich dort bin, denke ich nicht, dass ich behindert bin. Ich bin dort ganz normal und helfe den Brüdern.

EVA DROLSHAGEN

Die schönste Zeit des Jahres

Gemeinsame Urlaubsfreizeiten

Seit über 30 Jahren fahren Menschen mit Behinderungen mit der Aktion Menschenstadt in die Ferien. Aktion Menschenstadt, das ist das Behindertenreferat des Evangelischen Stadtkirchenverbandes Essen. Angefangen hat es mit einer Kinderfreizeit. Im Jahr 2007 stehen 28 Freizeiten für Menschen mit einer geistigen oder mehrfachen Behinderung auf dem Programm: Über Ostern, im Sommer und im Herbst geht es an die Nordsee, ins Frankenland oder nach Mallorca. Es gibt integrative Kinder- und Jugendfreizeiten, Freizeiten für Erwachsene und (in diesem Jahr neu) auch ein Angebot extra für ältere Menschen mit Behinderung, die nicht mehr zur Arbeit gehen können. 377 TeilnehmerInnen werden von über 200 MitarbeiterInnen (ein großer Teil ehrenamtlich, auch Menschen im Freiwilligen Sozialen Jahr, Essener Bürgerjahr u.a.) auf diesen Fahrten begleitet. Sie alle wollen zusammen eine schöne Zeit erleben, schließlich ist der Urlaub auch für Menschen mit Behinderungen die schöneste Zeit des Jahres!

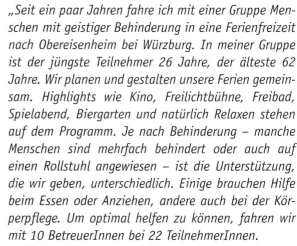

Eine ehrenamtliche Mitarbeiterin berichtet über die gemeinsame Reise ins Frankenland

„Seit ein paar Jahren fahre ich mit einer Gruppe Menschen mit geistiger Behinderung in eine Ferienfreizeit nach Obereisenheim bei Würzburg. In meiner Gruppe ist der jüngste Teilnehmer 26 Jahre, der älteste 62 Jahre. Wir planen und gestalten unsere Ferien gemeinsam. Highlights wie Kino, Freilichtbühne, Freibad, Spielabend, Biergarten und natürlich Relaxen stehen auf dem Programm. Je nach Behinderung – manche Menschen sind mehrfach behindert oder auch auf einen Rollstuhl angewiesen – ist die Unterstützung, die wir geben, unterschiedlich. Einige brauchen Hilfe beim Essen oder Anziehen, andere auch bei der Körperpflege. Um optimal helfen zu können, fahren wir mit 10 BetreuerInnen bei 22 TeilnehmerInnen.

Wir BetreuerInnen sind nach der Freizeit ziemlich erschöpft, aber sehr glücklich. Wir durften erleben, wie viel Freude unsere TeilnehmerInnen hatten, wie sie uns vor Glück umarmten, uns bestätigten, wie gut sie sich erholt hatten, und immer wieder sagten: ‚Nächstes Jahr fahre ich wieder mit.' – Und zum Glück geht es wieder los, auch in diesem Sommer wieder an die Nordsee, ins Frankenland, nach Schweden oder Gran Canaria."

(Ausführliche Hinweise zu Freizeiten finden Sie auf beigefügter CD)

SUSANNE PRISTER

Katimavic

Arche-Gemeinschaften und ökumenische Begegnungstage

Wir sind eine Gruppe von Frauen und Männern aus ganz Süddeutschland, evangelisch und katholisch, die sich regelmäßig trifft, um das Katimavic vorzubereiten. Katimavic ist ein Wort aus der Sprache der Eskimos und bedeutet „Ort der Begegnung". Wir verstehen darunter ökumenische Begegnungstage mit Menschen, die behindert sind, und Menschen, die anderweitig ihre Grenzen haben. Einige von uns haben selbst an einem früheren Katimavic teilgenommen und manche gehör(t)en einer Arche-Gemeinschaft an.

Katimavics sind ökumenische Begegnungstage, zu denen alle eingeladen sind, die einige Tage des Miteinanders zwischen behinderten und nicht behinderten Menschen erleben wollen.

Das Katimavic wurde 1972 von Jean Vanier, dem Gründer der Arche-Bewegung, ins Leben gerufen. Auch in Süddeutschland gibt es das Katimavic bereits seit 1987. Es fand seither in verschiedenen Einrichtungen für Menschen mit Behinderungen, wie in Stetten, Haslachmühle, Stiftung Liebenau und Ursberg, im Schnitt alle zwei Jahre statt.

Die Veranstaltung steht unter dem Thema, das die rund 150 TeilnehmerInnen über drei Tage begleitet, so etwa „In der Mitte der Nacht", „Wenn die Wüste blüht" oder „Miteinander auf dem Weg". 2006 hieß es „Weil du Ihm wertvoll bist". Auch wenn die Mehrzahl der Teilnehmenden aus dem süddeutschen Raum stammt, kommen andere bisweilen von sehr weit her, auch aus dem Ausland: aus der Schweiz, aus Österreich, Frankreich oder Polen.

Verschiedene Formen von Gottesdiensten und Feiern unterstreichen den ökumenischen Charakter. Auf eine Versöhnungsfeier folgt eine Gebetsnacht, der folgende Gottesdienst mündet in ein großes Fest mit Tanz und Musik, und der Gottesdienst am Ende der Tage möchte Kraft geben, um in den Alltag zurückzukehren und den Weg mit neuem Mut fortzusetzen. Der Austausch in Kleingruppen von je zehn Teilnehmenden gehört ebenfalls zur bewährten Struktur. Das

Katimavic möchte Zeichen der Einheit, der Treue und der Versöhnung sein. Begleitet werden die Tage von einem katholischen und einem evangelischen Geistlichen. Geplant und vorbereitet wird das süddeutsche Katimavic von etwa 10 bis 15 Personen, die am Katimavic selbst von 20 bis 30 Personen, die Kleingruppen anleiten, unterstützt werden.

Begegnungstage auf der Karlshöhe

„Weil du Ihm wertvoll bist"

Unter diesem Motto werden wir drei Tage lang zusammenkommen, miteinander reden, miteinander beten, gemeinsam das Wort Gottes hören, miteinander singen und feiern.

„Ich bin von Gott geschaffen"

Gott gab dem Menschen einen Platz, als er ihn schuf. Diesem Raum, den Gott uns schafft, und dem Platz, auf den er uns stellt, wollen wir nachspüren und erahnen, wie wertvoll wir für ihn sind.

„Ich will selbst über mein Leben bestimmen"

So dachte der verlorene Sohn, ging weg und landete bei den Schweinen. Auch wir treffen manchmal falsche Entscheidungen und suchen einen Weg zurück.

„Ich werde erwartet"

„Ich will wieder nach Hause", beschloss der verlorene Sohn und erlebte: Gott erwartet uns, so, wie wir sind. Diese Freude der Versöhnung wollen wir feiern.

„Ich bin Ihm wertvoll"

Jesus nimmt uns an und macht unser Leben heil und ganz. Er sendet uns, um seine Liebe an andere weiterzugeben.

Homepage:
www.katimavic.arche-deutschland.de oder
www.arche-deutschland.de.

Ablauf Katimavic 2006 auf beiligender CD

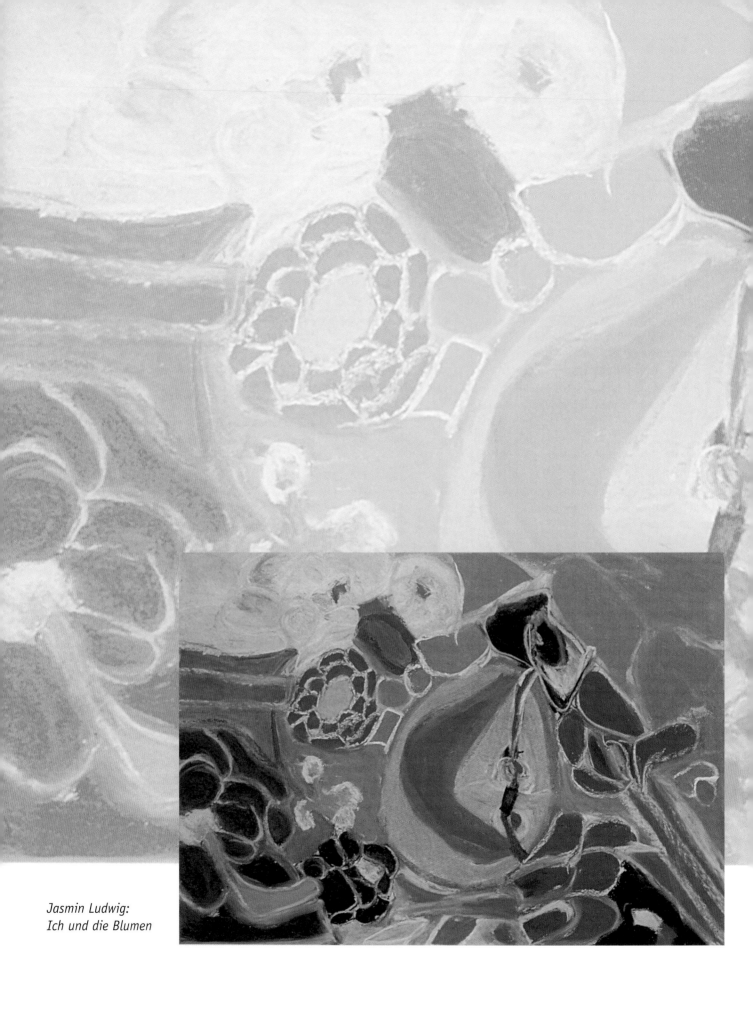

Jasmin Ludwig:
Ich und die Blumen

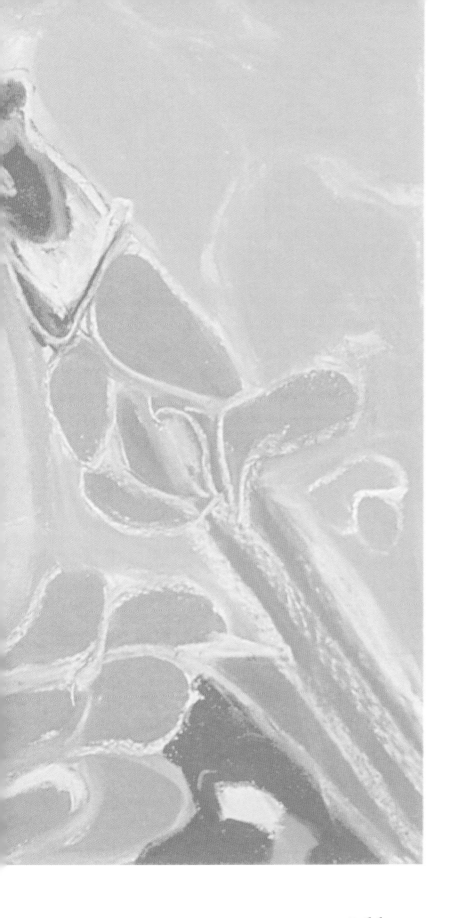

Alltagsspiritualität

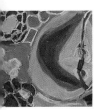

Wo die Liebe wohnt, da ist unser Gott!

Spiritualität im Alltag

Der Herr ist der Geist; wo aber der Geist des Herrn ist, da ist Freiheit! 1. Kor 3,17

Spiritualität bedeutet eine Offenheit füreinander und für Gott. Es ist ein Geschehen des heiligen Geistes, über das wir letztlich nicht verfügen können. Spiritualität ereignet sich nicht nur in besonderen Zeiten und Ritualen. Nicht nur im Gottesdienst oder in der Andacht. Überall, wo die Liebe Gottes spürbar wird, da ereignet sich Spiritualität. Das kann in der Gemeinschaft sein, aber auch wenn ich allein bin, kann ich Gottes Nähe spüren, im Ausruhen, im Nachdenken oder einfach beim Blick aus dem Fenster, bei der Betrachtung der Blätter im Wind. Wir möchten Mut machen und Ihnen ans Herz legen, für Situationen des Alltags besondere Formen zu pflegen. Das können Formen der Tradition sein, wie ein Tischgebet. Es können aber auch Formen sein, die sich eigenständig entwickeln, wie ein ganz besonderer Abschiedsgruß, ein kurzes Zeichen des Kreuzes, bei dem nur die Beteiligten wissen, was damit gemeint ist, und der sie mit dem Segens-Mantel Gottes umschließt.

Manchmal entwickelt sich erst mit der Zeit eine Stimmung von Gemeinschaft und Vertrauen. Eine Mitarbeiterin berichtete, wie eine neue Bewohnerin zunächst wochenlang nur geschwiegen hat im Morgenkreis der Werkstatt, Stück für Stück ist sie in dem Ritual angekommen und hat Vertrauen zu den anderen aufbauen können. Und dann eines Morgens konnte sie selbst etwas erzählen. Der nun vertraute Ablauf des Morgenkreises gab ihr Sicherheit.

Der Geist Gottes ist der Geist der Vergebung und bewährt sich nicht zuletzt in schwierigen Situationen – daher widmet sich ein Beitrag dem Umgang mit Konflikten.

Geistliches Leben geschieht auch in Spontaneität, im Leben aus dem Moment heraus. Die Gebete der Gruppe aus Buttenhausen legen Zeugnis ab von einer unmittelbaren Nähe zu Gott und laden ein, auch selbst auf die Sprache des Herzens zu hören.

Besonders spürbar wir der Geist Gottes auch in der gegenseitigen Zuwendung: ein Teil des Kapitels widmet sich der Seelsorge im Alltag.

Bitte sehen Sie unsere Vorschläge als Möglichkeiten – und prüfen Sie, ob etwas davon für Sie und die Menschen, mit denen Sie zusammenleben oder -arbeiten, passt. Und machen Sie sich auf den Weg – auf Ihren Weg!

Prüfet alles, das Gute aber behaltet! 1. Thess 5,21

Inhalt

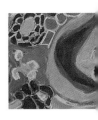

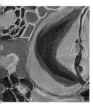

MIRJA KÜENZLEN

Begegnung mit dem anderen

Spiritualität empfangen

Bin ich als Pfarrerin die, die andere auf dem Weg führen soll? Eine Hirtin der Schafe? In der Arbeit mit Menschen mit einer „geistigen Behinderung" erlebe ich es oft ganz anders: Nicht ich bin es, die auf dem Weg führt, denn meine gewohnten Vorgehensweisen führen nicht weit.

Es geschieht ganz einfach pure Begegnung. Eine Begegnung, in der ich spüre, dass in der Öffnung und dem Treffen mit dem anderen, aber auch in der Erfahrung der Differenz eine tiefe spirituelle Dimension liegt.

Wenn ich mich dem zuwende, was mir fremd ist oder fremd erscheint, in der Begegnung mit einem Menschen, der augenscheinlich so anders ist als ich, wo ich mich kaum auskenne, wo es keine Sicherheit gibt, wie etwas funktioniert, da kann ich eine sehr tiefe und neue Begegnung machen: mit dem anderen, mit mir und mit Gott.

Wenn ich mich auf dieses Neuland der Begegnung begebe und zulasse, dass ich die Situation nicht berechnen und kontrollieren kann, wird eine Tür geöffnet zu neuen Räumen, auch zu neuen Räumen in mir, die zu betreten ein Wagnis ist. Ich lege meine gewohnten Werkzeuge ab und stehe da mit leeren Händen. Ich wende mich dem anderen zu und erfahre, dass manchmal der andere, der so viel weniger zu können scheint als ich, den nächsten Schritt weiß und vielleicht sogar noch viel mehr darüber hinaus. Und ich merke, dass ich viel weniger weiß als mein Gegenüber von dieser Welt und von Gottes Liebe, und lass mir von ihm die Hände füllen.

Ich kann mich dem Vertrauen hingeben, dass es einen guten Weg nehmen wird, kann mich von den Menschen führen lassen und von ihnen die gute Nachricht von der Liebe Gottes empfangen. Meine Gebete sind kürzer geworden seitdem und inniger.

Ich werde mir meiner Ohnmacht bewusst und lerne eine ganz neue Macht kennen, die in der Schwachheit liegt – vielleicht sogar im Dunkel. Da, wo nicht mehr viele Worte sind. Wir treffen uns einen Augenblick – einen Augenblick, der mir eine Ahnung von einer ganz neuen Herrlichkeit geben kann.

Wenn das so ist, dann müssen wir gar nicht immer etwas Spirituelles miteinander tun und gestalten, dann ist in der bloßen Begegnung und der alltäglichen Zuwendung eine spirituelle Dimension, die uns ganz stark mit der Liebe Gottes verbindet. Und im alltäglichen Tun kann ich das Gesicht Jesu Christi erkennen in den Menschen, die mir begegnen. Für mich heißt das: Es geht nicht so sehr darum, „Spiritualität" zu *machen* – als vielmehr darum, sie zu *empfangen*!

ANGELIKA JANSSEN

Was uns gut tut und uns zusammenführt

Rituale im Tages-, Wochen- und Jahresablauf

Mit allen Sinnen einen Zugang zu uns selbst erschließen

Zum Ritual gehört der Gemeinschaft stiftende Charakter: Es kann von vielen Menschen, die sehr unterschiedlich sind, gemeinsam vollzogen werden. Der Einzelne ist aufgenommen und getragen in dem Gefühl: „Es ist gut, dass ich lebe und zur Gemeinschaft gehöre. Ich brauche nicht alles mitzudenken, sondern ich kann mich in das Geschehen hineinstellen und mich davon mitnehmen lassen." Rituale bestehen aus einer Reihe wiederkehrender Handlungen, die zu einem bestimmten Zeitpunkt an einem bestimmten Ort ausgeführt werden. Sie laufen nach bestimmten Regeln ab und werden mit Gegenständen (Symbolen) in Handlungen ausgeführt, die eine besondere Bedeutung haben. Rituale sprechen mehrere oder alle Sinne an.

Das Leben ist nicht kalkulierbar, vielem bin ich als Mensch hilflos ausgeliefert und habe keinen Einfluss auf seinen Verlauf. Wenn ich mit unerwarteten Ereignissen konfrontiert werde, für die ich keine Verhaltens- und Denkmuster habe, ruft dies Angst, Verwirrung und Unsicherheit hervor. Es sind Ereignisse wie der plötzliche Tod eines nahen Angehörigen, ein Unfall, Krankheit, Katastrophen oder der Übergang von einem Lebensabschnitt in den anderen, das Verlassen des Elternhauses, Leben in einer neuen Wohngruppe, aber auch die Erfahrung von Gewalt, Missbrauch und Demütigung. *Rituale können dabei helfen, Angst und Schmerzen in positive Energien zu verwandeln.* Sie wirken auf uns selbst zurück. Sinnvolle Rituale helfen, den eigenen Standpunkt zu klären, bringen einen Wachstumsprozess in Gang und helfen uns, neue Handlungsperspektiven zu entwickeln. Selbsterkenntnis schafft Lösungswege und gibt Anlass zu Hoffnung und Vertrauen.

Durch Rituale Spiritualität erfahren

„Gibt es nicht etwas, das größer ist als all unsere Vernunft?" Diese Frage haben alle Kulturen gemeinsam. Die Verbindung zu diesem „höheren Selbst" zu knüpfen, dazu verhelfen uns Rituale, mit all ihren Tönen, Düften, Symbolen, Gefühlen. *Sie erschließen uns den Zugang zu uns selbst, zu unserer gottgewollten Mitte.*

Christliche Rituale zeigen: Jesus Christus nimmt den Menschen so an, wie er ist, und spricht ihm die Vergebung zu. Alle Umbrüche und Verletzungen, unsere täglichen Misserfolge und Rückschläge, die unansehnliche Gestalt unseres Lebens, Anfechtungen und Depressionen: Nichts soll uns davon abbringen, dass Gott in Christus für uns ist. Wir reden in Bildern, Gleichnissen und Motiven der Bibel. Dabei wagen wir unmittelbare Bezüge zwischen alttestamtlichen und neutestamentlichen Ereignissen oder Motiven (z. B. Jesaja: „Das Volk, das im Finsteren wandelt, sieht ein großes Licht ..." wird als messianische Weissagung verstanden). Die Rituale zu Taufe, Segen und Abendmahl vergegenwärtigen Vergangenes und nehmen Zukünftiges vorweg (Rechtfertigung im Glauben, Versöhnung, Erlösung, Heiligung in Taufe und Abendmahl). Christliche Rituale stärken und befähigen uns für den Dienst am Mitmenschen und in der Welt. Sie sind quasi eine Antwort auf die Hingabe und Heilsgabe Jesu Christi am Kreuz.

Rituale wecken Kreativität. Die Erfahrung zeigt, dass Gruppen oft ein Ritual selbst (weiter-)entwickeln. Rituale geben Sicherheit und Struktur für den Tag, die Woche und das Jahr. Die äußere Ordnung der Rituale gibt mir eine innere Ordnung, Freude, Feierlichkeit im Alltag und Würde in der Anerkennung meiner Identität. Ein Ritual, das über einen längeren Zeitraum gleich bleibt, kann prägend für das weitere Leben sein.

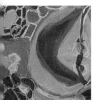

Rituale helfen, der Sehnsucht in mir Ausdruck zu verleihen, damit das, was ich als Mangel an Authentizität an mir selbst kritisiere, im Vollzug der Rituale an Glaubwürdigkeit gewinnen kann.

Der Sinn der Rituale wird ins Gegenteil verkehrt, wenn sie zum Zwang werden. Geistliche Elemente und Rituale können nicht mit Druck eingeführt werden, weder in der Mitarbeiterschaft noch bei den Bewohnern. Wie wir durch Rituale Spiritualität erfahren, sollen die folgenden Beispiele zeigen.

Zur Mitte kommen

Der Raum ist Teil der Liturgie und deshalb keine Hülle. Darum hat der liturgische Mittelpunkt, die „gestaltete Mitte", sowohl eine optische als auch eine spirituelle Wirkung. Wir konzentrieren uns auf das Wesentliche: Schöpfung, Leiden, Freude, Liebe, Auferstehung. Die Symbole sind ansprechend und ästhetisch, einfach und klar: Kreuz, Kerze, Blumen, ein farbiges Tuch. Wir bemühen uns, je nach Thema, um verschiedene Symbole, sie können auch von den Bewohnern mitgebracht werden. Vielleicht entsteht auch eine kleine Gruppe, die diese Mitte gerne vorbereitet.

Lied: „Komm in unsere Mitte, oh Herr" oder „Wo zwei oder drei in deinem Namen versammelt sind".

Morgenkreis

Die Glocke läutet, und alle haben diese Zeit, um zu hören, wie die Musik verklingt. Die Glocke unterbricht das Reden und wir können einen heiligen Moment auskosten. Wir entzünden eine Kerze und denken dabei an die Auferstehung Christi. Gemeinsam beginnen wir mit einem Kalenderblatt, einer Geschichte (kurz und prägnant), der Tageslosung oder einem Gedicht. Was erkenne ich darin wieder, was gefällt mir? Gibt es heute etwas Besonderes (Frühlingsanfang, Geburtstag oder eine Feier, kommt der Frisör oder die Fußpflegerin ...)? Ein Lied wird passend zur Jahreszeit, zum Kirchenjahr gesungen. Zum Abschluss verabschieden wir einander in den Tag.

Schön ist es auch, ein Thema für den Wochentag (z. B. Schöpfung) speziell aufzunehmen:

Sonntag: Der Tag der Sonne, in den Farben Weiß und Gelb gestaltet. Der Sonnengesang von Franz von Assisi wird gesungen oder getanzt. Wir hören eine Sonnenmeditation, es gibt ein Sonntagsfrühstücksei.

Montag: Der Tag des Wassers in der Farbe Hellblau gestaltet. Lieder werden gesungen: „Winde wehen, Schiffe gehen", „Erd und Himmel sollen singen".

Dienstag: Der Tag der Vegetation in der Farbe Grün. Ein Tag, an dem wir uns etwas Liebes tun, damit Liebes daraus wachsen kann: Blumenstrauß

verschenken oder sich selbst kaufen, eincremen, schwimmen oder baden, Teetrinken, Duftlampe aufstellen. Ein Tag extra für Frauen gestaltet?!

Mittwoch: Der Tag des Mondes, ein silberner Tag. Lied: „Weißt du, wie viel Sternlein stehen", Gedächtnisspiele, Quiz und weitere Dinge, die die geistige Beweglichkeit fördern.

Donnerstag: Der Tag für Vögel und Fische. Symbole für Freiheit und Agilität suchen, Aktivität, Sport und Bewegung stehen im Mittelpunkt. Der sinnstärkende Charakter dieses Tages kann für Wünsche und Träume Raum geben: „Was möchte ich gerne machen?", „Können wir heute einkaufen, ein Eis essen gehen?"

Freitag: Der Tag der Erdtiere. Ein Besuch im Zoo, oder vielleicht gibt es Haustiere, die wir uns vorstellen können. Wir können einen Regenwurmgarten anlegen. Menschen und Tiere sind Partner und stehen heute im Mittelpunkt. Wir können Bildkarten legen: Zug-Pferd, Honig-Biene, Milch-Kuh, Blinden-Hund, Brief-Taube usw.

Samstag: Der Tag der Freundschaft und des Miteinanders, in der Farbe Dunkelblau. Ein Tag, an dem wir Grenzen ziehen, Dinge bereinigen, pflanzen und bestellen. Wir schließen die Woche ab und bereiten uns auf den Sonntag vor.

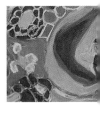

Lied: „All Morgen ist ganz frisch und neu", „Die güldne Sonne", „Morgenlicht leuchtet".

Tischrituale

Wer danken kann, spürt das Leben. Lebensfreude und Lebensmut wachsen, die Welt taucht auf aus grauem Einerlei. Lob und Dank sind wie eine zweite Schöpfung der Welt.

Wir warten gemeinsam auf das Essen und hören vielleicht eine kurze Geschichte zur Mahlzeit. Gemeinsam sehen wir uns die Speisen an: Was gibt es heute Gutes? Wir riechen den Duft und erinnern uns:

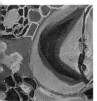

welche Kräuter gehören in das Essen? Dann danken wir mit einem Lied oder einem Gebet (Gebetswürfel). Alle fassen sich an den Händen und wünschen sich gegenseitig einen guten Appetit. Wir reichen uns gegenseitig das Essen. Wir teilen die Zeit, das Tischgespräch und die Speisen (weitere Möglichkeit zum Danken: Psalm 23). Nach dem Essen, wenn alle fertig sind, fragen wir uns: „Hat es geschmeckt, kann man den Koch und den Schöpfer loben?"

Wer übernimmt dankenswerterweise die Hilfsdienste, wenn es um das Tischabräumen, Wischen und Spülen geht?

Lied: „Miteinander essen, dass kann schön sein".

Abendkreis / Tagesabschluss

Die Abendkerze wird angezündet. Wir lassen den Tag in Ruhe Revue passieren. „Was ist heute gelungen, was braucht noch Klärung?" – „Ich will dir wieder in die Augen sehen." Gemeinsam suchen wir nach Klärung, um einen Streit nicht mit ins Bett zu nehmen.

Gemeinsames Erleben steht im Mittelpunkt: Gutenachtgeschichte hören, einen Schmeichelstein zur Hand nehmen, das Abendgebet sprechen. Gibt es besondere Liedwünsche zur Nacht? Dann sich gegenseitig zur Nacht verabschieden, manchmal gibt es noch ein Betthupferl oder wir reichen uns die Hand, streicheln uns die Wange, umarmen uns und gehen gemeinsam zu den Zimmern.

Lied: „Abend ward, bald kommt die Nacht".

Wochenbeginn und Wochenschluss in der Werkstatt

Es gibt Eckzeiten für den tätigen Tag. Die Arbeitszeit kann durch das Ritual des gemeinsamen Betens und Singens unterbrochen werden. Es ist schön, wenn es einen Termin im Ablauf meines Tages gibt, an dem ich einen Moment der Auszeit zum Durchatmen habe, um mich anschließend wieder neu und besonnen auf mein Tun einzulassen.

Wichtig ist, dass diese kleinen Rituale immer zur gleichen Zeit geschehen und, wenn es möglich ist, auch am gleichen Ort. Die große Werkbank oder der Schreibtisch werden mit einem Tuch einer neuen Bestimmung zugeführt. Vielleicht gibt es einen kleinen Liturgiezettel, den man einige Zeit verwenden kann, auf dem Eingangs- und Ausgangsgebet stehen und ein Bild zum Bibeltext, das man dann schrittweise erarbeitet. Vielleicht gibt es auch individuelle Fürbitten, die man sammelt und so sichtbar macht. Der Segen kann dann von einer Person gelesen werden, die gerade den Mut und die Kraft verspürt, es zu tun.

Segen: „Wir arbeiten zusammen und sind zusammen gewachsen. Die Zeit, die wir miteinander teilen und leben, ist unsere gemeinsame Zeit. Das Geheimnis des Lebens und Arbeitens ist das Teilen: Leben wird mehr, wenn man es teilt. Leben bekommt eine andere Qualität, wenn man Freude und Schmerz teilt, wenn jemand nicht für sich allein behält, was ihn belastet und was ihm gut tut. Verbunden sind wir als Söhne und Töchter des einen Vaters, der uns so mit seiner Liebe und seinem Segen beschenkt, dass wir die Fülle haben und teilen können. Amen."

Lied: „Danke für meine Arbeitsstelle".

Wochenbeginn und Wochenschluss in der Gruppe

Der Montag und der Samstag sind die Tage zum Beginnen und Abschließen einer Arbeitswoche. Wir planen und ordnen unsere Zeit, wählen Termine und Aktivitäten und geben unserem Leben einen Rhythmus. Und wir erinnern uns, lassen Vergangenes neu aufleben: Welche Lieder haben wir gesungen, Verse gelernt, Bräuche gepflegt?

Mit dem Wochenbeginn flechte ich ein Thema ins gemeinsame Leben mit ein. Nach Jahreszeit und Kirchenjahr gibt es viele Möglichkeiten:

Advent: „Zur Ruhe kommen", „Der Andere Advent"

Winter: „Was liegt unter Eis und Schnee verborgen?"

Fastnacht/Karneval: „Die Niederlage bejahen", „Sauer macht lustig", „Einmal frei sein"

Fastenzeit: „Sieben Wochen ohne", „Anders leben"

Frühling: „Wieder lebendig werden", „Aufbruch"

Gründonnerstag: „Am Ende steht ein Kuss", „Durch die Angst hindurch"

Karfreitag: „Das Kreuz", „Einer von uns"

Ostern: „Lachen über den Gräbern", „Dabei sein ist alles"

Mai: „Zwei Herzen im Mai" „Hochzeit", „Verliebt sein"

Urlaub: „Sehnsucht nach dem Paradies", „Reise ins andere Land"

Himmelfahrt: „Aufstieg vom Abstieg"

Pfingsten: „Bewegung von Begeisterten", „Ende vom Alleinsein"

Fußball/Sport: „Gemeinschaft gewinnt", „Fairplay", „Idole"

Michaelistag: „Auf den Spuren der Engel"

Erntedank: „Bedächtig essen", „Von der Güte leben"

Allerheiligen: „Was ist mir heilig?"

Buß- und Bettag: „Der Blick in den Spiegel", „Rückkehr zu Gott"

Martinstag: „Einer für alle", „Laternen leuchten", „Verräterische Gans"

Ewigkeitssonntag/Allerseelen: „Trauer und Gedenken", „Erinnerungsbilder und Dias betrachten"

Lied: „Lasst uns miteinander, singen, beten, loben den Herrn".

Beten

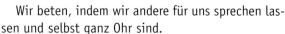

Beten heißt Loben, Danken, Klagen und Fürbitte halten. Gott seine Herzenstür öffnen und sich getragen wissen. Gemeinsam beten heißt, sich verstärkt für etwas einsetzen. Wichtig sind die Gebete, die jeder kennt und ohne zu lesen mitsprechen kann: Psalm 23, Psalm 30, das Vaterunser.

Wir beten, indem wir andere für uns sprechen lassen und selbst ganz Ohr sind.

Wir halten uns an den Händen und beten füreinander und miteinander.

Wir beten allein vor dem Schlafengehen.

Wir beten mit unserem Körper in Gebärden.

Dem Gebet muss Zeit gegeben werden. Es ist wie ein Weg nach innen und wieder hinaus.

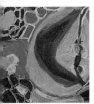

Gebet: „Wo ich gehe, wo ich stehe bist du, lieber Gott, bei mir. Wenn ich dich auch niemals sehe, weiß ich immer: Du bist hier. Amen."

Lied: „Jesu, geh voran".

Geburtstagsfeiern / Namenstag

Geweckt werden mit einem besonderen Geschenk (Tageslosung, die Tauf- oder Geburtstagskerze, oder eine Rose ans Bett bringen). Bereits im Morgenkreis wird das Geburtstagskind begrüßt („viel Glück und viel Segen"), nachmittags kommen die geladenen Gäste zum Kaffee. Es gibt einen Ehrenplatz und einen Geburtstagskuchen, je nach Wunsch mit Kerzen. Mit dem Ausblasen einer Kerze kann sich der/die BewohnerIn etwas wünschen. Mit einem Trinkspruch stoßen wir auf den/die JubilarIn an, und die Person erzählt etwas aus dem vergangenen Lebensjahr (Höhen und Tiefen), was ganz besonders wichtig war. Bei Bedarf tut dies die Gruppenleitung. Die Geschenke werden gelobt. Man dankt für das gemeinsame Jahr.

Zum Namenstag gehört eine Erinnerung an den Heiligen, mit dem ich meinen Namen, seinen Schutz und gewisse Charaktereigenschaften teile.

Lied: „Wie schön, dass du geboren bist", „Viel Glück und viel Segen".

Aufnahmeritual

Wenn jemand neu in die Gruppe kommt, sei es ein Mitarbeiter oder ein/eine BewohnerIn, ist es wichtig, die Person zu einem geeigneten Zeitpunkt (z. B. im Morgen- oder Abendkreis oder bei einem Begrüßungskaffee) willkommen zu heißen. Schön ist es, dieses Willkommen mit einer Geste und einem Symbol zu verbinden. Vielleicht gibt es eine Segenskarte zum Beginn, Brot und Salz, ein Taschentuch, um den ersten Angstschweiß abzuwischen, oder ein Tagebuch für kleine Eintragung. Es ist wichtig, das sich dieses Geschenk bei sich tragen lässt, als permanente Erinnerung an einen gelungenen Neuanfang. Die Geste/die Gabe ist so individuell, wie der Arbeits- oder Wohnplatz sich gestaltet.

Lied: „Komm bau ein Haus, das uns beschützt".

Abschiedsritual

Wenn jemand geht, ist es genau so wichtig, ihm/ihr zu sagen und zu zeigen, was von der Person zurückbleibt: die Musik, das Parfüm, die Witze, das Gebrüll, eben das Gute und das Schlechte. Eine Collage der Dinge und Taten. Die Person soll unter dem Segen Gottes gehen (auf einer schönen Karte) und unter seinem Schutz (ein kleiner Schutzengel). Wir veranstalten ein kleines Abschiedsfest. Für die Zukunft wünschen wir das Beste.

Wenn jemand stirbt, ist es gut, ein Bild von ihm/ihr aufzustellen. Jeder kann dort eine Blume oder ein Symbol hinlegen und etwas aussprechen, das noch zu sagen war.

Auch von Tieren, die in der Gruppe leben, nehmen wir Abschied. Wenn möglich, suchen wir uns eine Stelle, wo wir sie gemeinsam begraben können.

Lied: „Friede, Friede sei mit dir",
„Segne uns, o Herr".

Todesfall ehemaliger BewohnerInnen gedenken

Der Ewigkeitssonntag ist nach wie vor der Tag, an dem wir der Toten gedenken. Wir können eine Gedenkwand gestalten, an dem die Fotos der Verstorbenen hängen. Genauso wichtig ist es am Jahresende, wenn wir alles Revue passieren lassen, diese schweren Tage mit zu benennen und zu fragen, was von den Menschen bleibt, die an unserer Seite gelebt haben. Manche Freundschaften mit inniger Zuneigung sind über Jahre hinweg entstanden und haben die Familie ersetzt. Wichtig ist es, die Zurückgebliebenen auch zu benennen und ihnen das Beileid auszusprechen. Für jeden Toten können wir eine Kerze anzünden und um das Kreuz in der Mitte stellen.

Krankheitsfall

Ist jemand krank, so können wir ihn in Ruhe besuchen, etwas Zeit bei ihm/ihr verbringen, die Hände auflegen, ihn/sie mit guten Wünschen segnen. Wenn es der Gewohnheit entspricht, können wir zusammen beten. Wir können wohlriechende Kräuter ins Zimmer stellen, eine kleine Geschichte aus dem Alltag erzählen. Die Mitbewohner können mitgebracht werden, oder man kommt in Begleitung eines Krankenhausclowns. Lachen ist ja bekanntlich die beste Medizin. Manchmal hilft auch eine Kummerschachtel, in die der Kranke alles hineinsprechen kann, was ihn belastet. Oder wir erzählen eine Fantasiereise, zeigen Bilder, in die der Kranke eintauchen kann.

Die biblischen Geschichten, angefangen bei Jona bis zu den Heilungsgeschichten Jesu, helfen uns. Wir können den Pfarrer benachrichtigen, damit er den Kranken salbt, oder aber, wenn wir es uns zutrauen, es selber tun.

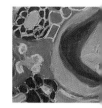

Jasmin Ludwig: Iris

Auch die Traurigkeit

auch durch traurigkeit
traurigkeit ist träne
von der träne
trinkt die sonne
der regen sammelt
sie wieder und
gießt sie über die blumen
die blumen wachsen
und leuchten
der löwenzahn lacht
immer lustig
ich schenk dir einen
blumenstrauß
und die vögel
nehmen traurigkeit
und zwitschern
hörst du sie

Günther Profanter

HANS HEPPENHEIMER / MIRJA KÜENZLEN

Was braucht unsere Seele?

Seelsorge im Alltag

Seelsorge ist sicher ein sehr altmodisches Wort und stammt aus einer Zeit, da man glaubte, für die Seele eines anderen Menschen sorgen zu können. Aber nach meinem Verständnis kann man einem anderen Menschen nur Hilfestellung geben, auf seine seelische Verfassung zu achten.

Und es gab eine Zeit in der Kirchengeschichte, in der man annahm, geistig behinderte Menschen hätten keine Seele. Natürlich bräuchten sie dann auch keine Seelsorge. Heute ist uns klar: Alle Menschen sind von Gott erwählt, alle haben eine Seele und eine Sehnsucht nach Liebe, nach Nähe, nach Geborgenheit und schließlich auch nach Erlösung.

Welche Aufgabe hat dann eine Seelsorge, die nicht bevormundend auftritt? Welcher Mittel muss sie sich bedienen? Und, vor allem, was kann sie leisten?

Vielleicht ist es das Wichtigste, Menschen Beachtung zu schenken. Denn Menschen, die sich nicht beachtet fühlen, entwickeln Misstrauen, Minderwertigkeitsgefühle, Neid, oder sie verlieren sogar die Lust am Leben. Beachtung bedeutet auch, dass ein Mensch so geachtet wird, wir er oder sie ist, ohne Wertung, als Gottes Geschöpf und Gottes Ebenbild. Denn im Blick auf das Reich Gottes gibt es keine Behinderung, oder, anders gesagt, für das Reich Gottes ist es völlig nebensächlich, ob ein Mensch einen Behindertenausweis hat oder nicht.

Beachtung kann auch nicht einfach so hergestellt werden, sondern im Grunde kann man einem Menschen nur mit dem Herzen Beachtung schenken. Und jede Seelsorgerin und jeder Seelsorger muss ihre oder seine eigene Form der Beachtung finden. Seelsorge ist natürlich nicht an ein Amt gebunden: Jeder Mensch kann für andere SeelsorgerIn sein. Dazu braucht es nur unsere Bereitschaft, sich einzufühlen, Angst und Unsicherheit und auch Sprachlosigkeit zuzulassen. Denn gerade Menschen, denen es schlecht geht, brauchen einen Beistand, jemand, der vor schwierigen Situationen nicht ausweicht, sondern Stand hält.

Aber schwierige Situationen, und dazu gehören Verzweiflung, Enttäuschung, Trauer, Angst und vieles andere mehr, was ja auch Teil des Lebens ist, machen Angst. Nicht nur einem betroffenen Menschen, sondern auch dem, der zuschaut. Man würde viel lieber dem Schrecklichen ausweichen, wegschauen, weghören oder weglaufen. Aber Seelsorge bedeutet im Grunde, einen Menschen, dem es schlecht geht, nicht zu meiden, sondern das Leid zu teilen. Denn „geteiltes Leid ist halbes Leid".

Aber wie kann das im Alltag aussehen? Dazu einige Stimmen von Menschen mit geistiger Behinderung.

Was mir in schwierigen Situationen geholfen hat

Mark: „Als mein Opa gestorben war, habe ich viele Bilder gemalt. Das hat mir gut getan."

Martina: „Ich konnte mich von meinem Vater gar nicht verabschieden, als er starb. Ich habe aber viele Menschen gehabt, mit denen ich darüber reden konnte. Das hat mir sehr gut getan. Aber es tut immer noch weh."

Gertrud: „Die Zeit im Heim vor 60 Jahren war hart. Wir wurden geschlagen, eingesperrt, und das Essen wurde uns verweigert. Ich bin oft aus dem Fenster gestiegen und weggelaufen. Geholfen in dieser Zeit hat mir unser damaliger Klassenlehrer. Er hat an mich geglaubt, er unterstützte mich."

Lydia: „Ich war schon als kleines Kind im Heim. Ich hatte immer Heimweh. Aber ich habe viel gesungen. Ich kenne alle Volkslieder auswendig. Alle Strophen."

Maria: „Wenn's mir schlecht geht, dann bete ich. Ich bete ganz allein und erzähle Gott alles, was mich bedrückt. Dann bin ich wie befreit:"

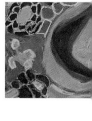

Berthold: „Ich kenne viele Psalme auswendig. Ich freue mich, wenn jemand kommt und mit mir die Psalme spricht. Das ist ein Trost für mich. Zum Beispiel der 23. Psalm – der Herr ist mein Hirte. Wie tröstlich."

Franz: „Wenn ich traurig bin oder einen schlechten Tag habe, tut es mir gut, wenn jemand da ist. Einfach da sein und nichts sagen. Dann weiß ich, er hat jetzt Zeit für mich. Und das tut mir gut."

Thomas: „ In schwierigen Situationen, wenn's mir nicht gut geht, gehe ich in den Wald. Ich genieße die Ruhe und schöpfe Kraft aus der Natur. Ich mache dann stundenlange Spaziergänge und komme ganz erholt wieder zurück."

Doris: „Meine Familie ist in schweren Situationen bei mir. Ich kann mit ihnen über alles reden. Sie verstehen mich und sie trösten mich. Es ist schön, eine Familie zu haben."

Seelsorge und die damit verbundene Beachtung ist wichtig in schwierigen Momenten wie auch bei schönen Anlässen. Das bedeutet konkret:

Besuche durch den Seelsorger oder ein Besuchsteam

Zu den schwierigen Lebenssituationen gehören sicherlich Krankenhausaufenthalte. Wenn ich um einen Krankenhausaufenthalt eines/r BewohnerIn weiß und es zeitlich irgendwie geht, mache ich einen Besuch im Krankenhaus. Hier nehme ich entweder einen Blumenstrauß und/oder eine Kunstkarte zum Thema „Trost" oder „Geborgenheit" mit. Je nach Situation spreche ich mit der kranken Person einen Psalm, ein Gebet oder das Vaterunser. Die Gespräche sind oft nur kurz, manche Kranke können aufgrund ihres Zustandes gar nicht sprechen. Aber dass ich da war, das nehmen sie sehr wohl auf, und später höre ich manchmal: „Es war gut, dass Sie da waren." Wenn ich das Gefühl habe, es sei gut und passend, so bitte ich unter Handauflegung Gott um seinen Segen für den/die PatientIn.

Hilfreich und wohltuend kann es auch sein, einfach ein Lied aus dem Gesangbuch am Krankenbett zu singen. Lieder vermögen unserer Sprachlosigkeit Worte zu geben.

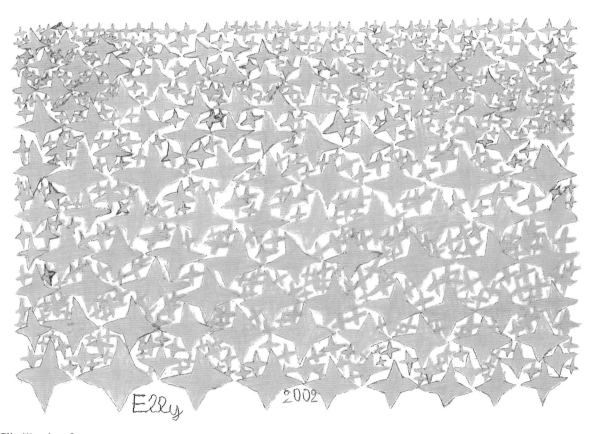

Elly Wessler: Sterne

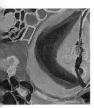

Aber auch schöne Anlässe wollen bedacht sein. Der Geburtstag spielt bei den meisten Menschen eine große Rolle. Denn mit dem Geburtstag ist immer die Frage verbunden – ob nun bewusst oder unbewusst, ob ausgesprochen oder unausgesprochen: Warum bin ich auf diese Welt gekommen, bin ich geliebt oder ungeliebt? Das Geburtstagslied „Wie schön, dass du geboren bist, wir hätten dich sonst sehr vermisst ..." hat für mich in meiner jetzigen Tätigkeit ein ganz besonderes Gewicht bekommen.

Ich besuche in meiner Einrichtung alle BewohnerInnen zum runden Geburtstag: Also zum 10., zum 20., zum 30. usw. Ich finde es in diesem Zusammenhang wichtig, die Senioren nicht zu bevorzugen, sondern alle Altersstufen zu beachten.

Mir ist es auch wichtig, ein Geburtstagspräsent mitzubringen. Das kann eine Postkarte sein, vielleicht ein selbst fotografiertes Motiv, eine Kerze, eine gute Marmelade – ein kleiner Blumenstrauß.

Ein Gespräch mit MitarbeiterInnen der Wohngruppe oder mit dem Pflegepersonal im Krankenhaus kann natürlich für einen Menschen, den ich eigentlich besuche, ebenso hilfreich sein. Das Gespräch kann Verständnis für ihn oder sie fördern, es schenkt ihm vielleicht indirekt eine neue Beachtung. Und dies ist nicht zuletzt bei Menschen mit geistiger Behinderung wichtig.

Von BewohnerInnen, die sprechen können, werde ich gelegentlich auch um ein Seelsorgegespräch gebeten. Dies unterscheidet sich kaum von Seelsorgegesprächen mit „nicht-behinderten" Menschen. Auch da gilt es zuzuhören, mitzufühlen, zu spüren, was ein Mensch wirklich braucht, jenseits aller Worte.

Formen ganzheitlicher Seelsorge

„Mir hilft es, dem, was in mir ist, eine Gestalt geben – einen Ausdruck. Das hilft mir, es besser anzugucken und mich damit auseinanderzusetzen. Es hilft auch, um es aus mir herauszubekommen."

In vielen Supervisionsgruppen hat es sich schon längst durchgesetzt. Bei Menschen mit intellektueller Beeinträchtigung sind ganzheitliche und kreative Formen der Verarbeitung umso wichtiger. Dazu gehört gemeinsames Singen und Musizieren und Tanzen, genauso wie kreatives Gestalten. In vielen Einrichtungen der Behindertenhilfe gibt es Musiktherapie oder auch Werkstätten für Künstler.

Aber auch im Alltag lässt es sich einbauen – hören auf das, was die Seele zu sagen hat, gerade bei Menschen, die nicht-sprechend sind, erfordert das Zeit und Einfühlungsvermögen.

Gegenseitige Seelsorge

Menschen mit geistiger Behinderung sind ebenfalls gute SeelsorgerInnen: Sie haben ein feines Gespür dafür, wie es dem anderen geht, und reagieren darauf spontan, nehmen in den Arm und trösten, halten das, was gerade schwer ist, gemeinsam mit aus. So kann in einer Gruppe, in der auch Menschen mit geistiger Behinderung teilnehmen, oft viel offener und ehrlicher mit Gefühlen umgegangen werden, gerade weil „schlaue Worte" eine geringere Rolle spielen. Es ist ein gewaltiges Potenzial für die Gemeinden, wenn wir einander zu Seelsorgern und Seelsorgerinnen werden!

Eine Gruppe von Menschen mit und ohne Behinderung hat sich gemeinsam zum Thema Seelsorge ausgetauscht und am Schluss Folgendes festgehalten:
- Singen, Lieder, Gedichte
- Beten, Gottes Nähe,
- Gespräche, gemeinsames Schweigen
- Hände (betend, schützen, berührend),
- Berührung, Anteilnahme,
- Lesen, Musik hören,
- Natur, Bäume, Spaziergänge in der Natur,
- Der Besuch am Grab einer Angehörigen,
- Geliebt werden, getragen werden,
- Bibelverse.

Seelesorge an Angehörigen und Familien

Mit den Menschen mit Behinderung kommen vielfach auch die Angehörigen ins Spiel. In der Gemeinde und in den Einrichtungen ist es wichtig, die Eltern stets mit einzubeziehen. Sie sind die „Profis", sie kennen ihre Kinder und ihre Angehörigen von klein auf und begleiten sie ein Leben lang.

Was heißt Seelsorge an den Familien? Welche Hilfe kann die Gemeinde bei der Bewältigung der alltäglichen Krisen bieten? Als gelungenes Beispiel hat sich ein Kreis von Familien mit und ohne Angehörige mit Behinderung gefunden, der sich selbst „Familientreff mit Behinderten" nennt. Der Kreis

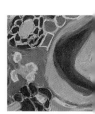

wurde vor 30 Jahren gegründet und trägt sich bis heute.

Der Grundsatz unserer Initiative war „Menschen mit Behinderung brauchen Freunde in der Nachbarschaft!", und zwar Menschen mit und ohne Behinderung.

Wir haben daher in unsere Gruppe nur Menschen aus der örtlichen Gemeinde aufgenommen, denn die Unterstützung sollte sich gerade im alltäglichen Miteinander bewähren. Ansonsten waren wir für alle offen, für Menschen jeden Alters – Kinder, Jugendliche, Erwachsene, ältere Menschen –, für Menschen mit jeder Art von Behinderung: körperlich, geistig, seelisch und sozial.

Wie haben uns reihum in den Gemeindehäusern der evangelischen und katholischen Gemeinden getroffen und uns um das gekümmert, was anstand, Lösungen für die alltägliche Probleme gesucht: Für eine Frau mit starker körperlicher Behinderung haben wir einen Fahrdienst reihum organisiert, damit sie morgens zur Arbeit kam.

Wir haben gemeinsam gefeiert und sind auch gemeinsam zu den Festen des Dorfes gegangen und zu den Gottesdiensten. Die christlichen Feste haben wir auch miteinander gefeiert, das hat immer dazugehört. Und wir haben Freizeiten miteinander gemacht. Wir haben den Glauben eigentlich wenig thematisiert, sondern ihn vielmehr gelebt. Wir sind durch das Dorf gegangen und haben geschaut, wie man die Barrieren abbauen kann. Wir haben für behindertengerechte Übergänge, behindertengerechte Zugänge zu Schulen und Gemeindehäuser gesorgt.

Über die Jahre sind wir uns immer näher gekommen, haben Gutes und auch Schweres miteinander erlebt und durchgestanden. Wir sind ein Freundeskreis geworden. Man kann wirklich sagen: Wir waren einfach füreinander da!

In den Einrichtungen der Behindertenhilfe stehen Eltern und Angehörige vor ganz besonderen Herausforderungen. Hilfreich kann eine Selbsthilfegruppe sein, die nach dem Prinzip arbeit: Eltern helfen Eltern: Beispielhaft sei hier die Eltern helfen Eltern Initiative der Diakonie Stetten erwähnt, in denen sich Eltern gegenseitig unterstützen und tragen:

Jürgen Neidhardt: Freunde

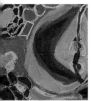

E. und U. Roller:
Eltern helfen Eltern

Wenn Eltern sich entschlossen haben, ihr behindertes Kind wegzugeben, und das Kind dann in eine Einrichtung aufgenommen wird, dann haben sie sehr unterschiedliche Gefühle. Einerseits das Gefühl der Erleichterung: Nach vielen Jahren der Pflege und der Sorge und des Angebundenseins können sie nun aufatmen, loslassen und neue Möglichkeiten des Familienlebens entdecken. Und andererseits fällt das Loslassen auch schwer: Sie vermissen ihr Kind und leiden unter der Trennung, sie fragen sich, ob es richtig war, das Kind wegzugeben, und es fällt ihnen schwer, die Verantwortung mit anderen zu teilen. Sie entdecken manches an ihrem Kind, das ihnen neu und ungewohnt ist, manches, was ihnen nicht gefällt und wofür sie die Schuld bei der Einrichtung sehen.

Diese Erfahrungen gelten für alle Eltern in der einen oder anderen Weise. Daher haben wir einen Gesprächkreis gebildet.
* Wir wollen gegenseitig und gemeinsam helfen, Fragen zu klären und Schwierigkeiten zu bewältigen.
* Wir wollen unsere Erfahrungen austauschen, Informationen einholen und weitergeben.
* Wir wollen miteinander sprechen und Gemeinschaft erleben.

Die Diakonie Stetten unterstützt unsere Elternkreise auf jede Weise. Das erleichtert unsere Arbeit, und dafür sind wir dankbar.

Zum Thema „Integrative Seelsorge" vgl. auch Schweiker, Wolfhard: Krisenbegleitung im Kontext einer integrativen Seelsorge in: Pithau, A.: Handbuch Integrative Religionspädagogik, Gütersloh, 2002, S. 518-527)

Theatergruppe Landheim Buttenhausen und Rotraud Schneemann:
Textwerkstatt „Heilende Worte"

Adelheid Allgaier

1. Arbeit macht mich müde
ich arbeite auch gerne
ich genieße das Leben
vom Karussell wird mir schlecht
aber ich hoffe
dass es mir hinterher wieder gut geht

2. langsam
fallen mir
die Augen
in der Heimat
unter dem Dach zu

3. langsam fliegen
in der Heimat
meine Augen
lieben dich sehr
in der Hoffnung schlägt mein Herz
aber nicht
zum Tode hin

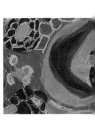

Martin Bauer

wir kriechen
Honig ist wie Gold

Andreas Bez

ich habe Hunger gehabt
und helfe den hungrigen Menschen

ich habe Angst um die Kinder
ich will, dass ihnen nichts passiert
ich will den Kindern helfen
ich schaukle das Kind (in mir)

Daniel Böhringer

der Pfeil verletzt mich
die Feder heilt mich

Irmgard Bühring

ich möchte nicht klagen
mich freuen alle Leute, die leiser sind

der Abend kann dunkel sein
die Medikamente können heilen

Gisela Gasser

ein Gesicht
heilt
die Flucht

Silke Hauser

ich klammere mich
ans Bett
und bin zufrieden

meine Haut brennt wie Pfeffer
ich kühle sie mit Wasser

Dorit Heil

ich heile
meine Krankheit
mit Flieder
der Neid macht mich krank
ich will was Gutes essen

Isolde Hummel

ich habe eine schwere Last
ich bete zu Gott
ich gebe ihm die Last ab
dann bin ich frei
ich bin oft sehr böse und sauer
dann spüre ich die Kraft von Gott
und es geht mir wieder besser
ich bin oft zu etwas zu feige
jebe meinem Herzen aber einen Ruck
dann bekomme ich wieder Mut

Uschi Krebs

die Füße sind müde
fahren ist fein

Irmgard Lehmann

1. ich bin geimpft
ich fliege in den Himmel
die Sonne lacht

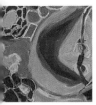

in mein Gesicht
so schön
wie es war
am Himmel
die Sterne
und der Mond
und die ganze Welt

2. eine schlechte Nachricht
der Gast kann mir helfen

Ulla Tavernier

ich heile
den Jammer
mit der Erde

ich bin gefallen
es tut mir weh
wenn ich im Stillen sitze
schau ich ins Kerzenlicht
es beruhigt mich

Nina Tornambe

ich bin müde
der Duft weckt mich

ich habe gespuckt
ich will Liebe

Brigitte Trost

die Jäger jagen die Tiere
ich würde gern beim Schäfer sein

das Eis auf dem See bricht
ich rette dich

ein König ist mächtig
er kann Gutes tun

Maria Weckenmann

ich heile die Angst mit Glaube

vor dem Gewitter
da hab ich Angst
ich gehe gern ins Dorf
ich höre gern eine Geige

Gisela Wiedmann

ich bin traurig
das Grab ist heilig
vor dem Feuer habe ich Angst
ich fliege fort

Hilde Ziegler

ich heile
die Klage
mit dem Beten

MANUELA KLEE / KLAUS MAJOHR

Was uns aufatmen lässt

Gott schenkt uns das Leben mit jedem Atemzug

Ruach – Geist – Hauch

Atmen können, aufatmen können, Luft holen und wieder durchatmen, wieder auftanken und dadurch Kraft bekommen – das sind alles wichtige Momente in unserem Leben. Sie können uns helfen, den Zugang zur Seele zu finden.

Denn es gibt immer wieder Situationen in unserem Leben, die uns die Luft zum Atmen nehmen wollen. Da muss ich mich von einem geliebten Menschen verabschieden. Oder ich wechsle meine Wohnung oder den Arbeitsplatz. Oder ich höre bestürzt von dem plötzlichen Tod eines mir nahe stehenden Menschen. Aber auch die Bewältigung des alltäglichen Lebens fordert von mir manchmal einen langen Atem. Zum miteinander Reden brauche ich den Atem, manchmal auch den sogenannten langen Atem.

Gezielte Atemübungen, wie z. B. Luft anhalten, bewusste Atempausen, in Impulsen oder Wellen atmen, können uns erleichtern, lautes Atmen oder Schreien helfen uns auch dabei, Vergangenes loszulassen.

Die nachfolgenden Gedanken sollen uns Hilfen sein im Umgang mit dem Luftholen. Sie können mir zeigen, wie ich Zeit und Raum finde, um wieder frei atmen zu können.

Das Aufatmen ist immer eine sehr persönliche Angelegenheit. Bei der Durchführung ist immer auf die persönliche Befindlichkeit des Gegenübers oder der durchführenden Gruppe zu achten. Mir muss klar sein, was diese Gruppe gerade braucht, auf was sie sich einlassen kann.

Susanne Niemeyer: Beten

Mein Beten beginnt mit Stille. Ich steige aus, lege den Alltag ein paar Atemzüge beiseite. Dazu braucht es keinen besonderen Ort. Aber der macht es leichter, in mich hinein zu hören. Ich sammle, was mich bewegt. Den Ärger, die Verletzung, meine Unsicherheit, mein Zagen. Die Hoffnung, den Stolz, meine Sehnsucht, meine Begeisterung. Nichts ist zu groß, zu unverschämt, zu alltäglich, zu einfältig. Ich buchstabiere mein Leben. Meine Worte sind nicht gefeilt, ich will mich nicht erklären, nicht rechtfertigen, will nichts schönfärben und nichts glätten. Ich halte all dies vor Gott, vertraue darauf, dass er versteht. Ich warte auf ihn, Gott wartet auf mich. Manchmal treffen wir einander.

aus: Der Andere Advent, Hamburg, 2006/07

Gebete

Im Gebet, ganz gleich ob allein oder in Gemeinschaft, wollen wir Gott bitten, danken, etwas hinterfragen, ihm etwas erzählen (von unseren Freuden und Nöten) und bei ihm Trost finden.

Das gemeinsame Gebet soll eine Ermutigung dafür sein, dass sich Menschen auch in einem eigenen Gebet an Gott wenden. Das Gebet hilft uns, etwas mehr menschliches Miteinander im täglichen Leben zu schaffen.

Einzelne Bibelworte (z. B. „Der Herr ist mein Hirte", „Sprich nur ein Wort und meine Seele wird gesund"), Liedverse, Zitate, bildhafte Worte können ein Gedankenanstoß zum Gebet sein. Beten ist so vielfältig wie das Leben selbst. Beten bedeutet Atem geben und Atem bekommen.

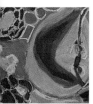

Es gibt verschiedene Formen des Gebetes. Jedes Gebet ist auf seine Weise ein wichtiger Bestandteil unseres christlichen Lebens:

- freies Beten,
- vorgegebenes Gebet,
- Alltagsgebet (Morgen-, Abend-, Tischgebete usw.),
- gesungenes Gebet,
- lautes und leises Beten,
- gebärdenunterstütztes Gebet,
- gemeinsames Sammeln von Worten bzw. Anliegen, die wir in einem Gebet formulieren, zu dem ein gemeinsamer Kehrvers gesprochen wird.

Praxisbeispiele

Erstellen eines Gebetswürfels

Gemeinsam mit den Betreuten werden in einer Runde Gebete zu den verschiedenen Alltagssituationen gesammelt. So hat jeder die Möglichkeit, am Gelingen dieses wichtigen Teils im Alltag teilzuhaben. Auf einen Holzwürfel werden die ausgewählten Gebete aufgeklebt. Dieser kann dann bei der jeweiligen Situation angewendet werden (z. B. Tischgebet, Abendgebet).

Erstellen einer Gebetskartei

Ist eine größere Auswahl an Gebeten vorhanden als nur sechs, wie beim Gebetswürfel, bietet es sich an, eine Gebetskartei zu entwerfen. Hier besteht die Möglichkeit, mehr Gebete für auch mehr unterschiedliche Anlässe zu sammeln.

Gemeinsames Beten

Zum Beispiel das Vaterunser, Luthers Morgen- und Abendsegen

Meditation

Meditation bedeutet,
- zur Ruhe kommen,
- aus der Ruhe neue Kraft schöpfen, Ermutigung finden,
- nachdenken,
- den Körper spüren.

Ziel der Meditation ist es, eins zu werden mit Gott und der Welt. Meditation bereichert und erweitert die Phantasie und Wahrnehmungsfähigkeit eines jeden Menschen, gleich welchen Alters.

Bei der Meditation ist zu beachten, dass eine ruhige entspannte Atmosphäre geschaffen wird. Des Weiteren soll die Sitzgelegenheit bequem und einladend sein. Die Form des Sitzens ist in der Regel egal, jedoch bietet sich ein Kreis an, um die Gemeinschaft, die Zugehörigkeit eines jeden zu symbolisieren.

Es gibt verschiedene Formen der Meditation:
- Stilleübung,
- Mandalas ausmalen (mit oder ohne Musik im Hintergrund),
- entspannende Musik hören und sich massieren lassen,
- entspannende Musik hören und sich selber massieren,
- in entspannter Atmosphäre eine Geschichte (z. B. eine Phantasiereise, die neue Räume eröffnet und vom Alltag wegführt; die Geschichte muss kurzweilig und leicht verständlich sein!!),
- Wortmeditation/Mantra (ein Wort wird immer wiederholt, z. B. „Ich bin"-Worte, Psalmworte. Zwischen den einzelnen Wörtern legt man Pausen ein, um sich mit dem jeweiligen Wort beschäftigen zu können,
- Snoezelenraum (dies ist ein Raum mit z. B. einem Wasserbett, Klangspielen, Lichtspielen, Wassersäulen und vielem mehr). Hier besteht die Möglichkeit des Entspannens oder auch der Förderung der Wahrnehmung für den Menschen mit geistiger Behinderung.

Meditationen/Phantasiereisen bieten sich an, wenn Gruppen aufgewühlt sind, sich aber nach Ruhe sehnen. In einer Meditation soll eine Anknüpfung an ganz elementare Gefühle stattfinden.

Klaus Pörnbacher: Meditationserfahrung

Ich habe eine Blüte gesehen in roter Farbe sie stand in meinem Garten die Sonne hat drauf gescheint ich habe die Blume begossen, dann habe ich Gott gesehen er war wie ein helles Licht in meiner Seele und er hat mich erleuchtet hat mich angestrahlt und angelacht dann habe ich zu ihm gesagt: „Du bist sehr lieb zu mir!" und er hat mir geantwortet: „Du bist mein lieber Sohn Klaus", dann habe ich gesagt: „Und jetzt, lieber Gott, Adieu!"

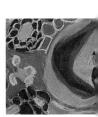

Praxisbeispiele

Phantasiereise

Alle setzen sich entspannt in einen Kreis. Im Hintergrund läuft angenehme, entspannende, leise Musik oder eine Aufnahme von Naturgeräuschen. Es kann nun nach kurzer Stille eine Geschichte vorgelesen oder improvisiert werden.

„Schließe die Augen und stelle dir vor, du liegst auf einer satten, grünen Wiese. Um dich herum ist alles still. In deiner Nähe hörst du einen Vogel zwitschern. Du findest die Stimme des Vogels lustig, du musst ein bisschen über ihn lächeln. Gerade zieht die Wolke auf die Seite und sie kommt zum Vorschein, die Sonne. Die warmen Strahlen kitzeln dich an deiner Nase.

Dein ganzer Köper wird warm, deine Arme, deine Beine, dein Bauch, dein Gesicht." (An dieser Stelle kann eine Pause von ca. 20 bis 30 Sekunden stattfinden – wird die Meditation öfters durchgeführt, kann die Ruhephase auch verlängert werden). „Jetzt öffne langsam deine Augen und kehre hier in den Raum zurück. Strecke und recke dich. Überlege dir nun, was dir an deiner Reise am besten gefallen oder am meisten Freude bereitet hat. Wenn du möchtest, erzähle den anderen von deiner Reise."

Rolf Michael Seifert: „Eine Reise zum Himmel, das tut gut"

Die Meditation ist wie Entspannung. Da kann man sich hinlegen und sich entspannen. Dazu gibt's Entspannungsmusik wie *Mystical Rings* oder auch Meditation und Relaxation. Da ist klangvolle Musik. Schöne Melodien, sie entführen – ein Spaziergang unter dem Meer oder von Sommerwind treiben lassen – und lassen fliegen zum Horizont. Und eine Reise entlang des Regenbogens. Von den endlosen Weiten der Ozeane schwebt der Blick hinauf zu den Wolken und zum Paradies. Eine Reise zum Himmel. Das tut gut, dass man aufstehen kann; es ist gut, auszuruhen.

Dazu hat Heidi Lotzwick auch die CD oder Cassetten.

Lieder und Musik

Das Lied ist eine elementare, eine grundlegende musikalische Form: sie kommt seit Urzeiten in allen Kulturen vor. Die Entwicklung des Liedes geht einher mit der Entwicklung der Sprache und des Sprachrhythmus. Wesentlich bei dieser Entwicklung ist die Erfahrung, dass die Stimme dabei verändert werden kann. Sie kann verändert werden in der Höhe, in der Klangfarbe und in der Dynamik. Der Text des Liedes bringt dabei die Zeit zum Ausdruck, in der das Lied entstanden ist, und den Ort der Entstehung. Somit ist das Lied auch ein historisches Zeugnis.

Mit Liedern und Musik können wir unsere Stimmungslagen zum Ausdruck bringen. Das heißt, je nachdem, ob wir fröhlich oder traurig, ob wir melancholisch sind oder ob wir mit dem Lied jemandem unsere Liebe gestehen, klingen die Lieder immer anders. Einmal mit vielen sanften Worten, einmal mit harten und aggressiven Sätzen. Wir unterscheiden dabei Kinderlieder, Weihnachtslieder, Volkslieder, Arbeiterlieder, Geburtstagslieder, Fußballlieder, Lumpenlieder, Bewegungslieder, und auch christliche Lieder usw.

Praxisbeispiele

Hier sind einige Liedbeispiele zu verschiedenen Anlässen, z.B. zum *Geburtstag*: „Wie schön, dass du geboren bist …"; für den *Morgen*: „Danke für diesen guten Morgen …"; für den *Abend*: „Guten Abend, gute Nacht …"; oder für ein kirchliches Fest, z.B. *Weihnachten*: „Zu Bethlehem geboren …"; *Volkslieder*: „Hoch auf dem gelben Wagen …"; als Lied mit Bewegung z.B. „Mein Hut, der hat drei Ecken …", oder ein sogenanntes Lumpenlied: „Ja, so warn's, die alten Rittersleut …"

Tanz und Bewegung

Tanzen ist entspannend. Es vermittelt Spaß an der Bewegung. Wenn sich der Körper wohl fühlt, äußert er sich auch leicht. Das ist wichtig, um sich entspannen zu können

- Tanzen bedeutet Kreativität entwickeln. Wenn wir tanzen, untersuchen wir die Welt um uns herum. Wir improvisieren und setzen unsere Gedanken und Gefühle in Bewegung um. Wir lernen, uns etwas auszudenken und es mit dem Körper zu erzählen.

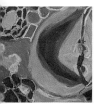

- Tanzen trainiert die Persönlichkeit. Durch die Bewegung und den Tanz bekommen wir mehr Selbstvertrauen.
- Tanzen fördert die Gemeinschaft.
- Tanzen ist eine Form von Ausdruck. Es erweitert die Erkenntnis von uns selbst, wir können mehr mit unserem Körper ausdrücken. Tanzen bedeutet zu lernen, sich in einer unbekannten Situation mit dem Körper zu konzentrieren.
- Tanzen bedeutet, seinen Körper spüren und trainieren. Mit deinem Körper stehst du niemals still, es ist immer irgendetwas in Bewegung. Wir lernen mit der Schnelligkeit und mit der Langsamkeit, die der Körper entwickeln kann, umzugehen.

Es gibt sehr unterschiedliche Formen des Tanzes und der Bewegung:
- Tanzen/Bewegen im Stehen,
- Sitztanz,
- Tanzen/ Bewegen im Liegen,
- assives Tanzen/Bewegen,
- freies Tanzen/Bewegen, Tanzen/Bewegen nach Anleitung,
- Tanzen/Bewegen mit oder ohne Utensilien,
- meditative Tänze,
- Rollstuhltanz.

Praxisbeispiele

Meditatives Tanzen

Gerade bei Menschen mit geistiger Behinderung macht es sehr viel Spaß und Freude, Tanzen/Bewegung anzubieten. Hier können sich die Menschen trotz ihres Handicaps so bewegen, wie sie können und es ihnen Freude bereitet. Ich habe beim freien Tanzen mit Tüchern folgende Erfahrung gemacht:

In der Tagesbetreuung für Senioren, in der ich arbeite, sind den Tag über 16 völlig unterschiedliche Menschen auf engem Raum zusammen. Es gibt immer jemanden, der an einem Tag einfach keine Lust hat, etwas zu machen. Aber wenn ich mit meiner Tücherkiste in die Gruppe komme, lassen sie alles liegen und kommen in die Sofaecke. Hier nimmt sich jeder ein Tuch und kann sich nun zu der eingestellten Musik im Stehen, im Sitzen, im Liegen bewegen, so wie er/sie gerade möchte und es seine/ihre Möglichkeiten zulassen. Die Musikrichtung ist immer verschieden, Instrumentalmusik von Klassik bis Pop.

Einmal kam einer der Bewohner auf mich zu und meinte: „Das war so schön, ich habe mich ganz leicht gefühlt." Und das von einer Person, die nur die Arme bewegen kann!

Gestalteter Raum

Im Vordergrund der Raumgestaltung stehen die Bedürfnisse unserer Bewohner. Wir wollen
- Atmosphäre schaffen,
- gemeinsame Raumgestaltung entwickeln,
- der Kreativität der Menschen mit geistiger Behinderung freien Raum lassen.

Gemeinsam mit den Bewohnern den Raum zu gestalten stellt Gemeinschaft her und vermittelt das Gefühl, etwas geschafft zu haben.
- Arbeitsmaterialien für die Raumgestaltung können zum Beispiel sein:
- Tücher (bunt oder einfarbig), auch zum Abdunkeln geeignet,
- Luftballons oder Girlanden,
- Licht (mit bunten elektrischen Glühbirnen oder mit Kerzen),
- Blumen je nach Jahreszeit,
- Fensterbilder,
- selbst gebastelter Raumschmuck,
- Eglifiguren oder andere Erzählfiguren,
- Steine und Naturmaterialien, wie Moos, Rinde, Zweige, Blumen, Schneckenhaus.

Farben spielen bei der Raumgestaltung eine sehr wichtige Rolle. Je nach Farbton bekommt der Raum eine andere Wirkung, eine andere Atmosphäre. Zuordnungen von Gefühlen und Stimmungen in der traditionellen Farbsymbolik sind:
- *Gelb:* Reife, Wärme, Optimismus, Heiterkeit, Freundlichkeit,
- *Rot:* Aktivität, Dynamik, Gefahr, Temperament, Zorn, Wärme, Leidenschaft,
- *Orange:* Freude, Lebhaftigkeit, Spaß, Ausgelassenheit,
- *Blau:* Harmonie, Zufriedenheit, Ruhe, Unendlichkeit, Sauberkeit, Hoffnung,
- *Grün:* Frische, Beharrlichkeit, Entspannung, Ruhe, Lebensfreude, Naturverbundenheit,
- *Violett:* Eitelkeit, Einsamkeit, Genügsamkeit, Reife,
- *Braun:* Erdverbundenheit,
- *Weiß:* Reinheit, Sauberkeit, Ordnung, Leichtigkeit, Freude,

- *Schwarz:* Trauer, Abgeschlossenheit, Hoffnungslosigkeit,
- *Grau:* Neutralität, Trostlosigkeit, Nüchternheit, Nachdenklichkeit.

Besondere Zeiten

Bei der Gestaltung der Freizeit soll das Aufatmen aus dem Alltag im Vordergrund stehen. Urlaub bietet die Chance, einen weiteren Erfahrungsraum neben Wohnheim, Werkstatt und Elternhaus zu erleben. Durch Abstand zum Alltag eröffnet er die Möglichkeit, dass BewohnerInnen und MitarbeiterInnen Erfahrungen unter anderen Rahmenbedingungen machen können. Urlaub bietet die Möglichkeit der Erholung sowie der Integration und Normalisierung.

Um sich lange an den Urlaub, die besondere Zeit zu erinnern, bietet es sich an, viele Fotos zu machen und diese dann zu digitalisieren oder in einem Fotoalbum mit Kommentaren festzuhalten.

Formen der besonderen Zeiten können sein:

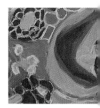

- Urlaubsmaßnahme in der Gruppe über eine längere Zeit,
- Urlaub ohne Koffer,
- Ausflug,
- geistliche Rüstzeit,
- ökumenisches Begegnungstreffen (Katimavic),
- Bibelfreizeit,
- Freizeit (strukturierte Maßnahmen).

Praxisbeispiele

Urlaub ohne Koffer
Eine Maßnahme außerhalb der Wohngruppe, zum Beispiel in einem Gemeindehaus. Diese Maßnahme kann von der Einrichtung selber organisiert werden oder es kann ein integratives Angebot der Kirchengemeinde am Ort sein. Die Menschen werden von zu Hause von einem Fahrdienst abgeholt oder kommen selber zu den Örtlichkeiten. Dort finden jeden Tag themenbezogene Aktivitäten für die Teilnehmer statt.

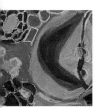

Projektgruppe Glauben erleben: Gebete

Abschied

Weißt Du, dass (...)* jetzt weggegangen ist? Wir haben alle zusammen Abschied gefeiert und dann kam (...) nicht mehr wieder. Das ist schade, ich mochte es so gerne, wenn (...) mit mir zusammen war. Ich vermisse ihr/sein Gesicht.

Glaubst Du, es wird mit (...) genauso gut? Hoffentlich. Amen

Trauer

Lieber Gott, wir beten heute gemeinsam mit (...). Sie hat Ihre(n) (...) verloren. Es tut uns leid, weil wir gar nicht helfen können. (...) ist sehr traurig. Wir hoffen, das Du (...) und uns genug Kraft schenkst, die Trauer auszuhalten. Lass uns fest zusammen stehen und uns gegenseitig Halt geben. So wie wir die Arme des anderen spüren, lass uns auch Deinen Arm spüren, der uns im Leben stützt und weiterführt.

Dank sei Dir dafür. Amen.

Sehnsucht nach Liebe

Mir tut der Bauch so weh, wenn ich (...) sehe. Ich glaube, ich bin liebeskrank. Hoffentlich wird (...) mein(e) Freund(in). Kannst Du mir helfen und mir Mut schenken? Ich traue mich nicht, ihr/ihm zu sagen „ich liebe dich". Ich habe Angst, dass er/sie mich nicht mag. Amen.

Liebe und Zärtlichkeit

Ich bin so glücklich, lieber Gott. Endlich hast Du mir meinen großen Wunsch erfüllt. (...) ist mein(e) Freund/in. Wie schön ist es, geküsst und gestreichelt zu werden. Da bekomme ich so ein Glücksgefühl. Bitte lass das nicht aufhören. Amen.

Streit und Vergebung

Lieber Gott, Du muss mir jetzt zuhören. Weißt Du, wie gemein (...) zu mir war? (...) ist richtig böse. Immer wieder. Das soll aufhören, ich werde noch ganz verrückt.

Schick mir eine Hilfe, Gott. Zeig mir, wie es besser wird.

Vergib mir meine Schuld, denn ich bin auch manchmal böse.

Hoffentlich können wir uns heute noch vertragen. Amen.

Träume 1

(inspiriert von Gustav Mesmer, dem Ikarus vom Lautertal)
Lieber Gottvater, der Himmel ist für alle Menschen da und ich träume doch so davon, zu fliegen. Meine Maschine soll nur funktionieren, auch ich will mal gut lachen und mich freuen über das, was ich geschaffen habe. Wenn Du an mich glaubst, dann kann ich das auch. Schick mir noch ein paar gute Gedanken. Vielen Dank im Voraus.

Dein

Träume 2

Warum, Gott, müssen Tänzerinnen immer so dünn aussehen? Ich tanze für mein Leben gerne und wünsche mir Applaus. Meine Freunde sagen „Du tanzt ganz toll!" Hab ich das gut gemacht? Meinst Du, ich könnte das, vor Publikum? In meinem Traum kann ich sogar springen. Aber das ist unser Geheimnis, lieber Gott. Amen.

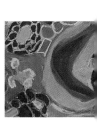

Lüge und Wahrheit

Wenn (…) noch einmal so lügt, das schwör ich Dir, lieber Gott, dann hau ich zu. Ich habe das nicht getan (…). Immer soll ich es gewesen sein. So ein Lügner, so ein Durcheinanderbringer. Ich will nicht mehr in der Gruppe sein, wenn der dabei ist.

Bitte hilf mir, ich sage doch die Wahrheit. So wahr mir Gott helfe. Wie soll es denn weitergehen, wenn es keine Gerechtigkeit gibt. Amen.

Schöpfung und Vergänglichkeit

Lieber Gott, heute war es auf einmal ganz still. Auch in mir war alles ruhig. Ich habe mich gefreut, weil diese Innerlichkeit und Festigkeit so selten sind in meinem Leben. Du bist da und ich gehöre zu Dir. Vielleicht werde ich ja einmal bei Dir sein. Du hast mich gemacht, dann nimm mich bitte auch wieder zurück. Amen.

Urlaub und Reise

Man muss auch mal weggehen können und was anderes sehen. Wir wollen zusammen was Neues entdecken und zusammen die Zeit des Nichtstuns genießen. Wir lassen uns von Dir, Gott, das Herz öffnen und freuen uns an allem, was uns begegnet. Schenke uns offene Augen, ein offene Herz und Lust am Leben. Hinter jeder Ecke gibt es neue Richtungen. Lass uns behütet sein auf allen Unternehmungen und uns gesund nach Hause zurückkehren.

Danke für diese gemeinsame Zeit. Amen.

Himmelsstürmer rennen Gott die Tür ein

Auch wenn ich mit meinem Rollstuhl nicht der Schnellste bin, lieber Gott, mit meinem Herzen erreiche ich schnell jede Tür. „Nimm dein Bett und geh" hast du mal zu jemand gesagt. Das hättest du mir nicht zweimal sagen müssen. Und hopp, wäre ich losgestürmt. Vielleicht wäre ich am Anfang noch oft hingefallen. Mein Rollstuhl ist da schon sicherer. Aber ich weiß ja, deine Herzenstür steht jedem offen. Amen.

Nimm mich in deine Arme, Gott

Niemand hat mich lieb. Wo sind die Engel, die mich behüten sollen? Ach, kannst Du mich nicht in Deine Arme nehmen, lieber Gott, so richtig fest. Ich spüre mich selbst gar nicht mehr. Mir geht es so schlecht und niemand hat Zeit. Ich will jetzt auch keine Medizin, später vielleicht. Schick mir doch bitte ein Licht in meine Dunkelheit, am besten einen Freund, damit es mir besser geht. Vielen, vielen Dank. Amen.

Bist du auch ein Schäflein Gottes?

(nach Psalm 23)

Wenn Du es versprichst, mich zu behüten, auf allen meinen Wegen, durch Dunkelheit und auch wenn ich in schlechte Gesellschaft gerate, dann, lieber Gott, bin ich gern dein Schäflein. Das frische Wasser lockt mich schon und das gute Essen. Auf die Freundschaft und die Gemeinschaft mit Dir will ich nicht verzichten. Ich will Dir gerne zutrauen, dass Du mich richtig salbst und nach mir suchst, falls ich je verloren gehen sollte. Lieber Hirte, ich will Dir vertrauen. Amen.

* (…) : Namen und konkrete Ereignisse einfügen

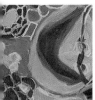

RALF LILIENTHAL

Die Liebe zum gelingenden Moment

Über die Lautenbacher Blaskapelle

Jeden Freitag um 18 Uhr stellen sie ihre Qualitäten unter Beweis. Knapp zwanzig Musiker finden sich in der ehemaligen Garderobe des Lautenbacher Festsaals zusammen, um drei Stunden lang, unterbrochen von einer stärkenden Vesper, ihre Sache wieder einen Schritt voranzubringen. Für den Besucher ist es eine echte Augenweide, ein Hörgenuss und eine tief berührenden Seelenerhebung. Und zwar genau in dieser Reihenfolge. Man muss sich einfach mitfreuen, schon wenn das bunte Völkchen ankommt und sich einrichtet. Von lautstark, freudig erreget und polternd bis still melancholisch, ernst und würdevoll reicht die Skala der Empfindungen – man nimmt sich Zeit für das Bereiten und Anwärmen der Instrumente. Aber das stört nur den, der Ergebnisse höher schätzt als den einfach genossenen Augenblick.

Und dann gibt es was zu hören! Jede Menge sogar, denn wo so viel großes Blech im Spiel ist, da geht es zur Sache! Das Programm ist bunt und breit gefächert: Klassik, Samba, Czardas, Rock 'n' Roll, Klez-

mer, Märsche, Walzer, Jazz und Tango – für jedes Ohr ist was dabei. Es ist eine Mischung aus Musikerhandwerk, realistischem Anspruch und Begeisterung, die die Lautenbacher Blaskapelle zusammenhält.

Die einzelnen Musiker bringen ihre eigenen Möglichkeiten ein, das heißt für die Instrumentierung, dass es auch ungewöhnliche Instrumente für eine Blaskapelle gibt, wie das Didgeridoo oder das Akkordeon. Um die Kapelle zusammenzuhalten, sind nicht nur der Kapellmeister und seine musikalische Feinsinnigkeit gefragt, auch nicht der Therapeut. Es ist eine Liebe zum gelingenden Moment, eine in der langen Erfahrung geschulte Aufmerksamkeit für das menschlich und musikalisch Mögliche: „Geduld? Nein! – Freude!"

Dann geschehen kleine Wunder, wundersame Augenblicke. Wenn die Sequenz an der Lyra (dem typischen Schellenbaum der Blaskapellen dieser Gegend) nach liebevollem Einüben am Ende wirklich gut und richtig klingt. Und aus den vielen einzelnen, leicht zu spielenden Tönen und Rhythmen ein geglie-

dertes Ganzes wird, das so erhebend klingen kann wie die Schlusskadenz einer großen Symphonie.

Beim Konzert werden die Besucher vom „Gute-Laune-Funken" angesteckt, und der *Snake, Rattle and Roll* haut das Publikum regelrecht aus den Schuhen!

Respektbekundung für eine eingeschränkte, aber ganz ordentliche Leistung? Nein, einfach nur das, was es war: eine vollkommene Stunde ohne Rest – eine Sternstunde. Ein pathetisches Wort, aber noch nicht das Schlusswort. Das soll Valentin haben, der Lyraspieler, ausgesprochen mit einem großem Lächeln im Gesicht: „Gott ist wichtig und die Musik – und Schalke!"

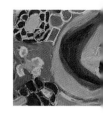

THOMAS BAUMGÄRTNER

„Ich muss mal mit dir reden!"

Was uns im Miteinander hilft – am Beispiel eines Konflikts

Bei geistig behinderten Menschen treten Konflikte nicht häufiger auf als bei Menschen ohne geistige Behinderung. Andererseits können sich bei Menschen, die in einer Wohngruppe leben und in einer Werkstatt arbeiten, Konflikte ganz eigener Prägung einstellen. Der Druck, auch auf begrenztem Raum miteinander klarkommen zu müssen, und das in einer nicht freiwillig gewählten Gemeinschaft, ist sowohl für die Betroffenen als auch für die Mitarbeitenden nicht unerheblich.

Das Wichtigste im hilfreichen Gespräch bei Konflikten ist es, Ruhe auszustrahlen und unparteiisch zu agieren, nicht zuletzt durch aktives Anhören der Interessen aller am Konflikt Beteiligten.

„Ich muss mal mit dir reden!" – wie viele Gespräche beginnen so! Im Alltag entzünden sich Konflikte sehr oft an banalen Alltagssituationen. Zum Beispiel beim gemeinsamen Essen. Da isst ein Bewohner ungefragt den Nachtisch seines Nebensitzers auf. Dieser reagiert ungehalten und laut. Er droht sogar, handgreiflich zu werden. In dieser Konfliktsituation beim Essen in der Gruppe ist nun weder die Zeit noch der Rahmen gegeben, um in Ruhe und in vertraulicher Atmosphäre den Konflikt zu klären.

Deshalb liegt es nahe, ein Signal an die am Konflikt Beteiligten zu senden, dass man sich als Mitarbeitende nach dem gemeinsamen Essen Zeit für ein klärendes Gespräch nehmen wird. Gleichzeitig ist es wichtig, dass trotz des aufgetretenen Konflikts die Gruppe gemeinsam die Mahlzeit zu Ende einnimmt,

um Ruhe in die Situation zu bringen und eine drohende Eskalation zu verhindern.

Zeitnah zum entstandenen Konflikt sollten die Mitarbeitenden darauf achten, einen geschützten Raum jenseits des Lärms einer Werkstatt oder des Wohnbereichs aufzusuchen, um den Konflikt in Vertraulichkeit schlichten zu können. Der erste wichtige Schritt ist, dass die Betroffenen eingeladen werden, frei und offen darüber zu reden, was sie gerade wütend macht oder belastet. Man lässt den anderen aussprechen, bevor man selbst spricht. Ein Zeichen der Wertschätzung kann von den Mitarbeitenden dadurch ausgehen, dass sie vorurteilsfrei und aktiv zuhören. Manchmal hilft es schon, dass über die Wut und den Ärger offen gesprochen werden darf und jemand da ist, der sich Zeit zum Zuhören nimmt.

Ein Streitfall in der Gruppe

Wie wichtig es ist, einen gelungenen Umgang mit einem Konflikt in einer Gruppe geistig behinderter Menschen zu finden, kann folgendes Beispiel aus der Praxis zeigen:

Am Freitagnachmittag, nach einem anstrengenden Arbeitstag, wenn die anderen bereits Feierabend haben und sich auf das freie Wochenende freuen, trifft sich die Theatergruppe zum Proben. Zuerst ist es wichtig, gemeinsam zu starten und alles abzuschütteln, was

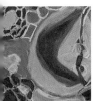

man quasi im „Gepäck" mitbringt. Das gelingt nicht immer gleich gut. Vor allem dann, wenn N. immer mit ihrer lauten und durchdringenden Stimme in die Gruppe hineinbrüllt. Einige der Mitspieler sind da sehr empfindlich und reagieren direkt und klar: „Wenn N. nicht sofort aufhört, so zu schreien, dann höre ich in der Theatergruppe auf. Das halten meine Nerven einfach nicht aus!" Darauf erwidert N. lautstark und beleidigt: „Ich schreie doch gar nicht. Ich kann eben nicht leiser!"

Nun fangen auch manch andere Mitspieler zu murren an: „Immer schreit N. so laut!" Zum Glück gibt es H., die etwas einzubringen hat: „Wisst ihr, N. hat doch lange mit ihrer schwerhörigen Großmutter zusammengelebt. Da hat sie sich diese laute Stimme antrainiert."

Diese Information schafft Verständnis in der Gruppe und es kann gelingen, eine gemeinsame Lösung zu finden. In der Theatergruppe braucht man nämlich auch und gerade Leute mit einem lauten Stimmorgan. Also ist doch N. dafür besonders geeignet. Auf der anderen Seite brauchen die anderen Mitspieler einen normalen Umgangston. Die Lösung des Konflikts besteht nun darin, dass die Mitspieler jeweils mit Handzeichen anzeigen, wenn N. ihre Stimme senken soll. Und tatsächlich funktioniert dieses Gruppenritual mit der Zeit immer besser.

Das ist ein Beispiel für eine gelungene Konfliktbewältigung, bei der die Individualität gewahrt bleibt. Am Ende des Konflikts gab es keine Verlierer. Die höchste Form der Konfliktlösung ist der Konsens. Denn hier wurde eine von der gesamten Gruppe akzeptierte einvernehmliche Lösung entsprechend der jeweiligen Interessen der Beteiligten gefunden. Im Gegensatz dazu hätte ein Kompromiss dazu geführt, dass man deutliche Abstriche in Kauf genommen hätte. Zum Beispiel, dass N. nur noch an bestimmten Proben hätte teilnehmen dürfen.

Drei Grundsätze für eine konfliktentschärfende Gesprächshaltung können aus diesem Beispiel auch für andere Situationen abgeleitet werden:

1. Die Verschiedenheiten der Streitenden sind ebenso wertzuschätzen wie die persönlichen Sichtweisen der am Konflikt Beteiligten, statt diese unter den Teppich zu kehren.
2. Individuelle Interessen und gemeinsame Ziele gilt es in Balance zu bringen.
3. Die Beteiligten sind zu ermutigen, ihre Stärken wahrzunehmen.

Dieser anfängliche Konflikt in der Gruppe hätte auch schnell eskalieren können und sehr wahrscheinlich zur Auflösung der gesamten Theatergruppe geführt. Es hatten sich ja bereits zwei Fronten gebildet: Auf der einen Seite N. mit ihrer lauten Stimme, auf der anderen Seite die Mitspieler, die es nicht ertragen konnten, wenn N. so schrie.

Wäre die Leiterin der Theatergruppe nicht in dieser Phase eingeschritten, wäre der Konflikt womöglich weiter eskaliert und am Ende hätte es nur Verlierer gegeben: N. hätte nicht gelernt, mit ihrer Stimme konstruktiv und der Gruppe dienlich umzugehen, und die Gruppe ihrerseits hätte eine stimmliche Begabung nicht integrieren können und die Lust am Theaterspielen verloren.

Jasmin Ludwig: Teufelchen mit Herz

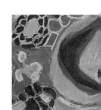

Mathias Sattler: Gespaltener Engel

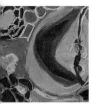

Mut zum Konflikt!

Für viele Menschen bedeutet die konkrete Erfahrung von Streit und Konflikt eine tiefe Verunsicherung. Es wird die Gefahr gesehen, dass alles einbricht. Dies löst Ängste aus. „Bitte keinen Streit!" Doch dann gibt es auch keinen Interessensausgleich. Man stellt die eigenen Interessen hintan oder lässt diese erst gar nicht zu. Die Gefahr bei solch einem Verhalten liegt auf der Hand: Mit der Zeit wird der Konflikt eskalieren.

Es kommt darauf an, dass wir lernen, die Scheu vor Konflikten zu verlieren. Um einen sachgemäßen Umgang mit Konflikten zu finden, ist es hilfreich, dass wir unterscheiden lernen zwischen dem sichtbaren Konflikt („N. schreit immer so laut!") und dem darunter liegenden Konflikt. Dieser treibt wie bei einem Eisberg unter der sichtbaren Oberfläche: Ein Achtel des Konflikts ist sichtbar, sieben Achtel sind unsichtbar.

Die unter der Oberfläche liegenden Gründe, die ursächlich zu Konflikten führen, können zum Beispiel sein:

• Gefühle wie Wut, Neid, Liebe usw.,
• Beziehungsprobleme,
• Strukturelle Bedingungen (wie in unserem Beispiel: „Wisst ihr, N. hat doch lange mit ihrer schwerhörigen Großmutter zusammengelebt. Da hat sie sich diese laute Stimme antrainiert."),
• Missverständnisse,
• Wertvorstellungen,
• Interessen und Bedürfnisse.

Es gilt also immer zu fragen, welche Ängste, Erfahrungen und Bedürfnisse hinter dem konkreten Konflikt stehen.

Ritual der Vergebung:
Loslassen – Ermutigen – Zuspruch

Der Blick auf Jesus und sein unerschrockenes und offensives Konflikthandeln kann Mut machen, Konflikte nicht zu vermeiden, sondern zu akzeptieren. Bei Jesus fällt auf, dass er bei aller Schonungslosigkeit keine Aktion einsetzt, die darauf abzielt, seine Gegner zu vernichten.

Am Beispiel Jesu können wir lernen, uns selbst und unsere Mitmenschen, mit denen wir es schwer haben, unter einer anderen Perspektive zu sehen.

Ein Beispiel gibt uns die Geschichte von Jesus und der Ehebrecherin aus Johannes 8,1–11.

Jesus konfrontiert die Ankläger der Ehebrecherin, die auf frischer Tat ertappt wurde, mit ihren eigenen Abgründen: „Wer unter euch ohne Sünde ist, der werfe den ersten Stein auf sie!" Als die Männer das hörten, gingen sie weg, einer nach dem anderen, und Jesus blieb allein mit der Frau. Jesus fragte sie: „Hat dich jemand verdammt?" Als sie diese Frage verneinte, sagte Jesus zu ihr: „ So verdamme ich dich auch nicht; geh hin und sündige hinfort nicht mehr."

Jesus konnte ihr am Ende dieser Zeichenhandlung zusprechen, dass auf sie keine Verdammnis zukommen werde. Dies ermutigte die Frau, über ihr Handeln neu nachzudenken und daraus Konsequenzen für die Zukunft zu ziehen.

Für einen Konflikt in der Gruppe könnte diese Szene Folgendes bedeuten: Es ist hilfreich, als Mitarbeiterin, als Mitarbeiter zunächst neutral zu bleiben und die Menschen mit ihren Anliegen zu akzeptieren. Es geht darum, dass keine Angriffs- und Verteidigungsfront aufgebaut wird, sondern ein Perspektivenwechsel dahingehend stattfindet, dass jeder Mensch seine Fehler und Schattenseiten besitzt und aus diesem Grund nicht das Recht hat, über andere herzufallen. Erst als die Beteiligten sich dieser Selbstbegegnung ausgesetzt hatten, konnte es zur Versöhnung bzw. zur Ermutigung der beschuldigten Frau kommen.

Für uns als Christinnen und Christen können Konfliktprozesse unsere edelsten wie auch unsere beschämendsten Seiten offenbar machen. So auch bei der Versöhnung: Will ich nur beweisen, dass ich der/dem anderen moralisch überlegen bin, oder ist es ein ehrliches Versöhnungsangebot?

Kriterium echter Versöhnungsbereitschaft kann auch die Szene in der Bergpredigt sein (Mt 7,3 ff.), in der Jesus fragt: „Was siehst du aber den Splitter in deines Bruders Auge und nimmst nicht wahr den Balken in deinem Auge? ... Zieh zuerst den Balken aus deinem Auge, danach sieh zu, wie du den Splitter aus deines Bruders Auge ziehst!"

Ein konkretes Ritual der Vergebung könnte sein:
• Ein Stein darf in einen Behälter gelegt werden, der mit Wasser gefüllt ist: Das Schwere darf abgegeben werden und versinkt in der Tiefe des Wassers.
• Im Anschluss wird eine Feder in die Hand gegeben. Diese steht für die Leichtigkeit vergebener Schuld oder Last.

BIRGIT SUSANNE DINZINGER

Du bist eingeladen

Die Bedeutung von Festen in der interreligiösen Begegnung

Das Feiern von Festen ist allen Religionen und Kulturen gemeinsam. Religiöse Feste strukturieren den (Kirchen-)Jahreslauf sowie den persönlichen Lebenslauf. Als wiederkehrende Ereignisse sind sie verbunden mit Ritualen und besonderen Gestaltungsformen, die Leben und Glauben deuten. Die soziale Komponente als Kommunikations- und Gemeinschaftsereignis ist eines der herausragenden Merkmale von Festen.

In religiösen Festen wird spürbar, was Menschen wertvoll und heilig ist. Zugleich zeigen die Feiernden sich selbst in der Kontrasterfahrung von Alltag und positiver Alltagsunterbrechung. Ganzheitliche Erfahrungen werden ermöglicht und sinnlich wahrnehmbare Elemente wie Zeremonien, Rituale, Festkleidung, Dekorationen, Düfte, Essen und Trinken verweisen auf den Sinn, der hinter den Festen liegt. Im Feiern religiöser Feste korrespondieren in besonderer Weise Leibliches und Geistliches.

Feste ermöglichen die Einladung von Gästen. Das Gast-Sein eröffnet einen besonderen Zugang in der interreligiösen Begegnung. Gast-Sein ermöglicht das Dabeisein und ein Miterleben, wie die Gastgebenden ihren Glauben feiern, deuten und leben, ohne dass dabei verschiedene Religionszugehörigkeiten vermischt werden. Die einen feiern in unmittelbarer Gegenwart der Andersgläubigen, die anderen sind Gäste in respektvoller Haltung vor der Besonderheit des anderen Glaubens. Eine „Kultur der Anerkennung" kann entstehen auf der gemeinsamen Basis einer würdigenden Haltung des jeweils anderen.

Im Miteinander von Gastgebenden und Gästen können Achtung, Toleranz und Frieden konkret eingeübt werden. Gleichzeitig wird deutlich, dass es Menschen verschiedener religiöser Prägungen und Zugehörigkeiten sind, die im Alltag einen gemeinsamen Lebens- und Sozialraum (z. B. Wohnheim, Stadtteil) miteinander teilen und die sich anlässlich eines Festes in besonderer Weise begegnen.

In religiösen Festen werden sowohl Nähe als auch Fremdheit(en) von Christentum und anderen Religionen erlebbar. Und gerade Anderes und Nichtvertrautes beinhaltet die Chance der Neuentdeckung und Vergewisserung des Eigenen.

Auf der praktischen Ebene bieten sich verschiedene Möglichkeiten an:

1. Glückwünsche und Grüße: Ein erster Schritt der Kontaktaufnahme anlässlich von Feiertagen und Festen kann das gegenseitige Grüßen mit Karten, Grußbotschaften usw. sein.
2. Erzählen: Da Feste in allen Religionen gefeiert werden, eignet sich das Thema „Feste" besonders gut, um miteinander ins Gespräch zu kommen. Im gegenseitigen Erzählen werden sowohl Kenntnisse über Feste vermittelt als auch die persönliche Bedeutung reflektiert, z. B. in der Erzählung über das persönliche Lieblingsfest. Das Mithineinnehmen im Erzählen kann eine Brücke bilden zu möglicherweise folgenden Einladungen.
3. Einladung zu einzelnen ausgesuchten Festen: Eine Einladung von Menschen anderen Glaubens zu religiösen Festen erfordert eine sorgfältige Planung. Die konkrete Ausrichtung und Gestaltung von religiösen Festen wird nur von den jeweiligen Angehörigen dieser Religion übernommen werden können. In diakonischen Einrichtungen eröffnen sich hier Möglichkeiten der Einbeziehung von Eltern und Angehörigen, die Teilhabe bedeuten und in positiver Weise auf Kompetenzen und Gaben von Menschen anderer Religionszugehörigkeit zielen.
4. Gegenseitige Einladung: Die wechselseitige Einladung zu zeitlich nahe gelegenen oder inhaltlich verwandten Festen (z. B. Neujahrs- oder Dankfeste) bezeichnet einen weiten Rahmen der Einladungsmöglichkeiten.

Gerd Stauss: Chilehaus mit rotem Mond

Was uns hilft zu trauern

Trauer und Trauerarbeit

In Abschied und Trauer Spiritualität erfahren

Trauer und Trauerarbeit sind in den letzten Jahren verstärkt in den Blick gekommen. Auch in der Arbeit mit Menschen mit Behinderung. Im Verlauf der Arbeit an diesem Buch wurde deutlich: Dafür brauchten wir ein eigenes Kapitel.

Abschied und Tod gehören zum Leben. Abschied und Tod verweisen uns auf die Fragen nach dem Woher und dem Wohin des Lebens. In der Begegnung mit diesen Fragen reifen wir.

In dieses Kapitel sind sehr viele Erfahrungen eingeflossen, von Gemeinschaft, die trägt, und von Trost, der aus alten und neuen Formen christlicher Tradition spricht. Sie finden Beiträge unterschiedlicher Art von Menschen mit und ohne Behinderung: Überlegungen, ein Gedicht und einen Bilderzyklus. Berichte über Abschiedsfeiern mit selbst gestaltetem Grabtuch und Kranz sowie ein Beispiel aus dem Totengedenkbuch einer Einrichtung.

Das Kapitel steht zwischen den Hauptthemen Alltagsspiritualität und Gottesdienst. Es gehört zur Alltagsspiritualität, weil Abschiede und Trauer sich durch unseren Alltag ziehen. Und es gehört zum Gottesdienstteil, weil wir Formen und Rituale brauchen, um der Trauer zu begegnen. Die Praxis zeigt: Die Begegnung mit Trauer ist individuell sehr verschieden. Gemeinschaftliche Formen, in denen jede und jeder ihren Raum und ihre Möglichkeiten finden können, Trauer zu spüren und ihr Ausdruck zu geben, tragen uns durch schwere Zeiten.

Der Herr behüte deinen Eingang und deinen Ausgang,
von nun an, bis in Ewigkeit. Ps 121

Inhalt

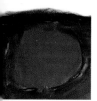

HANS HEPPENHEIMER

Was uns hilft zu trauern

„Große" und „kleine" Trauerrituale

Zwei Begebenheiten aus einer Einrichtung für geistig behinderte Menschen sollen im Laufe der folgenden Ausführungen die Erfordernisse von Trauerarbeit verdeutlichen:

Ein älterer Bewohner, Hans H. (87 Jahre alt), wurde von seinem Bruder regelmäßig besucht, und er telefonierte oft mit ihm. Der Bruder war für ihn die wichtigste Bezugsperson. Nun wurde der Bruder krank und starb sehr schnell. Hans H. fragte immer wieder nach: „Wann ruft mein Bruder endlich wieder an?"

Die MitarbeiterInnen seiner Wohngruppe vertrösteten ihn. Auch die Familie traute sich nicht, Hans H. die traurige Nachricht mitzuteilen. Alle hatten Angst, Hans H. würde den Tod seines Bruders nicht

verkraften. Er konnte leicht sehr aufbrausend werden. Aber Hans H. glaubte allen Zusicherungen und Vertröstungen bezüglich seines Bruders nicht mehr so richtig. Irgendetwas konnte da nicht stimmen.

Bis eine Mitarbeiterin erklärte, sie könne Hans H. nicht mehr weiter mit Unwahrheiten vertrösten, sie hielte diesen Spagat nicht mehr aus, und sie holte sich Rat von außen. Aufgrund dieses externen Rates wurde Hans H. von der Mitarbeiterin umgehend über den wahren Sachverhalt aufgeklärt. Gleichzeitig wurde mit ihm vereinbart, dass er sehr bald das Grab seines Bruders besuchen könne. Dies war nach der Todesnachricht auch seine erste Frage. Hans H. brauchte danach einige Gespräche zum Tod seines Bruders. Er benötigte Begleitung durch den Geistlichen und durch die Mitarbeiterin. Er musste darüber reden. Aber er konnte dann sehr gut damit umgehen. Und vor allem, er wurde durch den Trauerprozess etwas ruhiger, als er vorher gewesen war.

Trauer mit neuen Augen sehen

Geistig behinderte Menschen wurden und werden bis heute oft nicht für „voll" genommen. Das heißt, ihnen wurden vielfach bestimmte Lebensformen und Lebensqualitäten abgesprochen. Dies betrifft insbesondere die Bereiche der Trauer und der Sexualität.

Der Hintergrund für diese Geisteshaltung behinderten Menschen gegenüber drückt sich in dem Ausspruch Martin Luthers aus, wonach behinderte Menschen „Wechselbälge" seien, die nicht gottgewollt, sondern vom Satan untergeschoben, eben „ausgewechselt" wurden, und da sie satanischen Ursprungs seien, auch seelenlose Wesen (M. Luther, Tischreden). Wer keine Seele hat, hat demnach auch keinen Bedarf an Trauer.

Diese Haltung gegenüber Menschen mit geistiger Behinderung ist in den wesentlichen Lebensbereichen bis heute spürbar. Geistig behinderten Menschen wird oft das Recht auf Trauer abgesprochen oder ihre Trauer wird nicht ernst genommen.

Wie auch unser Beispiel zeigt, kommt es immer wieder vor, dass Menschen mit geistiger Behinderung bei einem Sterbefall in ihrer Familie ausgegrenzt werden, dass sie nicht in den Trauerprozess einbezogen und erst nachträglich über Tod und Beerdigung naher Angehöriger informiert werden. Wobei die Beerdigung eines vertrauten Menschen ein Schlüsselerlebnis für den Trauerprozess ist. Sie ist das sichtbare Erleben, dass ein Mensch nicht mehr unter den Lebenden weilt, sondern jetzt „unter der Erde ist".

Auch wird Menschen mit geistiger Behinderung manchmal nicht zugemutet, einen toten Menschen zu sehen, um von ihm Abschied zu nehmen. Weil sie es vielleicht „nicht aushalten" könnten. Sie werden dabei wie Kinder behandelt. Aber Menschen mit geistiger Behinderung haben ein Seelenleben genauso wie nicht behinderte Menschen. Sie empfinden genauso Trauer und Schmerz und Verlust wie Nicht-Behinderte. Nur haben Menschen mit geistiger Behinderung oft beschränkte Möglichkeiten, sich zu artikulieren. Sie brauchen Rituale und andere nonverbale Formen der Trauer.

Aber Trauer ist ein entscheidendes Element des Lebens, genauso wie die Freude. Denn die Trauer ist Teil jedes Abschieds im Leben. Abschied müssen wir nicht nur nehmen, wenn jemand gestorben ist, sondern Abschied braucht es auch, wenn einfach ein bestimmter Lebensabschnitt zu Ende ist und etwas Neues beginnt. Der Abschied vom Alten ist dabei immer von mehr oder weniger stark ausgeprägter Trauer begleitet, damit man bereit wird für das Neue. Denn jede veränderte Situation erfordert unsere innere Bereitschaft, um das Neue anzunehmen. Rituale können uns dabei helfen, den Übergang vom Alten zum Neuen zu bewältigen.

Das Gleiche gilt beim Tod eines vertrauten Menschen: Der Tod ist ein Teil des Lebens und in allen Lebensphasen begleitet uns das Sterben. Sei es nun das Sterben der Großeltern, der Eltern, Geschwister oder sonstiger Menschen, die für das eigene Leben wichtig waren. Der Tod stellt uns immer wieder vor neue Aufgaben und zwingt uns, das Alte und Vertraute loszulassen. Der Abschied ist dabei oft schmerzlich und von heftiger Trauer begleitet. Und

jede Trauer braucht ihre individuelle Zeit, die sich jeder äußeren Bewertung entzieht.

Auch Menschen mit geistiger Behinderung gehen durch diese Phasen des Lebens. Trauer und Abschied ist für sie deshalb genauso notwendig und wichtig.

Trauer ist lebenswichtig

Wenn ein Mensch nicht die Möglichkeit hat, zu trauern, so kann das sehr drastische Konsequenzen haben, denn verhinderte Trauer macht Menschen lebensuntüchtig. Wer das Alte nicht verabschiedet, ist oft innerlich auch nicht bereit für das Neue. Anders gesagt: Wer nicht trauern kann oder darf, wird wohl körperlich erwachsen, bleibt jedoch seelisch auf einer kindlichen Lebensstufe stehen. Nimmt man Menschen mit geistiger Behinderung die Möglichkeit und das Recht zu trauern, so nimmt man sie auch nicht für voll als erwachsenes Gegenüber.

Unterdrückte Trauer kann Menschen krank machen: Wer nicht trauern kann, wird nicht nur nicht erwachsen, sondern fällt in eine Melancholie oder Depression, in der Menschen einfach niedergeschlagen und antriebslos werden und aus dieser depressiven Grundstimmung nicht mehr herauskommen. In der Depression und Melancholie ist der Anlass der Trauer dann nur noch schwer greifbar. Menschen mit geistiger Behinderung können bei unterdrückter Trauer auch verhaltensauffällig werden, wobei dann der Grund dafür nur noch schwer zu erkennen ist.

Trauer ist ein entscheidender Faktor für die seelische und körperliche Gesundheit der Menschen. Wer seine Trauer nicht leben kann, wird auch keine wirkliche Freude mehr erleben, denn Trauer und Freude bedingen einander. Daraus ergeben sich natürlich bestimmte Voraussetzungen und Notwendigkeiten für die Trauer.

Trauer muss fließen können

Die Trauer muss fließen können, sie braucht Ausdrucksmöglichkeiten. Trauer braucht Raum, einerseits in Trauerritualen, aber sie drückt sich genauso individuell aus in der Musik, im Tanz, in Liedern, in Worten, in Bildern und vielleicht, was das Wichtigste ist, in Tränen.

Trauer hat auch keinen festen Zeitrahmen, sodass wir sagen könnten: Jetzt ist es genug getrauert.

Aber es gibt die Phasen der Trauer. In jeder neuen Trauer wird auch alte Trauer wieder neu erlebt und lebendig, so dass z. B. am Grab eines Menschen eigene Schlüsselerlebnisse wie der Tod der Eltern oder anderer naher Angehöriger wieder ganz gegenwärtig sind.

Und sicher sind alle Stationen des Jahres, die wir ohne die verstorbene Person erleben, wichtige Wegmarkierungen: So der erste Geburtstag ohne den Verstorbenen, Weihnachten, Ostern, Totensonntag ohne die verstorbene Person. Auch der Todestag der Eltern ist ein Tag der Erinnerung und der Trauer.

Trauer braucht einfach Begleitung, aber sie kann nicht bestimmt werden. Und Trauernde brauchen einfach Menschen, die sie ernst nehmen. Für geistig behinderte Menschen hat das genauso seine Gültigkeit. Nur dass sie in vielen Schritten Assistenz benötigen, beispielsweise, um räumliche Distanzen zu Beerdigungen, Grab, Gottesdiensten usw. zu bewältigen. Und sie brauchen auch Menschen, die ihnen zuhören, die sie in ihrer Trauer ernst nehmen.

Zurück zu der oben erzählten Begebenheit: Diesem Mann mit geistiger Behinderung wurde von seiner Umgebung, Familie und MitarbeiterInnen, nicht zugetraut, mit dem Tod umzugehen. Aber nur „die Wahrheit vermag uns frei zu machen" (Joh. 8,32).

Denn die Enttäuschung über den Bruder, der nicht mehr kommt und sich nicht mehr meldet, wäre sicher viel schlimmer gewesen als die Nachricht von dessen Tod. Der Tod erklärt ja, warum er nicht mehr kommen kann. Es ist auch keine menschliche Enttäuschung ursächlich, sondern der natürliche Vorgang des Sterbens.

Und der erste Wunsch dieses Mannes war, den verlorenen Trauerprozess nachzuholen, indem er das Grab seines Bruders besuchte, und er benötigte neben der Gesprächsbegleitung ein Foto seines Bruders, um es täglich sehen und so täglich um ihn trauern zu können. Auch der Gottesdienstbesuch hatte für ihn wieder eine neue Bedeutung.

Und der Mann wurde dann entgegen vielen Befürchtungen in seinem Umfeld nicht verhaltensauffälliger, sondern ruhiger, er war dankbar, um seinen Bruder trauern zu können, denn sein Bruder war in seinem bisherigen Leben sehr wichtig gewesen. Und er brauchte nun Zeit, um auch ohne seinen Bruder zurechtzukommen und das Leben wieder neu zu finden. Die Wahrheit über den Tod des Bruders hatte für alle Beteiligten eine sehr befreiende Wirkung.

Ein Trauerprozess verträgt auch kein Besserwissen, kein Einreden oder Ausreden, sondern ein trau-

ernder Mensch spürt selbst, was er gerade braucht, welche Schritte wann notwendig sind.

Ein geistig behinderter Mensch braucht in diesem Sinne nur Assistenz. Und behinderte Menschen, die sich selbst nicht artikulieren können, brauchen dann einfach Angebote, um das für sie Richtige auszuwählen.

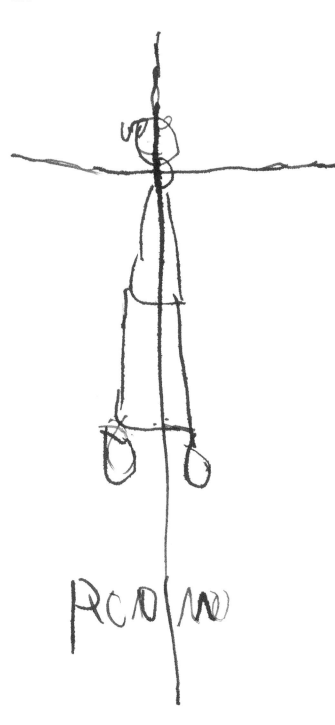

Roland Fischer: Der Gekreuzigte

Menschen mit geistiger Behinderung haben eine hohe emotionale Sensibilität

Das zweite Beispiel zeigt uns, dass geistig behinderte Menschen mit Trauer sehr gut, ja vielleicht sogar beispielhaft umgehen und anderen eine Hilfestellung geben können. Eine Mitarbeiterin, Gisela Maichle, erzählt:

„In meiner Wohngruppe war eine Bewohnerin zwei Tage vor Weihnachten gestorben. Ihr Tod kam völlig unerwartet, und ich war allein bei ihr, als sie starb. Sie hatte mich sozusagen zu sich gerufen. Die Zimmernachbarin dieser Frau war vor einem halben Jahr gestorben. Damals hatte ich die Tote morgens in ihrem Bett aufgefunden. Und nun hatte ich am darauf folgenden Tag – dem 23. Dezember – alleine Dienst. Eine andere Bewohnerin hatte an diesem Tag Geburtstag.

Ich hatte Angst, zum Dienst zu gehen, denn ich wusste nicht, wie ich das alles gefühlsmäßig auf die Reihe bekommen sollte. Aber als ich dann morgens in die Wohngruppe kam, sagten die Bewohnerinnen zu mir, sie wollten heute Trauerlieder singen. Sie kennen ja sehr viele Lieder auswendig. Und sie sangen den ganzen Tag Trauerlieder.

Da geschah etwas Wunderbares mit mir: Bisher hatte ich mit Trauerliedern nicht viel anfangen können. Aber die Lieder haben mich durch diesen Tag getragen.

Ingrid Bilinger: Abschied von Conny Horrer

In unserer Gruppe ist Conny Horrer gestorben. Jetzt ist sie tot. Sie kann keine Teller mehr runterwerfen.

Wir haben uns alle auf der Gruppe getroffen. Herr Pfarrer Sperl ist gekommen. Ihre beiden Brüder waren auch dabei.

Conny ist auf dem Bett gelegen, sie war angezogen. Wir sind in ihr Zimmer gegangen und haben uns verabschiedet und haben für sie gesungen und gebetet, die ganze Gruppe.

Ich war sehr aufgeregt. Ich wollte das gar nicht sehen, so aufgeregt war ich.

Sie ist dann in Stetten beerdigt.

Meine Angst verschwand, und ich konnte abends viel leichter nach Hause gehen, als ich morgens gekommen war. Die Trauerlieder haben mir sehr gut getan. Und meine Bewohnerinnen haben mir an diesem Tag entscheidend geholfen."

Viele Menschen wissen heute nicht mehr richtig, mit der Trauer umzugehen. Denn Trauer braucht ja Zeit und die Arbeit und der Alltag funktionieren für eine gewisse Zeit nicht mehr so, wie wir es uns vielleicht wünschen würden und wie es gesellschaftlich erwartet wird. Beim Tod eines vertrauten Menschen tut sich eine Kluft auf in unserem Leben, die wir mit Worten nicht mehr so einfach überbrücken können. Vielleicht brauchen wir einen neuen Lebensgrund, den wir aber nicht machen können, sondern der nur langsam wachsen kann.

Viele Menschen haben deshalb Angst vor der Trauer. Sie brauchen Hilfe in ihrer Trauer. Trauerseminare haben deshalb Konjunktur.

Und diese Mitarbeiterin, die die Begebenheit in einem Trauerseminar erzählt hat, kommt an besagtem Tag zur Arbeit und lernt so, fast nebenbei, mit Trauer umzugehen. Frauen mit geistiger Behinderung sind dabei ihre Lehrerinnen. Sie haben in dieser schwierigen Situation mit Tod, Geburtstag und Weihnachten intuitiv sicher umzugehen gewusst. Sie haben gewusst, dass Lieder tragen können, dass Singen das Schwere im Leben leichter machen kann.

Das, was die Trauerforschung in alten Kulturen dieser Welt noch entdeckt, nämlich dass diese den Tod und verstorbene Menschen besingen, um den Schmerz besser tragen zu können, diese Frauen mit geistiger Behinderung in dieser Wohngruppe tragen dieses Wissen intuitiv bei sich.

Dies ist auch ein sehr gutes Beispiel dafür, dass Menschen mit geistiger Behinderung keine Bevormundung brauchen, sondern gerade in diesen gefühlsmäßigen Dingen eine beeindruckende Sicherheit haben. Sie haben oft eine sehr ausgeprägte emotionale Intelligenz.

Das Singen von Trauerliedern ist ein ganz wichtiges Medium dafür, dass Trauer fließen kann, und für Menschen mit geistiger Behinderung, die vielfach sprachliche Probleme haben, sich auszudrücken, ist es geradezu ideal. Da sie oft nicht lesen können, haben viele einen großen, auswendig gelernten Liedschatz, und das Singen ist wie ein Fließen, wir werden einfach mitgenommen. Das Singen kann wie in unserer Geschichte die Trauer leichter machen, für das Unaussprechliche Worte geben und sprachlose Menschen miteinander verbinden. Singen kann uns auf allen Stationen von Tod und Abschied begleiten und tragen. Es ist wie ein Gebet. „Wer singt, betet doppelt", soll der große Kirchenvater Augustin gesagt haben.

Auch „sprachlose" Menschen trauern

Es gibt viele Menschen mit geistiger Behinderung, die nur ganz wenige Worte oder gar nichts mehr sprechen, und nach wissenschaftlichen Beobachtungen nimmt der Anteil dieser „stummen" Menschen unter den geistig Behinderten zu.

Aber was ist mit der Trauer bei einem Menschen, der nicht oder nur rudimentär sprechen kann? Hat er den Tod überhaupt mitbekommen? Und hat sie verstanden, was es bedeutet, tot zu sein? Und wenn

Menschen mit geistiger Behinderung gar aggressiv gestimmt sind, gegen sich oder auch gegen andere? Empfinden sie dann überhaupt Trauer?

Menschen, die nicht sprechen können, kann man auch nicht nach ihren Gefühlen fragen. Man kann auch nicht fragen, ob sie etwas verstanden haben, sondern das Gegenüber ist auf Zeichen, Symbole und Gefühlswahrnehmungen angewiesen.

Aber nicht sprechen zu können ist kein Zeichen für Verständnislosigkeit. Denn jeder Mensch hat einen aktiven und einen passiven Wortschatz. Manche Dinge verstehen wir wohl, können sie aber nur schwer mit eigenen Worten wiedergeben. Auch wenn ein Mensch nur einen rudimentären Wortschatz hat, so sagt das nichts aus über sein passives Sprachverständnis. Und allein die Achtung vor einem Menschen gebietet uns, ihn oder sie nicht zu unterschätzen, sondern vielmehr als „Ebenbild Gottes", als ein Gegenüber auf Augenhöhe wahrzunehmen.

Sabine Zech: Gisela ist gestorben

Ein weiteres Beispiel soll zeigen, dass auch in sehr einfachem und rudimentärem Wortschatz die wesentlichen Dinge des Lebens ausgedrückt und verstanden werden können:

In einer Wohngruppe der Lebenshilfe wird ein Mädchen (Stefanie) zur Kurzzeitpflege aufgenommen, weil ihre Mutter an Brustkrebs erkrankt ist und einige Woche später an dieser Erkrankung stirbt. Zwischen einer Mitarbeiterin und dem Mädchen entwickelt sich im Laufe der Zeit ein Gespräch, das sich in ähnlicher Form oft wiederholt und sehr gut zeigt, dass das Mädchen trotz geringem Wortschatz weiß, wie seine Mutter gestorben ist, und um seine Mutter trauert.

Stefanie: *Mama – Scheiße*
Mitarbeiterin: *Ja, deine Mama ist krank*
Stefanie: *(schüttelt den Kopf)*
Mitarbeiterin: *Was hat deine Mama gehabt?*
Stefanie*: (Hält die Hände an die Brust – die Mutter hatte Brustkrebs)*
Mitarbeiterin : *Hat die Mama Schmerzen gehabt?*
Stefanie*: nickt*
Mitarbeiterin: *Schmerzen sind schlimm*
Stefanie*: nickt*
Mitarbeiterin: *Mama war im Krankenhaus*
Stefanie: *nickt (macht aus Zeige und Mittelfinger ein V und hält es an die Nasenlöcher)*
Mitarbeiterin: *Mama hat Sauerstoff gekriegt*
Stefanie: *nickt (zeigt an den Handrücken)*
Mitarbeiterin: *Mama hatte Schläuche an der Hand*
Stefanie: *nickt*
Mitarbeiterin: *Der Arzt konnte ihr aber nicht mehr helfen*
Stefanie*: Mama – tot*

(Der Bericht stammt von Magdalena Smetana, LH Esslingen)

Dieses Mädchen braucht sicher das Gefühl, verstanden zu werden, denn es weiß genau, dass die Mutter nicht mehr lebt. Der Verlust der Mutter ist nicht wieder auszugleichen. Und das Mädchen braucht einfach Zuwendung und Begleitung in seiner Trauer.

Rituale helfen uns in der Trauer

Der Tod ist ein gravierender Einschnitt im Leben von einzelnen Menschen, im Leben von Familien, aber auch für die Gemeinschaft. Der Tod betrifft auch das Leben der Zurückbleibenden, denn damit geht ein Abschnitt in ihrem Leben zu Ende. Sei es mit dem Tod von Groß-

eltern, Eltern, Ehepartnern, Geschwistern, es ist immer ein Einschnitt im eigenen Leben. Gleichzeitig werden wir mit dem Tod eines Menschen auch immer wieder daran erinnert, dass unser Leben nur auf Zeit ist.

Um diesen Einschnitt ertragen zu können, braucht man Rituale. Sie geben uns Sicherheit und Führung in dieser kritischen Phase. Das sicherlich wichtigste Ritual ist die Beerdigung, daneben gibt es aber auch die Aussegnung, wenn die verstorbene Person aus dem Haus gebracht wird; auch andere Andachten und Gottesdienste, in denen der Abschied von der verstorbenen Person in irgendeiner Weise thematisiert wird.

In vielen Einrichtungen für Menschen mit geistiger Behinderung ist es Brauch geworden, beim Tod eines Bewohners oder einer Bewohnerin eine kurze Aussegnungsfeier am Sterbebett zu halten. Diese Aussegnungsfeier kann sehr schlicht gestaltet werden. Brennende Kerzen, ein einfaches Kreuz und Blumenschmuck bilden den äußeren Rahmen. Die Feier kann dann folgenden Ablauf haben:

Beginnend mit einem Trauerlied, dann (eventuell gemeinsames) Sprechen eines Psalms (Psalm 23), Segnung der verstorbenen Person mit Handauflegung auf Stirn oder Hände, Trauerlied, gemeinsames Vaterunser, ein weiteres Trauerlied und abschließend die Bitte um Gottes Segen. In manchen Einrichtungen gibt es auch den Brauch, zur Berührung Öl zu verwenden.

Die Aussegnungsfeier kann auch Gesprächselemente beinhalten, wie zum Beispiel: Welche Lieder hat die verstorbene Person gern gesungen? Wie ist sie gestorben? Was würden wir der Person gern mit ins Grab geben ?

Lore Habelt, Lisbet Weise, Heidi Mansoat: Beerdigung von Else

Wir waren bei der Beerdigung von Else. Herr Pfarrer Hanauer hat die Predigt gehalten. Er hat viel von Else erzählt. Wir haben die Lieder aus dem Gesangbuch gesungen und dann ganz zum Schluss zusammen das Lieblingslied von Else: „Im Frühtau zu Berge wir zieh'n, fallera." Das ist kein Beerdigungslied, aber es war zur Erinnerung.

Auf dem Sarg waren viele Blumen, ganz große Sonnenblumen. Wir sind dann noch an das Grab gegangen und haben ihr noch Blumen in das Grab geworfen.

Die verstorbene Person kann auch zum Abschied noch einmal berührt werden. Menschen mit geistiger Behinderung sind in solchen Situationen nicht gehemmt, sondern trauen sich, zu berühren und auch etwas zu sagen. Dies nimmt der Feier etwas von ihrer Strenge und lässt sie menschlicher werden.

Außerdem ist es in vielen Einrichtungen zum Brauch geworden, einen Trauergottesdienst für BewohnerInnen und MitarbeiterInnen abzuhalten, auch wenn die Beerdigung an einem anderen Ort stattfindet. Denn für die BewohnerInnen der Einrichtung bzw. der betroffenen Wohngruppe ist die Fahrt zur Beerdigung oft mit organisatorischen und finanziellen Schwierigkeiten verbunden.

wichtige Hilfestellung für ihre Trauer sein. Denn mit etwas Greifbarem sind Gefühle leichter auszudrücken.

Das Andenken ist eine Voraussetzung für das Loslassen. Es können kleine Rituale im Alltag sein, die uns helfen, immer wieder an eine verstorbene Person zu denken. Und damit auch immer wieder sich zu vergegenwärtigen, dass es jetzt anders ist. Abschied ist einfach, sich immer wieder zu vergegenwärtigen, dass das Alte vergangen, dass ein Leben nun vorbei ist, um dies innerlich mit dem Herzen anzunehmen.

In katholischen Gemeinde und auch in manchen Einrichtungen werden sogenannte „Sterbebilder"

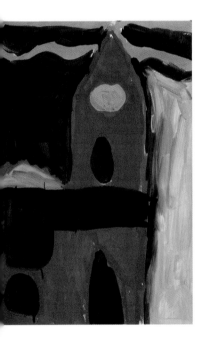

Neben diesen „großen" Ritualen wie Aussegnung und Beerdigung sind aber auch ‚kleine' Rituale notwendig: Abschied braucht ein Andenken, wie wenn wir aus den schönen Tagen eines Urlaubs etwas mitbringen, damit wir diese besondere Zeit nicht vergessen, sondern sie uns mit Hilfe eines Andenkens jederzeit wieder vor Augen führen können. Auch Verstorbene brauchen ein Andenken. Menschen, die jeden Tag an sie denken. Vielleicht mit Hilfe eines Fotos oder eines Gegenstandes der verstorbenen Person. Für Menschen mit geistiger Behinderung mag dies eine

im Trauergottesdienst an alle Anwesenden verteilt. Auf dieser Karte ist ein Foto der verstorbenen Person mit Begleittext abgedruckt. Dies ist sicher eine gute Form der Erinnerung, um immer wieder an diese Person zu denken. Auch ein „Gedenkbuch" in einer Wohngruppe kann für MitarbeiterInnen und BewohnerInnen eine Hilfestellung gegen das Vergessen sein. Indem man immer wieder die Gelegenheit hat, in diesem Buch mit Fotos zu blättern, kommen die Verstorbenen wieder ins Gedächtnis.

Im Wohnheim das Andenken bewahren

Der Abschied beim Tod eines Menschen in einer Einrichtung ist oft von äußeren Zwängen beeinträchtigt: Aus finanziellen Gründen wird das Zimmer einer verstorbenen Personen nach kurzer Zeit wieder neu belegt. In einer Familie wäre dies zumeist ein Sakrileg. Aber in einer Einrichtung ist das ein normaler Vorgang. Wie kann in dieser Situation das Andenken an einen Menschen trotzdem bewahrt werden?

Außerdem sei hier auch noch darauf verwiesen, dass der kirchliche Jahreskreis eine wichtige Hilfe bei der Trauer ist. Denn im Laufe des Kirchenjahres werden Tod und Abschied immer wieder beispielhaft an der Person Jesu Christi thematisiert. Jesu Leiden, Sterben und Tod, Auferstehung und Himmelfahrt sowie die geistige Gegenwart nach dem Tod sind beispielhaft für jede menschliche Erfahrung mit Sterben, Tod und Abschied. In diesen biblischen Erzählungen, in Liedern und Gebeten kann jeder trauernde Mensch seinen Ort der Trauer finden.

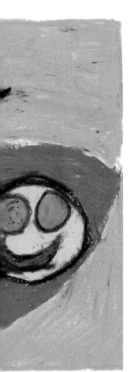

Hilfreich kann hier ein Erinnerungsfest sein, das in einer Wohngruppe zum Andenken an die oder den Verstorbenen gefeiert wird, vielleicht zum Jahrestag des Todes oder zum Geburtstag des Verstorbenen. Es können alle Personen eingeladen werden, denen die Erinnerung wichtig ist. An diesem Erinnerungsfest kann eine Lieblingsspeise des Verstorbenen gegessen werden, es können seine oder ihre Lieblingslieder gehört oder gesungen werden, es können Fotoalben zur Erinnerung angeschaut werden. Es kann ein besinnliches Erinnerungsfest werden.

Christoph von Aichelburg: Bilder zum Tod

Diese Bilder entstammen einem Zyklus von Bildern, der im Zusammenhang mit dem Tod des Vaters des Künstlers entstand. Mit ihrer Farbgebung und dem kräftigem Malduktus unterscheiden sie sich sehr auffallend von seinem sonstigen Malstil. Er hat die Bilder auch nicht wie sonst mit seinem Namen unterzeichnet, sondern unsigniert abgeschlossen.

MARTIN ENZ

Trauerfeier für Stavros

Ein Beispiel aus der Praxis

In einer Einrichtung der Behindertenhilfe der BruderhausDiakonie verstarb im Januar 2007 ein 44-jähriger Bewohner, der bereits über 20 Jahre in der Einrichtung gelebt hatte. Obwohl seine gesundheit von jeher als kritisch eingestuft worden war, kam der Tod doch unerwartet und löste bei seiner Familie, aber auch bei den Mitbewohnern auf der Wohngruppe und den Mitarbeitenden dort große Betroffenheit aus.

Erste Gedenkfeier als hilfreiches Ritual

Am späten Nachmittag des auf seinen Tod folgenden Tages versammelt sich die Wohngruppe mit den Mitarbeitenden zur „Gedenkfeier der Wohngruppe". Von außen kommt der Seelsorger hinzu, der auch die Bestattung des Bewohners begleiten wird. Die

Kranz mit Herzen und Namen

nahen Angehörigen sind zu dieser Feier zwar immer eingeladen, können jedoch aus verschiedenen Gründen nicht immer dabei sein. Auch die Mutter und die Geschwister von Stavros P. wohnen zu weit weg, um an dieser kleinen „Vorab-Feier" teilnehmen zu können. Ziel der Feier mit der Wohngruppe ist es zum einen, sich als Gruppe zu vergewissern, dass Stavros nicht mehr lebt, dass er nicht nur dem einzelnen Bewohner fehlt, sondern auch den anderen Mitbewohnern und den Mitarbeitenden. Auch können während oder im Anschluss an die Feier Fragen beantwortet werden, die Mitbewohner im Zusammenhang mit seinem Sterben und Tod sich stellen. Ziel ist vor allem aber auch, die Trauerarbeit bereits früh zu begleiten mit Singen, Beten und Einander-Trösten durch Erinnerungen, durch Lachen und Weinen.

Bei der Feier mit der Wohngruppe ist ein kleiner Altar mit Bildern von Stavros, mit einem Kreuz und mit Kerzen aufgebaut. Die Gruppe von Mitbewohnern, Mitarbeitenden und Pfarrer sitzt im Kreis um diesen Altar, sodass auch äußerlich sichtbar der Verstorbene noch einmal in die Mitte genommen wird.

Als Lieder bieten sich die vertrauten Texte und Melodien von ‚Jesu geh voran', ‚So nimm denn meine Hände', aber auch ‚Von guten Mächten' an. Dazwischen betet der Pfarrer ein freies Gebet und fordert auf, Erinnerungen an Stavros zu erzählen. Abschließend wird das Vaterunser gebetet und die Bitte um den Segen Gottes ausgesprochen.

Die so gestaltete Feier ist auch eine Quelle von Anekdoten, die der Pfarrer in seine Predigt einbauen kann.

Nach der Feier wird Stavros' eigentliche Beerdigung angesprochen: wann sie stattfinden wird, wo sie gefeiert werden soll. Mitarbeitende weisen darauf hin, dass bei den Angehörigen die Dankbarkeit für die Jahre mit Stavros viel Raum einnehmen soll – neben der Trauer darüber, dass er nun nicht mehr lebt. Es soll eine „bunte Feier" werden „mit dankbaren Gesichtern und Torte statt Hefezopf".

Gemeinsam überlegt sich die Gruppe, welchen Beitrag sie bei der Beerdigung einbringen kann.

Drei Elemente im Ablauf macht sich die Wohngruppe zu ihrer Aufgabe: die Fertigung eines ganz besonderen Kranzes mit den Namen der Mitbewohner auf roten Herzen, die Gestaltung eines Grabtuches mit den Handabdrücken der Wohngruppenmitglieder und die „Grablegung" des Tuches, sowie das Besorgen von Teelichten, die vom Ort der Trauerfeier, einer Turnhalle, zum einen Kilometer entfernten Friedhof getragen werden sollen. Der Pfarrer wird gebeten, eine große, windgeschützte Kerze, die den Namen des Verstorbenen trägt, mitzubringen und sämtliche Elemente in den Bestattungsritus einzubauen.

Die Gestaltung des Grabtuches

Die Gruppe der Mitbewohner Stavros' versammelt sich mit den Mitarbeitenden um einen Tisch, auf dem bereits der Text „Dein Leben war für uns Freundschaft, Zuneigung, Liebe, Trost und Ermutigung" in großen Buchstaben auf Deutsch und Griechisch geschrieben steht. Der Bezugsmitarbeiter des Verstorbenen erklärt, dass Stavros zwar nun tot ist, dass er aber Spuren im Leben aller zurücklässt, die ihn gekannt haben: Spuren seiner Freundschaft und Zuneigung. Er liest den deutschen Text auf dem Grabtuch vor. Der Tod hat alle berührt, die Stavros kannten. Dessen Mitbewohner lädt er nun ein, ihrerseits Spuren bei Stavros zu lassen. Sie, die berührt sind vom Tod des Freundes, sollen ihrerseits das Tuch mit farbiger Hand berühren. Es soll dann, wie der Pfarrer dies angeregt hat, als Schmuck bei der Trauerfeier und als Grabtuch für den beliebten Mitbewohner dienen. Nacheinander lassen die Mitbewohner der Gruppe ihre Hände färben (Fingerfarben) und drücken ihre Hand fest auf das Tuch. Einige der Mitbewohner tun dies in großer Trauer. Der Mitarbeiter hat das Gefühl, dass einigen von Stavros' Zimmernachbarn erst bei diesem Tun richtig bewusst wird, dass Stavros nicht mehr lebt, dass er nicht mehr mit der Gruppe lachen und Fernsehen schauen, nicht mehr spazieren gehen und nicht mehr mit ihnen zur Arbeit gehen wird.

Am Ende wird das Tuch bis zur Trauerfeier im Wohnraum der Gruppe aufgehängt. Es erinnert in den Tagen vor der Beisetzung an den Verlust des sehr beliebten Mannes.

Die Bestattungsfeier für Stavros

Eine große Trauergemeinde hat sich in der Turnhalle der Behinderteneinrichtung der BruderhausDiakonie eingefunden. Verwandte und Freunde von Stavros sind zum Teil von weit her angereist. An der Längsseite der Turnhalle ist ein Traueraltar mit Bildern und Erinnerungen an Stavros aufgebaut. Das Grabtuch schmückt in einiger Entfernung die Wand, und vor dem Grabtuch leuchten die Teelichte windgeschützt in Gläsern. Sie zeichnen am Boden das Bild der Ökumene. Stavros und seine Familie gehören der griechisch-orthodoxen Kirche an. Eine „evangelische Beisetzung" wurde jedoch ausdrücklich gewünscht.

Ein Liedblatt mit einem Foto von Stavros und dem Bestattungswort aus der Bibel wird allen Gottesdienstteilnehmern – auch zur späteren Erinnerung – überlassen.

Das Liedblatt

Da der Dank für das Leben und für Stavros' fröhliches Wesen im Mittelpunkt der Feier steht, beginnen wir mit dem „Danke"-Lied aus dem Gesangbuch, das leicht umgetextet wurde. Statt eines Psalms betet die Trauergemeinde ein Wechselgebet, das speziell auf den Verstorbenen abgestimmt ist. Über dieses Medium ereignet sich eine Nähe zwischen dem Verstorbenen und den feiernden Menschen.

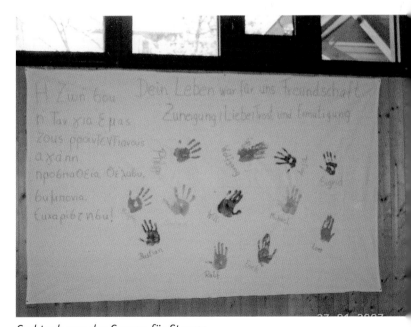

Grabtuch von der Gruppe für Stavros

Der Gottesdienst

In Liedern, Gebeten und in der Predigt wird die biblische Zusage des neuen Lebens bei Gott in Bezug zu dem verstorbenen Stavros gebracht. Die „liturgischen Elemente", Altar, Grabtuch, Kerzen, werden in ihrer Bedeutung erklärt. Die Predigt ist schlicht und reich gefüllt mit Bildern und Erinnerungen. Am Ende des Gottesdienstes steht die Aufforderung, sich mit einer Kerze in der Hand auf den Weg zu machen.

Letztes Geleit

Von der zur Kirche umfunktionierten Turnhalle aus setzt sich der Trauerzug in Bewegung. Voraus rollt langsam das Bestattungsfahrzeug mit offener Heckklappe und gut erkennbarem Sarg des Verstorbenen. Ihm folgt der Pfarrer und die nahen Angehörigen, schließlich Mitbewohner, Heimbewohner und Mitarbeitende.

Grablegung

Am offenen Grab wird zunächst das Grabtuch ins Grab gelegt und der Sarg versenkt. Die Kerzen werden um die Namenskerze gestellt und erleuchten so den Ort der Trauer: Gott bringt Licht in unsere Dunkelheit. Am Ende entlässt der Pfarrer die Trauergemeinde mit der Bitte um Gottes Segen.

Nach der Grablegung

Entsprechend der Bitte der Hinterbliebenen sitzt die Abschied nehmende Gemeinde in der Cafeteria der Einrichtung beieinander und tauscht Erinnerungen aus bei einem üppigen Kuchenbuffet. Im Hintergrund ertönen griechische Melodien, die daran erinnern, dass Stavros zwar in Deutschland geboren wurde, seine Wurzeln aber nach Griechenland reichen.

FRIEDHELM BODERKE

... so manche Geschichte wird nochmals erzählt

Das Totengedenkbuch im Samariterstift Neresheim

Das Totengedenkbuch hat seinen Ursprung in dem Arbeitskreis „Zu meinem Leben gehört auch Sterben", der das Jahr über verschiedene Aktionen zum Thema Abschied und Tod durchführt; zum Beispiel Meditationen und Gespräche, aber auch Besuche an Gräbern und anderes. Der Kreis ist entstanden, als wir immer mehr ältere Menschen in der Einrichtung hatten und daher auch immer wieder Todesfälle und wir uns darüber Gedanken machten, wie wir uns am besten verabschieden. Wegen der Ermordung vieler Menschen mit geistiger Behinderung durch die Nationalsozialisten gab es ja über lange Zeit kaum ältere Menschen in unseren Einrichtungen. Das ist jetzt glücklicherweise anders.

Oft ist es sehr schwierig, einen Verstorbenen noch für eine Totenwache im Zimmer zu belassen, weil wir das Zimmer aus Kostengründen schnell wieder belegen müssen. Einen Raum zum Aufbahren hatten wir im stationären Bereich nicht, und oft war es vor allem für psychisch kranke Menschen schwierig, wenn sie wussten, dass sich die Nacht hindurch eine Leiche im Haus befindet.

Nun feiern wir nach jedem Tod eine ganz persönliche Aussegnungsfeier. Danach bekommt die Wohngruppe oder bekommen diejenigen aus dem ambulant betreuten Wohnen den Auftrag, den Eintrag im Totengedenkbuch zu gestalten. Dies wird dann im Gottesdienstraum ausgelegt, um das Gedenken an die Verstorbenen zu bewahren.

Einige Gruppen gestalten den Beitrag in sehr kurzer Zeit, andere benötigen länger dafür. Das kommt ganz auf die Situation der Gruppe an. Es kommen da ganz unterschiedliche Gaben zum Ausdruck: Einer malt etwas, der andere erinnert an einen Liedvers oder äußert einen guten Wunsch für die Verstorbenen. Der Gestaltung sind keine Normen gesetzt. Daher sind die Seiten sehr unterschiedlich. Es hilft den Einzelnen und der Gruppe, dem Abschied und dem Verlust zu begegnen.

Am Freitag vor Totensonntag halten wir immer einen Gedenkgottesdienst, in dem wir dann das Buch anschauen und uns erinnern, wer im letzten Jahr verstorben ist. Dadurch werden die Erinnerungen wach und so manche Geschichte wird nochmals erzählt. Die Menschen in unserer Einrichtung wissen, dass so niemand in Vergessenheit gerät. Wir erleben es als sehr stimmig und gut und finden es inzwischen besser, als im Zimmer die Totenwache zu halten, wo dann doch viele Ängste entstehen.

Eine würdige Beerdigung

Wenn ein Mensch stirbt, der selber kein nennenswertes Vermögen hat und keine Angehörigen, die es für ihn übernehmen, wird das Begräbnis mit Mitteln des Sozialamtes auf die günstigste Weise durchgeführt. Das bedeutet eine Feuerbestattung und die Beisetzung ohne Zeremonie auf einem anonymen Urnenfeld.

Von diesem Vorgehen sind viele Menschen mit einer geistigen Behinderung betroffen. Wir sind als christliche Einrichtung davon überzeugt, dass jeder Mensch eine würdige Bestattung und ein liebevolles Angedenken verdient und dass man dies nicht aus finanziellen Gründen unterlassen darf.

Wir haben mit dem Vorstand der Samariterstiftung abgesprochen, dass wir keine anonymen (Sozial-)Begräbnisse wünschen. Der Vorstand hat einstimmig diesem Anliegen zugestimmt. Jeder Mensch mit Behinderung darf nun zu Lebzeiten schriftlich seinen Beerdigungswunsch äußern. Wir achten darauf, dass wir mit jedem Mann und jeder Frau darüber ein Gespräch führen und dass ihr Wunsch in der Akte vermerkt wird. Manchmal ergibt sich daraus auch die Chance zu einem guten Gespräch darüber, dass jeder Mensch sterben muss. Einige unserer Bewohner können auch sagen, was sie sich für ihre Bestattungsfeier wünschen, zum Beispiel Lieder.

Dieser dokumentierte Bestattungswunsch muss dann auch vom Sozialamt berücksichtigt werden. Die Kosten für ein Sozialbegräbnis werden veranschlagt und die Samariterstiftung übernimmt den Restbetrag. So muss niemand von unseren Bewohnern in ein anonymes Urnengrab, der es nicht will.

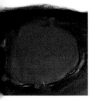

Joachim Repphun

geb. 04.03.1926
gest. 03.04.2004

Das Zimmer neben mir ist jetzt leider leer. Ich vermisse Dich.
Ich danke Dir, dass Du immer mein Freund warst.

Herbert

Schade, dass Du nicht mehr bei uns bist. *Hirsch Herbert*

Lieber Joachim,
Du bist so schnell von uns gegangen, wir wollen Dir ein ewiges Andenken bewahren.
Gott schütze Dich.
Werner

Reiten war

Deine größte

Leidenschaft!

Der Herr sprach, ich bin mit Dir, leg Deine Hände getrost in meine starke Hand,
ich geh den Weg mit bis zum Ende, mir ist ja Weg und Ziel bekannt.
Du kannst in Deiner Not mir trauen, Du sollst auf meine Erbarmen schauen.
Johann

Schade, dass Du so kurz nach Deinem 78. Geburtstag sterben musstest.

Willibald

Wir danken Dir für viele Backen, jetzt müssen wir das alles selber machen. Wir vermissen Dich.
F. Richter

Sie leiden sehen und nicht helfen können, das war für mich der größte Schmerz.
Lieber H. Repphun, ich vermisse Sie sehr.
Karin

Bei Festen und Tanzveranstaltung warst Du immer dabei. Du hast keinen Tanz ausgelassen.

Vor den Fahrten zu Freizeiten warst Du sehr aufgeregt, im Gepäck war immer genügend Toilettenpapier.
Doch dann hat Dir die Freizeit immer gut gefallen.

Der Besuch Deiner Schwester war sehr wichtig für Dich.

Der Friedhof

Der Friedhof ist für alle da,
für die, die schon gestorben sind
und die, die noch leben.

Der Friedhof ist ein Ort der
totenstillen Trauer.
Das Gebein wird zur Verwesung
gebettet.

Das Leben wird auf dem Friedhof
abgebüßt.
Nachher geht es
ab durch die Mitte.

Neben Mond und Sonnenschein
befindet sich die Himmelsmitte.
Der Friedhof ist eine
tödliche Erfindung.
Erfunden hat ihn die
Totengräbergilde.

Der Mensch wird eingebet-
tet mit Blumen, Kränzen und
Wurmgestalten.
Die Wurmgestalten nagen dem
Menschen die Körpersteifheit ab.

Georg Paulmichl

Karl Heinz Maurer: Das Kirchenfenster

Wir feiern.
Gottesdienst und andere liturgische Feiern

Gottesdienst, wie er uns gefällt!

Auf dem Weg zu einer ganzheitlichen Form des Gottesdienstes

Ein Gottesdienst, der uns gefällt, muss kein gefälliger Gottesdienst sein. Er ist eine Feier der Liebe Gottes. Gott redet zu uns durch sein Wort. Das geschieht in vielfältiger Weise. Denn das Wort ist Fleisch geworden – und bleibt kein Buchstabe. Gebet, Lesung, Lieder und Musik, die Predigt, der Kirchenraum mit Bildern, Schmuck und Architektur – durch alle Dinge können wir Gottes Wort erfahren und verstehen.

Im Gottesdienst bringen wir vor Gott, was uns bewegt – das Gute, das Schlechte, unsere Fragen, unsere Freude. Als Einzelne und als Gemeinschaft.

Zur Gemeinschaft gehören alle Menschen mit mehr und mit weniger Einschränkungen. Daher braucht es in der Regel keine Sondergottesdienste oder Sonderliturgien.

Die Chance liegt darin, ganzheitlichere Formen der Gottesdienstkultur zu entwickeln. Viele Menschen empfinden die stark intellektuelle Gestaltung unserer Gottesdienste als Engführung und sehnen sich nach anderen Formen, die auch Gefühle und Sinne ansprechen.

Das Kapitel stellt eine Auswahl verschiedener Gottesdienste und Andachtsformen vor, ohne sich dabei in Originalitätsdruck zu begeben.

Oft sind es nicht „neue" Formen, sondern Rückbesinnung auf alte Formen zum Beispiel aus der deutschen Messe. Der Einzug aller Personen, die am Gottesdienst beteiligt sind, bringt den Weg zum Ausdruck, auf dem wir gehen. Das Hereintragen der Bibel zu Beginn des Gottesdienstes lässt uns erleben, wie Gottes Wort zu uns kommt. Die Kerze, die während der Lesung des Evangeliums dem Lesenden gehalten wird, zeigt: Wir brauchen einander, um das Wort Gottes zu verstehen und in die Welt zu tragen. Noch ein Wort zur Ökumene: Es ist gerade bei unserer Zielgruppe selbstverständlich, dass alle Christen zum Gottesdienst eingeladen sind. Sie sind nicht „Zaungäste", sondern können von Herzen mitfeiern. Auch Menschen anderer Religionen sind zum Gottesdienst eingeladen und herzlich willkommen.

Nach allem Nachdenken über liturgische Formen bleibt: Das Wichtigste ist, die Gottesdienste so zu feiern, dass wir selbst Freude daran haben und uns mit unseren Lebenserfahrungen und unseren Fragen wieder finden. Dass wir sagen: „Da erlebe ich etwas von der Nähe Gottes und der Kraft der Gemeinschaft – da gehe ich gern hin!"

Ich bin das Brot des Lebens. Wer zu mir kommt, den wird nicht hungern; und wer an mich glaubt, den wird nimmermehr dürsten. Joh 6,35

Inhalt

GERHARD SCHOCH

Ein Gottesdienst zum Aufrichten

Was mir am Gottesdienst wichtig ist

Ich finde es wichtig, dass die Leute, die den Gottesdienst machen, wahrhaftig sind und mit ihrem Leben auch dahinter stehen, zu dem stehen, was sie sagen.

Aber ich möchte aus einem Gottesdienst etwas mit nach Hause nehmen, etwas, das mir durch die nächste Woche hilft. Die Predigt braucht das Gebet und umgekehrt, deswegen ist beides wichtig!

Außerdem finde ich es wichtig, dass es im Gottesdienst fröhlich zugeht und nicht immer nur trübsinnig. Da kann man sich auch mal bewegen und singen und Fahnen schwingen oder so. Das Leben ist ja so schon traurig genug. Da sollten wir uns doch im Gottesdienst aufrichten!

Die Gemeinde ist ein Körper mit verschiedenen Gliedern. Jedes Glied hat eine Aufgabe und jede ist wichtig. Um zu funktionieren, muss jedes Glied seine Aufgabe erfüllen. Und das Haupt der Gemeinde ist immer Jesus. Und nicht irgendwelche anderen Leute. Auch nicht der Pfarrer!

MATTHIAS WAGNER

Wir feiern Gottesdienst in der Gemeinde

Aspekte zu Gemeindegottesdiensten in der Haltung der Inklusion

Jesus Christus steht mit seiner Person, mit seiner Botschaft und seinem Verhalten wie kein anderer für Inklusion. Niemanden hat er weggeschickt. Zu allen ist er hingegangen, auch zu den Verachteten und Ausgestoßenen. Aller Welt gilt die Liebe Gottes. Die ganze Kreatur mit Menschen, Tieren, Pflanzen und allem Geschaffenen gehören dazu.

Warum sollte es bei der Feier eines Gottesdienstes Exklusivität geben? Die Zeiten von Kirchenzucht und Ausschluss vom Gottesdienst oder vom Abendmahl sind zum Glück vorbei. Wie aber kann ein Gottesdienst im Sinne Jesu Christi gefeiert werden?

Der Gottesdienst sollte einladend sein. Angefangen von der räumlichen Situation bis hin zum Verhalten der Haupt- und Ehrenamtlichen, die an einem Gottesdienst mitwirken.

Die Menschen, die kommen, sollten nicht beurteilt oder bewertet werden. Sätze wie „Der muss es aber nötig haben" oder „Die möchte nur ihre neuen Kleider zeigen" sind völlig unangebracht. Der Gottesdienstbesucher sollte frei von Vorurteilen und Verdächtigungen am Gottesdienst teilnehmen.

Bei der Vorbereitung auf einen Gottesdienst sollte mit der Präsenz von besonderen Menschen gerechnet werden. Wenn beispielsweise mit dem Besuch von Menschen mit geistigen oder körperlichen Handicaps gerechnet wird, hat das Auswirkungen auf Inhalt (Beispiele), Sprache (Fremdwörter) und Liturgie (Lieder und Gebete) des Gottesdienstes. Besondere Aktionen können, müssen aber nicht überlegt werden. Es kommt auf Signale der gegenseitigen Wahrnehmung an. Eventuell muss auch ein vorbereitetes Beispiel – etwa in der Predigt – verändert oder weggelassen werden.

Insgesamt soll ein inklusiver Gottesdienst nicht als Maßnahme zur Integration verstanden werden. Vielmehr ist es die ganz selbstverständliche Zusammenkunft ganz unterschiedlicher Gemeindeglieder, mit und ohne Behinderung, die gemeinsam einen Gottesdienst feiern. Dass man dabei nicht in jedem Gottesdienst in gleicher Weise alle erreichen kann, ist offensichtlich. Dafür haben alle die Freiheit, den Grad an Nähe und Intensität eines Gottesdiensterlebnisses selbst zu bestimmen. Aber niemand wird von vornherein ausgeschlossen. Ebenso wird niemand besonders hervorgehoben. Im Hören auf Gottes Wort und in der Feier der Sakramente nehmen wir die Inklusivität vorweg, für die Jesus eingestanden ist und die in Gottes Reich anfangen und vollendet werden soll.

Ziel ist es, wie Jesus in der Haltung der Inklusion zu leben und so auch die Gottesdienste zu gestalten und zu feiern.

Gelungenes Beispiel: Die Außenwohngruppe der Diakonie Stetten

Im Jahr 1997 konnte die Diakonie Stetten in Bad Cannstatt eine Außenwohngruppe in unmittelbarer Nähe zur Stephanuskirche einweihen. Schon bevor die ersten Bewohnerinnen und Bewohner einzogen, wurden der Kirchengemeinderat und die Gemeinde darüber informiert. Im Gemeindebrief und in Gottesdiensten wurde auf die neuen Nachbarn und Gemeindeglieder hingewiesen. Mehrere Sonntagsopfer wurden für den Bau der Wohneinheiten gesammelt.

Ganz selbstverständlich kamen dann die neuen Bewohner und Bewohnerinnen zum Gottesdienst. Nicht alle, aber die, die Interesse hatten. Wir begrüßten sie, sprachen mit ihnen beim Beisammensein nach dem Gottesdienst und tranken zusammen Kaffee.

Mittlerweile gehören sie ganz einfach und selbstverständlich dazu. Konfirmanden besuchen die Wohngruppe. Die Wohngruppe war zu Gast im Konfirmandenunterricht. Wir haben zusammen ein Gemeindefest gefeiert. Einzelne Bekanntschaften, Freundschaften sind entstanden.

MIRJA KÜENZLEN

Getragen von einer größeren Wahrheit

Ich kann nicht für alle dastehen – Grenzen der Authentizität

„Da trage ich meine Haut zu Markte!" Das sagte mir eine Mitarbeiterin in einem Gespräch über die Gestaltung von Andachten. Es zeigt, wie viel Persönliches mitschwingt bei der Gestaltung von Spiritualität, und es zeigt, dass das nicht immer einfach ist! Wenn ich eine Andacht gestalte oder auch nur einen Morgenkreis oder eine andere Runde, in der auch spirituelle Aspekte ihren Ort haben, zeige ich immer viel von mir und von meiner persönlichen Art und Weise.

Die Wahl des Themas, der Lieder, der Worte, die ich wähle – all das verrät viel darüber, was ich wichtig finde, was mein persönlicher Hintergrund und was mein Geschmack ist. Und die Menschen, mit denen ich die Andacht feiere, erwarten auch, dass es echt ist und stimmig mit meiner Person. Dass ich für das, was ich sage, auch einstehe. Das ist manchmal gar nicht so leicht. Kann ich denn alles, was ich da sage und bete, mit meinem Glauben vertreten? Schon im Vaterunser oder im Glaubensbekenntnis gibt es einige Dinge, die mir selber gar nicht so klar sind.

Mir hilft es sehr, wenn ich weiß, in welchem Zusammenhang und in welcher Atmosphäre ich diesen Kreis halte: Ist es ein Zusammenhang von Anerkennung und Vertrauen, der von konstruktiver Kritik geprägt ist? Oder ist es eher ein abtastender, kritisierender Geist, in dem zusammengearbeitet wird, der mich in all meinem Denken und Planen schon sehr hemmt und vorsichtig bis ängstlich sein lässt?

Peter Bukowski empfiehlt in seinem Buch zur Predigtlehre: „Es ist nicht nötig, alle Glaubensinhalte mit seiner Person abzudecken, ja es ist gar nicht möglich. Aber: „Ich muss von der Glaubwürdigkeit überzeugt sein, ... Ich muss mich als Prediger nach dem Glauben des von mir behaupteten *sehnen*." (Bukowski, Peter: Predigt wahrnehmen, S. 54)

Ich bin getragen von einer größeren Wahrheit

Gerade in Situationen, in denen ich mich unsicher fühle, durch die Situation oder auch in meinem Glauben, kann die Gestaltung mit traditionellen Inhalten und Formen der kirchlichen Struktur hilfreich sein.

- Der Bezug zum Kirchenjahr und Jahreskreis nimmt uralte, urmenschliche Bedürfnisse auf, die dann nicht meiner eigenen Wahl und Einschätzung entsprechen, sondern auf den breiten Erfahrungen vieler Menschen, vieler Generationen beruhen.
- Die Sprache von überlieferten Gebeten hat sich in vielen Jahren und manchmal sogar Jahrhunderten wie ein Edelstein entwickelt. Die Worte und Formulierungen sind über Jahrhunderte weitergetragen worden, weil Menschen sich in ihnen bergen konnten. Allein das ist schon eine Gütesiegel!
- Hilfreich kann es sein, wenn die Gestaltung von Morgenkreis oder anderem festgelegt ist: Wenn es jeden einmal betrifft, den Wochenschluss zu gestalten, wird sich automatisch ein freundlicherer Ton einstellen, weil jede/r weiß: Ich bin auch mal dran, und es ist gar nicht so einfach, immer etwas „Tolles" zu gestalten, zu formulieren. Kollegialität nimmt zu und der Originalitätsdruck kann abgebaut werden.
- Hilfreich kann es auch sein, die Gestaltung solcher Kreise auf einen Kreis von Freiwilligen/Motivierten zu verteilen, die dafür aber auch eine gewisse Freistellung erhalten sollten. Dann kann die Regelung sein: „Die Andacht ist zwar nicht mein Ding, aber ich find's gut, dass meine Kollegin das macht."

Hilfreich ist es in jedem Fall, sich in einem Netzwerk zusammenzutun, mit denjenigen, die ebenfalls in der

Gestaltung von „geistlichem Leben" engagiert sind. Der Austausch über die Arbeit und die Erfahrungen bereichert die eigene Arbeit, und die Diskussion über wichtige Fragen und Probleme bringt oft hilfreiche Impulse. Sei es in einem regelmäßigen (monatlichen) Treffen oder in einem Klausurwochenende.

Am besten ist es, man beginnt selbst damit, über Erfahrungen und Fragen zu sprechen. Das eröffnet Vertrauen und ermutigt den Kollegen, von eigenen Erfahrungen zu erzählen.

Doris Maier: Segnung der Kinder

MIRJA KÜENZLEN / REINHARD BRANDHORST

Ein Zusammenspiel verschiedenster Begabungen

Stationen der Feier des Gottesdienstes und Möglichkeiten der Beteiligung

Die Feier des Gottesdienstes kann man sich wie einen Weg vorstellen, auf dem wir gehen. Dieser Weg bringt uns nicht nur persönlich in eine innere Bewegung, sondern führt uns auch in die Gemeinschaft miteinander und in die Gemeinschaft mit Gott. Auf

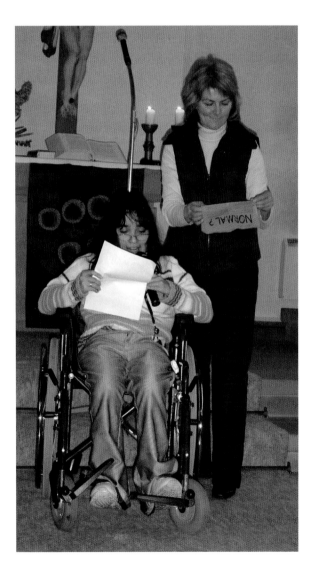

dem Weg gibt es verschiedenen Stationen, die mit ihrem Nacheinander einen geistlich-spirituellen Prozess ermöglichen. Grundsätzlich sind alle Stationen gleichberechtigt. Sie haben ihre eigene Bedeutung und ihre jeweils typische Gestaltung. Je nach Schwerpunkt der Feier kann eine der Stationen größere Gewichtung bekommen und auch auf die anderen Stationen ausstrahlen. (Oft wird dies die Verkündigungsphase sein.) Ich feiere einen Gottesdienst und eine Andacht ganz anders mit, wenn ich selbst auch eine (kleine) Aufgabe habe. Es wird dadurch noch stärker zu einer gemeinsamen Feier, wenn ich etwas beitragen kann. Daher sind im Folgenden Gestaltungsmöglichkeiten zusammengestellt, die eine einfache Beteiligung von vielen ermöglichen.

Es ist zu empfehlen, für eine konkrete Feier nur wenige Formen auszuwählen, die zu der Gruppe und dem Anlass passen. Zu viele unterschiedliche Aktionen im Gottesdienst bewirken Hektik und es wird verhindert, dass sich Ruhe und Konzentration einstellen. Auch wird man darauf achten, dass alles zusammen als ein überschaubares und stimmiges Ganzes erlebt wird. Die einzelnen Formen sollten möglichst elementar gestaltet sein, mit klaren Worten und einfachen Gesten. Es ist gut, wenn nicht immer alles neu erfunden, sondern durch Einübung und Gewöhnung auch Wiederholung möglich wird.

Eröffnung – verdichtender Charakter

- Ankommen und Einstimmen
- Glocke oder Gong
- Begrüßung
- Überreichen eines Gesangbuchs
- Anbieten eines Platzes

- Gemeinsame Gestaltung des Raumes (Tücher oder Paramente passend zum Kirchenjahr oder zum Charakter des Anlasses)
- Arrangement einer „Mitte", d.h. den Mittelpunkt im Sitzkreis gestalten, z.B. mit Blumen, Kerzen, evtl. Symbolen, die sich auf das Thema der Zusammenkunft beziehen.
- Bereitung des Altars (ggf. mit Deutung der Zeichen, z.B. Bibel (Gott Vater) / Kreuz (Jesus Christus) / Licht (Heiliger Geist)
- Anzünden einzelner Kerzen mit besonderen Aussagen
- Einbeziehung weiterer Elemente (z.B. Wasser)
- sich vorstellen, vorgestellt werden, Namen ins Buch schreiben
- Kreis bilden / Hände reichen als Zeichen der Gemeinschaft
- Atemübung
- still werden
- persönliches Gebet oder Kreuzeszeichen
- gemeinsames Gebet

Anrufung – erwartender Charakter

- Mitbringsel als Zeichen eigener Anliegen (erläuternd oder „verborgen")
- Psalm mit einfachem Text
- „Inszenierung" eines Psalms (z.B. mit Gebärden / Kehrvers)
- gesungener oder gesprochener Kehrvers aller
- wiederkehrender Gesang, z.B. einer Form des Gloria („Ehr sei dem Vater", Gloria aus Taizé)
- stilles Gebet – evtl. beginnen oder abschließen mit einer Klangschale

Verkündigung – dialogischer Charakter

- Vortragen / Hereintragen der Bibel (dorthin, wo gelesen wird)
- „Halten" einer großen Bibel
- Licht entzünden zum Vorlesen der Bibel
- gemeinsames Lesen (z.B. durch verschiedene Personen)
- Nachspielen biblischer Szenen
- bildnerisches Gestalten (Malen, Töpfern)
- Zeigen und gemeinsames Betrachten von Bildern
- Betrachten von Symbolen

Antwort – zustimmender, annehmender Charakter

- gemeinsames Bekenntnis sprechen oder singen
- gemeinsames „Tönen"
- Dank verbinden mit einer Geste, einem Zeichen, einer Blume, dem Anzünden eines Lichts
- Vorbringen von Klage und Ablegen mit einem Stein
- Kerze zum Gedenken an bestimmte Leute
- Fürbitten von Einzelnen gesprochen (formuliert?)
- Namen in einem Korb sammeln und vortragen / auf den Altar stellen

Abendmahl – nachvollziehender Charakter

- Bereitung mit farbigen Tüchern, Brotkorb und Kelch
- entfaltete Gabenbereitung, indem ein Gedanke oder kurzer Text zu Brot und Wein geäußert wird.
- Abendmahlsworte mit Deutung auf die Gaben
- Abendmahlsgaben einander austeilen und weiterreichen
- Friedensgeste (Hand reichen) oder Friedensgruß (vor oder nach der Austeilung)

Sendung – öffnender Charakter

- Gong als Signal
- Mitbringsel (s.o.) zurücknehmen (still oder erläuternd)
- Feststehender Gesang
- Einfacher Tanz zum Ausgang
- Etwas mitgeben
- Segen; Segensgeste 1: Linke nach oben geöffnet, Rechte nach unten geöffnet; Segensgeste 2: Kreuz; Segensgeste 3: Kreis bilden, Hände reichen; eventuell Segen einzeln zusprechen
- Musik zum Ausgang
- Verabschiedung
- Weiterführung in „lockerer Runde" (z.B. mit „Kirch-Kaffee")

Wir feiern gemeinsam!

Oft ist es hilfreich, wenn eine Person die Leitung der Feier übernimmt, dadurch vermittelt sich Sicherheit.

Die Gestaltung der Feier und der einzelnen Stationen aber bietet viele Möglichkeiten der Beteiligung. So ist es schön, wenn die Feier im Zusammenspiel verschiedener Menschen gehalten wird. Dadurch wird deutlich, dass wir als Gottes Gemeinde zusammengehören, in der es viele unterschiedliche Begabungen gibt. Es gibt jemanden, der gut lesen, jemanden, der gut Flöte spielen, und vielleicht jemanden, der gut erzählen kann. Es müssen aber nicht nur herausgehobene Fähigkeiten sein oder solche, die wir gewohnt sind, als besondere Begabungen anzuerkennen. Jeder und jede hat etwas einzubringen. Vor allem ist es eine wichtige Gabe, zuhören und aufnehmen zu können. Der Grundsatz ist: Nicht jede und jeder *muss* äußerlich aktiv sein, aber nach Möglichkeit *darf* sie es!

Wer macht was?

Einige Dinge können regelmäßig von der gleichen Person übernommen werden, die daran besondere Freude hat. Oder die Aufgabe wird im Wechsel von unterschiedlichen Personen übernommen. Vieles geht ohne große Vorbereitung oder Einübung, anderes sollte vor der Feier vorbereitet oder geübt werden, wie das Formulieren eines Gebetes oder das Lesen eines Textes oder das Spiel einer Geschichte.

Wie kommt es zu einer möglichst klaren Verständigung?

Wenn Sie allein vor die Aufgabe gestellt sind oder mit einem Team eine Andacht vorbereiten wollen, nehmen Sie sich Zeit für ein paar grundlegende Fragen:
- Was ist mir das Wichtigste in diesem Gottesdienst?
- Worauf freue ich mich, wenn ich in den Gottesdienst gehe?
- Was sind meine Befürchtungen, bei welchem Teil bin ich wenig innerlich beteiligt, was ist mir eher unlieb?

In der nonverbalen Kommunikation, also im Klang der Stimme, der Körpersprache und der Mimik teilt sich mit, was Sie als Grundhaltung mitbringen. Um zu einer möglichst klaren Verständigung zu kommen, hilft es, sich die eigene Position bewusst zu machen. Frei nach dem Motto: Du kannst (fast) alles tun, aber mach dir bewusst, was du tust!

HARTMUT SEITZ-BAY

Kirche für die Schwachen oder mit den Schwachen?

Integrativer Gottesdienst zum Thema „Leben im Ort"

Leben im Ort für Menschen mit einer geistigen Behinderung heißt auch Leben in der Gemeinde; Teil der Gesellschaft zu sein heißt auch, Teil der Kirche zu sein. Doch so wenig selbstverständlich es noch ist, dass Menschen mit einer geistigen Behinderung selbstverständlicher Teil der Gesellschaft sind, so wenig selbstverständlich und selten ist es, dass sie Teil der kirchlichen Gemeinde sind.

Seit einigen Jahren bemühen wir uns, ein- bis zweimal jährlich einen integrativen Gottesdienst nicht für, sondern gemeinsam mit Menschen mit einer geistigen Behinderung zu feiern. Dies tun wir aber weder deshalb, weil die Menschen mit Behinderung dies von uns fordern, noch deshalb, weil ein großer Teil der Gemeinde dies gern möchte. Wir tun dies deshalb, weil der Vorsitzende des Kirchengemeinderats gleichzeitig Leiter einer ambulanten diakonischen Einrichtung der Behindertenhilfe ist und weil der Pfarrer und der Kirchengemeinderat es unterstützen, dass Diakonie, und in diesem Fall die Behindertenhilfe, einen Platz in der Kirche findet.

Dies beschreibt die Situation, aus der solche Gottesdienste entstehen: Man braucht Personen, die sie initiieren. Sie stellen keine Selbstverständ-

lichkeit im kirchlichen Leben dar. Deshalb sind es auch integrative Gottesdienste; Ziel muss es sein, inklusive Gottesdienste zu feiern, inklusive Kirche und Gemeinde zu sein.

Integrativ bedeutet laut Professor Lob-Hüdepohl, Rektor der Katholischen Fachhochschule für Sozialwesen in Berlin, „... die Einbeziehung eines Außenstehenden, das zu einem neuen Ganzen verschmilzt und damit seine ursprüngliche Eigenheit verliert." Inklusiv dagegen bedeutet „... das Einschließen eines Anderen, Fremden, in ein größeres Ganzes unter Beibehaltung seiner Eigenheit und Neuordnung seiner Wechselbeziehung ..."

Ich möchte dies ganz und gar nicht schlecht reden. Es bedarf solcher Aktivitäten, um Begegnung zu schaffen, um Veränderungen anzustoßen. Die Frage ist: „Kann es gelingen, dass Kirche und Gemeinde sich wirklich öffnen, um Menschen mit Behinderung einen selbstverständlichen Zugang zu bieten, und sich damit als inklusive Kirche zu zeigen – im Übrigen nicht nur gegenüber Menschen mit Behinderung, sondern auch gegenüber Menschen, die aus ganz anderen Gründen nicht ins Gemeindeleben passen? Wenn dies gelingt, und dafür braucht es sehr viel Starthilfe, dann zeigt sich dies daran, dass integrative Bemühungen irgendwann nicht mehr nötig sein werden, weil es selbstverständlich ist, dass Menschen mit Behinderung in der Gemeinde leben, am Gemeindeleben, nicht nur am Gottesdienst, teilnehmen, Teil des Ganzen sind, unter Beibehaltung ihrer vielleicht auch anstrengenden Eigenheit.

„Gott, ich bitte dich. Lass mich noch lange selbstständig in meiner schönen Wohnung leben. Hier fühle ich mich wohl. Hier kann ich meine Musik aufnehmen und leben, wie ich will. Hier unter all den Nachbarn und Bekannten möchte ich alt werden, ohne in ein Heim gehen zu müssen."

Diese Fürbitte eines Menschen mit einer geistigen Behinderung, selbst formuliert und vorgetragen beim letzten Gottesdienst, verdeutlicht sehr schön und in authentischen Worten, was ihm wichtig ist.

Nicht für uns, sondern mit uns

Dies war und ist das Motto der integrativen Gottesdienste. Menschen ohne Behinderung sollen dabei Menschen mit Behinderung erleben. Nicht *über* sie hören, sondern *von* ihnen hören. Wir binden die Be-

sucher mit Behinderung in den Gottesdienstablauf stets mit ein. Sie lesen – sofern sie dies können – Texte, sie spielen einen Sketch, in dem sie einen Teil ihres Lebens, ihrer Abhängigkeit von anderen darstellen, sie formulieren Fürbitten und tragen diese vor. Langsam, teilweise schwer zu verstehen, stotternd, nuschelnd, selbstbewusst, authentisch – und meistens sind die nicht-behinderten Besucher von diesen Beiträgen beeindruckt, fasziniert und teilweise auch betroffen.

Die Menschen mit Behinderung zeigen, was sie können, auch wenn es nicht perfekt ist. Ein kleiner Chor, bestehend aus Menschen mit Behinderung, singt, und die Musikgruppe, Menschen mit und ohne Behinderung, begleitet die Lieder, die im Gottesdienst gesungen werden.

Vielleicht sind es gerade dieses Nicht-Perfekte, diese Brüche, dieses Verlassen der gewohnten Gottesdienstordnungen, die diese Gottesdienste zu etwas Besonderem machen, neben der Tatsache natürlich, dass schon ihre Seltenheit und ihre Protagonisten eine Besonderheit am Sonntagmorgen darstellen.

„Gott, uns wird oft gesagt, dass wir dieses oder jenes nicht können. Sende uns weiterhin Menschen an unsere Seite, die uns etwas zutrauen und die uns helfen."

Vom Geben und vom Nehmen

Tragfähige Beziehungen entstehen dort, wo im menschlichen Miteinander Geben und Nehmen im gesunden Verhältnis stehen. Viel zu oft denken die nicht-behinderten Menschen ans Geben, wenn es darum geht, was man Menschen mit Behinderung Gutes tun kann. Unsere Erfahrung ist aber auch die, dass Menschen mit Behinderung gern geben. Dass man ihnen zutrauen kann, etwas zu tun, etwas zu gestalten, sei es bei einem Gottesdienst oder auch bei einer Gemeindeveranstaltung. Mit unglaublich viel Freude und Engagement verkaufen Menschen mit Behinderung bei den Festen Getränke oder Essen, schenken Kaffee aus oder verteilen Kuchen. Dieses gemeinsame Tun ist oft viel wichtiger und im Sinne einer gleichberechtigten Teilhabe gewinnbringender als ein einseitiges Geben.

„Gott wir bitten dich: Sei bei uns und unterstütze uns, sorge für uns und lass uns teilnehmen am Leben in der Gemeinde, auch wenn wir anders sind als die meisten."

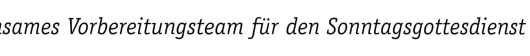

LEIF ARNE ØKLAND

Werkstatt Gottesdienst

Gemeinsames Vorbereitungsteam für den Sonntagsgottesdienst

Mit Menschen mit Behinderung redet man oft erst dann, wenn man ein wenig Erfahrung hat und selbstsicherer geworden ist. Aber etwas gemeinsam zu *tun* ist etwas ganz anderes. Es ist bei weitem „ungefährlicher" und trägt dazu bei, Unsicherheiten abzubauen. Man ist darauf fokussiert, etwas zu machen, und plötzlich hat man etwas, worüber man redet – oder man kommuniziert mit denjenigen ohne Wortsprache.

Aus einem Werkstattgottesdienst kann man viel oder wenig machen – je nachdem. Es ist im Grunde nichts anderes als eine Probe für den kommenden Gottesdienst. Man sucht einen geeigneten Zeitpunkt – an einem Abend in der Woche vor dem Sonntagsgottesdienst oder am Samstagnachmittag. Zur Werkstatt sind mindestens Pfarrer, Organist und am besten auch der Küster dabei – und Gemeindeglieder mit und ohne Behinderungen. Wichtig ist ein guter Kontakt zum Personal der Wohnheime [der Teilnehmer mit Behinderung]. Sie müssen verstehen, dass die Werkstatt wichtig ist, und den Bewohnern vermitteln, was wann geschehen wird, und dafür sorgen, dass diejenigen, die es wünschen, dahin kommen, wohin sie wollen.

Integrative Arbeitsgruppen

Dies ist eine hervorragende Möglichkeit, Integration in die Praxis umzusetzen: Man übt gemeinsam eine Aufgabe, ist so vorbereitet für den Gottesdienst und macht dort dann dasselbe noch einmal. Ich habe gute Erfahrungen damit gemacht, Gruppen zu bilden, die verschiedene Aufgaben im Gottesdienst übernehmen:

Man bildet z. B. eine *praktische Gruppe:* Diese Gruppe kann mit Absprache und Hilfe des Küsters die Kirche schmücken und Blumen oder Gegenstände

aus der Natur besorgen, die das Thema des aktuellen Sonntags illustrieren. Einige können mit dem Küster üben, am Eingang Gottesdienstbesucher willkommen zu heißen, Programmblatt und Gesangbuch zu verteilen, und man kann üben, die Kollekte einzusammeln usw.

Auch eine *Liturgiegruppe* zu bilden kann sinnvoll sein. Diese Gruppe hat z. B. die Verantwortung für das Fürbittengebet im Gottesdienst. Gemeinsam lassen sich einfache Gebete formulieren, die von denjenigen mit Behinderung gelesen werden, eine schöne Möglichkeit, sich einzubringen. Nach jeder Fürbitte wird eine Kerze angezündet. Wenn das Licht brennt, singt die Gemeinde eine kleine Gebetszeile. Dann kommt die nächste Fürbitte, eine Kerze wird angezündet, die Gemeinde antwortet usw. Es ist ein

sehr schönes Erlebnis, dass alle in der Kirche still sind, während das Licht angezündet wird. Jemand mit Behinderung kann gerne eine solche Aufgabe übernehmen, gegebenenfalls mit ein wenig Hilfe beim Anzünden. Dafür braucht er vielleicht etwas Zeit, aber diese Zeit schafft auch Raum für Reflexion und Gedanken. Einige aus der Liturgiegruppe können auch gut dafür üben, sich als Taufhelfer einzubringen, zum Beispiel der- oder diejenige zu sein, der/die das Taufwasser einschenkt oder den Eltern die Kerze überreicht. Hier gibt es viele Möglichkeiten, aber man muss zuerst alles proben. In der Birkelandkirche in Bergen gibt es jetzt eine Dame mit Behinderung, die Abendmahlshelferin ist. Dafür wurde viel geübt. Es war beeindruckend zu hören, wie großzügig sie den Wein ausgab [in Norwegen ist der Einzelkelch üblich, Anm. d. Übers.] – die dabei waren, bekamen verdeutlicht, was Gnade ist, etwas, das reichlich fließt und aus Liebe geschenkt wird ... Die Liturgiegruppe – oder eigentlich alle zusammen – können die Eingangsprozession üben und den Altar decken ...

Eine *Dramagruppe* kann ein einfaches Anspiel zum Predigttext vorbereiten. Der Phantasie sind hier keine Grenzen gesetzt ...

Auch andere Gruppen kann man bilden. Wenn es nach dem Gottesdienst „Kirchkaffee" geben soll, kann eine Gruppe diesen vorbereiten, oder einige Teilnehmer werden schlicht und einfach gebeten, mitzuhelfen ...

Und alle können natürlich einige Lieder des Gottesdienstes proben ...

(Übersetzt von Heide Thorsen)

IRMGARD STROM

Segnungsgottesdienst

Gottesdienst auch für Menschen mit schweren Beeinträchtigungen

Dieser Gottesdienst wird in der Schlosskapelle der Diakonie Stetten jeden Donnerstag gefeiert. Er hat diese Form seit über 20 Jahren. Gerade in den letzten Jahren ist die Besucherzahl (wieder) stark angestiegen. Klienten aus den verschiedensten Fördergruppen der Einrichtung und Mitarbeiter (Klienten und Assistenten) feiern miteinander Gottesdienst.

In dieser Form kann auf die besonderen Bedürfnisse der Menschen mit starken Beeinträchtigungen individuell eingegangen werden. Durch die begleitenden Mitarbeiter werden die Gottesdienste aber auch zu einer Art von „interner Inklusion"!

Das Leitthema: Psalm 23

Mitarbeiter der heilpädagogischen Förderung und aus Wohngruppen wechseln sich bei der Vorbereitung des

Gottesdienstes im Team ab. Zu diesem Gottesdienst am Donnerstag sind alle willkommen, wie schwer die Behinderung auch sein mag. Wir möchten mit allen Sinnen spürbar machen, dass jeder Mensch von Gott geliebt und angenommen ist. Dazu unterbrechen wir die Unruhe des Alltags und nehmen uns Zeit, um zur Ruhe zu kommen, und Zeit, um anderen zu begegnen. Wir öffnen uns Gottes Zuspruch und vertrauen auf seine Kraft. Eine einfache Liturgie mit vertrauten Liedern, das gesungene Glaubensbekenntnis, der gemeinsam gesprochene Psalm 23, die Segnung, das Vaterunser vermitteln Vertrauen in die Nähe Gottes. Die Themen der Gottesdienste sind immer einzelne Verse aus Psalm 23, nur unterbrochen von Themen des Kirchenjahres, die aufgenommen werden. Ansonsten gehen wir immer den Psalm 23 entlang, Woche für Woche je nur ein Vers. Durch diese Reduzierung und Wiederholung kann sich Tiefe und Vertrautheit mit den Inhalten und Bildern des Psalms einstellen. Symbole auf basaler Ebene sollen jeden individuell ansprechen, anrühren und ihr/ihm in seiner ganzen Persönlichkeit Gottes Liebe vermitteln.

Der Ablauf des Gottesdienstes

Die Glocken der Schlosskapelle läuten zum Gottesdienst.

Um 10.15 Uhr öffnet der für den Gottesdienst verantwortliche Mitarbeiter die Tür der Kapelle und zündet die Kerzen an. Leise Musik entweder von der Orgel oder von einer CD soll zur Ruhe und Entspannung anregen. Nach und nach treffen die Besucher ein und nehmen Platz. Dabei achten die Mitarbeiterinnen und Mitarbeiter darauf, wer am besten neben wem sitzt, und/oder wer die besondere Nähe und Assistenz eines Mitarbeiters benötigt.

Die letzten Besucher nehmen ihre Plätze ein. Wir sitzen in einem Halbkreis um den Altar. Es sind Menschen mit schweren geistigen oder mehrfachen Behinderungen. Viele sitzen im Rollstuhl. Manche beobachten alles aufmerksam, hören dem Glockengeläut zu, andere wiederum sind unruhig, lautieren oder wirken ganz zurückgezogen.

Vor dem Altar steht ein kleiner runder Tisch, gedeckt in den liturgischen Farben des Kirchenjahres und passend zu den Paramenten des Altars. Auf dem Tisch stehen Blumenschmuck und eine brennende Kerze. Der Tisch steht in Augenhöhe und ist damit besser im Blickfeld als der zurückliegende Altar, auf dem ebenfalls zwei Kerzen brennen. Gesangbücher und Liturgieblätter für den Gottesdienst liegen bereit.

Der Gottesdienst verläuft wie folgt:
- Begrüßung
- Votum: Im Namen Gottes des Vaters ...
- Eingangslied: Gott ist gegenwärtig
- Danach folgt ein kurzes Gebet
- Gemeinsam singen wir das Glaubensbekenntnis
- Gemeinsam sprechen: Psalm 23
- Auslegung: Bei jedem Gottesdienst wird ein Vers betrachtet und ausgelegt
- Gemeinsames Lied, passend zur Auslegung
- Segensteil: Jede und jeder wird einzeln gesegnet. Damit der Segen Gottes für jede und jeden spürbar wird, sprechen wir je einzeln ein Segenswort zu.
- Bei ca. 20 Besuchern wird jeder Einzelne zum Altar gefahren. Wir nennen den jeweiligen Namen und singen dann „Jesus hat den Martin lieb. Halleluja!" Als Symbol des Lichtes zeigen wir dabei jedem die brennende Kerze und segnen ihn oder sie unter Handauflegen. Bei einer größeren Gruppe teilen wir diese in mehrere Kleingruppen auf. Es ist uns wichtig, dass jeder seinen Namen hört und dadurch erkennen kann, dass sie oder er gemeint ist. Am Ende des Segnungsteils singen wir „Jesus hat uns alle lieb. Halleluja!"
- Es folgt ein kurzes Gebet
- Schlusslied: Gott ist gegenwärtig
- Vaterunser – gemeinsam gesprochen, dabei fassen wir uns an den Händen
- Schlusssegen
- Musik

Mit der Verabschiedung und der Schlussmusik endet der Gottesdienst. Viele verlassen den Gottesdienst mit strahlenden Augen und einer inneren Ruhe.

> *Gutes und Barmherzigkeit*
> *werden mir folgen,*
> *mein Leben lang.*
> *Und ich werde bleiben im*
> *Hause des Herrn immerdar.*
> *Ps 23,6*

REGINE MEYER

Es geht um den einzigartigen Menschen

Gottesdienste mit Menschen mit schweren Beeinträchtigungen

Frau R. ist schwermehrfachbehindert, auf den Rollstuhl angewiesen. Sie kann sich nicht verbal äußern und muss sich durch Mimik und Gestik verständlich machen.

Oftmals wird von den betreuenden Personen in Frage gestellt, ob eine Teilnahme von Menschen mit Schwermehrfachbehinderung an einem Gottesdienst sinnvoll ist.
- Kann Frau R. die Worte verstehen?
- Kann sie dem Inhalt folgen?
- Warum sollen Menschen mit Schwermehrfachbehinderung überhaupt am Gottesdienst teilnehmen?

Menschen mit Schwermehrfachbehinderung haben den gleichen Erfahrungshunger wie Menschen ohne Behinderung.

In meiner Arbeit wird mir immer deutlicher, dass es nicht primär um den behinderten Menschen geht, die Behinderung also das Bestimmende, alles Überschattende ist. Es geht um einen jeweils eigenen, einzigartigen und meist großartigen Menschen. Wenn ich ihn würdige und seine Fähigkeiten und

Bedürfnisse erspüre, insbesondere auf die oft besonderen Bedürfnisse auf dem Weg des Aneignens und Erfahrens, dann kann ich ihm auch begegnen, unbehindert begegnen. Das Menschsein wird das Verbindende, die Behinderung nachrangig.

Frau R. ist während des Gottesdienstes ganz entspannt, ihre Augen strahlen und ihr Blick wirkt zufrieden. Auf die Texte und Lieder reagiert sie mit Bewegungen ihrer Finger und Arme.

Insgesamt macht Frau R. einen zufriedenen Eindruck. „Körper und Sinne" – so muss das Motto der Seelsorge für Menschen mit Schwermehrfachbehinderung lauten. Mit unserem Körper und mit unseren Sinnen wollen wir Gott erfahren und ihm begegnen können.

Dabei muss nicht der ganze Gottesdienst auf Frau R. ausgerichtet sein, sie genießt es auch, einfach dabei zu sein und die feierliche Stimmung mitzubekommen. Auch wenn sie den Wortteil nicht versteht.

Und das Tönen der Orgel spürt sie ganz bestimmt. Das kann gar nicht laut genug sein!

HANS HEPPENHEIMER

„Berührt werden durch Christus"

Salbungsgottesdienst in Mariaberg

„Ist jemand unter euch krank, so gehe er zu den Ältesten der Gemeinde, dass sie über ihm beten und ihn salben im Namen des Herrn." Jak 5,14

Die Krankensalbung ist im Grunde ein geistliches „Berührungsritual". In der evangelischen Kirche ist sie jedoch weitergehend verschwunden. Nur wenige

Gemeinden praktizieren diese Überlieferung. Nach altkirchlichem Verständnis ist das Öl ein Symbol für Christus. Also: „Berührt werden durch Christus". Auch dem Kranksein liegt sicher ein anderes Verständnis zugrunde, als wir es in der heutigen Zeit haben. „Ist jemand unter euch bedürftig ..." ist

sicher eine treffendere und angemessenere Formulierung.

Der Schweizer Theologe Hollenweger, der in der Ökumene sehr bewandert ist, hat sich seit seiner Emeritierung auf vielen Konventen und in vielen Gemeinden für dieses Ritual stark gemacht. Nach der von ihm weitergetragenen Überlieferung wird die Krankensalbung von drei Frauen durchgeführt, wobei die zu salbende Person auf einem Stuhl sitzt, je eine Frau links und rechts legt ihr sacht eine Hand auf das Schulterblatt, die dritte Frau berührt von vorne mit einem Tropfen Salböl die Stirn und die Handflächen und spricht dabei ein Bibel- oder Segenswort.

Kaum Berührungsängste

Seit mehreren Jahren wird dieser Ritus in der Weise in Mariaberg gefeiert, dass die Gemeinde nach Eingangsliturgie und Predigt gemeinsam in den Kreuzgang zieht. Dabei wird das Lied „Laudate omnes gentes" oder „Meine Hoffnung und meine Freude" fortlaufend gesungen.

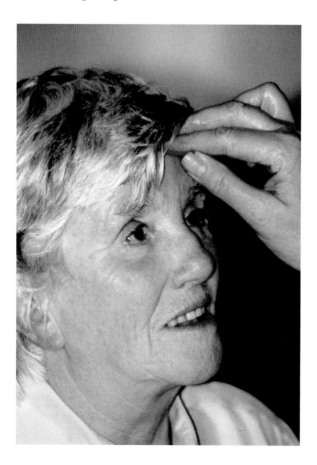

Im Kreuzgang sind in Seitennischen zwei oder drei Salbstationen aufgebaut, und wer möchte, kann sich dort salben lassen.

Es ist ein Gottesdienst, der von der Bewegung lebt, denn zum Salben muss man sich oft innerlich „auf den Weg machen". An den Salbstationen sollte kein Schlangestehen sein, sondern die Gemeinde zieht so lange singend durch den Kreuzgang, bis alle, die möchten, gesalbt worden sind.

Menschen, die sich salben lassen, werden davon oft innerlich berührt. Das gemeinsame Singen und die Bewegung können dabei eine wichtige Hilfe sein, eine solch „intime" Situation im Gottesdienst und in der Gemeinschaft zu tragen.

Dieser Gottesdienst wird in der Mariaberger Klosterkirche zweimal jährlich, in der Passionszeit und zum Ende des Kirchenjahres, jeweils am Samstagabend gefeiert. Der Kreuzgang ist dann nur mit Kerzen beleuchtet und geschmückt.

Nach den Salbungen zieht die Gemeinde wieder in die Kirche und beschließt den Gottesdienst mit einem gemeinsamen Agapemahl.

Berührt werden ist oft verbunden mit Berührungsängsten. Beim Salbungsgottesdienst in Mariaberg ist auffallend, dass Menschen mit geistiger Behinderung hier kaum Berührungsängste haben. Sie können sich leicht darauf einlassen und „genießen" dieses Ritual. Man spürt, dass es ihnen einfach gut tut. Es wird etwas davon spürbar, dass Glaube identisch gelebt wird.

Viele fragen danach: „Wann ist das nächste Mal wieder Salbungsgottesdienst?"

MIRJA KÜENZLEN

Thomasmesse

Ein Gottesdienst für Zweifler und andere gute Christen

Die Thomasmesse ist ein Abendgottesdienst, der Kopf, Herz und alle Sinne anspricht. Sie bietet je nach Bedürfnis Anonymität und Distanz oder Nähe und Berührung.

Das Besondere des Gottesdienstes ist die 20-minütige offene Phase. Dabei können die Besucher in der Kirche umhergehen, Kerzen anzünden, Taizélieder singen, ihre Anliegen aufschreiben und an eine Gebetswand pinnen, damit sie im Fürbittegebet vor Gott gebracht werden. Sich segnen oder salben lassen, ein seelsorgerliches Gespräch führen, eine diakonische Einrichtung kennenlernen oder erst einmal alles beobachtend auf sich wirken lassen – für all das gibt es Raum in der Thomasmesse. Jeder Gottesdienst endet mit einer Abendmahlsfeier.

Dieser Gottesdienst tut vielen Menschen gut. Er stammt ursprünglich aus Helsinki, wo er in einer großen Kirche jeden Sonntag mit vielen hundert Menschen gefeiert wird. Inzwischen gibt es auch in vielen Städten in Deutschland Thomasmessen. Über die Homepage www.thomasmesse.org können Sie sich informieren und Kontakt aufnehmen zu einem Team in der Nähe.

„Pate" für diese Gottesdienstform ist Thomas, der Zweifler unter den Jüngern Jesu. Schon diese Namensgebung deutet an, dass Suchende und Fragende willkommen sind. Durch das Zusammenbringen von urchristlichen und modernen Elementen will die Thomasmesse den traditionellen Formen mehr Erlebnischarakter verleihen. Sie lebt von dem Zusammenwirken von Gottesdienstbesuchern und Vorbereitungskreis. Der Vorbereitungskreis ist offen für alle, die eine Thomasmesse mitgestalten wollen.

Ablauf und Form des Gottesdienstes

Der Gottesdienst beginnt mit dem Einzug des Gottesdienstteams, das sich aus Menschen verschiedenen Alters und (Bildungs-)Hintergrunds und aus verschiedenen Konfessionen zusammensetzt. Das Team versammelt sich gemeinsam im Altarraum, und eine/r hält die Begrüßung, die meist schon auf das Thema abgestimmt ist. Es folgen Gebet und Lied. Danach wird das Thema des Gottesdienstes eingeführt, entweder durch ein Anspiel oder eine Sprechmotette oder eine Pantomime. Die Ansprache/Predigt wird von unterschiedlichen Personen übernommen. In der Tradition der Thomasmesse sind da besonders auch nicht-studierte oder -ordinierte Personen gefragt, die aus dem Blickwinkel einer anderen Erfahrungs- und Ausbildungswelt ein Thema im Licht des Glaubens betrachten und befragen. Nach einem weiteren Lied kommt die „offene Phase", in der jede/r der Gottesdienst Feiernden je nach Bedürfnis an einem der unterschiedlichen Angebote teilnehmen kann.

Es gibt folgende Stationen, die jeweils von einer oder mehreren Personen aus dem Team betreut werden.

- Man kann eine Kerze anzünden.
- Man kann Stille halten, beten, meditieren – wer möchte, kann sein Gebet an einer Gebetswand anpinnen oder es einem Mitarbeiter aus dem Vorbereitungskreis geben, der es später in das gemeinsame Fürbittegebet aufnimmt.
- Man kann gesegnet oder gesalbt werden. Ein Team bietet eine Einzelsegnung oder die Salbung der Hände mit einem Öl an. Zwei Personen stehen dafür an den Stationen bereit. Je nach Wunsch kann eine kurze Verständigung darüber stattfinden, ob es einen besonderes Anliegen gibt, das in die Segnung oder Salbung aufgenommen werden soll, oder ob es einfach so geschieht.
- Man kann gemeinsam singen – Taizé-Lieder oder andere, die dem Team bekannt sind und die gefallen.
- Man kann sich an einer Station über ein diakonisches Projekt (der Gemeinde, der weltweiten Kirche) informieren, das mit dem Thema in Verbindung steht.
- Man kann mit einem (einer) Seelsorger(in) ein Gespräch führen.

Zum Ende der „offenen Phase" versammeln sich wieder alle im Kirchenschiff und singen gemeinsam.

Danach folgt der Abendmahlsteil. Das Abendmahl wird in einem großen Kreis gefeiert, der den ganzen Kirchenraum umschließt. Es wird mit Brot und Traubensaft gefeiert in der Form der *Intiktio*. Diese Form bietet den meisten Menschen eine Teilnahmemöglichkeit. Die Katholiken haben bei dieser Form die Möglichkeit, auch nur die Hostie zu nehmen.

Vorbereitung und Durchführung

Die Thomasmesse braucht einen größeren Vorbereitungskreis, denn es gibt im Vorfeld einiges vorzubereiten. Dies geschieht zum Teil im Gesamtteam oder in Untergruppen:

- Absprache über Themen: Was interessiert, wen soll man als Prediger(in) einladen?
- Vorbereitung der „Einführung in das Thema",
- Kontakt zu diakonischem Projekt, Aufbau von Informationen (kann auch entfallen, wenn es dem Thema nicht entspricht oder der Aufwand zu groß ist),
- Raumgestaltung: Direkt vor dem Gottesdienst gilt es den Raum zu schmücken und die verschiedenen Stationen der offenen Phasen herzurichten.

Es ist ganz unterschiedlich, in welcher Ausprägung die Thomasmesse gefeiert wird. Es liegt an der Zusammensetzung des Vorbereitungskreises und den räumlichen Gegebenheiten. Damit die verschiedenen Stationen realisiert werden, braucht es Menschen, die sich einbringen, und es braucht einen geeigneten Kirchenraum, der für die verschiedenen Stationen je eine Nische oder einen Platz zur Verfügung hält. Vielleicht lässt sich nicht alles realisieren. Aber lassen Sie sich von den Möglichkeiten überraschen! Es lohnt sich!

„Ich bin jetzt schon ein paar Mal dabei gewesen und finde es richtig gut. Das nächste Mal will ich auch einen Freund aus dem Wohnheim mitnehmen. Mir gefällt die Stimmung und dass man Kerzen anzünden kann. Die Gemeinschaft ist auch viel besser als sonst in der Kirche." (Karsten)

MIRJA KÜENZLEN

Andacht

Eine kleine schöne Form

Wo zwei oder drei in meinem Namen versammelt sind, da bin ich mitten unter ihnen.

Sie sind nur eine kleine Gruppe, zum Beispiel im Wohnheim? Sie haben einfach das Bedürfnis, zusammenzukommen und gemeinsam zu singen und vor Gott zu bringen, was im Leben gerade wichtig ist? Oder einfach zur Ruhe zu kommen und den Alltag für einen kleinen Moment zu unterbrechen?

Dann ist die Andacht genau das richtige für Sie!

- Eine Andacht ist einfach vorzubereiten und durchzuführen.
- Sie bietet viele Möglichkeiten zur Beteiligung der Feiernden.
- Sie bietet Raum auch für Menschen, die in der Sprache des Glaubens auf der Suche sind.

Der Name Andacht ist Ihnen irgendwie zu altmodisch? Dann nennen Sie es halt anders, zum Beispiel Abendkreis.

Übrigens: eine Andacht kann jede/r halten, dafür braucht man keine Ausbildung oder Weihe. Versuchen Sie es doch einfach mal!

Anlass für eine Andacht kann sein:
- ein besonderes Thema, dass Sie gerade beschäftigt,
- ein regelmäßiger Termin, zum Beispiel zum Wochenanfang oder -ende,
- eine besondere Zeit im Kirchenjahr: Advent oder Passion, Jahresende oder Frühling.

Verschiedene Gestaltungsmöglichkeiten:

- Bildandachten: Wenn Sie an Kunst interessiert sind, beschäftigen Sie sich mit Bildern und erkunden Sie diese in der Andacht gemeinsam. Von Rembrandt bis Picasso gibt es viele Bilder. Auch in unserem Buch finden Sie viele Bilder von Künstlern, die sich für eine Bildandacht eignen.
- Liedandachten: Die Lieder des Gesangbuches oder auch neue Lieder sind voll von spirituellen Erfahrungen. Es ist ein interessantes Feld, verschiedenen Liedern zuzuhören und nachzuspüren: Bachchoral oder Queen, Paul Gerhard oder Metallica – ein Anlass allemal!
- Taizé-Andachten: Wenn Sie schon einmal in Taizé waren, dann bringen Sie einen großen Schatz an Liedern mit. Teilen Sie ihn mit anderen! Wenn Sie noch nicht dort waren – die Lieder lassen sich schnell lernen, es gibt gute CDs mit den Taizé-Liedern.
- Andachtsreihe zu biblischen Geschichten: Die Vorbereitung fällt leichter, wenn nicht jedes Mal ein neuer Anlauf gemacht werden muss, sondern ein thematischer Faden durch die Gestaltung führt. Viele Texte der Bibel eignen sich dafür, über einen längeren Zeitraum behandelt zu werden: das Vaterunser oder die Zehn Gebote, die Erzählkreise des Alten Testaments oder die „Ich bin"-Worte Jesu.
- Oder einfach klassisch: Nehmen Sie das Losungswort des Tages oder der Woche (Die täglichen Losungen und Lehrtexte der Brüdergemeine, hrsg. v. d. Evangelischen Brüder-Unität, Herrnhut und Bad Boll, im Reinhardt Verlag, Lörrach/Basel, oder im Internet unter http://www.losungen.de/). Es ist nicht immer wichtig, originell zu sein – es reicht auch, das Losungswort zu lesen und miteinander darüber Gedanken auszutauschen oder es in der Stille gemeinsam zu bedenken.

Den Ablauf einer Andacht finden Sie auf der beigefügten CD. Einen möglichen Übersichtsplan zur thematischen Gestaltung ebenso. Und wenn's mal schnell gehen muss: Es gibt auch Andachten im Internet!

Gerhard Lechner

Morgenandacht im Auhof
Montag bis Freitag, 7.55 Uhr – 8.05 Uhr

Begrüßung
„Die Glocke hat aufgehört zu läuten. Sie ist still geworden. Auch wir werden still."
Wir begrüßen den neuen Tag, loben und danken und hören auf Gott (Begrüßung aller Besucher und Zuhörer, evtl. der Gäste, über Lautsprecheranlage).

Geburtstage
Namen verlesen und gratulieren, Geburtstagskerzen werden angezündet.

Lied
aus dem aufliegenden „Liedbuch für die Jugend" (oder auf Folie kopiert und per Tageslichtschreiber an die Wand projiziert). Der/die OrganistIn ist in der Regel zugegen, ansonsten kann man ein Musikinstrument einsetzen oder Musik-Begleitung von einer CD einspielen.

Verkündigung
Traditionelle Wortverkündigung, meditative Bildbetrachtung, Anspiel, Frage-Antwort-Spiel, Psalmlesung usw. (Luthers Predigtregel gilt noch immer: „Tritt fest auf, tu's Maul auf, hör bald auf!")

Lied

Gebet
Eine Gebetssammlung liegt am Pult. Oder ein Gebet wird frei formuliert.
Traditionelles Gebet:
Führe mich, o Herr, und leite
meinen Gang nach deinem Wort.
Sei und bleibe du auch heute
mein Beschützer und mein Hort.
Nirgends als bei dir allein
kann ich recht bewahret sein.
Amen

Segen
Beim Segen reichen Nachbarn einander die Hand.

ANGELIKA JANSSEN

Glauben erleben

Andacht im Kreis

Der Blick auf die Gruppe richtet sich auf die Mitte. Denn hier entsteht der Ort der Begegnung mit dem biblischen Thema des heutigen Nachmittags. Diesmal ist es ein „bewegtes" Thema. Auf einem Tuch so gelb wie die Sonne steht ein Käfig mit einem Hasen. Drum herum sind angeordnet, stehen oder liegen Osterglocken, Kerze, Kreuz, Eier, Moos und einiges mehr.

Man kann das Projekt „Glauben erleben" auch wie eine „Andacht im Kreis" verstehen, denn alle TeilnehmerInnen der Runde können sich so eher zur aktiven Teilnahme eingeladen fühlen. Durch die sich wiederholende Form entstehen Wiedererkennungselemente, auf die man sich freut. Man kann einfach dabei sein. Aber aktiv werden die meisten auch, nachdem zum Eingang ein neues Lied gesungen wurde.

Jetzt machen wir uns erst mal mit dem „Osterhasen" bekannt. Ein bisschen müssen manche noch ihre Angst überwinden, wobei die Mutigen hilfreich zur Seite stehen. Aber der Hase ist lieb, und anstatt zu beißen, knabbert er doch lieber an der angebotenen Möhre. Und während das Tier sich zunehmend wohler fühlt und Männchen macht, werden die Symbole, Geschichten, Gerüche und Farben angesprochen, die uns die vorösterliche Zeit vermitteln wollen. Und jede/r hat dabei sein und ihr Aha-Erlebnis. Eine Erinnerung wird wach an glückliche Kindertage, die die Erfahrung birgt: Hier ist mein Glaube sicher, weil ich etwas wiedererkenne. Diese erhellende und heilende Botschaft geben sich die HeimbewohnerInnen weiter und führen sich so gegenseitig zu den Sinnbotschaften der Bibel.

Mit dieser Ausgangsposition gehen wir in eine Körperübung zum Gebet über und beten anschließend das Vaterunser. Das Segenslied ist bekannt und der Segen schließt die Stunde ab.

Aber ist damit schon der Schlusspunkt gesetzt? Ganz und gar nicht. Manches lebt in Gesprächen weiter und wird verglichen, und mit gewisser Spannung wird in einigen Gruppen schon wieder über das nächste Mal spekuliert: Womit werden wir dann wieder etwas mit Gott erleben?

GERHARD LECHNER

Der Ton macht die Musik

In der Andacht die Grundstimmung zum Ausdruck bringen

Ablauf der Andacht

- Musik und dabei Begrüßung jedes Einzelnen
- Lied
- Meditation, Ansprache: „Der Ton macht die Musik"
- Liedvers
- Gebet, Vaterunser, Segen
- Verabschiedung von jeder/m Einzelnen mit Lied: „Jesus hat den/die (...) lieb. Halleluja"

Wir Menschen haben verschiedene Stimmungen; unsere Stimmung ist ansteckend. Siebenmal Sonnenschein auf ein Gewitter ist gut für unsere Seele.

Jeder Mensch hat seine Grundstimmung, mag manche Töne lieber und andere weniger. Wir dürfen suchen und finden, was uns gut tut. Wir haben eine Lieblingsstimmung, wir können uns ändern.

Gott will, dass wir uns gut fühlen. Er will auch, dass wir Neues wagen. ‚Hört meine Stimme', sagt Jesus, und ‚achtet auch auf eure Stimmung'. Freundlich sein, hilfsbereit sein, trauern, fröhlich sein – das ist wie gute Töne des Lebens finden.

Gebet

Lieber Gott, unser Leben ist nicht immer gleich. Ob wir uns gut oder schlecht fühlen, du bist bei uns und hast uns lieb. Amen

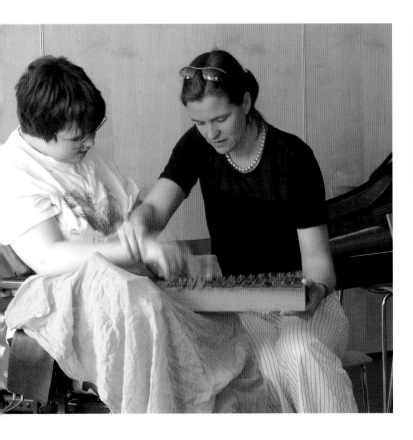

Stimmungen mit Tönen ausdrücken

Stimmung	Worte	Töne/Aktion
Aufmerksam sein	Nur so können wir lernen, nur so miteinander etwas tun	Klangschalen, sehr gut zu Beginn
Traurig sein	Zulassen, heilt die Seele	Xylophon: 4 Töne abwärts anschlagen, 3 zurück, 4 abwärts, langsam, z. B. f, e, d, c, Pause – e, d, c, b, Pause …
Wütend sein	Nach außen reinigend, nach innen zerstörend	tiefes „c": bum, bum, bum …, schneller und lauter werdend
Verdrängen	Die innere Stimme wird übertönt	Ton „e", sanft anklingen lassen und mit 3 schnell und deutlich lauter klingenden tieferen c verdrängen
Unruhe	ist sehr anstrengend	Glockenspiel schnell hin und her streichen
Fröhlich sein	so möchten wir am liebsten immer sein	„Alle meine Entchen" spielen

Einige Stimmungen auswählen. Zuerst eine Stimmung mit Xylophon, Klangschale oder Glockenspiel herstellen; so lange spielen, bis die Stimmung den Raum erfüllt (vorher selber üben und die jeweilige Stimmung wahrnehmen), und dann wenig dazu sagen. Vor allem auf den kräftigen Ausdruck von Wut haben viele Bewohner reagiert – oft belustigt.

KLAUS MAJOHR

Freitags um drei

Wochenschlussandacht in der Werkstatt Dettingen

Um die Arbeitswoche gemeinsam abzuschließen und bewusst mit dem Frieden und Segen Gottes in das Wochenende zu gehen, treffen sich jeden Freitag um 15 Uhr die Beschäftigten im Mehrzweckraum der Werkstatt.

Vorbereitung

Bevor wir beginnen, helfen alle bei der Vorbereitung und Gestaltung des Raumes mit. Die einen holen die

Stühle heran, die anderen bringen das Dekorationsmaterial, die Liederordner und die Gitarre mit. In der Mitte des erstellten Stuhlkreises wird eine kleine Decke ausgelegt. Auf dieser Decke stellen wir ein Holzkreuz und kleine Kerzen. Die Kerzen werden angezündet. Abwechselnd bereiten zwei MitarbeiterInnen der Werkstatt die Andacht vor.

Programm

Nachdem dann alle Vorbereitungen getroffen worden sind, läuft die ca. 30 Minuten dauernde Andacht nach folgendem Programm ab:

1. Lied mit Bewegung: „Ich bin da und du bist da ..." o. Ä.
2. Begrüßung aller Anwesenden, verbunden mit der Frage, wer in dieser Woche Geburtstag hatte. Falls jemand Geburtstag hatte, singen wir nun ein
3. Wunschlied oder Geburtstagslied, sonst ein weiteres Bewegungslied
4. Geschichte: entweder frei erzählen oder aus einem Geschichtenbuch vorlesen, immer mit einem Bezug zum Alltag, zur Arbeit oder zum Kirchenjahr
5. Die Geschichte mündet in eine Dank- oder Bittrunde der Anwesenden, anschließend
6. Gebetsanliegen sammeln zum Thema Dank und Fürbitte
7. Gebetsrunde, auch mit Beteiligung der Beschäftigten
8. Abschluss der Gebetsrunde mit einem gemeinsamen Vaterunser
9. Abschlusslied(er)
10. Segen mit Verabschiedung
11. Gemeinsames Aufräumen des Raumes

Die Andacht ist für alle TeilnehmerIinnen eine wichtige Veranstaltung im Wochenlauf. Dort können Sie alle Ihre Sorgen und Nöte abladen und im Gebet zu Gott bringen.

Aus diesem Grund ist es mir auch sehr wichtig, dass alle TeilnehmerInnen in den Ablauf mit eingebunden sind und unter dem Schutz und Segen Gottes in das Wochenende gehen.

BERNHARD KOPANI

Gesänge, Texte und Stille

Taizé-Gebet in Esslingen

Christoph Rothacker und ich kennen uns von Fahrten nach Taizé. Vergangenen September war er eine Woche mit meiner Gruppe in Taizé. Es hat sich dort sehr wohl gefühlt.

Hier in Esslingen feiern wir das Taizé-Gebet in folgender Form:

Wir treffen uns einmal im Monat, immer am dritten Sonntag um 18 Uhr in einer kleinen Kapelle, die Marienkapelle des Salemer Pfleghofs, das Katholische Gemeindezentrum in Esslingen. Es kommen meistens zwischen 8 und 12 Personen, konfessionell gemischt. Christoph ist mir beim Aufbau immer sehr behilflich. Er unterstützt mich beim Aufstellen der Meditationshocker, der Ikonen im Altarraum und beim Dekorieren mit Tüchern und Kerzen. Er teilt die Liederhefte aus und zündet die Kerzen an. Wir dimmen dann die Deckenbeleuchtung etwas herunter, damit eine schöne Stimmung entsteht.

Das Gebet beginnen wir mit drei Gesängen aus Taizé. Danach singen wir einen Psalm. Es folgen weitere Gesänge, ein Lesungstext und eine ca. fünfminütige Stille, die mit einem Gebet endet. Es folgen weitere Lieder und die Fürbitten, die von den Anwesenden in freier Form formuliert werden und jeweils mit einem Kyrie- oder Gospodiruf enden. Jeder, der eine Fürbitte spricht, fühlt sich durch den anschließenden Kyrie- oder Gospodigesang von der ganzen Gruppe getragen. Christoph bringt auch so, wie er denkt, seine Anliegen vor Gott. Einmal musste ich schmunzeln: Als das Thema BSE gerade aktuell war, sagte er ganz spontan: „Guter Gott, mach bitte, dass das Scheiß-BSE wieder aufhört, damit nicht so viele Viecher sterben müssen!" Beim selben Gebet, als noch weitere behinderte Freunde anwesend waren, formulierte einer im aktzentfreien Schwäbisch: „Lieber Gott, negschdes Wochenende ham wir ein Fußballturnier. Hilf, dass mir au g'winnen!"

Die Fürbitten werden mit dem gemeinsamen Vaterunser abgeschlossen. Es folgen weitere Gesänge und der Segen. Nach dem offiziellen Ende werden noch geäußerte Liedwünsche der Anwesenden gesungen. Im Moment werden wir musikalisch durch eine Querflötenspielerin unterstützt. Christoph singt mit seiner Bassstimme kräftig mit. Eines seiner Lieblingslieder ist das „Caritaslied" – Ubi Caritas. Auch beim Aufräumen der Kapelle hilft er wieder fleißig mit. Oft fragt er mich, ob ich etwas Neues von den Brüdern aus Taizé gehört habe. Er ist gedanklich oft dort und hat sich ernsthaft überlegt, Bruder zu werden.

Das Sonntagabendgebet ist immer ein schöner Wochenendabschluss und hilft Kraft zu tanken für die neue Woche. (Entwurf für eine Taizé-Andacht auf beiligender CD)

GUNDA DZUBIEL / JOCHEN LUGINSLAND

Gebärden in der Liturgie

Erfahrungen aus den Gottesdiensten in Haslachmühle

Der Gottesdienst beginnt mit dem Lied „Kommt alle und freut euch". Danach zünden die Bewohner Kerzen an und läuten die Glocke, was thematisch in zwei anschließenden Liedern aufgegriffen wird. Geburtstagskinder werden mit einem besonderen Lied geehrt. Nach oder vor dem Predigtteil findet ein gemeinsames Gebet statt. Wer will, kann vortreten und für sich sagen oder gebärden, was ihn angeht, was er Gott sagen möchte. Wichtig dabei ist, dass die Bewohner den Unterschied von Dank und Bitte kennenlernen. Auch hier gibt es feststehende Sätze und Gebärden: „Jesus, danke für ...", „Jesus, bitte hilf ..." Schlusssatz ist immer: „Jesus hat uns alle lieb. Amen." Nach dem Gebet wird das Brot geteilt und weitergegeben.

Das Vaterunser und ein gemeinsames Segenslied beschließen den Gottesdienst. Diese Liturgie bleibt stets gleich und ermöglicht so allen Bewohnern das Verstehen und Mitfeiern. Die Gebärden sind festgelegt und werden in jedem Gottesdienst wiederholt. Es gibt feststehende Begriffe bei den Gebeten und Liedern. Die vertraute Atmosphäre ist wichtig, ebenso der persönliche Kontakt des Predigers/der Predigerin zu der Bewohnerschaft. Da die Konzentrationsfähigkeit begrenzt ist, müssen die Bewohner so oft wie möglich aktiv in das Gottesdienstgeschehen einbezogen werden (Glocke läuten, Kerzen anzünden, den Prediger/die Predigerin unterstützen mit Gebärden- und/ oder Lautsprache). Zu fast allen Liedern wird gebärdet und geklatscht.

Im Gottesdienst wie auch bei den religiösen Gebärden ist es nebensächlich, ob in der Bewohnerschaft evangelische oder katholische Christen sind. Wir gestalten unseren Gottesdienst in jedem Fall ökumenisch und für alle teilnehmenden Personen annehmbar. Auch jeder Lehrer, jede Lehrerin trägt dieses religiöse Konzept mit und gestaltet dementsprechend den Religionsunterricht in der Klasse.

Die Gebärden in der Predigt (Auslegung)

Die Predigt muss kurz sein und die Gottesdienstbesucher mit einbeziehen. In der Gebärdensprache gibt es keine Phrasen oder Wortspiele.

„Theologische Begriffe" werden mit Zeichen und Gebärden „erklärt", die die Mehrzahl der Gottesdienstbesucher versteht.

- Schuld = von Gott abwenden, d.h. aktiv abwenden, nicht mehr zu/mit Gott sprechen
- Verzeihung = Gott freut sich, wenn ich zurückkomme, d.h. aktiv zuwenden,
- Gott freut sich, wenn ich zu/mit ihm spreche
- Gott ist immer für mich da.
- Gott hat uns alle lieb.

Die „theologischen Begriffe" werden mit unterschiedlichen Materialien angeboten. Dabei geht es um die Ganzheitlichkeit der Wahrnehmung, um Riechen, Schmecken, Berühren, Hören und Sehen. Um dies zu ermöglichen, verfügen wir über einen großen Fundus, der Flanellbilder, Dias, Puzzles, Rotationsbilder usw. enthält, aber auch viele Kostüme und Spielutensilien, mit denen sich biblische Geschichten nachstellen lassen.

Die Auslegung der biblischen Geschichten, der Gleichnisse usw. ist immer gebärdenorientiert. Es handelt sich stets um die Frohe Botschaft. Es ist uns wichtig, Geschichten von der Liebe Gottes zu vermitteln und nicht von der Strafe oder vom Zorn Gottes.

„Theologische Inhalte" müssen auf die wesentlichen Aussagen reduziert werden. Wir nehmen den *Skopus* (Spitze, Quintessenz) der Geschichte als Anfang und Ausgang und verbinden damit die Lebenswelt der Bewohner:

- St. Martin → Gott erfüllte Martin mit Freude, sodass er helfen konnte → Wir werden mit Freude erfüllt, wenn wir helfen → Teilen mit anderen (Pausenbrot, Spielsachen usw.)

Gebärden von einer größeren Gruppe

Anders als im Gebärdengespräch mit einer Kleingruppe oder sogar mit einem einzelnen Gesprächspartner ist beim Gebärden von einer größeren Gruppe der direkte Kontakt und damit auch die unmittelbare Rückmeldung anspruchsvoll. Es erfordert eine genaue Vorbereitung, was man in Worten und Gebärden ausdrücken will, sowie ein hohes Maß an Aufmerksamkeit beim Vortragen und der Ausführung jeder Gebärde.

Der Prediger oder die Predigerin sollte während des Gottesdienstes möglichst immer Blickkontakt zu möglichst vielen Bewohnern haben, um für die „Rückfragen", „Kommentare" oder die „verstehende Wiederholung" offen zu sein und entsprechend reagieren zu können. Hilfreich ist hierbei auch die Sitzordnung in Kreis- oder Frontalform.

Bei der Ausführung von Gebärden vor einer größeren Gruppe muss beachtet werden, dass für alle erkennbar gebärdet wird. Die Gebärden sind deshalb nicht auf den sonst üblichen Rahmen begrenzt, sondern werden großformatig ausgeführt. Ferner muss man die Gebärden wiederholen, am besten, indem man sich nacheinander dem „Sitzbereich" zuwendet oder die Gebärden mit der rechten und dann der linken Hand ausführt (z.B. „lieb"). Nicht nur die Gebärden, sondern auch Satzanfang und Satzende sollten eindeutig erkennbar sein.

(Bei diesem Beitrag handelt es sich um einen Auszug aus einem Artikel zum christlichen Leben in der Haslachmühle, „Nichtsprechend, aber doch nicht sprachlos", in: Lernen Konkret, H. 304, S. 20 ff.)

ROSEMARIE MUTH

Schlecht hören können viele gut

Hinweise zum Umgang mit schwerhörigen Menschen in Gottesdienst und Gemeindeleben

Der Anteil schwerhöriger Menschen an der Gesamtbevölkerung liegt bei ca. 20 Prozent. Schwerhörigkeit gibt es in allen Altersklassen, der Prozentsatz steigt allerdings mit dem Alter des Menschen rapide an. Bei den über 70-Jährigen würde bereits jede/r zweite ein Hörgerät benötigen.

Diese Zahlen treffen auch für Menschen mit einer geistigen Behinderung zu. Dennoch wird bei ihnen vermutlich noch seltener eine beginnende Schwerhörigkeit diagnostiziert, als dies ohnehin in der Bevölkerung der Fall ist.

Dies dürfte verschiedene Ursachen haben:

- Die Symptome einer Schwerhörigkeit (schlechtes Sprachverständnis, Überempfindlichkeit gegen laute Geräusche, Konzentrationsstörungen) werden oft als Symptome der geistigen Behinderung interpretiert.
- Die psychosozialen Folgen einer Schwerhörigkeit werden im Zusammenleben in der Gruppe ein Stück weit abgefangen. Der schwerhörige Mensch kann sich weniger stark aus der Gemeinschaft zurückziehen, die Gefahr der Vereinsamung ist geringer, nicht jedoch die einer Depression aufgrund mangelnder Kommunikationsfähigkeit.
- Vieles von dem, was einem/einer Schwerhörigen die Kommunikation erleichtert, ist im Umgang mit Menschen mit geistiger Behinderung selbstverständlich.

Für Gottesdienst und Gemeindeleben fordert eine Schwerhörigkeit dennoch Konsequenzen:

- Auch für schwerhörige Menschen mit einer geistigen Behinderung sollte der Versuch einer frühen Hörgeräteversorgung selbstverständlich sein.
- Hörgeräte sollten über eine funktionierende T-Spule verfügen und der Gottesdienstraum sollte mit einer induktiven Höranlage ausgestattet sein. Mit-

arbeiter/innen müssen in der Lage sein, Hilfestellungen zur Umstellung auf T geben zu können.

Gerade weil es in Gottesdiensten mit Menschen mit geistiger Behinderung oft lebhafter zugeht, ist es hier besonders wichtig, dass schwerhörige Menschen diese „Störgeräusche" durch eine Anlage ausgefiltert bekommen.

- Mit schwerhörigen Menschen langsam und deutlich (nicht lauter) sprechen. Kurze und durchschaubare Sätze bilden.
- Bei Gottesdiensten und Veranstaltungen mit Bildern arbeiten.
- Schwerhörige Menschen immer von vorn ansprechen und auf eine gute Beleuchtung des eigenen Mundes achten, weil alle Menschen vom Mund ablesen können. Männer sollten darauf achten, ihre Bärte so zu stutzen, dass die Lippen gut sichtbar bleiben. Mikrofone nicht direkt vor den Mund halten.
- Schwerhörige Menschen *niemals* von hinten berühren, sie könnten erschrecken.
- Falls nicht sowieso schon Gebärden zum normalen Alltag einer Einrichtung gehören, sollten sogenannte natürliche Gebärden das Verstehen unterstützen. Zum Beispiel kann angezeigt werden, wie groß ein Mensch ist, es lässt sich durch Gebärden hervorheben, dass man etwas „spitze" findet, oder man kann auf einen Gegenstand zeigen.
- Schwerhörigen Menschen Zeit zum Antworten lassen. Durch ihr lückenhaftes Sprachverständnis müssen sie manches Wort und manchen Sinnzusammenhang erraten. Dies erfordert Zeit, Konzentration und Ruhe.

WERNER DUDICHUM

Mit den Händen reden

Hinweise zur Kommunikation mit Gebärden

Jeder Mensch ist auf Kommunikation angewiesen. Mitteilung ist ein existenzielles Grundbedürfnis und für eine gesunde Entwicklung unerlässlich. Bei vielen Menschen mit Behinderung, insbesondere bei Kindern mit Hör-/Sprachschädigungen, bei Mehrfachbehinderten mit autistischen Störungen und bei Menschen mit geistigen Behinderungen erfolgt die Sprachentwicklung im Kindesalter gar nicht (zu ca. 60 Prozent) oder ist stark verzögert.

Wenn die Lautsprache zur Kommunikation fehlt, bedeutet dies, dass der betroffene Mensch nur eingeschränkt oder gar nicht an der Gemeinschaft teilhaben kann. Sowohl das Verstehen als auch das Verstanden-Werden sind erschwert. Die emotionalen und sozialen Folgen für den Einzelnen sind erheblich.

Da die Lautsprache in der Kommunikation von diesen Menschen nur begrenzt oder gar nicht eingesetzt wird, können dafür Gebärden als Kommunikationshilfe eingesetzt werden. Gebärden sollen die Verständigung unterstützen und Kommunikation ermöglichen.

Gebärden werden eingesetzt in der Kommunikation von und mit

- gehörlosen oder hörbehinderten Menschen mit einer geistigen Behinderung,
- hörenden, nicht sprechenden Menschen mit einer geistigen Behinderung,
- Menschen mit geistiger Behinderung, die zusätzlich körperbehindert sind,
- Personen mit autistischen Verhaltensweisen,
- Personen mit Autismus und/oder psychischen Blockaden,
- Menschen mit schwersten Behinderungen,
- Menschen mit geistiger Behinderung, die gleichzeitig sehbehindert sind,
- Menschen mit geistiger Behinderung, die gleichzeitig taubblind sind.

Menschen mit geistiger Behinderung haben ein Anrecht darauf, Liebe und Zuwendung nicht nur interpersonal zu erfahren, sondern auch theologisch als Gottes inneres Wesen zugesprochen zu bekommen.

„Menschen mit sprachlichen Behinderungen, die ihr Leben zum Teil ohne Sprache in der Gesellschaft und Gemeinschaft mit hörenden und sprechenden Menschen zu bewältigen und zu gestalten haben, erleben in Geburt und Tod die Vergänglichkeit und zeitliche Begrenzung ihrer und unserer menschlichen Existenz. Die Dimension der Ewigkeit in ihrer Zuverlässigkeit können sie erfassen im Glauben an Gott

Jesus

liebt

dich

und an Jesus Christus. Es ist daher unsere Pflicht, ihnen mittels visueller und sensomotorischer Eindrücke die Liebe Gottes und Jesus Christus nahe zu bringen und sie somit umfassend in das christliche Leben zu integrieren.

Durch Gebärden (Handzeichen) ist die Aussage „JESUS HAT DICH LIEB" auch mit „stummer Stimme" im Gottesdienst, in der Andacht und einfach von Mensch zu Mensch möglich. Diese Aussage ist nach Hebräer 13,8 gültig „gestern, heute und in alle Ewigkeit". Jeder Mensch, der dies im Glauben erfassen kann, hat teil an der Gemeinde Jesu Christi und am alle Vergänglichkeit überdauernden Fundament ihres Glaubens.

Menschen mit Mehrfachbehinderungen – vor allem mit geistiger und sprachlicher Behinderung – haben in der Regel weniger rationale Probleme mit Glaubensinhalten. Sie erfahren Angenommensein, Zuspruch, Halt, Trost und Hilfe in elementarer Weise. Die Weitergabe von Gottes Wort an sie bedarf daher einer einfachen, fundamentalen Theologie, die die Grundaussagen des Glaubens in den Mittelpunkt stellt.
(Verband evangelischer Einrichtungen für Menschen mit geistiger und seelischer Behinderung e. V.: Schau doch meine Hände an, Stuttgart 1990, S. 297 ff.)

Religiöse Gebärden sollen anregen und helfen, Menschen mit sprachlichen Behinderungen in Gottesdiensten – und das nicht nur in besonderen Gottesdiensten – an der Gemeinschaft der Gläubigen in Wort und Sakrament teilhaben zu lassen.

Die Sammlung einfacher Gebärden für das religiöse Leben zur Kommunikation mit nicht-sprechenden Menschen in der Handreichung „Schau doch meine Hände an" unterstützt die Kommunikation in der christlichen Gemeinschaft. Wichtige Wörter der Lautsprache werden dort durch lautsprachunterstützende Gebärden (LUG) „gebärdet".

Wie bei der Sprache ist es wichtig, Gebärden zu verwenden, die von der behinderten Person verstanden werden. Nicht-Behinderte sollten sich in die Gebärdensprache einüben. Entscheidend ist die Beziehung untereinander, die nonverbale Kommunikation. Gebärden wie z. B. „Liebe" können in ihrer Bedeutung nicht erklärt, sondern müssen/sollen gelebt werden. Bei „gelebter" Beziehung entsteht Kommunikation.

Vater unser in Gebärden
(aus: Schau doch meine Hände an)

Vater

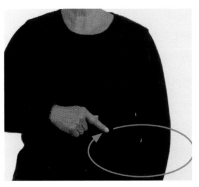

unser

im Himmel

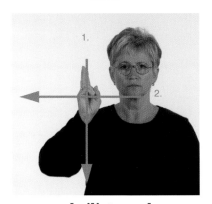

geheiligt werde

Dein

Name.

Sakramente

Taufe und Abendmahl in inklusiver Betrachtung

Gott ist uns nahe. Er nimmt uns an, wie wir sind, er vergibt uns unsere Schuld. Das vermitteln uns die beiden Sakramente Taufe und Abendmahl auf ganz unmittelbare und sinnliche Weise. In der Taufe gilt dies in einer einmaligen und grundlegenden Weise. Im Abendmahl erfahren wir es als immer wiederkehrende Stärkung und Ermutigung auf unserem Weg und als Feier der Gegenwart Christi.

Was sind die theologischen Grundlagen der Sakramente und was gibt es zu bedenken, zum Beispiel hinsichtlich der Vergebung der Schuld, für Menschen mit einer Behinderung? Diesen Fragen widmen sich zwei Beiträge und vermitteln so elementare theologische Zugänge zur Bedeutung von Taufe und Abendmahl.

Ganz normal – und etwas ist eben doch nicht ganz normal. Im Hinblick auf die Taufe eines Kindes mit Behinderung gibt die Autorin Hinweise auf seelsorgerliche und praktische Aspekte. Die Autorin geht den Weg der Praxis mit viel Sensibiliät für die Situation der Eltern.

Die Feier des Abendmahls so zu gestalten, dass für alle die Gemeinschaft am Tisch des Herrn möglich ist, auch hinsichtlich der praktischen Durchführung, das ist Thema eines weiteren Beitrags. Abgerundet wird das Unterkapitel mit zwei Berichten über unterschiedliche Formen der Feier.

Wie köstlich ist deine Güte, Gott, dass Menschenkinder unter dem Schatten deiner Flügel Zuflucht haben. Sie werden satt von den reichen Gütern deines Hauses und du tränkst sie mit Wonne wie mit einem Strom.   Ps 36

Inhalt

ANTJE FETZER

Ein Ritual mit zwei Bezugspunkten

Elementare Zugänge zum Verständnis der Taufe

Was ist eine Taufe?

Unter „Taufe" versteht man den christlichen Ritus, mit dem ein Mensch in die christliche Kirche aufgenommen wird. Der „Täufling", also die Person, an der die Handlung geschieht, wird mit fließendem Wasser benetzt oder ganz darin untergetaucht. Dabei wird der Name des dreieinigen Gottes ausgesprochen: „(...), ich taufe dich auf den Namen des Vaters, des Sohnes und des Heiligen Geistes."

Die Taufe ist einmalig und wird von allen christlichen Kirchen gegenseitig anerkannt. Uneinigkeit besteht darüber, ob die Taufe im Kindesalter (volkskirchliche Praxis) oder im Erwachsenenalter (Mennoniten, Baptisten) erfolgen sollte.

In der Regel wird die Taufe in der evangelischen Kirche durch eine ordinierte Pfarrerin oder einen ordinierten Pfarrer durchgeführt. Mit der Taufe wird juristisch eine Kirchenmitgliedschaft begründet.

„Ein Sakrament und göttlich Wortzeichen"

„Die Taufe ist ein Sakrament und göttlich Wortzeichen ..." – so haben es viele Generationen württembergischer Konfirmanden nach dem Katechismus von Johannes Brenz (1499–1570) auswendig gelernt. Doch was ist ein „Sakrament"? Nach altkirchlichem Verständnis verbinden sich im Sakrament sogenannte heilige Handlungen mit dem Glaubensgeheimnis. In der Taufe z. B. drückt sich zeichenhaft aus, dass der getaufte Mensch zu Gott und zur christlichen Gemeinde gehört.

In der katholischen Kirche gibt es sieben Sakramente: Taufe, Firmung, Buße, Eucharistie (Abendmahl), Priesterweihe, Ehe und letzte Ölung.

Der evangelische Reformator Martin Luther (1487–1546) wollte nur die Sakramente weiterführen, die sich auf Jesus selbst berufen konnten: Die Taufe (Mt 28,18-20) und das Abendmahl (Mk 14, 22-24; 1. Kor 11, 23-26).

Für Luther ist das Sakrament ein Zeichen, das auf den Glauben zielt. Es bringt den Menschen, die daran teilnehmen, das Evangelium von der Liebe Gottes ganz unmittelbar und körperlich spürbar nahe.

Wenn bei der Taufe Wasser fließt und der Täufling auf symbolische Weise eingetaucht wird, so hat das eine zweifache Symbolik:

Erstens werden seine Sünden abgewaschen, er kann ein neues Leben anfangen und muss sich nicht mit der Vergangenheit herumquälen. Nach einer altertümlichen Vorstellung wird der „alte Adam", d. h. der sündig gewordene Mensch, im Taufwasser richtiggehend „ersäuft" (Röm 6), der neue Mensch „kriecht aus der Taufe" hervor.

Zweitens ist Wasser das lebensnotwendige Element, ohne das überhaupt kein Leben möglich wäre. Jesus vergleicht sich selbst mit einer Quelle ewig sprudelnden Quellwassers (Joh 4,14). Wie auf das Wasser ist die ganze Schöpfung, Menschen, Tiere und Pflanzen, auf Gottes Liebe und Zuwendung angewiesen.

Biblische und geschichtliche Wurzeln

Die christliche Taufe hat ihr Vorbild in der Bußtaufe Johannes' des Täufers (Mk 1,2–8). Johannes, der ein Zeitgenosse Jesu war, rief zur Umkehr und zum Sündenbekenntnis auf und sah in der Taufe eine reinigende Handlung. Auch Jesus selbst ließ sich von Johannes taufen (Mk 1,9–11). Nach biblischem Zeugnis taufte Jesus zwar nicht selbst, beauftragte jedoch seine Jünger mit der Taufe (Mt 28,18–20).

Im Laufe des 1. Jahrhunderts hat sich die Taufe als Aufnahmeritus der jungen Kirche etabliert. Sich zu Jesus zu bekennen bedeutete einen Neuanfang, nicht selten einen Einschnitt im Leben der Gläubigen, die aus ihren bisherigen sozialen Bezügen ausgeschlossen wurden.

Die Taufe als Gemeinschaftsritual

Die Taufe ist ein gemeinschaftliches Ritual mit zwei festen Bezugspunkten:

Zum einen bezieht sie sich auf den Glauben des Täuflings. Seine oder ihre persönliche Entscheidung ist ausschlaggebend für seine oder ihre Zugehörig-

keit zur Gemeinde. Aus diesem Grund hat sich in der evangelischen Kirche die Konfirmation (lat. = Bestätigung) als Ritus etabliert: Die jungen Erwachsenen sind gefragt, ob das, was andere bei der Säuglingstaufe stellvertretend gesagt haben, für sie selbst Gültigkeit hat. Diese Entscheidung findet jedoch nicht frei schwebend statt, sondern steht im Kontext von Beziehungen und Prozessen.

Daher ist die Taufe andererseits stets ein Gemeinschaftsritual. Unser Glaube ist lebenslang auf Begleitung und Austausch angewiesen: Kinder erhalten durch die Erzählung biblischer Geschichten und gemeinsames Beten Zugang zur christlichen Tradition. Sie lernen Haltungen und Gebräuche kennen und werden durch Vorbilder angeleitet. Auch in späteren Lebensphasen sind es andere Menschen, die Unterstützung geben und Anfragen stellen, Hoffnung vermitteln und Hilfe brauchen.

Die liturgische Form der Tauferinnerung macht bewusst, dass auch Erwachsene, die in der Konfirmation zu den Inhalten der Taufe ja gesagt haben, sich ständig weiterentwickeln und neue Fragen an ihre Taufe herantragen. Martin Luther hat dazu gesagt, wir müssten jeden Tag neu „aus der Taufe kriechen".

Taufe von Kindern und Erwachsenen mit besonderen Begabungen

Bei der Taufe von Kindern und Erwachsenen mit besonderen Begabungen spielt die Dimension der Gemeinschaft eine herausgehobene Rolle, weil der

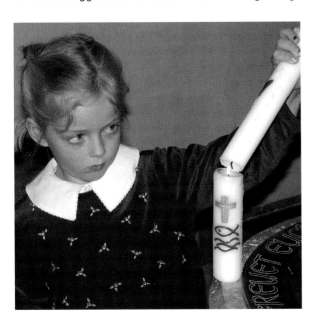

Assistenzbedarf und die Schutzbedürftigkeit der Täuflinge eine besondere Verantwortung der Gemeinschaft mit sich bringen. Gott bietet allen Menschen die Teilhabe an der Gemeinschaft, an der Gotteskindschaft und an seiner Zukunft voraussetzungslos an. Dies sollte dann auch für Kinder mit einer Behinderung im Alltag des Gemeindelebens spürbar und erlebbar werden.

Der Brenzsche Katechismus formuliert das folgendermaßen: *„Was ist die Taufe? Die Taufe ist ein Sakrament und göttlich Wortzeichen, womit Gott, der Vater, durch Jesus Christus, seinen Sohn, samt dem Heiligen Geist bezeugt, dass er dem Getauften ein gnädiger Gott wolle sein und verzeihe ihm alle Sünden aus lauter Gnade um Jesu Christi willen und nehme ihn auf an Kindes Statt und zum Erben aller himmlischen Güter."* (Evangelisches Gesangbuch, Ausgabe für die Evangelische Landeskirche in Württemberg, Stuttgart: Gesangbuchverlag, 1996, S. 1486).

Noch nicht getauft – was heißt das?

Die Taufe ist das Sakrament der Zugehörigkeit zur Kirche und zu Gott. Es bezeugt die Gotteskindschaft der Getauften. Daraus könnte das Missverständnis entstehen, als seien Kinder, Jugendliche und Erwachsene, die nicht getauft sind, weniger von Gott geliebt.

Dem ist entgegenzuhalten: Gott liebt seine Schöpfung, die ungetauften Menschen ebenso wie die getauften. In der Taufe wird diese Liebe in einer expliziten Handlung öffentlich gemacht, sie beginnt nicht erst hier. Wolfgang Gerts schlägt vor, den Formulierungen der Taufagenden in diesem Sinne mehr Eindeutigkeit zu geben: „In der Taufe sagen wir ganz laut und für alle hörbar: Gott hat dieses Kind lieb. Darum hat er es gemacht. Und er liebte es schon vor seiner Geburt. Und er wird es lieb haben." (In: Erhard Domay (Hg.), Taufe: Gottesdienste, Predigten, Gestaltungsvorschläge, liturgische Texte. Gütersloh: Gütersloher Verlag 1993, S. 128.)

Die Gründe, warum Menschen nicht als Säuglinge getauft wurden, sind vielfältig. Manche sind in einer nicht-christlichen Familie aufgewachsen und haben erst später Kontakt zur Gemeinde gefunden. Viele Eltern möchten die Individualität ihres Kindes achten und der Taufentscheidung nicht vorgreifen. Für sie alle gilt: Was mit der Taufe aussteht, ist nicht die Liebe Gottes, sondern die formale Kirchenmitgliedschaft.

Für Angehörige, die ihrem Kind die Taufentscheidung überlassen und dennoch gemeinsam mit der Gottesdienstgemeinde den Segen Gottes für ihr Kind erbitten möchten, besteht die Möglichkeit der *Kindersegnung*.

Wie die Praxis der *Nottaufe* bei Lebensgefahr, hat die Kindersegnung in erster Linie seelsorgliche Gründe. Auch ungetauft verstorbene Menschen sind in Gottes Liebe geborgen.

(Entwurf für eine Andachtsreihe zum Thema Taufe ist auf beiligender CD)

SABINE LEIBBRANDT

Es gibt nur eine Taufe

Seelsorgerliche Aspekte bei der Taufe eines Kindes

Kinder, die nicht gesund und „heil" das Licht dieser Welt erblicken, machen uns die Grenzen des Lebens bewusst. Viele Eltern wünschen die Taufe, damit ihren Kindern nichts fehlt. Sie ahnen oder glauben an Gottes Liebe und Fürsorge, die über das menschliche Vermögen hinausgeht. Eltern, denen ein besonderes Kind anvertraut ist, spüren das ganz intensiv. Sie wünschen sich für ihr Kind die unbedingte Zuwendung und Annahme Gottes. Gerade das ereignet sich in der Taufe in einzigartiger, einmaliger Weise. Sie macht die Zusage Gottes erfahrbar, spürbar. In der

Arno Krist: Schwanger

Taufe vollzieht sich rituell der Übergang vom Tod zum Leben, das mag nur selten im Bewusstsein der Beteiligten präsent sein, doch eine Ahnung davon verbindet sich mit dem Taufakt sehr wohl:

„Wir haben uns direkt nach der Entbindung für eine Nottaufe entschieden, weil uns keiner sagen konnte oder wollte, wie lange er bei uns sein würde... Den Taufspruch: „Ich bin das Licht der Welt" habe ich so verstanden, dass mein Baby sozusagen am Rockzipfel von Gott durch die Ewigkeit geführt wird."

Die Sorge um das Leben des Kindes erhält also einen Halt und eine Hoffnung durch den Vollzug der Taufe. Deshalb empfehle ich, dem Wunsch nach einer Nottaufe unbedingt nachzukommen, auch wenn vielleicht nicht immer ein theologisch „korrektes" Taufverständnis bei den Eltern vermutet wird.

Die Frage nach einer Nottaufe stellt sich in der Praxis vor allem im Alltag der Klinikseelsorge. Umso wichtiger, dass die Mitteilung darüber auch in die Gemeindepfarrämter kommt. Wenn die Krise überstanden ist und ein Kind zu seinen Eltern nach Hause kommt, können der Taufgottesdienst (natürlich nicht die Taufhandlung) und das Tauffest nachgeholt werden.

Taufe – es ist normal, verschieden zu sein

Als Pfarrerin frage ich mich, ob sich Eltern mit behinderten Kindern überhaupt bei mir melden. Fühlen sie sich eingeladen? Wie können sie wissen, dass sie eingeladen sind?

In manchen Gemeinden ist es üblich, Familien zur Geburt einen Gruß zu schicken oder sogar einen Besuch zu machen. Dies kann mit einer Einladung zur Taufe verbunden werden. Das ist ein mögliches

Signal für Eltern: Die Kirche interessiert sich für uns. Das erleichtert die Kontaktaufnahme.

So ist mag die Anfrage einer Mutter vielleicht eher nicht alltäglich sein: *„Mein Kind ist behindert, gibt es da eine besondere Taufe?"*

In dieser einen Frage stecken ganz unterschiedliche Wünsche und Befürchtungen, die es mit den Eltern im Taufgespräch zu bedenken gilt:

• Kann mein Kind mit seiner Behinderung ein Teil der Gemeinde werden?

• Nimmt Gott mein Kind genauso an wie alle anderen? Wird mein Kind überhaupt glauben können?

• Ich möchte mein Kind nicht in der Öffentlichkeit zeigen, deshalb möchte ich lieber einen Gottesdienst im Familienrahmen.

• Ich will mit meinem Kind ein Stück Normalität. Kann die Gottesdienstgemeinde mein Kind aushalten?

Zunächst ist festzuhalten: Es gibt nur eine Taufe! Sie ist unabhängig von geistigen und körperlichen Voraussetzungen bei den Täuflingen. Gott nimmt in der Taufe jeden Menschen als sein Kind an, vorbehaltlos.

Die Frage nach der besonderen Taufe spiegelt aber den Zwiespalt wider, in dem Eltern eines behinderten Kindes stecken. Da ist einerseits der berechtigte Wunsch nach Normalität und anderseits das Wissen und die Erfahrung des Andersseins. Die Angst, die um das Kind ausgestanden wurde, die enttäuschten Hoffnungen nach der Diagnose, die Befürchtungen für die Zukunft. All das macht die Taufe, den Taufgottesdienst dann doch besonders, eben nicht normal.

„Die Taufe unserer Tochter, die mit Down-Syndrom zur Welt kam, war uns besonders wichtig und wertvoll. Die liebevolle Zuwendung Gottes zu unserer Tochter, die er ja selbst in ihrer Einzigartigkeit und Hilfsbedürftigkeit geschaffen hat, wurde hier sichtbar. Dabei war es hilfreich, dass der Pfarrer, der unsere Tochter taufte, ganz natürlich und liebevoll mit ihr umging.

Der Pfarrer war nur Urlaubsvertretung und hat die Standardtaufe vom Blatt abgelesen – welch ein Segen, weil es uns vor gut gemeinten, salbungsvollen Worten und weiteren, unnötigen Tränen bewahrt hat."

Das Taufgespräch – Seelsorgliche Aspekte

Im Taufgespräch geht es vor allem darum, diese Spannung zwischen „alles wie immer" und „doch anders" auszuhalten und behutsam zur Sprache zu bringen. Auch Seelsorgerinnen und Seelsorger haben zuweilen Berührungsängste in der Begegnung mit

Jürgen Neidhardt: Mann und Frau schieben Kinderwagen

Behinderung. Es tut Not, die eigenen Gefühle, Befürchtungen und Vorstellungen vor dem Gespräch zu sortieren und zurück zu stellen. Die Herausforderung besteht im Hören, was gerade diese Eltern mit ihrem Kind erlebt haben und erleben.

Manche wussten schon während der Schwangerschaft von den Einschränkungen, andere wurden davon überrascht. Bei frühgeborenen Kindern lässt sich oft erst mit der Zeit einschätzen, wie schwer die Beeinträchtigungen sind, bei anderen ist vieles offensichtlich. Manche haben tage- oder wochenlang um das Leben ihres Kindes gebangt und sind einfach froh und dankbar, dass es lebt.

Diese Erfahrungen sind begleitet von ganz unterschiedlichen Emotionen: Trauer, Dankbarkeit, Wut, Freude, Angst vor der Zukunft, Hoffnung, Ohnmacht.

Eltern da abzuholen, wo sie gerade stehen, stellt sich hier als besondere Herausforderung. Dabei kann die Frage nach dem Leid, dem „Warum", nicht außen vor bleiben. Manchmal spielt auch die Frage nach Schuld eine Rolle: Eltern fragen sich, ob sie etwas versäumt haben, oder werden von anderen mit der Frage konfrontiert, warum sie so ein Kind überhaupt bekommen haben. Hier wird deutlich, wie groß die Verletzlichkeit sein kann. So braucht es vielleicht auch Ermutigung, sich der Öffentlichkeit der Gottesdienstgemeinde zu stellen. Umso wichtiger ist hier die Zusage Gottes: „Fürchte dich nicht, denn ich habe dich erlöst, ich habe dich bei deinem Namen gerufen, du bist mein." Hierauf sollte auch bei der Gestaltung der Schwerpunkt liegen.

Praktisches

Die Taufe ist immer auch Aufnahme in die Kirche, konkret in die Gemeinde vor Ort. Deshalb ist die Taufe im Hauptgottesdienst die Regelform. Meist wird dann mehr als ein Kind getauft. Es kann ein Zeichen der frühen Integration sein, ein Zeichen der Normalität, behinderte und nicht-behinderte Kinder in einem Gottesdienst zu taufen. Es kann aber Eltern auch in schmerzhafter Weise an ihr eben „Nicht-normal-Sein" erinnern und die Isolationsgefühle verstärken. Hier sollte im Einzelfall sehr ernsthaft auf die Bedürfnisse der Eltern Rücksicht genommen werden.

Auf jeden Fall muss mit den Eltern besprochen werden, was im Gottesdienst öffentlich zur Sprache kommen kann und soll: Wie wird das Kind vorgestellt?

Soll etwas zur besonderen Situation gesagt werden oder nicht? Wo ist dafür der richtige Ort (in der Ansprache, im Gebet)? Bei der Liedern und Gebeten ist zu prüfen, ob Texte vorbehaltlos mitgesungen und gesprochen werden können. Wie können Geschwisterkinder beteiligt und dadurch gewürdigt werden?

Eltern und Paten eines behinderten Kindes stehen vor einer besonderen Herausforderung. Deshalb sollte auf jeden Fall auch das Angebot des Segens für sie gemacht werden.

(Nicht allen Eltern gelingt es, geeignete Paten zu finden. Ich wünsche mir an dieser Stelle viel Flexibilität und Entlastung der Eltern. Die Möglichkeit, Taufzeugen aus der Gemeinde zu bestellen, kann hier in besonderer Weise wichtig werden. Es kann die Verbindung zur Gemeinde nach der Taufe stärken helfen.)

Tauferinnerung

Mit der Taufe nehmen wir Kinder in die Gemeinde vor Ort auf. Gemeinden müssen sich fragen lassen: Gibt es bei uns Angebote, die auch für behinderte Kinder mit ihren Familien geeignet sind? Sind sie dort willkommen? Wie werden sie aufgenommen?

Viele Gemeinden laden regelmäßig zu Tauferinnerungsgottesdiensten ein. Hier wird die oben skizzierte Spannung zwischen „normal" und „besonders" nochmals deutlich. Die Kinder sind nun schon größer, die

Hubert Lucht: Im Gespräch

Unterschiede werden mit zunehmendem Alter deutlicher, gleichzeitig haben Eltern gelernt, im Alltag zurechtzukommen. Sie können sich an der Entwicklung anderer Kinder durchaus mitfreuen. Bei Gottesdiensten jedoch, zu denen sie gemeinsam mit anderen Familien eingeladen sind, ist viel Sensibilität gefragt.

Texte, Gebete, Lieder, die die regelgerechte Entwicklung der Kinder beinhalten, können Unbehagen auslösen:

„... Aber auf diese Art an die „Außenseiterposition" des eigenen Kindes erinnert zu werden fand ich halt nicht schön."

Gebet im Krankenhaus bei unsicherer Zukunft

Gott, du bist Liebe.
Wir haben unser Kind mit Sehnsucht erwartet, jetzt ist es da.
Wir freuen uns, wir lieben (...).
(...)s Weg ins Leben ist nicht leicht, Maschinen helfen ihr/ihm beim Atmen, Medikamente unterstützen ihren/seinen Kreislauf, Ärzte und Schwestern kümmern sich um unser Kind, wir stehen manchmal hilflos daneben und wollen ihm so gerne helfen. Wir fragen uns, was die nächsten Tage und Wochen bringen werden. Werden wir unser Kind in den Armen halten? Werden wir es nach Hause holen?

Gott, wir hoffen auf deine Liebe, wir hoffen auf deine Kraft, wir hoffen für unser Kind und für uns selbst.

Wir vertrauen uns dir an. Wir wollen glauben, dass wir bei dir geborgen sind, was auch immer die Zukunft bringt. Wir bitten und hoffen, dass du das Leben von (...) erhältst und sie/ihn zu einem fröhlichen Kind heranwachsen lässt.

Wir bitten dich, sei unserm Kind nahe. Umhülle es mit deiner Liebe. Schenke uns Hoffnung und Geduld und Kraft mit ihm auszuharren. Amen.

Gebete zur Taufe

Allgemein

Gott, Ursprung des Seins,
du hast uns einzigartig geschaffen.
Wir sind alle keine Kinder des Zufalls,
keine Laune der Natur.
Deshalb bitten wir dich besonders für
die neu Getauften:
Begleite du sie auf ihrer Lebensreise.

Schenke ihnen Freunde, die zu ihnen
stehen und sie ermuntern.
Schenke ihnen Mut und Kraft, sich in unserer
schwierigen Gesellschaft zurecht zu finden.
Lass sie immer spüren, dass wir alle von deiner
Liebe getragen sind. Amen.

Guter Gott,
wir danken dir für unser Kind, das in unsere
Familie hineingeboren ist.
Du mutest uns eine Menge Liebe und
Verantwortung zu,
gib uns auch die Kraft, sie zu leben.
Schenke uns Liebe, Glauben, Mut und Phantasie.
Lass uns aufmerksam sein für wichtige und
schöne Schritte im Leben unserer Kinder.
Besonders bitten wir dich heute für (...). Lass
ihn/sie immer Menschen an ihrer/seiner Seite
haben, die ihn/sie liebt, und von deiner Liebe
erzählen.
Hilf allen in der Familie (besonders den Geschwistern), sich immer wieder neu an seine/
ihre Seite zu stellen. Amen.

Du unser Gott,
wir kommen als Eltern zu Dir
und bringen Dir unser Kind.
Wir sind glücklich, dass uns dies
Leben anvertraut ist.
Wir machen uns auch Sorgen um die Zukunft.
Was wird sie uns und unserem Kind bringen?
Werden wir genug Liebe und Kraft,
Geduld und Ausdauer haben?
Hilf uns, dass wir auf Dich hören und mit Dir
rechnen.
Dir vertrauen wir uns an.
Du bist der, bei dem wir geborgen sein können.
Amen.

Besondere Situation (aufgenommen)

Gott der Freude,
öffne unsere Augen für all das Schöne,
das wir mit unserem Kind erleben:
Die Wärme seines Körpers in unseren Armen,
das zufrieden Lächeln in seinem Gesicht, das
laute Schreien nach Aufmerksamkeit.

Gott der Geduld,
schenke uns Geduld mit uns selbst, wenn wir
immer wieder nach dem „Warum" fragen. Wenn
uns die Entwicklungsschritte unseres Kindes zu
langsam vorkommen, wenn wir am Ende eines
Tages matt und ohne Energie sind.
Gott des Lebens,
erfülle uns mit Lebenskraft, die ausreicht für
uns und unsere Familie.
Segne du unser Kind mit Fröhlichkeit und Lachen.
Segne (…) mit Gelassenheit und Selbstbewusstsein,
segne es mit Menschen, die ihm zuhören und
mit ihm sprechen,
mit Menschen, die mehr sehen als Einschränkungen,
mit Menschen, die Phantasie haben und Einfühlungsvermögen. Amen.

Gott, wir danken dir für alle Lebenszusagen,
die du unserem Kind gibst. Du hast (…) begabt, uns Freude zu machen, Liebe zu schenken
und uns zu vertrauen. Gib allen, die uns wichtig sind, Kraft zum Lieben, Geduld zum Warten,
Freude über das, was (…) kann und Zuversicht
darauf, dass es gute Wege in die Zukunft gibt,
weil du in der Nähe bist. Breite deinen Segen
über alles, was (…) erfährt, und lass sie/ihn
für uns zum Segen werden. Amen.

*(verändert nach E. Domay (Hrsg.):
Integrative Gottesdienste: Gottesdienste, S. 69)*

Wie alle Eltern, so haben auch wir uns, Gott,
auf unser Kind gefreut. Wie alle Eltern, so haben auch wir gehofft, dass unser Kind gesund
sein würde. Diese Hoffnung hat sich nicht erfüllt. Es ist nicht einfach für uns, uns damit
abzufinden, und manchmal tragen wir schwer
daran. Lass uns deshalb heute, am Tag der Taufe, erfahren, dass wir nicht allein für unser Kind
sorgen müssen, sondern dass du, Vater im Himmel, mit an seiner Seite stehen wirst. Schenke
unserem Kind einen Glauben, der ihm hilft, sich
anzunehmen und zu leben in der Gewissheit der
Liebe und des Vertrauens. Amen.

*(verändert nach: Evangelisches Gesangbuch Bayern,
814, Gebete – Stufen des Lebens – Taufe, Nr. 5)*

Segen für Eltern und Paten

Gott segne euch
Und schenke euch Freude mit (…).
Er schenke euch Kraft und Geduld,
einen guten gemeinsamen Weg.
Friede sei mit euch.
Amen.

Zur Tauferinnerung

Gott, es ist wunderbar, dein Kind zu sein.
Wir danken Dir für Deine Zusage,
die wir heute wieder neu gehört haben.
Hilf uns, uns daran zu erinnern,
dass wir von Dir geliebt sind und
Du uns immer in deiner Hand hältst.

Wir legen Dir unsere Kinder ans Herz,
Sei Du ihnen ein Licht, das nie ausgeht,
ein Licht, das sie auch dann erahnen, wenn es
für sie dunkel ist.
Schenke ihnen Kraft zum Aufwachsen und
Freude am Leben. Amen.

GREGOR ETZELMÜLLER / ANNETTE WEISSENRIEDER

Der achtsame Umgang mit dem Leib

Abendmahl mit Menschen mit Behinderung

Problemskizze

In dem Fernsehfilm über Margarete Steiff wird die an Kinderlähmung erkrankte zehnjährige Margarete von ihrem Bruder in einem Karren in die Kirche geschoben. Ihr Bruder schiebt sie durch den Mittelgang bis ganz nach vorne – unmittelbar vor den Pfarrer. Dieser weist sie empört zurück: So etwas nicht in meiner Kirche!

Die hier dargestellte Szene ist keineswegs eine Ausnahme: Die Abweisung von Menschen mit Behinderung im Gottesdienst allgemein, aber im Besonderen bei der Feier des Abendmahls gehört zur Schuldgeschichte der Kirche – und ist in manchen Gemeinden und Kirchen nach wie vor gängig.

In dieser Abweisung wirkt sich eine gängige religiöse Deutung von Krankheit aus: Krankheit wird als Strafe Gottes verstanden. Gemäß einem Tun-Ergehens-Zusammenhang, nach dem sich das Verhalten des einzelnen Menschen in seinem körperlich sichtbaren Leiden spiegelt, wird dem kranken Menschen seine Krankheit als selbstverschuldete Folge seiner Sünde zugerechnet. Diese im Alten Orient verbreitete Auffassung findet sich etwa in Psalm 38,4: „Es ist nichts Gesundes an meinem Leibe wegen deines Drohens und nichts Heiles an meinen Gebeinen wegen meiner Sünde." Noch nach Friedrich von Bodelschwingh, dem Gründer der Anstalten von Bethel, soll ein kranker Mensch „Gott ernstlich nach der Ursache solcher Heimsuchung" fragen, weil „alle Krankheit Folge der Sünde" sei.

Schlimmer noch: Die Krankheit wird als Zeichen mangelnder Reue gedeutet. Würde der Kranke seine Sünden ernsthaft bekennen, würde Gott ihm vergeben – und zum Zeichen dafür würde seine Krankheit verschwinden. So aber zeigt die Krankheit an: Der Kranke ist in der Sphäre der Sünde verhaftet, die sich körperlich manifestiert. Denn wer seine Sünden nicht erkennen will, den straft Gott nach dem Nürnberger

Reformator Andreas Osiander „mit mancherley plagen so lang, biß er's zuletst bekennen und bereuen muß". Die ausbleibende Heilung wird so als Folge fehlender Sündenerkenntnis gedeutet.

Einer solchen Deutung erscheinen Menschen mit geistiger Behinderung besonders problematisch: Aufgrund der erkennbaren Beeinträchtigungen ihrer Wahrnehmungs- und Verstandesfähigkeiten scheinen sie zur Erkenntnis ihrer Sünde nicht fähig zu sein. Eben deshalb spricht man ihnen ab, das Abendmahl „in der nötigen Würde vollziehen" zu können.

Beichte und Abendmahl – zur Wirkungsgeschichte der paulinischen Abendmahlslehre

Die Ausgrenzung von Menschen mit Behinderung von der Feier des Abendmahls wurde im Bereich der evangelischen Kirchen dadurch verstärkt, dass man das Abendmahl ganz in den Kontext der Beichte rückte. In der Confessio Augustana verpflichteten sich die Evangelischen 1530 vor Kaiser und Reich dazu, niemandem das Sakrament zu reichen, sofern er nicht zuvor „verhört und absolviert" wurde (CA 25). Dabei bestand das Abendmahlsverhör nach Luther aus zwei Elementen: Zum einen sollten die Glaubenden beim Pfarrer Rechenschaft über ihren Glauben ablegen, zum andern sollte ihr Lebenswandel untersucht werden (vgl. Martin Luther Werke, Weimarer Ausgabe (WA) 12, 215, 18–28).

Den biblischen Hintergrund dieser Praxis bilden die Ausführungen Paulus' über das Abendmahl im ersten Korintherbrief: „Wer nun unwürdig von dem Brot isst oder aus dem Kelch trinkt, der wird schuldig sein am Leib und Blut des Herrn. Der Mensch prüfe aber sich selbst, und so esse er von dem Brot und trinke aus diesem Kelch. Denn wer so isst und trinkt, dass er den Leib nicht unterscheidet, der isst und trinkt sich selber zum Gericht. Darum sind auch viele körperlich und seelisch Schwache unter euch und nicht wenige sind entschlafen." 1. Kor 11,27–30 (Übersetzung Weissenrieder)

Nach dem Kirchenvater Johannes Chrysostomos achtet derjenige den Leib nicht recht, der Fieber hat und trotzdem zum Abendmahl geht. Das Abendmahl stellt er als Mittel dar, durch das der Leib des Menschen zur Vereinigung mit dem Erlöser kommt. Der menschliche Leib sei, so seine Grundthese, mit einem Gift, welches Tod bringt, vergiftet. Das Abendmahl begreift er als das rettende Gegengift, doch könne dieses nicht wirken, wenn der Körper nicht nur vergiftet sei, sondern sich auch im Ungleichgewicht befinde, wie es bei Fieberkranken der Fall sei. Deshalb rät er diesen dringlich, nicht am Abendmahl teilzunehmen. Für sie wäre das Abendmahl tödliches Gift.

Ist es bei Johannes Chrysostomos der menschliche Körper, der den Leib Christi nicht erkennt und damit missachtet, verstand man in der westlichen Tradition das Achten des Leibes, mit dem die Selbstprüfung verbunden ist, oftmals im Sinne einer kognitiven Leistung: So setzt nach Thomas von Aquin die Selbstprüfung Vernunftgebrauch voraus, sodass Kindern und von Geburt an Geisteskranken das Sakrament nicht gegeben werden dürfe.

In reformatorischer Tradition achtet nur der den Leib Christi recht, der zum einen seine Sünden bekennen und zum andern benennen kann, was er im Abendmahl empfängt und wozu es ihm nützt. So ist es nach Luther geradezu die Sünde der Korinther gewesen, dass sie das Abendmahlsbrot „mit solchem unverstand odder unvernunfft" gegessen hätten, als „were es schlecht [= schlicht] brod" (WA 26, 486). Auf der Linie dieser Interpretation führte die Mahnung des Paulus, den Leib zu achten, zum Ausschluss von Menschen mit Krankheit und Behinderung vom Abendmahl.

Die so aufgrund ihrer Krankheit oder Behinderung vom Abendmahl Ausgeschlossenen wurden sodann im Licht von Vers 29 wiederum als Sünder gekennzeichnet. Dass es in Korinth Kranke, Schwache und schon Entschlafene gab, hätte Paulus als Strafe Gottes für deren Verfehlung gedeutet. 1. Kor 11 wurde als Beleg dafür gelesen, dass Gott, wie der pietistische Theologe Philipp Jacob Spener schreibt, „seinen fromen nicht lang in ihren sünden zusihet sondern bald mit der ruthen hinter ihnen her ist, damit sie von dem bösen weg gleich abgebracht werden".

Zur gegenwärtigen liturgischen Praxis in Gemeinde, Krankenhäusern und Heimen

Bedenkt man die sozial exkludierenden Folgen dieser Interpretation der paulinischen Abendmahlslehre, wird es verständlich, dass man bei der Erarbeitung des Evangelischen Gottesdienstbuches (EGB) versucht hat, die Feier des Abendmahls aus dem vermeintlichen Schatten der Beichte herauszuführen. An die Stelle des Bußernstes sollte wieder die österliche Freude treten.

So geht in jenen Kirchen, die ihren Gottesdienst nach dem EGB feiern, anders, als es CA 25 vorschreibt, dem Abendmahl in der Regel weder Beichte noch Buße voraus. Zwar kann das auf Votum und Gruß folgende Vorbereitungsgebet als Bußgebet gestaltet werden, doch hat es sich nach dem EGB in der Gegenwart „mehr und mehr gezeigt, dass das Vorbereitungsgebet zu Beginn des Gottesdienstes erst einmal die Menschen, die von draußen zum Gottesdienst kommen, abholen muss". Das Vorbereitungsgebet soll daher „aus der jeweiligen menschlichen Situation erwachsen" und verliert damit seinen prinzipiellen Charakter als Bußgebet.

Während das Evangelische Gottesdienstbuch das Abendmahl ganz aus dem vermeintlichen Schatten der Beichte herauszuführen versucht hat, sieht die ebenfalls in vielen Landeskirchen in Geltung stehende Agende Dienst am Kranken für den Abendmahlsgottesdienst in Krankenhäusern und Heimen ausdrücklich die Möglichkeit einer allgemeinen Beichte vor. Die Ungleichzeitigkeit der Agendenreformen hat durchaus seelsorgerliche Konsequenzen: Menschen, die in ihren Heimatgemeinden zum Abendmahl gehen, ohne vorher gebeichtet zu haben, werden im Krankenhaus (das heißt für sie: angesichts ihrer Erkrankung) genötigt, vor dem Empfang des Abendmahls in eine allgemeine Beichte einzustimmen. Eine solche Praxis kann letztlich nur die religiöse Deutung von Krankheit als Sündenstrafe verstärken.

Der Leib des Menschen, der Leib der Gemeinde und der Leib Christi – zur Vieldimensionalität der paulinischen Abendmahlslehre

Angesichts solcher Formen der Beichte, die letztlich nur die religiöse Deutung der Krankheit als Sünden-

strafe verstärken, ist es verständlich, wenn aus seel-sorgerlichen Gründen der Bezug des Abendmahls zur Thematik von Schuld und Sündenthematik ganz fallen gelassen und die Mahnung des Apostels Paulus, sich selbst zu prüfen und den Leib zu achten, verschwiegen wird.

Mit dieser liturgischen Entscheidung geht freilich eine entscheidende Reduktion einher: Versteht man das Abendmahl ausschließlich von den Versen 23–26 her und damit als Erinnerung an den Tod Christi, dann nimmt man zwar den Leib Christi wahr, verliert aber die Leiber der im Gottesdienst Versammelten aus dem Blick, gerade auch die der Schwachen und Kranken.

Die beiden Begriffe „krank" und „schwach", die wir im Deutschen kaum differenzieren können, haben im Griechischen unterschiedliche Bedeutung. Dass Paulus zwei Begriffe verwendet, zeigt an, dass die Gruppe der „Kranken und Behinderten" keine homogene Gruppe ist, sondern in sich differenziert. Die Begriffe unterscheiden in der Antike körperliche und seelische Schwäche und Siechtum.

Gemeinsam ist beiden Begriffen, dass sie eine von Menschen verschuldete Schwächung des Körpers bedeuten. Entscheidend ist dabei freilich: Menschen ziehen sich diese körperliche bzw. seelische Schwächung nicht durch ein Vergehen Gott gegenüber zu, sondern sie schwächen sich selbst. Diejenigen, die in der Gemeinde zu Korinth prassen – zu viel essen, statt auf die anderen zu warten, und betrunken sind, statt mit anderen zu kommunizieren –, vergehen sich mit seelischen und körperlichen Folgen gegen sich selbst.

Ihr Verhalten ist freilich auch für die Gemeinde als Ganze nicht folgenlos: „Denn wenn ein Glied leidet, so leiden alle Glieder mit" (1. Kor 12,26). Dabei hat Paulus ganz konkrete Konsequenzen vor Augen: Wenn die einen schlemmen, hungern die anderen. Dadurch erkrankt der ganze Leib Christi – die einen selbst verschuldet, die anderen durch die Schuld der anderen.

Vor diesem Hintergrund erschließt sich, was es heißt, den Leib zu achten. Es geht um die Achtsamkeit gegenüber dem eigenen Leib, es geht um die Achtsamkeit gegenüber dem Leib der Gemeinde und es geht um die Achtsamkeit gegenüber dem Leib Christi.

Was bedeutet diese dreifache Achtsamkeit für die Feier des Abendmahls mit Menschen mit Behinderung?

Der achtsame Umgang mit dem Leib in der Feier des Abendmahls

Wo man die Frage diskutiert, ob man mit Menschen mit Behinderung Abendmahl feiern kann, wird die Frage nach dem achtsamen Umgang mit dem Leib im Sinne der oben genannten Doppelbedeutung als christologischer und ekklesiologischer Leib oft als Frage an die Menschen mit Behinderung verstanden: Können sie den Leib des Herrn achten, obwohl sie möglicherweise den Katechismus nicht aufsagen können? Missachtet es nicht die Würde der Abendmahlsfeier und damit der versammelten Gemeinde, wenn ein Teilnehmer das Brot wieder ausspuckt?

Demgegenüber stellen sich vom biblischen Text her die Fragen: Wie gehen wir als Gemeinde aus Menschen mit und ohne Behinderung achtsam mit unseren Leibern, mit dem Leib der Gemeinde und dem Leib Christi um?

Der achtsame Umgang mit dem eigenen Leib zeigt sich nach Paulus darin, dass Menschen sich nicht dem individuellen Genuss hingeben, sondern in gemeinsamer Feier verdeutlichen, was ihnen durch ihre Leiblichkeit vorgegeben ist: dass sie aufeinander angewiesen sind. Da Leib biblisch Kommunikationsmedium ist, das mich anderen öffnet, pflege ich meinen Leib nur, wenn ich mich nicht anderen verschließe, sondern mich für ihre spezifischen Gaben öffne. „Wenn ihr zusammenkommt, so hat ein jeder etwas beizutragen" (vgl. 1. Kor 14,26). Eben deshalb sollten Gottesdienste nicht nur so konzipiert sein, dass die Begrenzungen einzelner (etwa im Hör- oder Sehvermögen) nicht zum Abbruch von Kommunikation führen, sondern dass sie darüber hinaus ermöglichen, dass jede und jeder ihre/seine spezifische Gabe einbringen kann. Es sollte nicht zunächst nach der Behinderung gefragt, sondern auf die besonderen Gaben geachtet werden: dass da ein Mensch ist, der gerne singt oder der gerne tanzt und meistens fröhlich ist, der fast stets gute Laune hat. Dass es sich bei dieser Forderung nicht nur um einen frommen Sonntagswunsch handelt, zeigen mittlerweile Erfahrungen des inklusiven Konfirmandenunterrichts.

Der achtsame Umgang mit dem Leib der Gemeinde zeigt sich darin, dass die Gemeinde ihr Handeln an denen orientiert, „die uns die Schwächsten zu sein scheinen" (1. Kor 11,22). Dadurch werden Menschen mit Behinderung keineswegs auf ihre Begrenzungen festgelegt: Paulus spricht nicht von den Schwachen,

sondern von denen, die uns die Schwächsten zu sein *scheinen*. Aber die Begrenzungen brauchen im Gottesdienst auch nicht schamhaft verborgen zu werden, sie sollen vielmehr so integriert werden, dass sich ihrer niemand zu schämen braucht: „Die, die uns am wenigsten ehrbar zu sein scheinen, die umkleiden mit wir mit besonderer Ehre" (1. Kor 12,23). Das heißt konkret im Blick auf die Feier des Abendmahls: Eine würdige Abendmahlsfeier wäre gerade eine solche, in der derjenige, der möglicherweise das Abendmahlsbrot wieder ausspucken wird, sich am wohlsten fühlt. Und statt den Menschen im Rollstuhl vorschnell anzubieten, die Kommunion am Platz zu empfangen, wäre nach Wegen zu suchen, wie sie an der gemeinsamen Kommunion im Altarraum teilnehmen können.

Der achtsame Umgang mit dem Leib Christi zeigt sich darin, dass wir denjenigen, für den Christus gestorben ist, nicht aus der Gemeinschaft ausschließen, was bedeuten würde, Christus erneut zu kreuzigen. Das tun wir aber, wenn wir Menschen mit Behinderung stigmatisieren, indem wir Krankheit als Strafe Gottes deuten und damit Jesus Christus widersprechen, der, als er angesichts eines Blindgeborenen gefragt wurde: „Meister, wer hat gesündigt, dieser oder seine Eltern, dass er blind geboren ist?", antwortete: „Es hat weder dieser gesündigt noch seine Eltern, sondern es sollen die Werke Gottes offenbar werden an ihm" (Joh 9,2f.).

Von den biblischen Texten her stellt sich im Blick auf die Feier des Abendmahls die Frage: Können wir als Gemeinde aus Menschen mit und ohne Behinderung achtsam miteinander umgehen?

Gestaltungsprinzipien und Bausteine für eine Abendmahlsliturgie mit Menschen mit Behinderung

Jeder Gottesdienst sollte so gestaltet sein, dass sich Menschen mit Behinderung in ihm willkommen und integriert fühlen können. Umgekehrt sollte jeder Gottesdienst, der als Zielgruppe speziell Menschen mit Behinderung in den Blick nimmt, so gestaltet werden, dass er als Gottesdienst der einen weltweiten Kirche Jesu Christi erkennbar ist. Eben deshalb ist es unverzichtbar, dass in Heimen, Hausgemeinschaften und diakonischen Einrichtungen auch Gottesdienste mit Abendmahl gefeiert werden. Das gottesdienstliche Leben unserer Kirchen darf sich nicht in scheinbar normale Gottesdienste einerseits und Gottesdienste für Menschen mit Behinderung zergliedern lassen.

Jeder Gottesdienst, unabhängig davon, wer an ihm teilnimmt, ist immer Gottesdienst des einen Leibes Jesu Christi – und sollte deshalb so gestaltet werden, dass eine jede Christin und ein jeder Christ an ihm als seinem Gottesdienst teilnehmen kann.

Im Blick auf Abendmahlsgottesdienste heißt das: In jeder Gemeinde sollte das Abendmahl so gefeiert werden, dass durch die konkrete Feiergestalt Menschen mit Krankheit und Behinderung nicht diskriminiert werden. Besondere Achtsamkeit ist dabei bei der Gestaltung des Rüstaktes der Gemeinde, in der diese ihre Schuld vor Gott thematisiert, gefordert. Bußgebet oder Beichte dürfen nicht so formuliert sein, dass Menschen mit Krankheit und Behinderung darin bestärkt werden, ihre Krankheit als Sündenstrafe zu verstehen.

Damit Menschen mit Behinderung sich in einem Gottesdienst nicht nur willkommen fühlen, sondern diesen Gottesdienst auch als ihren eigenen erleben, ist es notwendig, ihnen angemessene Mitgestaltungsmöglichkeiten zu bieten. Dabei bietet sich insbesondere die Gabenbereitung an: Verschiedene Gemeindeglieder können den Altar mit Blumen schmücken und Brot und Wein zum Altar bringen. Singt man dazu „Kommt mit Gaben und Lobgesang", dann kann die Gabenbereitung auch mit einem einfachen Tanz begleitet werden.

Als Beispiel für eine Abendmahlsfeier, die sensibel mit dem Thema Schuld umgeht und zugleich Jugendlichen mit und ohne Behinderung Mitgestaltungsmöglichkeiten einräumt, sei im folgenden die Abendmahlsliturgie eines Konfirmationsgottesdienstes wiedergegeben, der auch Jugendlichen mit einer schweren geistigen und körperlichen Behinderung gerecht werden will.

Der Gottesdienst eignet sich nicht zur Kopie. Jede Konfirmandengruppe verlangt ihren ureigenen Ent-

wurf, um dem Einzelnen und der Gesamtsituation gerecht zu werden.

Abendmahl

Trotz guten Willens, trotz schöner Segensworte – es gibt auch Menschen, die uns gestohlen bleiben können. Solche, denen wir nicht die Hand geben würden, mit denen wir nicht am selben Tisch sitzen wollten, vor denen wir auf dem Absatz umdrehen. Larissa, Simon, Sebastian und Alexander haben solche Leute, solche „Typen", für uns aufs Papier gebracht. [Im KU waren die dazu fähigen KonfirmandInnen aufgefordert worden, eine Person zu zeichnen, die sie nicht ausstehen können. Diese Zeichnungen wurden im Gottesdienst auf Folie per Tageslichtschreiber präsentiert. Da für einzelne Konfirmanden Frustration und Aggression ein bedeutendes Thema ist, ermöglichte ihnen diese Methode, sich selbst in den Gottesdienst einzubringen, ohne exponiert zu werden.]

1. Solche, die uns das Geld aus der Tasche ziehen – wie hier der Steuerbeamte – oder einen selbst übers Ohr hauen.
2. Jemand, der nur an sich selbst denkt und für andere nichts übrig hat. Jemand, der auf eine Frage wie „Darf ich mit deinen Rollschuhen fahren?" grundsätzlich mit „Nein!" antwortet.
3. Solche, die mir zehn Meilen gegen den Wind stinken – wie nach übelstem Achselgeruch und faulen Eiern.
4. So jemand, der rücksichtslos alle überfährt nach dem Motto: „Wenn ich den Rasen mähe, steht mir keiner im Weg!"
5. Solche, die andere auf brutale Weise missbrauchen, und solche, die sich aufführen wie der Teufel persönlich.

Ich bin sicher: Jeder und jede von Ihnen könnte auch so eine Erscheinung zeichnen, eine ganz und gar unmögliche Person. Dazu braucht es nicht viel Phantasie. Wir kennen sie aus unserem Alltag oder aus Funk und Fernsehen.
Doch das Verblüffende ist: Jeder unmögliche Mensch, auch der, den ich in den Augen anderer selbst bin, ist am Tisch Jesu willkommen, er darf Platz nehmen, bekommt eingeschenkt und aufgetischt, Brot und Wein.
Wir alle dürfen dabei sein, ganz gleich, ob wir schon erwachsen sind oder noch ein Kind, ganz gleich, ob wir evangelisch oder katholisch, Rechtgläubige oder Zweifler sind:
Gottes Vergebung ist größer als unsere Schuld, sein Herz

ist weiter als unsere „Schubladen". Alle sind wir an seinen Tisch geladen. Wir bekräftigen dies mit dem Lied:

Lied: Kommt mit Gaben und Lobgesang (Rollstuhltanz der Konfirmanden)

Gebet

Gott, du willst, dass wir dazugehören. Du schließt keinen aus.
Zu dir kommen wir mit unserer Sehnsucht nach Anerkennung und Annahme.
Zu dir kommen wir mit dem, was uns misslungen ist, mit dem, was wir anderen schuldig geblieben sind: unseren Kindern, unseren Eltern, unseren Freunden. Vergib uns und lass uns neue Schritte wagen. Ist dies eure Bitte, so sprecht mit mir: „Herr, erbarme dich!"

Gemeinde: „Herr, erbarme dich!"

Freut euch! Gottes Güte reicht so weit der Himmel ist,
seine Wahrheit so weit die Wolken gehen! Amen.

Wir erinnern uns an die Nacht, in der Jesus mit seinen Jüngern ein letztes Mal zu Tisch saß, wenn wir nun mit und für die Konfirmanden die Einsetzungsworte zum Abendmahl sprechen.

Einsetzungsworte

Wir feiern das Abendmahl mit Traubensaft in Einzelkelchen und in großen Gruppen hier vorn vor dem Altar. Zuerst sind die Konfirmanden mit Eltern und Paten geladen.
Kommt, denn es ist alles bereit. Seht selbst und schmeckt, wie freundlich der Herr ist, glücklich, wer ihm vertraut!

(zitiert nach www.anknuepfen.de/downloads/ downloadsjournal/gottesdienstmitbehinderten.php)

Bei der Austeilung des Abendmahls sollte man darauf achten, dass nicht durch gut gemeinte Rücksichtnahme Menschen mit Behinderung diskriminiert werden. Wo Menschen mit Behinderung aufgrund baulicher Voraussetzungen keinen Zugang zum Altarraum haben, da kann auch die ganze Gemeinde das Abendmahl in den Bankreihen empfangen. Diese Möglichkeit ist in verschiedenen Agenden ausdrücklich vorgesehen.

Der klassische Ort der Wahrnehmung der Sorgen von Menschen mit Krankheit und Behinderung sind die

Fürbitten. Dabei fällt im Blick auf die evangelischen Kirchen in Deutschland auf: Es gibt zwar eine Fülle ansprechender Fürbittenvorlagen, die auch die Anliegen von Menschen mit Krankheit und Behinderung bedenken, aber es fehlt den Fürbitten für Menschen mit Krankheit und Behinderung die Selbstverständlichkeit, die ihnen in anderen konfessionellen Traditionen zukommt. So gibt es keinen orthodoxen Gottesdienst, keine göttliche Liturgie, in der nicht für die Kranken gebetet und Gott um Heilung gebeten wird: „Heile unsere Krankheiten um deines Namens willen." Dabei geschieht das Gebet für die Kranken mit dem Charme der beiläufigen Selbstverständlichkeit. Man betet für die Kranken genauso wie für die, die auf Reisen oder beim Militär sind.

In vielen amerikanischen Gemeinden (auch in den sogenannten mainline churches) wird vor dem Gottesdienst öffentlich gefragt, ob jemand ein besonderes Gebetsanliegen habe. In anderen Gemeinden können Menschen mit besonderen Nöten zum Fürbittengebet in den Altarraum kommen. Das Schöne an dieser Praxis ist, dass Menschen mit Behinderung dabei nicht diskriminiert werden, sondern zusammen mit anderen Menschen, die ein bestimmtes Anliegen haben, nach vorne kommen. Dabei besteht gelegentlich auch die Möglichkeit der Einzelsegnung und der Salbung. Entgegen einem verbreiteten Missverständnis zielt die Salbung dabei nicht darauf, dass ein Mensch gesund wird. Die Salbung soll vielmehr vor aller Öffentlichkeit und für den Gesalbten leiblich erlebbar zum Ausdruck bringen, dass er ein von Gott angenommenes und mit königlicher Würde ausgestattetes Geschöpf Gottes ist. Die Salbung kann helfen, dass Menschen mit Behinderung, denen diese Würde oft genug abgesprochen wird, diese Würde leibhaftig erfahren können.

INGRID STROM / KLAUS MAJOHR / JÜRGEN ISSLER / JOCHEN STIEFEL

Sehet und schmecket, wie freundlich der Herr ist

Abendmahlsfeier mit Menschen mit und ohne Behinderung

In der Feier des Abendmahls wird die Zuwendung Gottes, seine befreiende Vergebung und die Gemeinschaft der Menschen besonders intensiv erfahrbar.

Wann wir das Abendmahl feiern

In vielen Einrichtungen der Behindertenhilfe wird wöchentlich das Abendmahl gefeiert. Andere feiern an einem Sonntag im Monat. Auf jeden Fall empfiehlt sich ein regelmäßiger Rhythmus. Besondere Zeiten und Anlässe für das Abendmahl sind: Gründonnerstag, Karfreitag, Reformationstag.

Die Feier des Abendmahls mit Menschen mit und ohne Behinderung sollte die verschiedenen Fähigkeiten und Gaben berücksichtigen, die jede und jeder mitbringt, und möglichst viele Menschen in die Gestaltung der Feier mit einbeziehen.

Freude und Feierlichkeit

Das Abendmahl erinnert an das letzte Mahl, das Jesus mit seinen Jüngern am Abend vor seiner Verhaftung gehalten hat. Es war kein gewöhnliches Abendessen, sondern das Passa-Mahl, das an diesem Tag gefeiert wurde und zu dessen Feier Jesus mit seinen Jüngern nach Jerusalem gekommen war. Es knüpft aber auch an die Gewohnheit Jesu an, mit seinen Jüngern und anderen Nachfolgern Mahlgemeinschaft zu halten. Die besondere Bedeutung, die Jesus dem Mahl durch seinen Tod und seine Auferstehung gab, macht für uns heute das Abendmahl zu einer Feier der Erinnerung und Gemeinschaft mit Jesus und miteinander und zu einem Fest der Vergebung.

Die Feier hat daher sowohl einen starken Charakter der Freude als auch der Feierlichkeit und Heiligkeit. Das bedeutet für die Gestaltung, dass, wie auch

sonst zu einem Fest, eine besondere Ausstattung dazu gehört:

Zum einen gehören dazu: ein festlich gedeckter Tisch, ein schön gestalteter Raum und passende musikalische Beiträge.

Zum andern gehören verschiedene Aufgaben dazu, die von unterschiedlichen Personen erfüllt werden. Es ist wichtig, dass die Personen, die an der Gestaltung der Feier beteiligt sind, vor der Feier miteinander klären, wer welche Aufgabe und Verantwortung hat und in welcher Form gefeiert wird. Dazu sollte der gesamte Ablauf der Feier Schritt für Schritt durchgegangen werden, damit nicht im Verlauf des Abendmahls eine Ungereimtheit auftaucht.

Die Gestaltung der Feier hängt von den Bedürfnissen der Menschen und auch von den räumlichen Gegebenheiten ab: Ist es in dem Raum möglich, zu einem Kreis oder Halbkreis am Altar zusammenzukommen, oder gibt es Stufen oder Säulen, die das behindern? Wie können Menschen mit Gehbehinderung und/oder RollstuhlfahrerInnen in den Kreis einbezogen werden? Es ist wichtig, dass niemand von der Form ausgeschlossen wird, weil das eine sehr schmerzhafte Erfahrung ist: Die anderen feiern zusammen und ich kann nicht mitmachen!

Es können verschiedene Varianten, wie das Abendmahl zusammen gefeiert wird, vorgestellt werden: im Kreis oder Halbkreis um den Altar oder um den Tisch mit den Gaben,

Austeilung an zwei oder mehr „Stationen" vorn im Altarbereich, oder in mehreren Kreisen im Gottesdienstraum (Kirchentag).

Die Austeilung als „Wandelkommunion" ist eine Variante, wie in großen Gottesdiensten ein möglichst flüssiger Ablauf erreicht wird. Die Feierlichkeit und der Gemeinschaftscharakter kommt in dieser Form nicht so gut zum Ausdruck.

Besonderheiten bei der Austeilung

Bei der Darreichung des Brotes sind ebenfalls unterschiedliche Varianten möglich.

Intiktio

Es wurde vielfach die Erfahrung gemacht, dass die Praxis der „Intiktio" auch für Menschen mit unterschiedlichem Assistenzbedarf eine gute Form darstellt.

Intiktio bedeutet, dass das Brot in den Gemeinschaftskelch eingetaucht wird. Menschen, die es selbst können, tauchen das Brot selbst ein, andere bekommen es gereicht, wobei es sich empfiehlt, bei Personen, die Einschränkungen im Ess- und Schluckbereich haben, kurz leise mit der begleitenden Person abzustimmen, ob ein großes oder ein kleines Stück gereicht wird oder ob zum Beispiel bei einer Schluckbehinderung keine Speise gereicht werden darf. In diesem Fall kann die Person durch Handauflegung gesegnet werden. Es hat sich als eine gute Lösung erwiesen, das Abendmahl immer mit Traubensaft anstatt mit Wein zu feiern, weil es Menschen, die aus einem Grund Probleme mit Alkohol haben (z. B. wegen Medikamenteneinnahme), so ungehindert mitfeiern können.

Brot und Wein in Einzelkelchen

Auch die Austeilung von Wein in Einzelkelchen ist möglich und wird vielfach praktiziert. Viele Menschen sehen darin eine gute Form, die sie als hygienisch empfinden. Es ist aber zu bedenken, dass die Handhabung der kleine Kelche nicht für alle Personen einfach ist.

Zum liturgischen Ablauf: elementarer Umgang mit dem Thema Schuld

Um den Vergebungscharakter des Abendmahls befreiend und als Zuspruch erlebbar werden zu lassen, ist es wichtig, verantwortlich mit dem Schuldbekenntnis und der Zusage der Vergebung umzugehen. Für die Menschen der heutigen Zeit ist der Begriff Schuld auf unterschiedliche Weise besetzt. In der Vergangenheit und bis in die Gegenwart haben Menschen mit Behinderung oft sehr unangemessene Interpretationen von Schuld in Zusammenhang mit ihrem Anderssein erfahren müssen. Bis in die jüngste Vergangenheit wird eine Behinderung immer wieder als Strafe für begangene eigene Schuld oder Sünden fehlgedeutet. Oder Menschen mit Behinderung müssen sich als eine (unnötige) Last für ihre Mitmenschen und die Gesellschaft fühlen.

Wurden Menschen in der Geschichte des Christentums durch einen drohenden Gott immer wieder klein gemacht, so ist das in besonderer Weise für Menschen mit einer intellektuellen Einschränkung fatal, weil sie sich weniger von autoritären Botschaften distanzieren können. Dies ist eingangs schon beschrieben (siehe den Beitrag „Ein dunkles Kapitel").

Und dennoch: Menschen mit Behinderung wissen darum, dass Menschen untereinander und auch in Bezug auf das eigene Leben schuldig werden. Auch wenn keine Reflexion darüber möglich ist, so ist ein tiefes Verständnis davon, was recht ist, vorhanden. Der Zuspruch von Vergebung ist für alle Menschen wichtig und sollte daher nicht kategorial ausgeklammert werden. In vielen Erfahrungen zeigt es sich, dass ein „normaler" Umgang, so wie er von allen Menschen als befreiend und wohltuend empfunden wird, auch für Menschen mit einer Behinderung passt. Das bedeutet vor allem, dass die Liturgin eine echte Ausstrahlung hat und die Worte, die sie spricht, auch gut verkörpert. Die körpersprachlichen Botschaften, wie Haltung, Gesten und Mimik, sowie der Klang der Stimme haben einen großen Anteil daran, wie die Worte bei den Gottesdienstbesuchern ankommen. Es sollte eine zugewandte und offene Körpersprache gewählt werden. Zum Beispiel kann der Zuspruch der Vergebung mit ausgebreiteten Armen (ähnlich der Segnungshaltung) gesprochen und ausgedrückt werden.

Es gibt zwei Möglichkeiten im Gottesdienst für das Schuldbekenntnis und den Zuspruch der Vergebung. Die eine ergibt sich im Anschluss an die Verkündigung. Die innere Logik ist dann, dass im Lichte des Evangeliums auch das eigene Leben in den Blick kommt und daraus die Erkenntnis der Schuld geschieht. Der Zuspruch der Vergebung kann dann im Licht des Evangeliums geschehen. Diese Variante verhindert eine zu starke Betonung des Bußcharakters des Abendmahls.

In einer anderen Variante stehen das Schuldbekenntnis und der Zuspruch der Vergebung direkt am Beginn des Abendmahlteils. So zum Beispiel in der „Oberdeutschen Form". In dieser Variante wird der Bußcharakter des Abendmahls sehr betont. Dazu ist in der Praxis mit Menschen mit Behinderungen eher nicht zu raten.

Eine andere Möglichkeit ist durchaus, kein explizites Schuldbekenntnis zu sprechen. Das Vaterunser, das vor dem Abendmahl gebetet wird, umfasst auch diesen Aspekt mit der Bitte „Vergib uns unsere Schuld, wie auch wir vergeben unseren Schuldigern", sodass der Aspekt der Vergebung in jedem Fall eingeschlossen ist.

Die Erfahrung zeigt, dass es wichtig ist, Schuld nicht als abstrakte Größe zu nennen, weil dies zu unkonkret ist – und eine offene Projektionsfläche bietet, auch für unangemessene Schuldbegriffe.

Wir sehen es für alle Beteiligten als wohltuend an, wenn liebevoll benannt ist, was uns voneinander und von Gott trennt.

Willibald Lassenberger: Abendmahl

Mögliche Formulierung für Schuldbekenntnis und Zuspruch

Gott hat uns geboten, einander zu lieben.
Lasst uns bedenken, wo wir einander vergessen
und übergangen haben,
wo wir hart und unversöhnlich waren
und zur Vergebung nicht bereit.

Stille zur Besinnung

Freut euch: Gott vergibt euch alle eure Schuld. Was gewesen ist, bedrücke euch nicht mehr, und was kommt, wird euch nicht schrecken. Gottes Gnade ist unseres Lebens Freude und Kraft. Amen.

Oder:
Gott vergibt und heilt – lasst uns davon singen
Meine Hoffnung und meine Freude
Vergiss nicht zu danken dem ewigen Herrn
Von Gott kommt mir ein Freudenlicht

Einladung zum Abendmahl an Menschen anderer Konfession und Religion

Aus Sicht der protestantischen Theologie sind alle Menschen von Jesus Christus zum Abendmahl eingeladen, und daher sprechen wir die Einladung auch an alle in großer Offenheit aus. Die Verbundenheit mit Christus im Sakrament des Abendmahls ist sehr weitgehend. Aus Respekt vor dem anderen Glauben anderer Menschen sollte niemand gegen seinen oder ihren Willen da mit hinein genommen werden. Die Teilnahme von Menschen anderer Konfession oder anderer Religion sollte daher mit den Menschen selbst abgestimmt werden. Wenn diese sich wegen einer geistigen oder sprachlichen Behinderung nicht äußern können, sollte es mit den Familienangehörigen abgeklärt sein, ob die Teilnahme am Abendmahl gewünscht ist.

Möglich ist es auf jeden Fall, alle anwesenden Menschen in die Gemeinschaft des Gebetes und den Segen Gottes einzuschließen, auch wenn sie nicht an der Feier des Abendmahls und der Austeilung der Gaben teilnehmen.

RUDOLF SCHMID

Abendmahl mit Menschen mit schweren Beeinträchtigungen

Ein kommentierter Entwurf

Seit den Anfängen des Sonnenhofs 1968 ist es eine ununterbrochene Tradition, mit den hier wohnenden Kindern, Jugendlichen und Erwachsenen wöchentliche Andachten und jährliche Abendmahlsfeiern zu halten. Seit der Sonnenhof vor mehr als 15 Jahren Außenwohngruppen einrichtete, nehmen gerade auch deren BewohnerInnen an den Abendmahlsfeiern teil. Einerseits war es ein beständiges Ziel aller derer, die selbstständig genug sein konnten, an den Abendmahlsfeiern der umliegenden Kirchengemeinden teilzunehmen. Durch viel Verständnis seitens der Gemeinden war dies auch oft möglich. Dennoch

zeigte sich, dass die Abendmahlsfeiern in unserem Versammlungssaal, der Arche, auch weiterhin gern besucht wurden, weil es für Menschen mit schwerer und mehrfacher Behinderung doch zu viele Barrieren gab. Vor allem konnte die assistierende Begleitung durch MitarbeiterInnen nicht gewährleistet werden, und außerdem ist das Verhalten mancher Menschen mit schwerer Behinderung sozial so wenig angepasst, dass es sehr schwierig ist, sie in den Gottesdienst einer Gemeinde zu integrieren.

Aus diesen Gründen bieten wir zweimal im Jahr Abendmahlsfeiern am Sonnenhof an, zu denen alle konfirmierten Jugendlichen und Erwachsenen eingeladen werden, die am Sonnenhof leben. In der Regel kommen 50 Teilnehmer mit betreuenden MitarbeiterInnen. Kinder laden wir nicht zum Abendmahl ein, weil wir keine vorbereitende Kinderkurse durchführen können und weil die behindertengerechte Einführung ins Abendmahl erst im Konfirmandenunterricht am Sonnenhof oder im integrativen Konfirmandenunterricht der Heimatgemeinde erfolgt.

„Boardmarker" und leichte Sprache

Zu den Voraussetzungen unserer Feier gehört, dass sich die Abendmahlsfeier an der gewohnten und eingeübten Struktur unserer wöchentlichen Andachten orientiert. Singen, Beten, Sprechen sind allen Anwesenden als Grundverhaltensweisen vertraut. Die entsprechenden Symbole nach „Boardmarker" gehören am Sonnenhof zu standardisierten Symbolen der unterstützten Kommunikation; sie sind Teil des verbindlichen Grundwortschatzes des Wohnbereichs. „Boardmarker" ist eine Sammlung beliebig kombinierbarer, als Bitmaps gespeicherter Grafiksymbole, die unter Windows laufen. Die Schwarzweiß-Version stellt mit einfachen bildhaften Strichzeichnungen und Piktogrammen Begriffe, Adjektive und Verben des alltäglichen Lebens dar. Diese Symbole werden als Zeichen über einen Beamer gezeigt, sodass die Gottesdienstteilnehmer neben den sprachlichen Hinweisen begleitend optische Hinweise zur Orientierung und Strukturierung erhalten. Diese Symbolzeichen sind ebenfalls vielfach eingeführt und eingeübt. Die Teilnehmer erhalten ein gefaltetes DIN A4-Blatt mit Überschriften wie: „Lieder ansingen", „Begrüßung: Im Namen Gottes" ... Diese Überschriften werden in leichter Sprache verfasst, wie diese von der Selbstvertretungsgruppe von Menschen mit Lernschwierigkeiten „People first" vorgeschlagen wird. Zu jeder Überschrift ist verkleinert das entsprechende Kommunikationszeichen abgedruckt; zum Beispiel für „Lieder ansingen" das Boardmarker-Symbol für „Musik machen" mit dem Bild einer Gitarre. Die teilnehmenden Menschen mit schweren und mehrfachen Behinderungen werden begleitet von assistierenden Mitarbeitern, die durch ihr eigenes Teilnehmen einerseits zu nachahmendem Lernen anregen, andererseits mit Hilfestellungen ermöglichen, dass die Gottesdienstbesucher im gottesdienstlichen Geschehen integriert bleiben. Wir verfügen über eine kleine Pfeifenorgel, ein Klavier, Trommeln und Gitarren, die zum Musikmachen eingesetzt werden können.

Nach verschiedenen Versuchen hat sich ein großer Stuhlkreis für alle Teilnehmer als am geeignetsten herausgestellt. In der Mitte befindet sich ein kleiner Tisch als Altar mit Kreuz und zwei Kerzen. Dort stehen

Christoph Eder: Letztes Abendmahl

auch zwei Körbchen mit vorbereiteten Weißbrotstück-
chen, der Krug mit Traubensaft und der Kelch. Wir
feiern in Form des Herrnhuter Abendmahls, sodass die
Teilnehmer sitzen bleiben können und auch die RollstuhlfahrerInnen im gemeinsamen Stuhlkreis bleiben.
Dies fördert die Gleichheit aller Abendmahlsgäste.
Meistens teilen wir zu dritt oder viert die Gaben des
Heiligen Abendmahls aus. In der Regel übernehmen
Mitarbeitende diese Aufgabe. Hin und wieder wirken
auch ältere abendmahlserfahrene Menschen mit geistiger Behinderung bei der Austeilung mit.

Die Gnade Gottes im Mittelpunkt

Eine theologische Grundentscheidung besteht darin,
dass in den Abendmahlsfeiern für schwer und mehrfach behinderte Menschen die Feier der Gemeinschaft
mit Jesus und untereinander, die Gaben Gottes als
Stärkung auf dem Lebensweg, in den liturgischen Mittelpunkt gestellt wird. Dabei kann an die am Sonnenhof in der Konfirmation tradierte Formel „Gott liebt
dich, Jesus ist dein Freund" angeknüpft werden. Die
Vergebung der Sünde stellen wir nicht in den Mittelpunkt, weil die inhaltliche und liturgische Hervorhe-
bung nach unserer Erfahrung vorhandene Ängste und
somatische Erregungszustände meistens verstärkt.
Die Gnade Gottes und das erlösende Evangelium er-
eignen sich für Menschen mit Behinderungen viel
eher in befreiender Gemeinschaft und dem Zuspruch

der stärkenden Begleitung durch Gott. Eine elementare Theologie (keine infantilisierende) nimmt ernst,
dass Menschen mit Behinderungen in einem hohen
Maß unter Sinnes-, Wahrnehmungs-, Bewegungs- und
kognitiven Verarbeitungsunsicherheiten leiden. Eine
elementare Theologie nimmt aber vor allem das unmittelbare und spontane Gemeinschaftsempfinden
und -erleben vieler Menschen mit Behinderung auf.

Die Abendmahlsfeier zu Beginn eines Jahres nach
den Schulferien hat stets die Jahreslosung zum Inhalt.
Die Auslegung zielt darauf, die Jahreslosung bekannt
zu machen und einzuprägen und, soweit möglich, ein
emotionales und vielleicht auch kognitives Grundver-
ständnis vorzubereiten. Die Jahreslosung wird zu Beginn des Jahres auch in den wöchentlichen Andachten auf sehr elementare Weise behandelt. Daran kann
die Abendmahlsfeier anknüpfen, Elemente aufgreifen,
die zur Wiedererkennung führen. Der Auslegungteil
in einfacher Sprache wird mit visuellen Impulsen, mit
akustischen Reizen und mit Bewegungserfahrungen
vermittelt und dauert nicht länger als 10 Minuten,
um die durchschnittliche Aufmerksamkeitsspanne der
Gottesdienstbesucher nicht zu überschreiten. Die gesamte Feier dauert etwa 45 Minuten.

Psalmen und Lieder sind aus den Andachten vertraut. Die Andachten und Abendmahlsfeiern am
Sonnenhof kann ich mit einem Vorbereitungskreis
zusammen diskutieren und gewonnene Erfahrungen
nachbesprechen. (Entwurf zu einem AM-Gottesdienst
auf beiligender CD)

THOMAS BAUMGÄRTNER
Tischgemeinschaft zum Wochenschluss
Entwurf für ein Feierabendmahl mit geistig behinderten Menschen

Mit dem Begriff „Feierabendmahl" im Bereich der
Alltagsspiritualität ist die Möglichkeit in den Blick
genommen, die Feier des heiligen Abendmahls mit
einem Wochen- oder Tagesschlussritual zu verbinden. Dabei soll die Sinnlichkeit des Abendmahls
ausgekostet und die Tischgemeinschaft mit einem
kleinen Mahl gefeiert werden.

Die folgenden Bausteine müssen selbstverständlich jeweils auf die besonderen Bedingungen der
jeweiligen Einrichtung oder Gruppe angepasst werden. Aus diesem Grund wird auf eine ausformulierte
Liturgie verzichtet.

Vorbereitung

Die am Feierabendmahl beteiligten Personen decken den Tisch möglichst festlich, also schöne Tischdecke, Kerzen, wenn möglich ein paar Blumen, schöne Servietten, Teelichter für jede mitfeiernde Person, Teller, Gläser, Besteck. Möglichst viele an der Tischvorbereitung beteiligen!

Ankommen beim Feierabendmahl

Mit einer Klangschale oder einem anderen akustischen Signal soll die Feier eingeläutet werden.

Bevor die Feiernden ihre Tischplätze einnehmen, ist es ein schönes Ritual, wenn die Hände gewaschen werden. Zwei Mitarbeitende lassen dieses sehr sinnliche Ritual erfahrbar werden, indem eine/einer aus einer schönen Kanne ein wenig Wasser auf die zu reinigenden Hände des jeweiligen Gastes fließen lässt. Eine andere Mitarbeitende trocknet die Hände des Gastes am Tisch des Herrn ab.

Hat sich dieses Ritual eingeprägt, können es mit der Zeit behinderte Menschen gegenseitig vornehmen.

Hintergrund: Vor Christus werden wir reingewaschen; allen Schmutz, der sich auf Körper, Geist und Seele gelegt hat, dürfen wir zurücklassen.

Willkommensphase

Nachdem die Teilnehmenden am Feierabendmahl ihre Plätze am festlich gedeckten Tisch eingenommen haben, werden sie mit Namen einzeln begrüßt, z. B.: „Jesus, der uns eingeladen hat, begrüßt (...)."

Für jeden genannten Namen wird ein Teelicht angezündet und auf den Tisch gestellt. Wer möchte, kann die Teelichter in Form eines Kreuzes aufstellen.

Nach der Vorstellungsrunde fassen sich alle für einen Augenblick an den Händen. Wenn möglich, kann hier ein bekanntes Lied gesungen werden.

Zentrale Aussage: Seht, fühlt und schmeckt, wie freundlich Jesus zu uns ist!

Gestaltungsmöglichkeiten, um diese Aussage nachfühlen zu können:
- Alle atmen ganz tief ein und halten die Luft ganz kurz an, danach lautes Ausatmen. Dieses Ritual kann gegebenenfalls mehrere Male wiederholt werden. Symbol: Bei Jesus und seinem Mahl dürfen wir aufatmen!
- Wer möchte, darf dem jeweiligen Nachbarn mit einem Igelball den Rücken massieren. Symbol: Jesus berührt uns!

Nacherzählen der Einsetzungsworte

Die Teilnehmer reichen einander das Fladenbrot und jeder nimmt ein Stück davon. Danach trinkt die Tischgemeinschaft den in Gläsern eingeschenkten Traubensaft.

Ein kurzes Gebet und/oder ein Segen, bei dem sich die Mitfeiernden nochmals an den Händen fassen, schließt diesen Teil der Feier ab.

Danach besteht die Möglichkeit, dass sich eine reguläre häusliche Abendmahlzeit anschließt.

Gottesdienst im Lebenskreis

Hinweise für die Praxis und
seelsorgerliche Aspekte

Konfirmation, Hochzeit, Segnung für Paare, Goldene Konfirmation – das sind die großen Feste, die im Laufe eines Lebens in besonderer Weise kirchlich gefeiert werden. Es sind Tage, an denen ein Mensch einen wichtigen Schritt tut, eine wichtige Entscheidung trifft und dazu den Segen Gottes in der Gemeinschaft der Gemeinde erbittet. Wir stellen unterschiedliche Formen der Feier vor, weil es unterschiedliche Lösungen gibt, die Feier inklusiv zu gestalten.

Aus unterschiedlicher Perspektive wird über die Feier der Konfirmation berichtet. Die Konfirmation ist für Jugendliche ein wichtiges Ereignis. Die Gemeinschaft mit Gleichaltrigen, Ernstgenommenwerden in der Vorbereitung – ein großes Fest begehen und dabei im Mittelpunkt zu stehen und den Glauben zu feiern –, das alles ist tief eindrücklich. Freilich gibt es keine eindeutiges Modell für die inklusive Konfirmation. Deshalb machen wir mit drei unterschiedlichen Beispielen Mut, die jeweils beste Lösung zu finden.

Zu Segnung und Trauung geben zwei Paare Interviews zu ihren Erfahrungen mit diesen Feiern.

Die Goldene Konfirmation als Fest der Erinnerung und Erneuerung kann auch für Menschen, die in ihren Jugendjahren nicht konfirmiert wurden, ein besonders wichtiges Ereignis werden.

Diese Anlässe festlich und fröhlich miteinander zu begehen ist für Menschen mit einer geistigen Behinderung umso wichtiger, weil sie oft weniger biografische Feste feiern als Menschen ohne Behinderung.

Dabei ist Feiern so wichtig: *„Wenn wir zusammen spielen, ist es wie auf dem Bild von Leonardo da Vinci. – Jesus und die Jünger sitzen beim Abendmahl."*
(Harald Schmid; siehe in diesem Buch das Kapitel „Da berühren sich Himmel und Erde").

Dies ist der Tag, den der Herr macht; lasst uns freuen und fröhlich an ihm sein.
Oh Herr, hilf! Oh Herr, lass wohlgelingen! *Ps 118*

Inhalt

KLAUS DIETERLE

Ein Fest von großer Intensität

Konfirmation von Jugendlichen mit einer geistigen Behinderung

Weshalb gesonderter Konfirmanden-unterricht und Konfirmation für Jugendliche mit Behinderung?

In unserem Gemeindegebiet liegt ein großes Sonder-schulzentrum mit fünf verschiedenen Schulen. Da das Einzugsgebiet dieser Schule landkreisweit ist, gab es zunächst nicht das Gefühl, die Schule sei ein Teil der Gemeinde, und infolgedessen auch kaum Formen der Zusammenarbeit. Es hat Überzeugungsarbeit gebraucht, bis die Kirchengemeinde den Kontakt zu dieser Schule als eine Aufgabe der Gemeinde erkannt hat. Pfarrer, Kirchengemeinderat und Gemeindegruppen sind bewusst auf die Schule und die Lehrerschaft zugegangen, und die Schule hat sich daraufhin auch ganz interessiert der Gemeinde geöffnet.

Integration kann zunächst ganz einfach in der Form geschehen, dass wir als Gemeinde am Leben einer solchen Schule partizipieren und Schüler, Lehrer, die Gemeinschaft dieser Schule wahrnehmen und miterleben. Auf diese Weise sind nun besonders zur Förderschule und Schule für geistig Behinderte enge Kontakte und Formen der Zusammenarbeit gewachsen.

Im Zuge dieser Annäherung ist bald von der Leitung der Schule für geistig Behinderte die Anfrage gekommen, ob der Gemeindepfarrer an der Schule im Rahmen des schulischen Stundenplans Konfirmandenunterricht erteilen könne. In einem Gespräch mit den interessierten Eltern habe ich zunächst darauf verwiesen, dass es wünschenswert wäre, dass ihre Kinder in ihren Heimatgemeinden den Konfirmandenunterricht besuchen. Es war aber der ausdrückliche Wunsch der Eltern, dass es einen Konfirmandenunterricht für ihre Kinder an der Schule gebe, mit ei-

ner eigenen Konfirmation in unserer Gemeinde. „Wir möchten nicht auffallen. Wir fallen immer aus dem Rahmen mit unserem Kind." So sind der gesonderte Konfirmandenunterricht und die gesonderte Konfirmation von den Eltern als ein Stück Normalität verstanden worden, und so habe ich ihn dann auch zu begreifen versucht.

In den Gesprächen mit den Eltern und Lehrern ist mir dann auch eines deutlich geworden: Die Konfirmation bekommt nochmals einen besonderen Stellenwert dadurch, dass in der Biografie geistig behinderter Menschen wenige Feste zu erwarten sind. Neben der Schulentlassfeier ist die Konfirmation eventuell das einzige große Fest in ihrem Leben.

Die Bereitschaft, sich auf die Schule, die Elternschaft, ihre Vorstellungen und Bedürfnisse, auf die Möglichkeiten der Jugendlichen einzulassen, war ein wichtiges Signal und die Grundvoraussetzung für eine gelingende Konfirmandenarbeit mit Jugendlichen mit geistiger Behinderung. Als Leitfrage hat mir die Frage Jesu gedient: *Was wollt ihr, was ich für euch tun soll?* (Matth. 20, 32) Heilsame und heilende Begegnungen beginnen damit, dass wir unser Gegenüber ernst und für voll nehmen. Das ist es auch, was die Konfirmationsgottesdienste geprägt hat: diese Erfahrung, in Jesu Namen ernst genommen zu sein und für voll genommen zu werden. Deshalb kann z. B. die Haltung des Liturgen und Pfarrers bei der Konfirmation nicht die sein, dass wir uns kindisch geben oder sonst wie verstellen und alles ins Niedliche und Harmlose wenden, wie ich das manchmal auch erlebe. Vielmehr lebt der Gottesdienst davon, dass wir mit unserer Botschaft ernst machen: jeder ein Glied der Gemeinde, ein jeder mit seinen Gaben.

Das Besondere der Konfirmation mit Jugendlichen mit geistiger Behinderung

Es gibt Situationen in unserer gottesdienstlichen Praxis, die einfach für sich sprechen, oder, anders ausgedrückt: in denen wir eine große Intensität spüren und Liturgie, Lieder, Gottesdienstraum, Gesten auf intensive Weise sprechend werden. Dazu gehören für mich auch die Konfirmationen Jugendlicher mit geistiger Behinderung.

Konfirmation mit geistig Behinderten erfordert nicht in erster Linie ausgefallene Methoden, sondern ein großes Vertrauen in unsere Liturgie. Dass Lieder, Lesungen und Gebet ganz einfach wirken. Und es war auch meine Erfahrung: Die Hauptstücke der Liturgie – Vaterunser, Abendmahl, Segen – gewinnen an Klarheit. Die Liturgie hebt Grenzen auf, sie nimmt alle hinein in einen gemeinsamen (Sprach-)Raum. Die Liturgie wird spürbar als ein Stück geglückter Kommunikation zwischen sehr unterschiedlichen Menschen.

Die Konfirmation mit Jugendlichen mit geistiger Behinderung war auch ein Lerngeschehen für unsere Gemeinde. Es hat sich etwas an unserer Gottesdienstkultur geändert: Es wird im Gottesdienst nicht bloß über etwas gesprochen. Es geschieht etwas, etwas ganz Unmittelbares. Freude ist nicht bloß Thema des Gottesdienstes, Freude kehrt ein. Segen ist nicht allein theologisch erklärt. Menschen werden als Gesegnete entlassen. Die Teilhabe am Reich Gottes durch das Abendmahl wird spürbar gültig. Insgesamt habe ich das immer so erfahren, dass in diesen Konfirmationsgottesdiensten etwas verlagert wird vom Reden zum Tun, vom Erklären zum Geschehen. Und das ist eine wohltuende Erfahrung.

Nadja, geistig behindert, besucht mit ihrer Großmutter regelmäßig den Gottesdienst. Sie ist 22 Jahre alt. Wir haben ihr immer nahe gelegt, doch den parallel stattfindenden Kindergottesdienst zu besuchen, was sie dann auch getan hat. Eines Tages geht sie auf mich zu mit dem Wunsch, konfirmiert zu werden. Ihre Eltern nehmen sie in diesem Wunsch nicht ernst und geben ihr keine Unterstützung. Sie nimmt alles selber in die Hand. Kommt zu vorbereitenden Gesprächen ins Pfarrhaus. Wir bereiten miteinander den Gottesdienst vor. Sie hat klare Vorstellungen, wie die Konfirmation gefeiert werden soll. Sie wählt von sich aus ihren Kon-

firmationsspruch aus. Sie übt ihn mit ihrer Großmutter ein, denn sie möchte ihn selber so an ihrer Konfirmation vorlesen. Was sie dann auch stolz tut: Der Herr ist mein Licht, er befreit mich und hilft mir; darum habe ich keine Angst. Bei ihm bin ich sicher wie in einer Burg; darum zittere ich vor niemand. *(nach Ps. 27,1) Dieser Konfirmationsspruch bedurfte keiner Auslegung. Er hat ganz für sich gesprochen, und es war für alle spürbar, welche emanzipatorische Kraft in diesem Wort liegt und was es für Nadja bedeutet.*

Die Gemeinde hat in den Gottesdiensten selber etwas erfahren von der Wirksamkeit und der Bedeutsamkeit unserer Liturgie und der befreienden Kraft des Evangeliums.

Die Gemeinde hat diese Konfirmationsgottesdienste ganz bewusst mitgefeiert und – so die Rückmeldungen – als sehr *feierlich* und *bewegend* erfahren, sodass sie nicht als Zuschauer verharrte, sondern selbst ganz tief angerührt wurde.

Worauf ist zu achten?

Ich selbst habe zunächst einmal in der Schule hospitiert, bevor ich mit dem Konfirmandenunterricht begonnen habe. Das nimmt sehr viele Berührungsängste. Während der Hospitation ist mir auch deutlich geworden, wie wichtig es ist, zu den Jugendlichen eine Beziehung aufzubauen. Nur auf der Basis einer eingespielten, vertrauensvollen Beziehung ist hier Konfirmandenarbeit möglich.

Ich möchte nicht auf die methodische Gestaltung des Unterrichts eingehen, sondern nochmals ein paar Aspekte zur Gestaltung der Konfirmation hervorheben.

Ich habe mich einfach zunächst auf das verlassen, was die Liturgie eines Gottesdienstes uns (vor-)gibt. Die Handlungen im Gottesdienst, wie die Einsegnung und das Abendmahl, bekommen einen hohen Stellenwert. Die Verkündigung muss durch das Tun und weniger wortreich geschehen. Das Vaterunser ist ein Gebet, das wirklich alle verbinden kann. Wir haben es miteinander gelernt und mit Gesten begleitet und dann zusammen mit der Gemeinde gesprochen. Wir haben zusammen im Gottesdienst schlicht und einfach den Abendmahlstisch gedeckt, sodass etwas deutlich wurde vom Fest, zu dem wir geladen sind. Den Einzug der Konfirmanden haben wir so gestaltet, dass einzelne Kirchengemeinderäte die

Konfirmanden begleitet haben. Da spricht sehr viel durch das bloße Tun. Es kommt manchmal gar nicht so sehr darauf an, was wir sagen, sondern viel mehr darauf, wie wir etwas tun.

Es ist ratsam, den Gottesdienst möglichst einfach zu feiern und ihn methodisch nicht zu überladen. Im Sinne der Konzentration darf man sich sehr beschränken und sich auch befreien von den Vorgaben des Katechismus. Es ist ausreichend, einen Punkt, z. B. den Psalm 23, in den Mittelpunkt zu stellen.

Der Gottesdienst hat immer auch ein anderes Zeitraster als unsere gewöhnlichen Gottesdienste. Es braucht alles seine Zeit – das Aufstehen, das Sich-Aufstellen, das Sprechen. Es ist gut, wenn das auch so spürbar wird: Wir lassen uns Zeit, uns ist diese Zeit auch gegeben.

Ich muss nicht betonen, dass die Sprache einfach sein soll. Dabei geht es in keiner Weise um die Verniedlichung oder Verkitschung, sondern vielmehr um eine Elementarisierung unserer Glaubensinhalte. Es braucht die Konzentration auf Kernsätze unseres Glaubens. Wir reden auch häufig in Negationen, z. B.: *Nicht durch unsere Leistung sind wir vor Gott gerecht.* Es ist aber wichtig, dass wir positiv formulieren. Ein Beispiel: *Segnen heißt, etwas gut heißen. Gott heißt dich gut.* Diese Kernsätze sollten als Zuspruch formuliert werden, nicht als Behauptung. Es ist auch hilfreich, nach sprechenden Bildern zu suchen: *Unter Gottes Segen kann ich mich unterstellen wie unter ein schützendes Dach.* Mit einem solchen Bild lässt sich dann auch wie mit einem Leitmotiv im Gottesdienst arbeiten.

Ich habe mir angewöhnt, frei zu sprechen, die Konfirmanden anzuschauen ohne Buch in der Hand. Das verhindert, dass wir „Vorträge" halten.

Die Konfirmanden beteiligen

Es ist auch viel Mitwirkung möglich, viel mehr, als wir zunächst denken. Kleine Anspiele sind gar kein Problem. Die Jugendlichen sind durch die Schule darin sehr geübt. Mir war es immer wichtig, die Jugendlichen auch zu Wort kommen zu lassen, ganz nach ihren Möglichkeiten. Dabei beobachte ich immer wieder die Unsitte, den Behinderten das Wort abzuschneiden, wenn es nicht auf Anhieb nach unserer Vorstellung geht, oder gleich anzufügen, was der andere hat sagen wollen. Wenn Jugendliche mit Behinderung zu Wort kommen sollen, dann soll es auch geschehen. Das braucht Zeit und Geduld und im Vorfeld sicher auch etwas Übung mit den Konfirmanden.

Grundsätzlich gilt es, nicht so sehr den dogmatischen, sondern vielmehr den emotionalen Gehalt und den Erfahrungsgehalt unseres Glaubens zum Ausdruck zu bringen. In der Schule habe ich miterleben können, welche Rolle Musik und Bewegung für Jugendliche mit geistiger Behinderung spielen. Sie sind für sie eine wichtige Form der Aneignung von Glaubensinhalten und ein Ausdrucksmittel, das ihnen sehr entspricht. Deshalb sollten Musik und Bewegung auch im Konfirmationsgottesdienst einen wichtigen Platz einnehmen. Die MusiklehrerInnen der Schule haben dabei gern ihre Unterstützung angeboten.

Wie umgehen mit so genannten Störungen?

Mir hat es zunächst geholfen, die Liturgie nicht als ein Mittel zur Disziplinierung zu verstehen, sondern als hilfreichen, ordnenden Rahmen, um etwas auszuagieren und auszuleben. Wenn wir als Liturgen uns so verhalten, dass wir nicht einfach nur vermitteln: In der Kirche hat man ruhig zu sein, sondern das Wohltuende von Stille deutlich machen können, dann ist es leichter, mit so genannten Störungen umzugehen. Akustische Signale (z. B. eine Klangschale) können helfen, den Gottesdienst zu strukturieren und die Jugendlichen entsprechend zur Stille zu leiten. Kathrin ist im Konfirmandenunterricht und in den Gottesdiensten während der Konfirmandenzeit immer wieder aufgestanden und umhergelaufen und hat dazwischengerufen, was den Vater, der sich in den Gottesdiensten hinter sie gesetzt hatte, immer veranlasste, sie energisch wieder an ihren Platz zu zerren. Ich habe ihm sagen können, er dürfe einfach den Gottesdienst mitfeiern, ich sei für Kathrin da und könne mit ihrer Art umgehen. Ich habe mir abgewöhnt, die Störungen peinlich zu übergehen. Ich bin offen damit umgegangen und auf Kathrin zugegangen, habe mir und ihr die Zeit gelassen, bis wieder Stille einkehrte. Es hat sich für alle ein entspannter Umgang mit diesen „Störungen" entwickelt, und es wurde für uns alle deutlich, dass uns die Liturgie nicht zwingen, aber hilfreich an die Hand nehmen und ein Stück führen möchte.

Was wir als Störungen einstufen, sind oft einfach Äußerungen der Freude, der Ausgelassenheit oder Irritation, die ausagiert werden wollen. Wir haben uns angewöhnt, solche Regungen nicht mehr auszuleben, regelrecht zu unterdrücken. Die Gottesdienste und die Konfirmationen mit geistig Behinderten haben der Gottesdienstgemeinde gezeigt, dass solche Regungen und Äußerungen Teil des Gottesdienstes und auch unseres Gesprächs mit Gott sein können.

Nicht im Alleingang

Durch die Konfirmationen Jugendlicher mit geistiger Behinderung habe ich gelernt, dass es unseren Gottesdiensten gut tut, wenn Pfarrer/innen nicht im Alleingang handeln. Lehrer, Eltern, Familienangehörige, Kirchengemeinderäte mit einzubeziehen entlastet. Die Leitung des Gottesdienstes liegt dabei klar beim Pfarrer/bei der Pfarrerin. Aber es bleibt nicht das Gefühl: Ich muss alles alleine bewältigen, sondern es entsteht das Gefühl, dass wir gemeinsam feiern. Zu den Konfirmationen habe ich immer Vertreter aus den Heimatgemeinden eingeladen und sie gebeten, ein paar Worte zu sagen oder ein kleines Geschenk zu überreichen. So wurde auch wieder die Anbindung an die Heimatgemeinde deutlich.

(Literaturempfehlungen zum Integrativen Konfirmandenunterricht entnehmen Sie der dem Buch beiliegenden CD)

ANNEGRET HAASE

Am Leben teilnehmen

Warum Konfirmandenunterricht und Konfirmation in der Gemeinde eine gute Lebenserfahrung für Lilian waren

Meine Tochter Lilian ist 15 Jahre alt, hat das Down-Syndrom und geht deshalb auf eine Schule für geistig Behinderte, ca. 20 Kilometer vom Wohnort entfernt.

Ein Jahr vor ihrer eigenen Konfirmation hatte sie die Möglichkeit, bei der Konfirmationsfeier eines Mitschülers in einer kleinen Kirche in Dapfen auf der Schwäbischen Alb mitzuwirken und sich dadurch mit dem Thema „Konfirmation" erstmals auseinander zu setzen.

Lilian kannte auch das heimische Gemeindezentrum von Neuhausen durch ihre regelmäßigen Besuche bei der Mädchenjungschar und auch den Pfarrer Baumgärtner von den Gottesdiensten, die sie dort zu bestimmten Anlässen mit der Familie besuchte.

Lilian wünschte sich eine große Feier in der Gemeinde Neuhausen zusammen mit den Jugendlichen, mit denen sie gemeinsam im Kindergarten gewesen war und mit denen sie die Mädchenjungschar besuchte.

Willkommen beim Pfarrer und bei anderen Eltern

Sehr erleichtert und erfreut war ich, als Pfarrer Baumgärtner mir auf meine Anfrage mit einem uneingeschränkten Ja begegnete. Ich hatte eher mit Bedenken und Unsicherheit gerechnet. Auch einige der Eltern kamen nach dem ersten Elternabend auf mich zu. Sie fanden es schön, dass Lilian mit dabei war.

Lilian hat ihre Konfirmandenzeit sehr gut gemeistert und ist dadurch gewachsen und reifer geworden. Nach einem langen Schultag ging sie beharrlich einmal wöchentlich um 16 Uhr direkt vom Schulbus zum Konfirmandenunterricht. Der Unterricht war ihr wichtig, auch wenn sie vieles nicht verstand, was dort besprochen wurde.

Sie bekam ihre eigene Bibel, mit der sie sich viel beschäftigte. Ich beobachtete immer wieder erstaunt, wie sie darin las oder Texte daraus abschrieb. Mehrmals fand ich Zettel, auf die sie Psalm 23, „Der Herr ist mein Hirte", geschrieben hatte.

Sie erinnert sich noch heute an Themen aus dem „G-Mit" wie ICHTHYS, das Glaubensbekenntnis, das Vaterunser, den Taufbefehl und das Abendmahl, auch wenn sie die Texte nicht auswendig gelernt hat.

Sie erfuhr die Gemeinschaft mit gleichaltrigen Jugendlichen, ging selbstverständlich mit zu den Exkursionen und zu der Konfirmandenfreizeit, wo sie sich spontan daran erinnert, dass sie gemeinsam gebetet und das Abendmahl gefeiert haben. Immer, wenn ich sie fragte, wie es ihr gefallen hat, antwortete sie „gut".

Eine richtige Entscheidung, trotz schmerzlicher Lernerfahrung

Einmal kam sie trotz aller Motivation weinend vom Konfirmandenunterricht nach Hause und erzählte, sie habe keinen Platz gehabt. Das konnte ich mir kaum vorstellen, und so fragte ich den Pfarrer, was denn vorgefallen sei. Er sagte, dass sie sonst immer neben ihm säße und dass dieser Platz dieses Mal besetzt gewesen sei, dass sie aber einen anderen Platz nicht hätte haben wollen.

Mir war klar, dass auch andere Konfirmanden gerne mal neben dem Pfarrer sitzen wollten, für Lilian war dies eine schmerzliche Lernerfahrung.

Die eigentliche Konfirmationsfeier war für meine Tochter, wie für alle anderen auch, ein großes Ereignis. Auf ihre Art hat sie es gespürt, dass sie durch das Ja-Sagen zu Gott vor der großen Gemeinde ein Stück erwachsener geworden ist. Sie war sehr stolz über ihren Beitrag im Gottesdienst.

Durch die Anwesenheit von Lehrerinnen, Freunden und der ganzen Familie hat sie sehr viel Wertschätzung erfahren. Hinzu kamen viele Glückwunschkarten und Geschenke von alten Nachbarn, entfernten Verwandten, von Menschen, die im Gemeindeboten gelesen hatten, dass Lilian konfirmiert wird.

Es war eben eine Konfirmation mitten in der Gemeinde und nicht irgendwo an einem abgelegenen Ort. Für Lilian war es die richtige Entscheidung.

THOMAS BAUMGÄRTNER

Lilian im regulären Konfirmanden-unterricht

Anmerkungen zur Konfirmation eines Mädchens mit Down-Syndrom

Die Mutter der 14-jährigen Lilian rief einige Zeit vor dem Termin der offiziellen Anmeldung zum Konfirmandenunterricht bei mir an, um sich nach den Chancen und Möglichkeiten des Konfirmandenunterrichts für Lilian vor Ort zu erkundigen.

Integration ohne Zögern

Ohne lange zu überlegen und aus voller Überzeugung sprach ich mich bereits am Telefon dafür aus, Lilian selbstverständlich die Chance zu geben, am Konfirmandenunterricht in Neuhausen teilzunehmen. Sie ist genauso ein Ebenbild Gottes wie wir, die wir vielleicht nicht eine so nach außen sichtbare Beeinträchtigung tragen. Wir alle sind begrenzte Wesen und deshalb immer auf andere angewiesen.

Eine weitere Motivation, Lilian ohne zu zögern in den Konfirmandenunterricht zu integrieren, lag für mich in der Annahme, dass ihre Mitkonfirmandinnen und Mitkonfirmanden in diesem Jahr etwas erfahren und erleben würden, was sie auf keiner Schule dieser Welt lernen könnten: das direkte Erleben, dass Menschen trotz oder wegen ihrer Behinderung eine große Ausstrahlung haben und eine Gruppe zu bereichern vermögen.

Bereits beim ersten Elternabend teilte ich mit, dass Lilian als Konfirmandin am Unterricht teilnehmen wird. Die Resonanz der Eltern war sehr positiv. Sicherlich trugen diese auch viel dazu bei, dass ihre Kinder offen auf Lilian zugehen konnten.

Einfach „normal" mitlaufen lassen

So musste ich in der ersten Konfirmandenstunde auch gar nicht mehr lange Vorträge über Lilians Behin-derung halten. Ich machte lediglich deutlich, dass sie für manches, was für die Jugendlichen selbstverständlich ist, wie zum Beispiel Lesen und Schreiben, mehr Zeit benötigen würde. Diese Offenheit zu Beginn war sicherlich wichtig, um Lilian nicht in eine „Sonderrolle" zu drängen. Es gelang dadurch, dass Lilian von Anfang an als Persönlichkeit akzeptiert wurde, die keine bevorzugte Behandlung genoss. So war auch der gesamte Unterrichtsverlauf nicht speziell auf Lilian ausgerichtet.

Dennoch nahm Lilian gerne und regelmäßig am Unterrichtsgeschehen teil. Sie schätzte es sichtlich, unter Gleichaltrigen zu sein. Von Woche zu Woche blühte sie mehr auf und kam aus sich heraus. Besonders markant war ihr Humor. Wie oft konnte sie die gesamte Gruppe – mich eingeschlossen – zum herzhaften Lachen bringen!

Ihre offene, direkte und ungezwungene Art wurde von allen sehr geschätzt. Ja, manchmal konnte man den Eindruck gewinnen, dass Lilian der Liebling der Gruppe war. Gab es etwas zum Aufschreiben, so übernahmen das meistens ihre Sitznachbarn. An der Art und Weise, wie Lilian dem Unterricht folgte, konnte ich spüren, ob sie ein Thema mehr oder weniger interessierte. Diese „Normalität" tat Lilian meiner Einschätzung nach sehr gut. Und auch die Gesamtgruppe lernte auf gute Art und Weise, was es heißt, mit den jeweiligen Stärken und Schwächen in einer Gruppe umzugehen und sich gegenseitig zu ergänzen.

Diese wunderbaren Erfahrungen, die wir gemeinsam in diesem Konfirmandenjahr sammelten, fanden ihren Abschluss in der gottesdienstlichen Feier der Konfirmation. Vor 900 Menschen, die diesen Gottesdienst mitfeierten, stand Lilian aufrecht und konzentriert am Altarmikrofon und sprach ihre Sätze. Die Menschen waren tief bewegt und beeindruckt, und für Lilian war es eine Erfahrung der Wertschätzung!

TRAUDE KOCH / MIRJA KÜENZLEN

Teilinklusive Konfirmation für Frederike

*Ein Gespräch über gemeinsamen Unterricht
und gesonderte Einsegnung*

Frederike ist ein Mädchen mit hohem Assistenzbedarf. Sie sitzt im Rollstuhl, kann nicht sprechen, sich aber auf ihre Art gut verständlich machen. Sie lebt während der Woche im Internat einer Sonderschule und hat in ihrem Alltag wenig Kontakt zu Jugendlichen ohne Behinderung. Zum Konfirmandenunterricht ist sie gemeinsam mit einer Gruppe von Jugendlichen und Larissa (einem anderen Mädchen mit schwerer Behinderung) in Pfullingen gegangen.

Koch: Frederike geht auf eine Schule für Kinder mit Körperbehinderung. Wir fanden es sehr gut, dass sie im Konfirmandenunterricht mit einer Gruppe aus unserer Stadt zusammen war. Sie ist sehr gern dort hingegangen und die Jugendlichen haben am Ende der Zeit gesagt, es sei schade, dass es nun schon vorbei ist. Sie hätten gern so weitergemacht!

Küenzlen: Wie ist der gemeinsame Unterricht geplant und vorbereitet worden?

Koch: Wir sind auf den Pfarrer zugegangen und haben mit einem Lehrer und dem Pfarrer der Schule gemeinsam überlegt, wie es gehen kann. Der Pfarrer hat dann einige Jugendliche angesprochen, ob sie bereit wären, sich mit Frederike auf die Einsegnung vorzubereiten, und die Jugendlichen waren dann sehr offen dafür.

Küenzlen: Was waren denn die Inhalte und Formen des Unterrichts?

Koch: Übergreifendes Thema war „Segnen mit allen Sinnen". Die Unterrichtsstunden waren mit meditativen und ritualisierten Anteilen auf Gewöhnung und Wiedererkennen ausgerichtet. Biblische Geschichten

wurden mit einer Methode ähnlich der Traumreise angeboten. Neben dem gleichartigen Ablauf war die räumliche Umgebung, ein warmer, wohnlicher Raum, prägend für die Atmosphäre. Es kam nicht so sehr aufs Reden an, mehr aufs Erleben und Erfahren – weniger das Hören war gefragt, mehr das (Ein-)Fühlen und Spüren.

Küenzlen: Warum ist Frederike nicht mit den anderen Jugendlichen gemeinsam eingesegnet worden? Warum gab es da eine Extra-Feier?

Koch: Die Teilnahme an der Konfirmation der gesamten Gruppe wäre für Frederike viel zu viel gewesen. Da sind ja gut tausend Leute. So eine große Veranstaltung macht sie sehr unruhig. Es hätte ihren Wahrnehmungsrahmen überfordert und wäre für alle Beteiligten keine gute Lösung gewesen.

Küenzlen: Wie haben Sie den Einsegnungsgottesdienst für Frederike erlebt?

Koch: Es war ein sehr schöner Gottesdienst. Von allen Seiten hat es gestimmt: Wir waren im Gottesdienstraum des Gemeindezentrums, der Frederike vertraut ist. Viel Licht, warme Farben, die Musik wurde von einer Familienband gemacht. Die Jugendlichen aus der Konfirmandengruppe haben mit Frederike und Larissa den Gottesdienst gestaltet. Es hat ihnen viel Spaß gemacht, gemeinsam zu feiern. Die ganze Festgemeinde war von der Feier berührt, die Einsegnung war ein ganz intensiver Moment. Wir hatten den Eindruck, dass es Frederike auch sehr gut gefallen hat. Für uns war es eine gute Lösung; wir haben uns gefreut, dass der Pfarrer bereit war, mit uns einen Weg für Frederike zu finden.

Gebet zu Frederikes Konfirmation

Gott
Wir danken Dir für unser Leben
Und für das Leben unserer Kinder.
Wir danken Dir für die gesunden Kinder, ihre Lebendigkeit, ihre Energie und
Für die Grenzen, die sie uns zeigen;
Wir danken Dir für die behinderten Kinder, für ihre Besonderheit, für ihre Lebenskraft
Und dafür, dass sie uns immer wieder an die Wurzeln unserer Existenz führen.

Sei Du mit allen Kindern, mit unseren Familien
Und mit allen, die mit Kindern leben;
Gib ihnen und uns Freude an jedem Tag.

Gott
Wir danken Dir für alle, die um uns waren und uns begleitet und unterstützt haben.
Und alle, die uns heute begleiten und unterstützen:
Die Großeltern und Paten,
Die Freunde und Verwandten,
Die Therapeuten, Lehrer und Lehrerinnen,
Die Pflegerinnen, Pfleger, Ärzte und Ärztinnen.
Schenke du allen, die in einer ähnlichen Situation sind
Auch viel Unterstützung

Sei Du mit uns und mit ihnen und gib allen die Kraft, die sie an jedem Tag brauchen.

Gott, wir danken Dir für alles, was uns lebendig erhält.
Für das Wasser, das uns erfrischt und tränkt,
Für die Luft, die duftet und die wir atmen,
Für die Erde, die uns nährt und trägt,
Für das Feuer, das uns wärmt und unsere Pläne und Taten reifen und wirken lässt.
Du gibst uns davon reichlich, lass uns deinen Segen darin spüren
An jedem Tag.
Wir danken Dir dafür.
Amen

Aussagen anderer Konfirmandinnen und Konfirmanden zu Frederikes Konfirmation

Timo
In diesem Vierteljahr habe ich viel erlebt. Es war lustig, abwechslungsreich und auch interessant. Wir haben auch die Schule von Frederike besucht. Dort haben wir Informationen erhalten. Wir durften in Rollstühlen fahren und dem Unterricht zusehen. Alles in allem war es sehr schön.

Tim
Das erste Vierteljahr vom Konfirmandenunterricht hat mir viel Spaß gemacht. Es ist schön, dass ich Frederike kennengelernt habe und Näheres über ihren Alltag in der KBF erfahren durfte.

Theresa
Ich fand es interessant. Es war etwas anderes als sonst. Ich fand es gut, dass Frederike so gut mitgemacht hat.

Pirmin
Es hat Spaß gemacht, herauszufinden, wie Frederike auf bestimmte Dinge reagiert. Ich finde den Unterricht mit Frederike interessanter als normalen Konfirmandenunterricht. Es ist schöner, eine kleine Gruppe zu sein.

Friederike
Ich fand es schön in unserer besonderen Konfigruppe. Denn es war mal ein anderer Unterricht als gewöhnlich, und es war eine ganz neue, andere und auch interessante Erfahrung für mich und es hat mir auch Spaß gemacht. Ich fand es toll, wie Fredi mitgemacht und ihre Meinung geäußert hat. Auch ohne Worte. Besonders fand ich die Momente schön, als wir uns einfach in eine andere Welt entführen ließen.

DIETMAR ZÖLLER

„Ich wünsche Dir ..."

Briefe eines autistischen Patenonkels an
seinen Neffen zur Konfirmation

Lieber Dominik,
bald möchte ich mein Konfirmationsbuch für Dich abschließen. Aber was muss ich Dir noch
sagen? Wenn ich darüber nachdenke, dann fallen mir immer neue Themen ein. Aber einmal
muss Schluss sein, obwohl das Leben weiter geht und neue Themen aufkommen.

Dass die Konfirmation für dich keine Äußerlichkeit sein wird, darum habe ich gebetet und
schon erfahren, dass ich mir keine Sorgen in dieser Beziehung machen muss. Ich finde es
gut, dass Du in der kleinen Kirche von S. konfirmiert werden willst. So bekommst Du einen
Bezug zu der Gemeinde, in der Ihr nun zwei Jahre wohnt.

Ich wünsche, dass Dir der christliche Glaube wichtig bleibt und Du Dein Leben nach
christlichen Werten ausrichten wirst. Du weißt, dass ich eine große Kraft aus dem Glauben
schöpfe. Ich finde, dass man mit dem Glauben schwere Zeiten aushalten kann. Trotzdem bin
ich Realist geblieben und mag auch keine aufgesetzte Frömmigkeit. Frommes Gerede nervt
mich, ich gucke auf die Taten. Wenn jemand fromm redet, aber nicht entsprechend handelt,
dann schalte ich ab.

Ich finde, dass im christlichen Glauben der Mensch einen hohen Wert hat, und das ge-
fällt mir. Für Dich wünsche ich, dass Du Dir immer bewusst bist, dass der andere Mensch
verletzlich ist. Wer sich in andere Menschen einfühlen kann, der wird nicht verletzen. Mir ist
in den vielen Gottesdiensten, die ich besucht habe, bewusst geworden, dass Jesus mit den
Menschen sehr rücksichtsvoll umgegangen ist. Offensichtlich konnte er sich einfühlen und
erkennen, was jemand brauchte. So etwas macht mir Eindruck.

Theologische Streitereien öden mich an. Damit kann ich nichts anfangen. Es geht mir um
ein praktisches Christentum, und das möchte ich Dir ans Herz legen. Hoffentlich bekommst
Du einen guten Konfirmationsspruch. Ich selbst habe einige Sprüche parat, die mir immer
im rechten Augenblick einfallen. Es ist gut, sich einen Fundus an guten Bibelworten anzu-
eignen. Ich überlege noch, welchen Spruch ich Dir mit auf den Weg geben will. Wenn ich
den Spruch weiß, dann schreibe ich noch einmal einen Brief.

Dietmar

Dietmar Heilmann
Heinestraße 3
66548 Marienberg

Dominik Häuser
Aribertstraße 60
24872 Hallenberg   Marienberg, 26. Juli 2006

Lieber Dominik,

ich habe inzwischen einen Spruch für dich ausgesucht:

„Ist Gott für uns, wer mag wider uns sein?" (Röm 8, 31)

Ich weiß nicht mehr, wann und wo ich diesen Spruch aus dem Römerbrief zum ersten Mal hörte. Vermutlich kam der Satz in einem Gottesdienst vor und ich blieb mit meinen Gedanken daran kleben. So ergeht es mir oft. Ich höre etwas, beschäftige mich damit und vergesse dann nie mehr diesen Satz.
Ich möchte einen so starken Glauben haben, dass ich, wenn etwas unüberwindbar schwer für mich ist oder Menschen gegen mich agieren, daran festhalte, dass Gott auf meiner Seite steht und mich stärkt.

Ich wünsche Dir einen solchen Glauben, weil ich annehme, dass man damit das Leben, egal was es einem abverlangt, bestehen kann. Es ist ja gar nicht so, dass man immer nur Freunde hat und dass alles klappt, was man sich vorgenommen hat. Ein starker Glaube kann dann hindurch tragen und unangenehme Situationen erträglicher erscheinen lassen. Ich halte viel von einem solchen starken Glauben und lasse mich nicht davon abbringen.

Die vielen Menschen, die meinen, ohne Gott leben zu können, irren sich. Irgendwann werden sie erleben, wie sie auf sich selbst zurück geworfen werden. Und da ist dann keine starke Hand, die führt. Wer aber kann sich selbst führen und sich selbst stärken, wenn alles zweifelhaft geworden ist und vielleicht der Tod wartet? Man sagt doch auch: „Der Glaube kann Berge versetzen."

Dass ich so etwas aufgreife, ist sicherlich verwunderlich, denn mein Leben spielt sich, von außen gesehen, innerhalb enger Grenzen ab. Ich kann nicht alles erreichen, was ich möchte, auch nicht mit einem festen Glauben. Aber ich kann die Gewissheit haben, dass Gott auf meiner Seite steht und mich mit meinen Grenzen stärkt. „Wer mag wider uns sein?" Ich fürchte nicht die Menschen, die mich verachten wegen meiner Behinderung. Ich bin stark genug, ihnen zu vergeben. Ich habe die Unvollkommenheiten meines Lebens angenommen.

Und für Dich wünsche ich, dass Du Dich annehmen kannst, wie Du bist, denn ist Gott für uns – wer kann wider uns sein?

Dein Patenonkel Dietmar

HANS HEPPENHEIMER

Goldene Konfirmation in Mariaberg

Eine Feier für alle evangelischen BewohnerInnen

Im Jahr 2005 wurde in den Mariaberger Heimen erstmals die Goldene Konfirmation mit HeimbewohnerInnen gefeiert. Seit in Mariaberg Menschen mit geistiger Behinderung wohnen, wurden sie auch seelsorgerlich vom Pfarramt betreut. Ebenso fanden fast jährlich Konfirmationen statt, nur gab es bisher in Mariaberg keine Feier der Goldenen Konfirmation, obwohl die Kirchengemeinde seit vielen Jahrzehnten dieses Ritual begeht.

Die Goldene Konfirmation wird an vielen Orten gefeiert. Sie stellt ein wichtiges Passage-Ritual dar. Denn lebensgeschichtlich hat sie ihren Platz am Ende der Berufstätigkeit und am Beginn der neuen Lebensphase des Ruhestandes. Auch viele behinderte Menschen durchleben diese Phasen.

Wichtige Vorüberlegungen

Bei der Einführung der Goldenen Konfirmation waren verschiedene Überlegungen anzustellen:

* Neben den Bewohnern, die in Mariaberg konfirmiert wurden, gab es natürlich auch Bewohner, die vorher an einem anderen Ort gelebt haben. Behinderte Menschen, die nicht lesen und schreiben konnten und vielleicht auch im Sprechen gehandicapt waren, wurden zumeist auch nicht konfirmiert. Eine bestimmte kognitive Leistung war die Voraussetzung für die Konfirmation. Die Fähigkeiten von behinderten Menschen waren dabei vielfach überhaupt nicht gefragt. Aber kann die „Einsegnung" von kognitiver Leistung abhängen? Kann der Segen Gottes von gesellschaftlichen und schulischen Kriterien abhängen?
* Und darf sich die gesellschaftliche Aussonderung von sogenannten geistig behinderten Menschen kirchlich wiederholen? Oder ist die Kirche durch das Evangelium nicht vielmehr dazu verpflichtet,

gerade diese Menschen anders zu behandeln, als die Gesellschaft es tut?

Die Konsequenz aus diesen Überlegungen im Blick auf die Goldene Konfirmation kann deshalb nur sein, diese Feier allen evangelischen Bewohnern zu gewähren, gleich ob sie im Jugendalter die Gelegenheit zur Konfirmation hatten oder ob sie ihnen aus verschiedenen Gründen verwehrt worden war. Die Goldene Konfirmation kann in diesem Sinne auch ein Stück Wiedergutmachung an behinderten Menschen sein, die in der Jugend kirchlich ausgegrenzt waren.

Zur Gestaltung der Goldenen Konfirmation in Mariaberg

Für den Gottesdienst der Goldenen Konfirmation werden die Jubilare einzeln fotografiert und in einem festlichen Gottesdienst-Liedblatt der Gemeinde präsentiert. Für behinderte Menschen, die sprachliche Probleme haben, dient dieses Liedblatt mit Fotos zugleich als Gesprächsmedium, um von sich und ihrem Fest erzählen zu können. Und natürlich ist es auch eine Erinnerung an diesen Tag.

Daneben erhalten alle Goldenen Konfirmanden einen Bilderrahmen mit Denkspruch und Meditationsbild und werden dann gesegnet.

Eine Abendmahlfeier zusammen mit der Gemeinde rundet den Gottesdienst zur Goldenen Konfirmation ab.

ANGELIKA JANSSEN

„Eine dreistöckige Hochzeitstorte"

Wie Herr und Frau E. den Tag ihrer Trauung erlebten

In unserer Einrichtung gibt es seit dem 27. 12. 2002 ein Ehepaar. Vorher und auch nachher hat bisher noch niemand geheiratet. Wie kam es zu der Hochzeit, und welche Erinnerung hat das Paar an den Tag der kirchlichen Trauung? Freundlich und sehr offen haben mir Herr und Frau E. in einem Gespräch ihre Erinnerungen und Erfahrungen mitgeteilt.

Frage: Fangen wir doch am Anfang an: Wie haben Sie beide sich denn kennengelernt?

Antwort: Ich war bereits im Heim, als meine Frau 1997 herzog. In ihrer Wohngruppe gab es keinen Fernseher. Sie ist mir gleich aufgefallen und ich habe sie dann eingeladen, bei mir fernzusehen.

Frage: Wie haben Ihre Freunde und die Mitarbeiter reagiert, als sie fest befreundet waren?

Antwort: Es gab nur einmal eine ablehnende Reaktion, als wir gemeinsam für zwei Tage verreisen wollten. Das haben die Mitarbeiter nicht erlaubt. Wir hatten noch gar nicht an eine sexuelle Beziehung

Hubert Lucht: Brautpaar

gedacht, wir reisten zu dem Zeitpunkt einfach gerne. Jetzt kann ich das aufgrund meiner psychischen Erkrankung nicht mehr so. Aber da kam meiner Frau die Idee, zu heiraten.

Frage: Kannten Sie sich schon lange?

Antwort: Vier oder fünf Jahre. Meine Cousine hat auch den Anstoß gegeben. Unsere standesamtliche Trauung war dann am 27. Dezember 2002. Wir sind von einer Freizeit zum Standesamt gefahren und der Bürgermeister hat eine Rede gehalten. Cousine und Bruder waren die Trauzeugen. Als wir aus dem Rathaus kamen, gab es eine schöne Überraschung. Mitarbeiter und Heimbewohner haben uns ein Feuerwerk entzündet. Das war sehr schön. Anschließend sind wir zum Italiener gegangen und haben dort gut gegessen. Dann sind wir wieder zur Freizeit gefahren. Alle waren ganz überrascht, dass wir als Ehepaar zurückgekommen sind.

Frage: Und wie war dann die kirchliche Trauung? Soweit ich weiß, hatten Sie, Herr E., einen schwarzen Anzug an und Sie, Frau E., ein glänzend lila Kleid?

Antwort: Ja, das war ganz merkwürdig. Eigentlich sollte uns ja der Ortspfarrer trauen, aber er hat einen Tage vorher abgesagt. Er und seine Frau (sie ist auch Pfarrerin) hatten beide die Grippe. Also das war mir schon verdächtig. Ich hatte den Eindruck, er wollte es nicht so gern. Aber der Nachbarpfarrer ist eingesprungen. *Alle* geladenen Gäste waren da, und viele Neugierige sind noch zum Zusehen gekommen. Das hat uns so gefreut. Die haben wir spontan auch noch zum Fest eingeladen. Der Mitarbeiterspeisesaal war voll, schätzungsweise 100 Personen. Und wissen Sie, was schön war? – Der Heimleiter hat uns das Essen geschenkt, vielleicht war er auch so überwältigt wie wir. Die Küche hat uns extra eine dreistöckige Hochzeitstorte gemacht. Oben war ein kleines Hochzeitspaar drauf.

Frage: Haben Sie auch schöne Geschenke bekommen?

Antwort: Für unsere gemeinsame Wohnung haben wir Geld für Möbel bekommen, und mein Bruder hat uns die Küche gezahlt. Dies Bild habe ich von meinem früheren Mitbewohner bekommen. Er ist aber schon lange tot.

Frage: Was war eigentlich Ihr Trauspruch? Erinnern Sie sich noch an den Gottesdienst?

Antwort: Oh, davon weiß ich so gut wie gar nichts mehr. Ich war sehr aufgeregt. Aber der Trauspruch ist der gleiche wie bei meiner Nichte, er hat mir bei ihrer Hochzeit so gut gefallen. Etwas von Paulus, warten sie mal ... Glaube, Liebe und Hoffnung, und die Liebe ist das Größte. Jedenfalls so ähnlich.

Frage: Darf ich Sie fragen, wie Ihr Alltag als Ehepaar heute nach fast fünf Jahren aussieht?

Antwort: Man muss lernen, dass die Liebe nicht alles ist und der siebte Himmel nicht auf der Erde liegt. Wir müssen lernen, Kompromisse zu schließen.

Frage: Gefällt es Ihnen, verheiratet zu sein? Haben Sie gemeinsame Interessen?

Antwort: Ja, es gefällt uns. Wir wohnen sehr zentral. Meine Frau wollte ja lieber in der Stadt wohnen, aber dann müssten wir so viel fahren. Hier können wir die Sterne beobachten, das machen wir gerne, und in diesem Jahr wollen wir noch drei kleine Reisen zu unseren Verwandten machen.

Frage: Gibt es auch schwere Zeiten?

Antwort: Mein Mann war im letzten Jahr fast vier Monate im Krankenhaus. Das war sehr schwer für mich. Ich war einsam. Es war so eine lange Zeit.

Frage: Sie haben zwei Hochzeitstage. Welchen feiern Sie eigentlich?

Der Zauber einer weißen Möwe

Ich träumte ich wär'
die Möwe und fliege
wie ein Zauber
in der Nacht zu dir.

Als ob mein Herz zwei
Flügel hätt', wünsch' ich,
du fliegst im Traum zu mir.

Du schwebst auf Wolke sieben.
Ich glaub du denkst an mich.
Ich merk es, du bist verliebt.

Ein Rosenregen,
der Zauber deiner Stimme
hat mir ein Flattern im
Bauch gemacht.

Andreas, du bist der Zauber
einer weißen Möwe.

Christiane Grieb

Antwort: Am 27.12. sind wir wieder auf der Freizeit, und der Septembertermin, der Tag unserer kirchlichen Trauung,. Ist zwei Tage vor dem Geburtstag meiner Frau. Das feiern wir dann zusammen. Wir sind meines Wissens das einzige Ehepaar in der Einrichtung.

Trauspruch

„Nun aber bleiben Glaube, Hoffnung, Liebe, diese drei; aber die Liebe ist die größte unter ihnen." *1. Kor 13,13*

MICHAEL KIEF

Des Lebens schönste Feier

Segnungsfeier für Heinz und Monika

Informationen zum Traurecht bei Menschen mit einer geistigen Behinderung

Menschen mit Behinderungen, die sich als Paare zusammenfinden, durchlaufen die für Liebesbeziehungen typischen Phasen. Dazu gehören folglich auch Überlegungen, die eigene Beziehung gegenüber der Umwelt ausdrücklich bekannt zu geben und ein Signal der Zusammengehörigkeit zu setzen. Die rechtlich folgenlose Verlobung (selbstverständlich mit Ring) ist die am häufigsten gewählte Form,

die Zusammengehörigkeit nach innen und außen zu dokumentieren. Manche Paare möchten darüber hinaus aber gerne heiraten. Rein juristisch ist es so, dass unabhängig vom Grad der Behinderung keine grundsätzliche Unmöglichkeit einer Eheschließung besteht. Allerdings müssen sich die zuständigen StandesbeamtInnen davon überzeugen, dass das Paar, das ein Aufgebot bestellen möchte, wirklich überblickt, welche Folgen dieser Akt hat. Besteht diese „Ehefähigkeit" nicht, so wird das Standesamt keine Trauung vollziehen. In Deutschland ist dann auch keine kirchliche Eheschließung möglich.

Genau um eine Feier in der Kirche und die damit verbundene Festlichkeit und den Segen Gottes geht es aber einigen Paaren. Es ist deshalb erfreulich, dass es die Möglichkeit einer Segnung der Beziehung auch ohne Trauschein gibt. So können Paare mit Behinderungen vor Gott und der Gemeinde bezeugen, dass sie zusammengehören und zusammenbleiben wollen. Vorbereitung und Verlauf der Segnung ähneln sehr der kirchlichen Trauung und treffen zugleich genau das Bedürfnis der betreffenden Paare.

Im folgenden Gespräch mit Monika Tesche und Heinz Leonberger wird deutlich, welche Bedeutung der Segnungszeremonie zukommt.

Frage: Wie habt ihr euch kennengelernt?
Monika: Auf der Freizeit in Unterjoch. Wir haben da erst ein bisschen geschwätzt und so und dann war's Neujahr und wir haben uns ein gutes Neues Jahr gewünscht, das war echt herrlich.
Frage: Wie lange ist das her, wann war das?
Heinz: Am 1. Januar 1989. Wir haben uns ein gutes Neues Jahr gewünscht und ein Gläschen Sekt getrunken, und kaum war der Neujahrskuss gefallen, da war die Liebe da.
Frage: Seitdem seid ihr zusammen?
Monika: Ja.

Heinz: Ich war damals schon 36 und sie im blühenden Alter von 28.

Frage: Und wie ging es dann so weiter? Ihr habt ja erst noch getrennt gewohnt und euch gegenseitig besucht?

Monika: Nach der Werkstatt sind wir spazieren gegangen, jeden Abend und so. Wir waren erst mal Freunde, der Heinz und ich.

Frage: Wann seid ihr dann in eine gemeinsame Wohnung gezogen?

Heinz: Am 14. April 1994.

Frage: Wie kam es dann dazu, dass ihr das gemacht habt mit der Segnung? Wie seid ihr auf die Idee gekommen?

Monika: Das war unser Wunsch, dass wir heiraten wollten.

Heinz: Und deswegen sind wir dann zum Pfarrer gegangen.

Frage: Was war euch daran wichtig, an der Hochzeit oder Segnung? Warum wolltet ihr das machen?

Monika: Das heißt, dass wir zusammengehören. Dass man zusammenbleibt.

Frage: Dann habt ihr gesagt, ihr würdet das gerne machen. Ihr seid dann zum Pfarrer gegangen.

Monika: Wir haben dann geschwätzt und so.

Frage: Und wann war dann die Segnung?

Heinz: Das war am 5. Oktober 2002, mittags um drei.

Monika: Ich kann dir das auch mal zeigen *(zeigt den Ring mit dem Datum)*.

Frage: Wie habt ihr das dann gefeiert, die Segnung?

Monika: In der Kirche, das war schön.

Heinz: Mit Verwandten und Bekannten.

Frage: Das war ein großer Gottesdienst. Der Höhepunkt ist dann die Segnung. Wie sieht das genau aus?

Heinz: Da sind wir vor dem Altar gestanden und da hat er uns gefragt mit seinem Buch in der Hand: Und so frage ich euch, Heinz und Monika, wollt ihr euch lieben und achten und alles Liebe füreinander tun, in guten und schlechten Tagen, euch in Freud und Leid zur Seite stehen, so antwortet: Ja, mit Gottes Hilfe.

Und dann sagten wir: Ja, mit Gottes Hilfe.

Monika: Ja, das haben wir gesagt. Wir hatten schon Schwierigkeiten, das auszusprechen.

Heinz: Dann haben wir noch auf die Knie gehen müssen und man hat uns gesegnet.

Frage: Wie haben denn die Leute so reagiert, als ihr gesagt habt, ihr wollt heiraten oder euch segnen lassen?

Monika: Die fanden das schön.

Heinz: Mein Bäsle war da und ihr Mann. Und die Tochter war dabei.

Frage: Wann seid ihr umgezogen in die neue Wohnung?

Heinz: Am 15. Dezember 2005.

Monika: Das war unser Weihnachtsgeschenk.

Frage: Und wie ist das jetzt so mit dem Zusammenleben? Fühlt ihr euch gut, so als Ehepaar?

Monika: Das ist gut so. Sehr gut, dass wir zusammen bleiben und selbstständig leben hier.

Frage: Was mögt ihr aneinander besonders gerne?

Monika: Die schönen blauen Augen und dass er viel lacht, das ist auch gut.

Heinz: Die Monika hat halt braune Augen und blonde Haare, wenn sie auch kleiner ist als ich, das macht nichts aus.

Frage: Sie gefällt dir so, wie sie ist?

Heinz: Ja, freilich.

Frage: Gibt es auch Eigenschaften, die sie hat, die dir besonders gut gefallen?

Heinz: Wie sie immer lacht.

Frage: Was macht ihr gerne gemeinsam?

Minika & Heinz: Wandern, Bus fahren, so Rundfahrten.

Frage: Ihr müsst ja auch eure Wohnung in Schuss halten. Was fällt da so an?

Heinz: Samstags, ja, da ist Hausarbeitstag. Wir haben kleine Kehrwoche und große Kehrwoche.

Monika: Aber wir machen das zusammen.

Frage: Gibt es manchmal auch Streit? Worüber denn? Was sind denn so die Punkte, wo's kracht?

Heinz: Ja, wenn sie so lang braucht und kommt nicht zum Spülen. Da muss man dann mal reinschreien: jetzt komm doch mal endlich her!

Monika: Wenn ich was tu, dann muss ich das erst fertig machen, aber dann komm ich meistens. Ich mach's dann schon.

Frage: Wie kriegt ihr das dann hin, dass ihr euch wieder vertragt?

Monika: Ha, wir schwätzen halt.

Heinz: Auch mit den Mitarbeitern, wenn wir's alleine nicht schaffen.

Manfred Rütt: Kirche

Gestaltungsideen und Entwürfe

Gestaltungsideen und Entwürfe

Eine bunte Kirche: Jeder Stein der Kirche erzählt eine andere Geschichte und jedes Fenster bringt eine andere Perspektive. So bunt wie das Leben ist und auch der Glaube.

Der Materialteil liefert unterschiedliche Gestaltungsideen. Für Anlässe in der Gemeinde oder im Wohnheim, für große oder für kleine Gruppen – Morgenkreis, Gottesdienst oder Nachmittag am Gemeindefest. Die Gestaltungsideen sind von unterschiedlichen Personen und Gruppen erarbeitet und in der Praxis erprobt worden.

Es ist uns wichtig, nicht ausformulierte Abläufe zu bieten, sondern jeweils einen Gestaltungsvorschlag zu einem Thema. Sie können diese Ideen in den Anlass für ihre konkrete Zielgruppe einbauen, umbauen und ausbauen. Dabei können Sie Ihren Zugang wählen: die Vorschläge sind unterteilt nach Anlässen im Kirchenjahr, nach biblischen Geschichten und nach Lebensthemen und Symbolen. Eine Gebetssammlung schließt diesen Teil ab.

Jeder Gestaltungsvorschlag ist in einem übersichtlichen Schema präsentiert. Die Bilder von Künstlerinnen und Künstlern mit einer kognitiven Einschränkung sind eigenständige Beiträge zu den Themen und bieten ganz eigene Zugänge und Interpretationsmöglichkeiten.

Den Variationen der Gestaltungsideen sind keine Grenzen gesetzt; lassen Sie sich von unseren Ideen anstecken und mischen Sie Ihre Farben darunter!

Ausformulierte Gottesdienste, Predigtentwürfe und weitere Materialien finden Sie auf der diesem Buch beigefügten CD. Die Vorschläge zu Liedern sind größtenteils dem Evangelischem Gesangbuch entnommen; sie können auch im Internet unter www.gesangbuch-online.de und in anderen Suchmaschinen gefunden werden.

Was wird eigentlich an Pfingsten gefeiert, oder an Epiphanias?

Das Kirchenjahr hat sich in Jahrhunderten unserer Kultur und unseres Glaubens entwickelt. Es verknüpft unser Leben mit dem Leben Jesu. Der Anfang des Kirchenjahres ist der Advent: das Warten auf Jesu Geburt. In den Festen des Weihnachtsfestkreises und des Osterfestkreises erinnern und feiern wir die wichtigsten Wegpunkte im Leben Jesu, die auch die Grundthemen unseres Lebens sind. Dazu nimmt das Kirchenjahr mit Festen und Gedenktagen den Zyklus der Jahreszeiten auf, zum Beispiel Erntedank im Herbst und die Feier der Auferstehung im Frühling.

Mit der bewussten Gestaltung der Feiern des Kirchenjahres bieten sich viele Möglichkeiten, unserem Leben Rhythmus und Kontur zu geben, in der Zeit, aber auch gegen den Druck oder die Leere der Zeit.

... Zu schauen die schönen Gottesdienste des Herrn!" Ps 27,4

Inhalt

GEORG OTTMAR

Die Stationen des Kirchenjahres als Orientierungshilfe für die Verkündigung bei Menschen mit geistiger Behinderung

Das Kirchenjahr gleicht einem Weg, der zu den wichtigsten Inhalten des Glaubens führt und zugleich zur Auseinandersetzung mit elementaren Lebensthemen einlädt. Deshalb stellt es eine gute Orientierungshilfe für die längerfristige Planung von Andachten und Gottesdiensten in der Behindertenhilfe dar.

Die Planung kann so erfolgen, dass sie biblische Überlieferungen und Lebensthemen gleichermaßen im Blick hat und wechselseitig aufeinander bezieht.

Im Folgenden möchte ich die Stationen des Kirchenjahres nachzeichnen und in aller Kürze aufzeigen, welche thematischen Schwerpunkte sich daraus für die Verkündigung bei Menschen mit geistiger Behinderung ergeben können.

1. Station
Advent, Weihnachten, Jahreswechsel

Zu Beginn des Kirchenjahres werden wir an die Fundamente unseres Lebens geführt. Wir erleben mit, wie Menschen in hoffnungsarmer Zeit neue Hoffnung schöpfen, weil Gott seine liebevolle Nähe verheißen hat (Advent).

Gottes freundliche Zuwendung und bedingungslose Annahme gilt allen Menschen. Deshalb kommt er in Jesus Christus zur Welt. Wir können darauf vertrauen, dass Sein Licht unser Dunkel erhellt (Weihnachten).

In allem Wandel der Zeit sind wir von Gottes Segen umfangen und getragen (Jahreswechsel).

2. Station
Passionszeit

An der zweiten Station des Weges setzen wir uns mit den schweren und leidvollen Aspekten unseres Lebens auseinander. Wir nehmen Anteil an Jesu Leidensweg und entdecken, dass er dem Leid nicht ausgewichen ist. Das ermutigt uns, eigenem Leid einen Sinn für unser inneres Reifen abzuringen. Angst, Einsamkeit und Enttäuschung sind Jesus vertraut; deshalb können wir ihm unser Leid klagen und ihn um Begleitung und Vergebung bitten.

3. Station
Osterzeit

In der Osterzeit öffnen wir uns für Gottes Liebe, die selbst im Angesicht des Todes neues Leben ermöglicht. Das macht uns zuversichtlich, dass Verwandlung möglich ist an Leib und Seele. Gott hat Jesus von den Toten auferweckt. Deshalb suchen wir nach Wegen der Befreiung von dem, was uns gefangen hält.

4. Station
Pfingstzeit

Die biblischen Geschichten von Himmelfahrt und Pfingsten erzählen uns vom Abenteuer der Gemeinschaft. Wie gelingt es, Distanz aufzugeben und Freundschaft zu anderen Menschen zu gestalten? Im Vertrauen auf Gottes Geist können wir spüren, welches Glück von gelingenden Beziehungen ausgehen kann.

Der Heilige Geist lässt uns Gottes Gegenwart heute spüren. Aber wir können nicht über Gott verfügen. Und in manchen Situationen fragen wir uns, warum Gott nicht eingreift. Wie können wir trotzdem glauben und zu ihm beten?

5. Station
Auf dem Weg von Pfingsten zum Erntedankfest

Die Wochen nach dem Dreieinigkeitsfest sind, was das Kirchenjahr angeht, eine ruhige Zeit. Sie bieten genug Raum für Glaubens- und Lebensthemen, in denen es um unser Wachsen und Reifen geht, z. B.: Wo sind wir zu Hause, was schenkt Geborgenheit? Wie können wir uns verändern und uns dennoch treu bleiben? Wie können wir unsere Gefühle ausdrücken?

Die Begegnung mit der Natur lässt uns staunen. Sie schenkt uns Lebensfreude und lässt uns fragen, wie wir unser Leben schöpferisch gestalten wollen. Zugleich werden wir an unser Verflochtensein mit allem Lebendigen und an unsere Verantwortung für die Schöpfung erinnert.

6. Station
Reformationsfest

In der Zeit um das Reformationsfest fragen wir nach unserer unverwechselbaren Identität. Wir sind Gottes

geliebte Kinder. Deshalb müssen wir uns nicht anstrengen, um bei ihm lieb Kind zu sein. Vielmehr dürfen wir fragen: Was ist uns wichtig? Wo wollen wir im Glauben wachsen? Wofür lohnt es sich einzustehen? Wie ist das mit unserem Auftrag zur Nächstenliebe gemeint, und wie können wir ihn erfüllen? Was wollen wir uns zutrauen?

Wir suchen nach Möglichkeiten, unseren eigenen Weg zu gehen und unseren eigenen Lebensstil zu finden.

7. Station
Ende des Kirchenjahres

Die letzte Station des Kirchenjahrs lädt uns ein, das Woher und Wohin unseres Lebens zu bedenken. Wir nehmen aufmerksam wahr, wie vergänglich unser Leben ist und wie kostbar der Augenblick. Wir stellen uns den Erfahrungen von Trauer und Abschiednehmen. Zugleich achten wir auf die Verheißung von der neuen Welt Gottes und strecken uns aus nach der neuen Zeit, die Gott für uns bereit hält.

ANGELIKA JANSSEN
Lebendiger Adventskalender

Gestaltungsidee

Alle Menschen der Gemeinde, egal ob Geschäftsleute oder Heimbewohner, öffnen dem Advent die Türen. Menschen lassen das Licht Gottes bei sich einziehen, entsagen der Hektik und der Sinnentleerung des Weihnachtsfestes und feiern gemeinsam in froher Erwartung. Sie sitzen im Frisörladen, in der geheizten Autowerkstatt, im Aufenthaltsraum der Schreinerei, in der Garage beim Nachbarn, im Stall bei den Kühen, in der Gärtnerei. Sie begegnen einander neu, erleben ihre Lebens- und Arbeitsräume neu. Beschenken sich durch Gebäck, Punsch und die Zeit,

Emina Kajtazaj: Kerze

die sie miteinander verbringen. Die Behinderung spielt keine Rolle, weil erkennbar wird: Alle bedürfen wir der Liebe Gottes.

Den Ablauf der Liturgie leitet der Gastgeber oder der Gemeindpfarrer oder ein ehrenamtlicher Mitarbeiter, jeweils nach Absprache. Die Raumgestaltung obliegt dem Gastgeber. Liebevoll geschmückte Tannenbäume, selbst gezogene Kerzen, Liedblätter dekorativ gefaltet ... Wir lassen uns überraschen.

Bereits im Oktober wird im Gemeindebrief auf den Lebendigen Adventskalender hingewiesen und um Meldung gebeten, wer gerne zu sich einladen möchte. Die Termine, wo der Adventskalender stattfindet, werden durch Poster und im örtlichen Mitteilungsblatt Ende November bekannt gegeben.

Liturgie

- Glockenläuten vom Kirchturm
  Bis alle eingetroffen sind, lassen wir leise Adventsmusik im Hintergrund laufen.
- Begrüßung der Gäste (wenn es geht, namentlich und mit einem persönlichen Gruß)
- Der oder die GastgeberIn zündet das Adventslicht an (es ist immer eine große, rote Kerze auf einem umkränzten Ständer, die am Schluss an den nächsten Gastgeber weitergereicht wird).
- Adventslied (aus dem Kirchengesangbuch oder aus einem vom Gastgeber vorbereiteten Liedblatt)
- Schriftlesung zum Advent
  Da wir uns jeden zweiten Tag treffen, lesen wir diese Texte in chronologischer Reihenfolge:
  - Mt 21,1–9
  - Jer 23,5–8
  - Lk 1,67–79
  - Sach 9, 9–10
  - Jes 63,15–16a (17–19a) 19b; 64,1–3
  - Jes 35,3–10
  - Mt 11,2–6 (7–11)
  - Jes 40, 1–11
  - Lk 1, (39–45) 46–55
  - Jes 52,7–10
  - Jes 9,1–6
- Der andere Advent" – Gedanken zum Tag
- oder alternativ eine Adventsgeschichte oder ein -gedicht, ein Symbol wird weitergegeben u. Ä.
- Adventslied
- Abschlussgebet (Vorschlag):

Ich danke Dir, Gott, für das tastende Dämmerlicht und die zögernde Stille des Abends. Ich danke Dir für die Segnungen, für das Brot heute Abend und die erste Tasse Tee dazu. Mit leichten Händen und Füßen tue ich das Nötigste und stimme mich auf das Wichtigste ein: Jesus kommt. Ich schmücke mein Herz und mein Gesicht, mein Auge lacht und färbt sich voll mit Licht.
Jesus kommt, alles wird gut. Heute präge ich der Zeit meinen Sinn ein und mein Sein. Ich habe keine Angst vor den kommenden Stunden, denn sie sind aufgehoben bei Dir. Amen.
- Einladung „zum Tisch"
- Gemütliches Beisammensein (ca. 30 Minuten, kommt auf die Atmosphäre an)
- Dank und kleines Präsent für die Gastgeber
- Segen für Haus und Gemeinschaft (aus: Begleitet von guten Mächten, Herder Verlag, Freiburg)
- Verabschiedung
- Glockenläuten

Sabine Hofmann: Dialog zum Advent

I. L.: Worüber sollen wir heute schreiben?

S. H.: Advent – warten auf Jesu Geburt.

I. L.: Ist dir das wichtig in der Adventszeit, das warten auf die Geburt Jesu? Für viele ist der Advent und die Weihnachtszeit doch nur ein großes Fest mit möglichst vielen Geschenken.

S. H.: Für mich steht die Geburt Jesu im Vordergrund. Ich finde die kommerzielle Seite zu stark betont, sie raubt uns die Ruhe zum Nachdenken und um sich auf das Eigentliche zu besinnen. Das ist sicher die Arbeit des Teufels, Gottes Gegenspieler. Empfindest du das anders?

I. L.: Ich gebe dir recht, in der Weihnachtszeit kommt die Ruhe zu kurz und der Stress ist allgegenwärtig. Aber ich wusste gar nicht, dass du so religiös bist und dir über solche Dinge wie den Teufel Gedanken machst.

S. H.: Doch der gewinnt an Macht in unserer Gesellschaft, wir sind nicht mehr auf Gott ausgerichtet.

Advents- und Weihnachtsweg mit Krippe und biblischen Erzählfiguren

Gestaltungsidee

MitarbeiterInnen bauen vor dem ersten Advent im Eingangsbereich des Wohnheims eine Adventskrippe auf.

Alle Menschen mit Behinderungen und die MitarbeiterIinnen sind zu folgenden Veranstaltungen (an der Krippe) oder zur Gestaltung in der Wohngruppe herzlich eingeladen. Der Impuls an der Krippe wird je von einem/einer anderen MitarbeiterIn gestaltet. Das heißt, es wird die Erzählung zum Thema mit den Figuren erzählt und gestellt, und gemeinsam werden passende Lieder gesungen.

Praktische Umsetzung

Impuls zum 1. Advent (18.30 Uhr)
„Der Engel kommt zu Maria"; Gestaltung der Adventskrippe entsprechend. Die Teilnehmer/innen bekommen ein kleines Engelgebäck mit.

Anregung: Wir backen gemeinsam Weihnachtsgebäck mit Engeln, um die Freude auf Weihnachten riechen und schmecken zu können.

Impuls zum 2. Advent (18.30 Uhr)
„Maria besucht Elisabeth"; Gestaltung der Krippe entsprechend.

Anregung: Wir begegnen uns bewusst und wünschen uns etwas Gutes. Wir basteln gemeinsam Weihnachtssterne.

Impuls zum 3. Advent (18.30 Uhr)
„Maria und Josef machen sich auf den Weg"; Gestaltung der Krippe entsprechend. Die TeilnehmerInnen bekommen frische Tannenzweige mit.

Anregung: Wir machen uns auf den Weg und holen frische Tannenzweige, um damit die Räume zu schmücken.

Impuls zum 4. Advent (18.30 Uhr)
„Maria und Josef finden kein Zimmer"; Gestaltung der Krippe entsprechend. Die Teilnehmer/innen bekommen Stoh und Heu mit.

Hubert Lucht: Nikolaus

Anregung: Wir stellen in den Wohngruppen die Weihnachtskrippe auf und suchen Moos und Natur-materialien zum Ausgestalten.

Heiligabend (16 Uhr)

Feier einer Andacht an der Krippe, Impuls: Die Krippe mit „Jesu Geburt". Die Teilnehmer/innen bekommen eine Kerze mit in die Wohngruppe.

Anregung: Wir lesen gemeinsam die Weihnachts-geschichte, singen Weihnachtslieder und feiern ge-meinsam.

Impuls zu Epiphanias (18.30 Uhr)

„Die Heiligen Drei Könige"; Gestaltung der Krippe entsprechend. Die Teilnehmer/innen bekommen Weihrauch mit in die Wohngruppe.

Anregung: Wir zünden gemeinsam Weihrauch an.

Impuls zu Jesu Darstellung im Tempel (18.30 Uhr)

„Simeon und Hanna"; Gestaltung der Krippe entspre-chend. Die Teilnehmer/innen bekommen eine Kerze mit in die Wohngruppe.

Anregung: Wir verlassen die Weihnachtszeit, und das Licht der Kerze begleitet uns bis zum Osterlicht.

KLAUS VON LÜPKE UND TEAM
Advent: Die Freude zum Klingen bringen

Wolfgang Schmitz: Weihnachten

Aktion

Viele Gottesdienstbesucher haben auf die Bitte im Einladungsschreiben hin Weihnachtsglocken und Spieluhren mitgebracht, Spieluhren mit einer Weih-nachtsmelodie, mit einer Glockenmelodie oder mit einem einfachen Kinderlied. Wir verteilen zusätz-lich einfache Keramikglocken, aus kleinen Tonblu-mentöpfen selbst gefertigt, an diejenigen, die keine Glocken mitgebracht haben, und stellen vorn außer-dem noch einige große Klangstäbe auf.

Nach dem Eingangsteil bitten wie alle, so still wie möglich zu sein, damit wir die Stille hören kön-nen. In diese Stille hinein beginnt spontan eine einzige Spieluhr zu spielen, ganz leise, als ob es der Glockenklang von der anderen Seite der Erde her wäre. Wir lassen uns Zeit, dieser Spieluhr zu lauschen. Dann fordern wir auf, einander weitere Spieluhren vorzustellen. Bald ist ein Vielklang von fröhlichem Klingen. Den lassen wir sich steigern, indem wir das nächste Lied singen: „Engel auf den Feldern singen" und das „Gloria in excelsis deo" mit allen verfügbaren Glocken, Spieluhren und

Klangstäben begleiten lassen. Auch die weiteren Lieder begleiten wir mit allen Instrumenten (evtl. aufgeteilt nach Gruppen).

Das Schöne an den kleinen Glocken und besonders an den Spieluhren ist, dass sie so leise klingen, dass die Kinder sie vereinzelt auch zwischen den Liedern als Hintergrund des Redens spielen lassen können.

Sie stören nicht, sondern wirken vielmehr wie eine Untermalung, schaffen Atmosphäre.

Ansprache

Die Ansprache kann sich am jeweiligen Predigt-Text orientieren.

JOCHEN STIEFEL

Vorfreude erleben: Es hüpft in Elisabeths Bauch

Hintergrund

Vorbereitungszeit auf Weihnachten und auf die Geburt Jesu. Die Adventszeit ist mit einer Schwangerschaft vergleichbar. Gott will in unsere Welt kommen – das Bild der Schwangerschaft eignet sich sehr, um die Vorfreude und die Erwartung nachzuspüren. Die Freude über das wunderbare und freudige Ereignis der Menschwerdung Gottes „fällt nicht vom Himmel", sondern wächst in uns.

Gestaltungsidee

Maria besucht Elisabeth – Warten auf Erfüllung" (Lk 1,39–56). Die Begegnung der beiden wird nachgespielt.

Praktische Umsetzung

Beide Personen werden verkleidet (z. B. Umhänge, Tücher etc.) und spielen die Szene der Begegnung mit eigenen Worten nach; evtl. auch Dialoge lesen und die Personen spielen.

Lieder

Wir sagen euch an den lieben Advent
Seht, die gute Zeit ist nah

Gebet

Gott, jetzt ist Advent. Ich möchte ruhiger werden. Ich möchte mich besinnen und fragen, was wichtig ist und was nicht. Ich möchte es auch in meinem Bauch spüren, die Freude über Deine Ankunft, ganz klein und doch ganz mächtig.
Gott hilf mir, jetzt im Advent einen Weg zu Dir zu finden. Ich möchte lernen, Ja zu sagen zu Deinen Plänen und Dir vertrauen, was auch geschieht. Amen.

Variation

Die Szene kam im Vorfeld auch von verschiedenen Personen gemalt oder getont werden. Eine andere Art der Darstellung kann mit biblischen Figuren ausgeführt oder mit einem Dia/Bild an die Wand projiziert werden.

MIRJA KÜENZLEN

Advent: Machet die Tore weit

Hintergrund

Jesus kommt als König zu uns. Könige sind reich und mächtig. Aber Jesus kommt zu uns als Kind armer Eltern, ganz klein und schwach. Wie passt das zusammen? Gott ist in ganz anderer Weise mächtig, er ist in der Schwachheit und im Kleinen! Er wohnt nicht im Palast und umgibt sich nicht mit hohen Mauern, sondern er kommt in unsere „kleine" Welt.

Gestaltungsidee

In einer Andacht sich auf das Kommen des Heilands einstellen. Das Nachspiel von dem Einzug eines prächtigen Königs in feierlichem Stil macht den Leuten sehr viel Freude und kann deutlich machen: Jesus kommt als König zu mir und möchte in mir wohnen. Wir wollen uns einstimmen und uns öffnen für die Ankunft des prächtigen schwachen Königs.

Singen mit Bewegung

Das Lied „Macht hoch die Tür" im Sitzen singen mit Bewegung:

Mach hoch die Tür, die Tor' macht weit
  Hände zuerst hoch, dann zur Seite
Es kommt der Herr der Herrlichkeit
  an den Händen fassen
Ein König aller Königreich
  hin und her schaukeln
Ein Heiland aller Welt zugleich.
Der Heil und Segen mit sich bringt
  hin und her schaukeln
Derhalben jauchzt, mit Freuden singt.
Gelobet sei mein Gott
  Hände wieder hoch
Mein Schöpfer reich von Rat.
  Hände wieder runter.

Impuls

Frage: Wie wird ein großer König empfangen? Dann die Utensilien zeigen.
- Er trägt einen schönen Mantel: Mantel oder Umhang umhängen.
- Krone aufsetzen.
- Er geht auf einem roten Teppich.
- Er kömmt durch ein schönes Tor.

Edmund Krengel: Jesuskind in der Krippe

Gemeinsam spielen

Es werden mehrere Mitspieler gebraucht:
- Zwei, die den König begrüßen: einer hängt den Mantel um, der andere setzt die Krone auf.
- Dann noch mal zwei, die das Tor halten, und
- einer, der den roten Teppich hinlegt.
- Und dann natürlich der König selbst.

Evtl. ein-, zwei Mal wiederholen und die Rollen dabei immer tauschen. – Vielleicht gibt es auch einen König/eine Königin im Rollstuhl?

Gebet des Lobgesangs der Maria Lk 1, 46-56

JOCHEN STIEFEL / JÜRGEN ISSELER
Der Stern leuchtet immer noch – Gottesdienst mit Krippenspiel

Hinweis zum Hintergrund

Weihnachten, das Fest der Geburt Jesu, ist für viele Menschen das christliche Fest schlechthin, an dem es gilt, immer wieder neu die Menschwerdung Gottes zu feiern und zu begreifen (Lk 2,1–20). Für viele Menschen mit einer Behinderung, die in einem Wohnheim leben, ist Weihnachten ein Fest, an dem sie mit ihren Familien feiern. Doch es gibt auch Menschen, die keine Familie (mehr haben) oder keinen Kontakt zu ihren Angehörigen haben. Daher findet das Krippenspiel in vielen Einrichtungen vor dem Heiligen Abend statt.

Am Heiligabend selbst kann eine einfache Vesper im Wohnheim oder in der Gruppe gefeiert werden, in der die Weihnachtsgeschichte gelesen wird und Lieder gesungen werden.

Gestaltungsidee

Darstellung der Weihnachtsgeschichte als Krippen- oder Anspiel in Form eines Schauspiels oder Singspiels.

Praktische Umsetzung

(Krippenspiel „Der Stern leuchtet immer noch" *auf der beigefügten CD)*

Lieder

Vom Himmel hoch, da komm ich her
Ich steh an deiner Krippen hier
Ihr Kinderlein kommet
Stern über Bethlehem

Reinhard Lueg: Weihnachtskrippe

Gebete

Gott, du bist bei uns,
wir feiern heute die Geburt deines Sohnes.
Du bist in die Welt gekommen, um unsere Dunkelheit hell zu machen.
Wir bitten dich für uns und für alle, die wir lieb haben,
sei bei uns heute und jeden Tag.

Nimm Herberge in unserer Welt und in unseren Herzen.
Amen

Variation der Gestaltungsidee: Einzelne Personen herausheben und in den Mittelpunkt stellen, z. B. den Stern über Bethlehem, Engel, die drei Weisen, die Hirten.

KLAUS VON LÜPKE UND TEAM

Weihnachten – Gott will im Dunkel wohnen

Aktion
Rufen und Schreien / Sprechmotette

1. Eine Gruppe trägt eine Sprechmotette zum Thema Dunkelheit und Leid vor: Sie rufen und schreien Begriffe, die etwas vom Dunkel unserer Welt vermitteln: Schmerzen, Leiden, Angst, Krieg, Krankheit, Einsamkeit, Hass usw. Einige fangen an und wiederholen ihren Schrei fortlaufend, andere stimmen mit ein, bis möglichst viele immer lauter schreien (bei einer vertrauten und aufgeschlossenen Gottesdienstgemeinde kann dieser Klangteppich auch gemeinsam mit den Gottesdienstfeiernden gestaltet werden).
2. Eine Musikgruppe oder die Orgel beginnt gegen das Geschrei eine sanfte Melodie zu spielen (ein Wiegenlied?) und spielt dies so lange, bis das Schreien nach und nach verebbt und das Wiegenlied immer mehr zum Klingen kommt. Dann beginnen einzelne mitzusummen und geben den Anstoß zum Mitsummen weiter. Schließlich summen alle das Wiegenlied mit. Es ist Frieden eingekehrt.
3. Kerzen anzünden: Am Eingang verteilte Kerzen werden jetzt angezündet, einer gibt die Flamme an den anderen weiter, bis alle eine brennende Kerze (mit Tropfenfänger) in der Hand haben, die sie bis zum Schluss brennen lassen und noch brennend mitnehmen.

Lieder

Wir sagen euch an den lieben Advent
Weil Gott in tiefster Nacht erschienen
Tragt zu den Menschen ein Licht

Ansprache

[Die Ansprache findet sich auf der diesem Buch beigefügten CD]

MIRJA KÜENZLEN

Von guten Mächten wunderbar geborgen – Liedandacht zum Jahreswechsel

Hinweis zum Hintergrund

An Silvester halten Menschen inne und blicken auf das vergangene Jahr zurück. An Neujahr wird das neue Jahr begrüßt. Der Jahreswechsel macht bewusst, dass wir im Leben unterwegs sind, dass unser Leben wie eine Reise mit einem Anfang und einem Ziel ist. Gott ist mit uns auf unserem Weg. Es tut gut, sich zu Beginn eines neuen Jahres Zeit zu nehmen und sich der „guten Mächte" zu vergewissern.

Christoph von Aichelburg: Christkind

Gestaltungsidee

Das Lied „Von guten Mächten wunderbar geborgen" von Dietrich Bonhoeffer kann beim Übergang Trost spenden und Vertrauen stärken. Eine Andacht mit viel Ruhe, Liedern und Gebet orientiert sich an den Gedanken des Liedes von Bonhoeffer.

Praktische Umsetzung

Das Lied gemeinsam singen und in kurzen Meditationen (evtl. mit Bildern) veranschaulichen, wie die guten Mächte aussehen: Jeder hat einen Engel [Bild zeigen], Psalm 91, beten: Er hat seinen Engeln befohlen, dass sie dich behüten auf allen deinen Wegen ... Kurze Erzählung zu Leben und Wirken Dietrich Bonhoeffers (Entstehung des Liedes) und seine feste Gewissheit, selbst im Gefängnis der Nazis noch

von Gottes Liebe getragen zu sein.

Im Gebet sind wir mit den wunderbaren Mächten Gottes eng verbunden: gemeinsam das Vaterunser.

Lieder

Von guten Mächten
Meine Zeit steht in deinen Händen
Vertraut den neuen Wegen

Gebete

Lieber Gott,
das alte Jahr ist vergangen und das neue kommt.
Auch jetzt sind wir nicht allein.
Wir wandern mit dir durch das Leben.
Du bist bei uns am Abend und am Morgen
Und ganz gewiss an jedem neuen Tag.

MIRJA KÜENZLEN

Epiphanias – Gottes Licht erscheint aller Welt

Elly Wessler: Die Heiligen Drei Könige

Hintergrund

Epiphanias ist das älteste Fest der Christenheit und hat die Bedeutung: Die Herrlichkeit Gottes wird der Welt offenbar. Deshalb wird der drei Weisen aus dem Morgenland gedacht. Auch die Erinnerung an die Taufe Jesu gehört zu diesem Fest, da Gott in der Taufe offenbart: Dies ist mein Sohn! Epiphanias ist das Fest, das die Bedeutung des Christfestes weiter vertieft.

Gestaltungsidee

Die Geschichte von den „Weisen aus dem Morgenland" erzählen und nachspielen. Deutlich machen: Jesus ist zu allen Menschen gekommen, zu allen Völkern der Erde. Bildbetrachtung zu dem Bild „Die Drei Könige".

Begrüßung

Wir hören das Evangelium von den Weisen aus dem Morgenland. Sie kommen aus fernen Ländern, um den neugeborenen König der Juden, den Christus zu sehen. Darin wird deutlich: Jesus ist für die ganze Welt gekommen, für alle Völker. In Jesus schauen wir die Herrlichkeit Gottes. Wir haben Grund, zu hoffen und uns zu freuen in dieser Welt, in der es doch oft dunkel ist. Gott selbst macht das Dunkel hell.

Die Finsternis vergeht, und das wahre Licht scheint jetzt! (1. Joh 2,8)

Praktische Umsetzung

Die Geschichte lesen und dann spielen oder sie erzählen und beim Erzählen spielen lassen. Bildbetrachtung anschließen.

Lieder

Wie schön leuchtet uns der Morgenstern
Stern über Bethlehem
Herbei, o ihr Gläubigen
Kommt und lasst uns Christum ehren

Gebet

Psalm 100, 1–5

Himmlischer Vater,
du hast die Weisen aus dem Orient durch den Stern zur Krippe geführt
und ihnen deinen Sohn offenbart.
Leite auch uns, dass wir ihn erkennen.
Und leite auch alle Mächtigen dieser Welt, dass sie die Liebe erkennen, die Gott für uns bereitet hat, und lass sie danach handeln, damit unsere Welt liebevoller wird.
Darum bitten wir dich im Namen deines Sohnes, unseres Bruders,
Jesu Christi. Amen.

MARTIN SPERL

Vom Gipfel ins Tal – Gottesdienst am letzten Sonntag nach Epiphanias

Der nachfolgend skizzierte Gottesdienst thematisiert die Erfahrung, dass unser Glaube zwar besonderer Erlebnisse bedarf, sich aber nicht nur „in himmlischen Höhen" oder von Highlight zu Highlight bewegen kann, sondern immer wieder in die Tiefe geführt wird, um sich im Alltag zu bewähren. Das altkirchliche Evangelium dieses Sonntags (Mt 17, 1–9) bietet mit der Geschichte von der Verklärung Jesu den bildhaften Hintergrund für diese Spannung.

Vorbemerkung

Unumstrittener Höhepunkt im Jahreslauf ist für den einzelnen Bewohner wie für die Gruppengemeinschaft die Weihnachtszeit mit allen vorbereiteten und überraschenden Ereignissen und Aktivitäten. Der Bogen spannt sich zeitlich vom 1. Advent bis in die Epiphaniassonntage.

Die Weihnachtsfeier mit dem Krippenspiel der Bewohner, bei dem die einzelnen Rollenträger sich immer

wieder neu mit ihrer „Botschaft" identifizieren, ist eine Veranstaltung, die dazu angetan ist, nach außen zu wirken und die Weihnachtsfreude öffentlich bekannt zu machen. Die Gottesdienste, bei denen sich die über die Feiertage im Heim verbliebene „Gemeinde" um die im Gottesdienstraum aufgebaute große Krippenlandschaft versammelt, lassen einen intimeren Rahmen für das ganz persönliche „Ich steh an deiner Krippen hier" zu und geben vielerlei Möglichkeiten zur meditativen Betrachtung der einzelnen liebevoll-künstlerisch gestalteten Szenen und Figuren.

So wird die „Krippe" am Heiligabend jubelnd begrüßt und in Augenschein genommen. Am 6. Januar finden schließlich die drei Könige mit ihrem prächtigen Gefolge den Weg vom Jerusalemer Königsschloss zum Stall von Bethlehem. An einem der folgenden Sonntage – je nach Länge der Epiphaniaszeit – wird dann im Gottesdienst gemeinsam Abschied von der Krippe genommen und die Weihnachtszeit offiziell beendet. Dieses Abschiednehmen wird in seinem durchaus wehmütigen Charakter wahrgenommen. Die Krippenfiguren werden gemeinsam abgeräumt und liebevoll-behutsam verpackt. Wichtig dabei ist, dass wir etwas von dem Glanz dieser Zeit mitnehmen in unseren Alltag und „in unseren Herzen bewahren".

Besondere Vorbereitungen

- große Kiste, in der die Krippenfiguren aufbewahrt werden, und Papier zum Einwickeln der Figuren
- Tisch neben dem Altar, auf dem die Verpackungsarbeiten ausgeführt werden
- Körbchen mit kleinen Mitnahmesouvenirs, z. B. kleine Kerzen, Sterne, Engel, Glitzersteine, Kugeln ....

Geplanter Ablauf des Gottesdienstes

- Begrüßungslied: *Guten Morgen für uns alle*
- Begrüßung
- Eingangslied: *All Morgen ist ganz frisch und neu, Verse 1–4*
- Psalm 73: Dennoch bleibe ich stets an dir
- Ehre sei dem Vater ...
- Gebet: An deiner Krippe sind wir versammelt, Herr, unser Gott, und danken dir. Du hast den Himmelsthron verlassen und willst wandern unsere Straßen. Großer Gott, du wirst ganz klein und willst unser Bruder sein. Lass dein Licht uns

immer sehen, auch wenn wir im Dunkeln gehen! Amen.
- Lied: *Ich steh an deiner Krippen hier, Verse 1 u. 4*
- **Ich sehe dich mit Freuden an und kann mich nicht satt sehen**
Heute nehmen wir Abschied von der Krippe. Noch einmal wollen wir alle anschauen, die dazugehören. Der einzelnen Figuren (Kind, Maria, Josef, Hirten, Tiere, Engel, Stall, Königsburg, Felsen ...) aufzählen lassen und zeigen. – Gelegenheit, einzelne Figuren etwas zu kommentieren ... Mit dem folgenden Lied wollen wir uns noch einmal an die Weihnachtsgeschichte erinnern:
- Lied: *Wisst ihr noch, wie es geschehen, Verse 1–5*
- **Wir verabschieden uns von der Krippe -**
Die Krippenfiguren werden jetzt weggeräumt und einzeln auf den Arbeitstisch gestellt. Wer möchte, darf (evtl. mit Unterstützung) eine Figur oder einen Gegenstand seiner Wahl einwickeln und in die Weihnachtskiste legen. Noch einmal Gelegenheit zu äußern, warum man diese Figur gewählt hat.
- Lied: *Immer werden wir's erzählen, Vers 6*
- **Der äußere Glanz ist verschwunden – aber in uns scheint es hell**
Der Platz, an dem die Krippe stand, ist nun leer. So ist das, wenn etwas sehr Schönes zu Ende geht. Wie fühlen wir uns jetzt? Warum und worauf können wir uns von Neuem freuen? Das Licht und die Freude von Weihnachten leben in uns weiter – Jesus geht mit uns durch den Alltag, auch im „finsteren Tal"...
- **Schriftlesung: Mt 17,1–9**
Die Geschichte von der Verklärung Jesu, ein Gipfelerlebnis, das die Jünger festhalten möchten. Es geht mit Jesus zurück und ins Tal hinunter. Wir sollen keine großen Worte über das Erlebte verlieren. Wichtig ist, dass wir es in unserem Herzen behalten und ...
- Lied: *Ach bleib mit deiner Gnade, Verse 1–4*
- **Wir nehmen etwas mit**
Jeder darf eine kleine „handgreifliche" Erinnerung an den Weihnachtsglanz mitnehmen. In einem Körbchen, das herumgereicht wird, kann jeder etwas für sich finden, das die Erinnerung in ihm wach hält ...
- Lied: *Fürchte dich nicht, Verse 1–3*
- Schlussgebet und Vaterunser
- Lied: *Wenn wir jetzt weitergehen, Vers 4*
Wir fassen uns dabei an den Händen
- Segen

ANGELIKA WAGNER

Vorschläge zur Gestaltung der Passionszeit

Hinweise zum Thema

Seit dem 4. Jahrhundert ist in der Christenheit eine vierzigtägige Vorbereitungszeit vor dem Osterfest bezeugt. Sie beginnt mit dem Aschermittwoch und wird in der Erinnerung an die Passion Christi als Zeit der Buße und Tauferneuerung verstanden. Begleitet werden diese Wochen nach alter Tradition durch die Einladung zum Fasten als religiöse Übung und Zeichen der Nächstenliebe. Beginnend mit dem Palmsonntag stellt die Karwoche die einzelnen Ereignisse der Leidensgeschichte, wie sie die Evangelien überliefern, in den Mittelpunkt (vgl. Karl-Heinrich Bieritz, Das Kirchenjahr, Beck Verlag, München 1994, S. 100 ff.).

Aschermittwoch

Um den Aschermittwoch als deutliche Zäsur nach der Faschingszeit erfahrbar zu machen, ist der Brauch des Aschenkreuzes hilfreich. In einer Andacht oder einem Gottesdienst streut der oder die Leiterin den Teilnehmenden einzeln Asche auf die Stirn mit den Worten „Kehr' um und glaube an das Evangelium" oder einer entsprechenden anderen Formel. Die Passionszeit oder Fastenzeit wird erklärt als eine Zeit der besonderen Nähe zu Jesus, um ihn auf seinem schwierigen Weg nicht allein zu lassen. Gemeinsam können Zeichen überlegt werden, die diese Nähe verdeutlichen, z.B. regelmäßiges Vorlesen aus der Bibel, ein kurzes Gebet oder der gemeinsame oder persönliche Verzicht auf manche Dinge (vgl. die Aktion „Sieben Wochen ohne ..."). Es ist auch möglich, dass eine Gruppe beschließt, auf das Streiten zu verzichten, andere legen ihr durch Verzichten gespartes Geld zusammen für ein Projekt für ärmere Menschen. Kirche, Kapelle und Gruppenräume werden schlicht gestaltet. In Andachten oder Gottesdiensten wird kein Halleluja mehr gesungen, dennoch sollte die Stimmung nicht traurig sein, sondern eher nachdenklich und getragen.

Salbungsandacht

Vor Beginn der Karwoche (beispielsweise am Mittwoch) kann die Erinnerung an die Salbung Jesu mit kostbarem Duftöl (Lk 9,36–49) aufgegriffen werden z.B. durch eine Andacht, in der jedem der Teilnehmenden etwas duftendes Öl in die Handfläche oder auf die Stirn gestrichen wird. Bestehen Wohngruppen, können diese eine kleine Schale mit Duftöl aufstellen.

Palmsonntag

Am Palmsonntag bekommen alle Beteiligten Palmzweige, die eventuell im Voraus gemeinsam geschmückt werden. Beim Gottesdienst wird zur Erinnerung an Jesu Einzug nach Jerusalem die Bibel festlich hereingetragen, dabei grüßen die Gottesdienstteilnehmer mit ihren Zweigen diesen „Einzug". Dies sollte zuvor kurz erklärt werden. Der Kirchenraum kann mit Ölbäumen geschmückt werden (in größeren Gärtnereien auszuleihen). Eine „Osterkrippe" wird im Laufe der Karwoche von Tag zu Tag im Zusammenhang mit biblischen Geschichten umgestaltet.

Gründonnerstag

Der Gründonnerstag steht im Zeichen der Erinnerung an das letzte Abendmahl Jesu und an die Fußwaschung. Ein Liebesmahl erinnert an das Passafest der Juden mit Anzünden eines siebenarmigen Leuchters, einer kurzen Zusammenfassung der Exodus-Geschichte und dem Kosten verschiedener Speisen, z.B. Mazzen- oder Knäckebrot mit Meerrettich (Bitterkräuter), Apfelmus, Trauben usw. Wenn die Gruppenzusammenstellung dies erlaubt, eignet sich ein Fußwaschungsgottesdienst, um die Freundschaft Jesu zu seinen Jüngern zu verdeutlichen. Zeichenhaft können sich zwölf Teilnehmer mit und ohne Behinderung gegenseitig die Füße waschen, oder der

Pfarrer/die Pfarrerin wäscht allen die Füße. An vielen Orten werden Abendmahlsgottesdienste gefeiert werden, auf die hier nicht eigens eingegangen werden soll. Eine eindrucksvolle Geste ist das für alle sichtbare Abräumen des Altars am Ende des Gottesdienstes. Bis zum Osterfest bleibt der Altar leer.

Passionsandachten: Weg zum Kreuz – Kreuzweg der Gemeinschaft Sant' Egidio

Gestaltungsidee

Der folgende Kreuzweg kann ganz als *eine* liturgische Feier begangen werden. Es bietet sich aber auch an, in verschiedenen Passionsandachten ein oder zwei Bilder zu betrachten. Ein Kreuzweg bietet eine besonders intensive Möglichkeit, das Passionsgeschehen mitzuerleben und zu gestalten.

Praktische Umsetzung

Nach einer kurzen Begrüßung wird ein Lied gesungen. Dann werden zu jedem Bild im Wechsel die Bibelstelle und eine kurze Erklärung gelesen, abgeschlossen von einem Gebet. Es ist hilfreich, mit großer Ruhe zu lesen. Die Erfahrung zeigt, dass die Aufmerksamkeit bei der Leidensgeschichte groß ist und darum kein Grund zur Eile besteht.

Der Kreuzweg sollte nicht mit dem Tod Jesu enden, sondern mit dem Bild und Text der Grablegung.

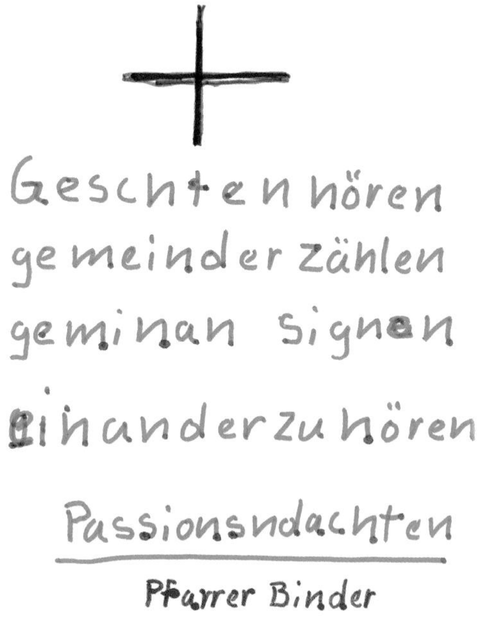

Geschten hören
gemeinder zählen
geminan signen
Einander zu hören

Passionsndachten

Pfarrer Binder

Lothar Zidorn: Passionsandachten

Einführung

In dieser besonderen Woche erinnern wir uns an das Leiden, den Tod und die Auferstehung Jesu. Die Jünger Jesu haben verstanden, wie wichtig diese Tage sind, in denen Jesus gelitten hat, in denen er getötet wurde und auferstanden ist. Sie haben uns alles weitergesagt (Bibel zeigen).

Bild 1: Das letzte Abendmahl (Mt. 26,26–29)
Jesus weiß, dass die Stunde seines Todes nahe ist. Er schämt sich nicht, zu sagen, dass er nicht allein sein will, und er möchte, dass seine engsten Freunde mit ihm sein letztes Abendmahl essen. Jesus scheint anders zu sein als sonst, seine Augen sind voller Traurigkeit. Bei diesem Abendmahl nimmt Jesus das Brot und den Wein, er segnet sie und sagt: Dies ist mein Leib und mein Blut. So wie Jesus das Brot und den Wein weitergibt, so gibt er sein Leben für uns, damit wir gerettet werden. Am Sonntag im Gottesdienst feiern wir das Abendmahl. Es ist schön, so mit Jesus und mit den Brüdern und Schwestern zusammen zu sein.
Lasst uns beten:
Wir danken dir, Herr, dass Du uns nie alleine lässt. Beschütze uns vor dem Bösen und bewahre uns immer in Deiner Liebe.

Bild 2: Fußwaschung (Joh 13,2, 4–7)
Jesus weiß, dass er bald sterben muss. Während er mit seinen Jüngern zum letzten Mal zu Abend isst, steht er auf, legt seine Kleider ab und bindet sich ein Handtuch um. Er gießt Wasser in eine Schüssel, kniet nieder wie ein Diener und beginnt, den Jüngern die Füße zu waschen. So wie Jesus den Jüngern die Füße gewaschen hat, so sollen auch wir einander die Füße waschen. Was bedeutet es, einander die Füße zu waschen? Es bedeutet, dass die Christen sich lieben und den anderen helfen, den Armen und allen, die Hilfe brauchen.
Lasst uns beten:
Jesus, Du hast Deinen Jüngern die Füße gewaschen, lehre uns, dass wir einander lieben und uns gegenseitig helfen und dass wir die Armen lieben und allen helfen, die uns brauchen.

Bild 3: Jesus am Ölberg (Mt 26,36–46)
Nach dem Abendessen geht Jesus zusammen mit seinen Jüngern zum Ölberg. Er ist sehr traurig und hat große Angst, denn er weiß, dass er bald sterben muss. Er nimmt seine besten Freunde mit sich

und entfernt sich ein wenig von den anderen, um zu beten [zeigen]. Jesus ist traurig, er bittet seine Freunde, in seiner Nähe zu bleiben und zu wachen. Als er zu ihnen zurückkehrt, findet er die Jünger schlafend vor [zeigen]. Sie sind eingeschlafen, weil sie nicht verstehen, dass Jesus leidet. Am Ende eines langen und schweren Tages sind sie müde und wollen schlafen. So bleibt Jesus allein.
Lasst uns beten:
Herr, wir bitten für alle Menschen, die leiden und allein sind. Lehre uns, wachsam zu sein, zu beten und niemanden allein zu lassen.

Bild 4: Festnahme Jesu (Mt 26,47–56)
Soldaten kommen mit Schwertern und Stöcken [zeigen], eine große Menge von Menschen kommt [zeigen]. Mit Gewalt wollen sie Jesus ergreifen und festnehmen, wie einen Dieb. Auch die Jünger antworten mit Gewalt. Einer von ihnen [zeigen] nimmt sein Schwert und schlägt das Ohr von einem Mann ab. Doch Jesus greift ein und sagt: „Hört auf damit!" Jesus möchte keine Gewalt, er möchte nicht, dass seine Jünger Gewalt anwenden. Für Jesus gibt es keine Feinde. Jesus ist ein sanftmütiger Mensch, er hat die Gewalt immer abgelehnt. Jesus hat sich für den Weg der Liebe zu allen Menschen entschieden. Den Jüngern Jesu scheint dies übertrieben: Deshalb verlassen sie ihn und fliehen alle.
Lasst uns beten:
Wir bitten Dich, Herr, dass wir von Dir lernen, niemanden als unseren Feind anzusehen. Wir bitten Dich, dass die Liebe über den Hass siegt und alle Kriege beendet werden.

Bild 5: Die Verleugnung des Petrus (Mt 26,69–75)
Nach der Festnahme wird Jesus in den Palast des Hohenpriesters gebracht. Petrus, der ihm aus der Ferne gefolgt war, bleibt im Hof stehen [zeigen] und setzt sich ans Feuer. Jesus ist allein. Keiner seiner Jünger ist in seiner Nähe geblieben. Judas hat ihn verraten. Petrus ist voller Angst. Als eine Magd [zeigen] ihn als einen der Jünger Jesu erkennt, wird Petrus ärgerlich, er leugnet es und er schwört, dass er ihn nicht kennt. Jesus hatte zu Petrus gesagt: „Ehe der Hahn kräht, wirst du mich dreimal verleugnen." Petrus hatte diese Worte vergessen, aber als der Hahn kräht, erinnert er sich, überwindet seine Angst und beginnt zu weinen. Er versteht, dass auch er Jesus im Stich gelassen hat, und bereut es. Oft vergessen auch wir das Wort Jesu und lassen Jesus im Stich.

Doch mit Hilfe der Bibel können wir uns an Jesus erinnern. Wir können bitterlich über uns weinen, weil wir davor Angst hatten, seine Jünger zu sein.
Lasst uns beten:
Wir bitten Dich um Vergebung, Herr, für jedes Mal, wenn wir gesagt haben, dass wir Dich nicht kennen, dafür, dass wir Dich vergessen haben und Dich im Stich gelassen haben.

Bild 6: Jesus wird verspottet (Mt. 27,27–31)
Jesus wird von den Soldaten ergriffen und misshandelt. Er wird gefoltert. Einer (zeigen) zieht ihn am Bart. Ein anderer [zeigen] gibt ihm eine Ohrfeige, er wird ihn mit einem Stock auf den Kopf geschlagen [zeigen] und ausgelacht. Sie haben ihm eine Dornenkrone aufgesetzt [zeigen]. Das Leben Jesu scheint nichts wert zu sein vor Menschen, die Waffen tragen. Das Leben Jesu, der zum Tode verurteilt ist, zählt nicht so viel wie das Leben von anderen Menschen. Manchmal scheint es, dass auch das Leben eines alten Menschen wenig zählt, das Leben eines Kindes in Afrika, das Leben eines Menschen, der im Gefängnis zum Tode verurteilt ist. Jesus stirbt wie alle und für alle, weil jedes Leben wertvoll ist.
Lasst uns beten:
Herr, wir bitten Dich für alle Menschen, die misshandelt werden, die gefoltert und beschimpft werden. Für die alten Menschen, die im Altenheim verlassen sind, für die Kinder, die vor Hunger sterben, die Gefangenen und die zum Tode Verurteilten.

Bild 7: Die Kreuzigung (Mt. 27,33–44)
Wie viel Schmerz und wie viel Leid. Sie ziehen Jesus seine Kleider aus. Seine Hände und Füße werden ans Kreuz genagelt. Zwei Verbrecher sind mit ihm gekreuzigt worden, einer rechts und einer links. Keiner hat Mitleid, im Gegenteil, die Leute, die unter dem Kreuz vorbeigehen, beleidigen Jesus. Jesus verteidigt sich nicht selbst. Jesus rettet nicht sein Leben. Er ist ans Kreuz genagelt, er ist schwach, aber in seiner Schwäche verbirgt sich auch die ganze Kraft der Liebe. Jesus ist unschuldig, er ist zu Unrecht zum Tod verurteilt worden, doch er hört nicht auf, dem Vater, Gott dem Vater zu vertrauen.
Lasst uns beten:
O Herr, Du hast dein Leben nicht verschont und bist am Kreuz gestorben, um alle Menschen zu retten. Wir bitten dich für alle Menschen, die zu Unrecht verurteilt sind und Die ausgelacht werden.

Bild 8: Der Tod Jesu (Mt. 27,45–50)

Pause und Stille.

Die Klangschale wird fünf Mal geschlagen.

Dabei wird die Osterkerze ausgelöscht.

Die Lichter werden verdunkelt.

Mt. 27,51–52.54

Stille.

Jesus ist tot. Er wurde ans Kreuz genagelt. Wir haben die Osterkerze ausgelöscht, die im Gottesdienst für den lebendigen Jesus brennt. Alles scheint zu Ende. Mit einem Schrei endet das irdische Leben Jesu. Dieser Schrei kommt bis zu uns und wartet darauf, dass wir ihn hören. Unter dem Kreuz steht ein Hauptmann, ein harter Mann. Als er sieht, was geschieht, fürchtet er sich und sagt: „Wahrhaftig, das war Gottes Sohn!" In diesem schwachen und verwundeten Menschen am Kreuz ist eine Kraft verborgen. Es ist die Kraft der Liebe des Vaters, der niemanden verlässt, auch nicht im Tod. Jesus vertraut dieser Liebe des Vaters.

Lothar Zidorn: Passionsandachten

Bild 9: Die Grablegung (Mt. 27,55–61)

Angesichts des Todes, der Folter und der Gewalt wächst das Mitleid. Josef von Arimathäa [zeigen] bittet Pilatus um den Körper Jesu, er wickelt ihn in ein Leinentuch und legt ihn in ein Grab. [zeigen] Die Frauen lassen den Toten nicht allein [zeigen]. Sie wollen beim Grab stehen bleiben und fliehen nicht. Sie bilden die Familie der Freunde Gottes. Zu dieser Familie gehören auch wir. Viele gehen am Grab vorüber, schütteln den Kopf und gehen schnell weg. Jesus hat uns beigebracht, nicht zu fliehen: Wir sind traurig und fühlen den Schmerz, aber wir können beten, wir können hoffen und glauben. Gott lässt Jesus im Grab nicht im Stich, sondern er ruft ihn ins Leben zurück. Vor dem verschlossenen Grab bleibt die Gemeinschaft versammelt und betet, hofft und glaubt, damit für jeden Mann und jede Frau überall in der Welt das Leben neu erstehe.

Lasst uns gemeinsam beten:

Jesus, Du bist unser Friede,

Du wurdest festgenommen wie ein Verbrecher.

Jesus, Du bist der Freund von allen Menschen,

du wurdest verlassen und allein gelassen.

Jesus, Du heilst alle Kranken,

du wurdest beschimpft und geohrfeigt.

Jesus, Du bist der Sohn Gottes und Retter der Welt,

Du wurdest ans Kreuz geschlagen.

Wir sprechen gemeinsam das Gebet,

das Jesus selbst uns gelehrt hat, und nehmen uns dabei an der Hand.

Vaterunser

Der Körper Jesu wurde ins Grab gelegt [die geschlossene Bibel nehmen].

Dieses Wort wird wie der Körper des Herrn nun ins Grab gelegt, und wir werden in Stille vor dem Grab des Herrn stehen bleiben und beten.

Der Vorleser nimmt die Bibel horizontal in die Hand und legt sie in das „Grab".

Variation

Als weitere Möglichkeit können die einzelnen Bibelstellen anhand von Symbolen erklärt werden, die in die Mitte gelegt oder gezeigt werden: Figur eines Hahnes, Geißel, Dornenkrone, Kreuz, Nägel.

Alle Teilnehmer werden am Schluss der Andacht eingeladen, wenn sie möchten, nach vorne zu kommen und vor der abgelegten Bibel im Gebet auszuharren, bevor sie den Raum in Stille verlassen. Beim Verlassen erhalten sie ein Meditationskärtchen mit der Kreuzigungsszene, die zuvor gezeigt wurde, und mit einem kleinen Spruch. Eine Gebetsnische mit Bibel und Ikone lädt in der Zeit bis Ostersonntag zum persönlichen Gebet und Innehalten ein.

Material und Mitwirkende

Zur Illustration des Kreuzwegs scheinen uns die Bilder von Giotto aus der Scrovegni-Kapelle in Padua (im Buchhandel oder im Internet erhältlich) oder Bilder der Jean-Vanier-Bibel (Jean Vanier: Ich begegne Jesus, Verlag Butzon & Bercker, Kevelaer 2000) geeignet.

Benötigt werden zwei Sprecher (Lesung und Erklärung), eine Person, die Licht und Kerzen auslöscht;

Bibel, Mikrofone, Osterkerze, Klangschale; Jutestoff zum Gestalten eines Tischchens für die Bibel; Kerzen, Anemonen, nach Möglichkeit eine Ikone mit dem Antlitz Jesu. Beamer bzw. Overheadprojektor und vorbereitete Bilder.

Raum

Der Raum für den Kreuzweg sollte schlicht, aber deutlich anders als sonst gestaltet und nicht zu hell erleuchtet sein. An einer gut zugänglichen Stelle im Raum wird ein besonderer Ort vorbereitet, an dem am Ende die Bibel abgelegt wird (ein „Grab"): gestaltet mit Jutestoffen, Kerzen, Ikone und einem kleinen Blumenstrauß.

Quelle: Dieser Gestaltungsvorschlag entstammt dem Buch: Gemeinschaft Sant´ Egidio: Jesus als Freund. Mit geistig behinderten Menschen auf dem Weg des Evangeliums, Echter, Würzburg 2004, S. 151 ff.

ANGELIKA JANSSEN

Engel, Kreuz und Körper – ein Andachtsmodell des Projekts „Glauben erleben"

Zur Abfolge in den Andachten

Ausgehend vom Engel, der am Grab Jesu steht und die frohe Botschaft vom Auferstandenen Christus verkündigt, wird gemeinsam mit den TeilnehmerInnen nach der Erfahrung von Engeln und von Gottes Gegenwart in unserem Leben gesucht. Die drei Oberthemen Engel, Kreuz und Körper sollen dabei angesprochen werden.

1. Einheit

• Vorstellung der Liturgie
• Lied: *Ich lobe meinen Gott, der aus der Tiefe mich holt, damit ich lebe*

• Besinnung auf die meditative Mitte als „Lebensweg"
• Jede(r) formt aus Modelliermasse sich selbst als Figur
• Zuordnen der eigenen Person: Wo stehe ich gerade?
• Bildbetrachtung: „Der Schutzengel"
• Zuordnen des Engelbildes: Wo steht mein Engel für mich?
• Gebet und Vaterunser
• Lied: *Wir haben Gottes Spuren festgestellt*
• Segen

2. Einheit

- Vorstellung der Liturgie
- Lied: *Siehe, ich sende einen Engel vor dir her*
- Meditative Mitte: Passionsfahne und Fotos dazu
- Erzählung: *Passion Jesu* und Bedeutung der Passionsfahne
- Gestaltung einer eigenen Fahne zum Verbleib in der Gruppe
- Gebet und Vaterunser
- Lied: *Fürchte dich nicht*
- Segen

3. Einheit

- Vorstellung der Liturgie
- Lied: *Es müssen nicht Männer mit Flügeln sein*
- Liturgische Präsenz: Erzählung „Warum Engel Halleluja singen"
- mit *Bewegungen (Tanz)*
- Der Weg der Engel/Gottes führt über das Kreuz zu den Menschen
- Wir singen und tanzen gemeinsam
- Gebet und Vaterunser
- Segen und Osterkreuz

WOLFHARD SCHWEIKER

Kreuzwegprojekt an der Schule

Gestaltungsidee

SchülerInnen an einer Körperbehindertenschule soll in der Passionszeit Gelegenheit geboten werden, die dunklen Seiten ihres Alltags in einem selbst gestalteten Kreuzweg zu verarbeiten. Das Ziel ist, dass je eine Klasse eine Kreuzwegstationen so gestaltet, dass sich in ihr die eigenen Erfahrungen, Fragen und Gefühle widerspiegeln.

Praktische Umsetzung

Alle Klassen der Schule werden eingeladen, sich zu beteiligen. In einer Informationsveranstaltung wird die Projektidee vorgestellt. Mit dem Kennenlernen eines Kreuzwegs aus einer Kirche oder einem Wallfahrtsort der Region wird in die christliche Tradition, den Leidensweg Jesu feierlich zu begehen, eingeführt. Anregungen und Ideen zur Vorbereitung des Projekts im Religionsunterricht und in anderen Fächern werden in mündlicher und schriftlicher Form weitergegeben. Die Lebenswirklichkeit der SchülerInnen ist der Ausgangs- und Zielpunkt für die Auswahl und Gestaltung ihrer Kreuzwegstation. Das Verfahren geht von ihrer Erfahrung aus und kehrt über die christliche Tradition wieder zu ihr zurück. Es ist induktiv. Worunter sie leiden, soll

zur Sprache kommen, kreativ verarbeitet und in Symbolen und Ritualen so gefeiert werden, dass sie im Kreuzigungsgeschehen und der Auferstehungshoffnung eine spürbare Lebensbegleitung und -ermutigung erfahren. Dies ist ein sehr existenzieller und persönlicher Prozess. Darum wurden zur Feier Klassen eingeladen, die sich am Kreuzweg aktiv eingebracht und beteiligt haben.

1. Todesurteil – *Jesus wird zum Tode verurteilt*
   - urteilen, verurteilt werden
2. Kreuzeslast – *Jesus nimmt das Kreuz auf die Schulter*
   - Last, Belastung
3. Fall – *Jesus fällt zum ersten Mal unter dem Kreuz*
   - fallen, aber auch wieder aufstehen
4. Maria – *Jesus begegnet seiner Mutter*
   - Begegnung, Begleitung auf dem Weg
5. Simon – *Simon von Cyrene hilft Jesus das Kreuz tragen*
   - sich helfen lassen, die Last zu tragen, anderen helfen, ihre Last zu tragen
6. Veronika – *Veronika reicht das Schweißtuch*
   - anderen helfen
7. Rückfall – *Jesus fällt zum zweiten Mal*
   - wir fallen immer wieder
8. Kinderweh – *Jesus begegnet den weinenden Frauen*

- weint nicht über mich, weint über eure Kinder
9. Zusammenbruch – *Jesus fällt das dritten Mal* - unter der eigenen Last zusammenbrechen
10. Entblößung – *Jesus werden die Kleider entrissen*
11. Kreuzigung – *Jesus wird ans Kreuz genagelt*

12. Todesnacht – *Jesus stirbt am Kreuz* - es ist vollbracht, Tod
13. Kreuzabnahme – *Jesus wird vom Kreuz abgenommen und in den Schoß seiner Mutter gelegt*
14. Grablegung – *Der Leichnam Jesu wird in das Grab gelegt*

ANDACHTSTEAM DER DIAKONIE STETTEN

Liturgische Andacht zur Passion mit Abendmahl

Für den nachfolgend skizzierten Andachtsablauf ist etwa eine Stunde zu veranschlagen.

Material: 4 Brote, 3 Flaschen Saft, Abendmahlkelche bereitstellen.

Wichtige Hinweise:
- Mikrofon einrichten!
- Alle Mitarbeiter brauchen ein Gesangbuch!

1. **Eingangsmusik**
2. Plätze suchen und einnehmen
3. Orgelbegleitung
4. **Begrüßung**
5. **Lied:** *O Haupt voll Blut und Wunden,* Verse 1–2
   Verse vorlesen
   einen Vers mit Posaune vorspielen
   gemeinsam singen (mit Posaunen- und Orgelbegleitung)
6. **Tuch** in der Mitte auslegen
7. **Textlesung**

   Zeit der Stille

8. **Lied:** *O Haupt voll Blut und Wunden,* Vers 6
   lesen
   vorspielen
   singen (mit Posaunen- und Orgelbegleitung)
9. **Kreuz** aus Ästen auf Tuch auslegen
10. **Textlesung** (Jesus in Gethsemane)

    Zeit der Stille

11. **Lied** *O Haupt voll Blut und Wunden,* Verse 4–5
    vorlesen (Esther)
    vorspielen (Rainer)
    singen (mit Posaunen- und Orgelbegleitung)
12. **Dornenkrone** auf Kreuz legen
13. **Textlesung**
    Text über Verspottung und Dornenkrone
    Zeit der Stille
    Text bis Kreuzigung und Tod
14. **Lied:** *Das Weizenkorn, das in die Erde fällt,* alle Verse.
    Vers mit Posaune vorspielen
    singen (mit Posaunen- und Orgelbegleitung
15. **Abendmahl**
    Einsetzungsworte
    Austeilung (PastorIn und 8 HelferInnen)
    Während das Abendmahl ausgeteilt wird, spielt die Orgel
    Dankgebet
    Vaterunser (alle)
16. **Kerzen anzünden**
    vorbereitete Teelichter auf Tabletts anzünden und um das Kreuz stellen
    Kerzen vorher einmal anzünden, damit sie schneller zum brennen kommen (4 HelferInnen)
17. **Segenslied:** *Bewahre uns Gott,* alle Verse (Orgel)
    Segen und Verabschiedung
18. **Schlussmusik:** (Orgel)

Jesu Tod und Auferstehung – Zwei Gedichte

Karfreitag

Jesus gibt am Karfreitag die
irdische Güterlast auf.
Der Vorhang im Tempel zerreißt in
zwei Stücke.
Die Soldaten des Schreckens
fallen in Ohnmacht.
Blitz und Donner hageln
auf Menschenzorn.
Jesus schrie zu später Stunde die
lateinische Litanei.
Der rechte Schächer rief: Dein
Königreich ist keinen Floh wert.
Der linke Schächer
büßte laut seine Reue.
Beim Abendmahl wird Brot
in Wein verwandelt.
Die Glocken erlöschen
in stummer Trauer.
In dieser Welt hat Jesus keinen Halt
mehr gefunden.
Pilatus entzog ihm die
Aufenthaltsbefugnis.
Dadurch hat Jesus seinen Tod am
Kreuz vergossen.

Auferstehung

Alle Menschen müssen
einmal auferstehen.
Wer zu lange im Grab liegt,
den beißen die Flöhe.
Jesus suchte den Weg nach oben.
Jesus war nie im Kirchenchor.
Die Buschmänner glauben nicht
an den Krimskrams.
Die Auferstehung hat
die Kirche entdeckt.
Die Himmelspforte wird breit,
so weit das Augenmaß reicht.
Hallelujah und ewiger Harfenklang
dröhnte aus Engels Haar.
Keine Not bricht im Himmel
die Gebeine.
Kein Trauerkloß steckt
mehr im Hals.
Das alles steht in der Schrift.

Susann Callenius: Kreuzigung

ANGELIKA WAGNER

Die Osterfeier –
Der Weg vom Dunkel ins Licht

Gestaltungsidee

Das Licht des auferstandenen Jesus erleuchtet alle Dinge und alle Menschen.

Praktische Umsetzung

Bei der Osterfeier kann der Raum zunächst abgedunkelt sein. Wenn möglich, werden Kerzen an Einzelne verteilt. Das Licht wird feierlich hereingetragen mit dem dreimaligen Ruf des Pfarrers/des Leiters: „Das Licht Christi". Die Kerzen der Teilnehmenden werden der Reihe nach entzündet, dann erklingen Halleluja-Lieder.

Der Ruf: „Christus ist von den Toten auferstanden!", auf den alle antworten: „Er ist wahrhaft auferstanden!", kann zu Beginn des Ostergottesdienstes sowie zu Beginn aller folgenden Osterandachten stehen.

Die Osterkerze wird in der Mitte für alle sichtbar gezeigt: „Als Jesus gestorben ist, haben wir voller Traurigkeit die Osterkerze ausgelöscht. Doch jetzt wurde sie wieder angezündet! Jesus ist auferstanden, und wir alle sind mit ihm auferstanden. Die ganze Welt, die armen Menschen, die schwachen Menschen, alle erstehen mit Jesus, dem Herrn, auf. Der auferstandene Jesus schenkt uns Freude. Es ist die Freude der Auferstehung, es ist die Freude darüber, dass das Leben über den Tod siegt. Jesus ist nicht mehr im Grab, er ist auferstanden, er spricht

Peter Smoley: Jesus und die 1000

mit uns, er ist unser Meister und unser Freund, er tröstet uns und lässt uns nie mehr allein" [Applaus als Zeichen der Freude]. „Der auferstandene Jesus ist mitten unter uns, so wie das Wort Gottes unter uns ist, aus dem wir gemeinsam die Erzählung über die Auferstehung hören wollen".

Joh. 20,1–18 eignet sich gut als Ostererzählung. Die Geschichte sollte nacherzählt werden, wobei die treue Freundschaft der Maria von Magdala zu Jesus betont wird.

Auch in die Wohngruppen können Osterkerzen gebracht werden. Osterglocken, Ostersträuße, die bei einem gemeinsamen Osterspaziergang gefertigt werden, dienen als Raumschmuck. Meditationskärtchen mit Auferstehungsbild und Segensspruch begleiten in die Osterwoche. In den Tagen und Wochen nach Ostern werden Ostergeschichten gelesen (Emmaus, Fischfang) und kurz erklärt, nach Möglichkeit mit Bildern. Am Ostermontag kann ein „Emmaus-Gang" unternommen werden, ein Spaziergang, bei dem an verschiedenen Stationen die Geschichte von Emmaus vorgelesen wird.

Waltraud, Anneliese, Lina, Hilde, Werner, Helmut, Eduard und Hartmut:

Ostern in der Kirche

Als wir in den Kirchsaal gekommen sind, war alles schwarz zugedeckt. Der Altar und das Kreuz. Schon seit Karfreitag. Herr Sperl hat es dann aufgedeckt am Ostersonntag. Lisbeth hat geholfen. Die Kerzen wurden wieder angezündet.

Am Karfreitag ist Jesus ans Kreuz genagelt worden. Dann ist er ins Grab gekommen.

An Ostern ist er aus dem Grab auferstanden. Deshalb kommt auch das Tuch wieder weg.

Seine Mutter Maria ist an das Grab gegangen und das Grab war ganz leer.

Dafür waren Engel da. Sie sangen das gleiche wie an Weihnachten: Fürchtet euch nicht.

Auch in Waiblingen sind schon viele Leute gestorben. Wir waren dann traurig.

Dazu sind Blümchen gemalt, für die Toten.

Waiblinger Blättle, April 2005

KLAUS VON LÜPKE UND TEAM
Ostern – Liebe ist nicht nur ein Wort

Thema

Gegensätzliche Möglichkeiten, wie wir leben und wirken können: zerstören oder heilen, Tod oder Leben fördern, schlecht machen. Karfreitag – Ostern.

Aktion

Ausgeblasene Eier mit der Hand zerdrücken. Der Pfarrer hält ein Ei hoch, sodass es alle sehen können und bis es ganz still ist. Dann zerdrückt er die Eierschale, dass es kracht und splittert und lässt das zerbrochene Ei zu Boden fallen. Nach einer Pause fordert er die Jugendlichen auf, weitere ausgeblasene Eier, die in einem Korb bereitstehen, ebenfalls zu zerdrücken. Zögernd folgen sie dieser Aufforderung.

In einem anderen Korb stehen hübsch bemalte Ostereier. Sie werden von einem zum anderen weitergereicht, jeder darf sich ein Ei aussuchen und spricht beim Weitergeben des Korbes einen guten Wunsch dazu.

Lieder

Liebe ist nicht nur ein Wort.
Freunde, dass der Mandelzweig
Gott gab uns Atem, damit wir leben

Ansprache

[Die Ansprache findet sich auf der diesem Buch beigefügten CD]

Das Bekenntnis

„Jesus ist auferstanden" meint: Die Sache Jesu ist mit dem Tod Jesu nicht zu Ende. Sondern die Liebe siegt über den Tod. Und so hat auch der konsequente Einsatz der Liebe auch über den Tod Jesu hinweg seinen lebendig machenden Sinn. Es gibt nicht nur Zerstörung und Tod, sondern immer auch die Möglichkeit, Leben wie zerbrechliche Eierschalen zu schützen und Lebenskraft zu fördern. Die Auferstehung Jesu befreit uns von Mutlosigkeit und Resignation. Wir können teilhaben am Leben und Widerstand leisten gegen Streit und Hass und Krieg.

THOMAS LEICHT

Pfingsten – vom Geist bewegt

Hintergrund

Pfingsten bezeichnet das Fest am fünfzigsten Tag nach Ostern (das entspricht dem 10. Tag nach Christi Himmelfahrt). Das Pfingstfest entstand aus dem jüdischen Schawuot (Wochenfest).

Als christliches Fest wird Pfingsten erstmals im Jahr 130 erwähnt. Sein theologisches Thema ist die Aussendung des Heiligen Geistes an die Apostel, und an die Gemeinde aus so verschiedenen Völkern und Kulturen, wie sie in der Apostelgeschichte (Kapitel 2) des Neuen Testaments beschrieben ist („... und sie wurden alle erfüllt von dem Heiligen Geist und fingen an, zu predigen in anderen Sprachen ...").

1. Gestaltungsidee

Pfingstwunder Apg 2,1–13: Der Heilige Geist eint die Menschen und bewirkt, dass sich Menschen trotz unterschiedlicher Sprachen verstehen. Die Sprachverwirrung, die seit dem „Turmbau von Babel" zwischen den Menschen herrscht, ist durch das Wunder von Pfingsten überwunden. Wir können auch Wege finden, wie wir uns verstehen, trotz unterschiedlicher Sprachen, die wir sprechen, wenn der Geist der Gemeinschaft uns verbindet.

Praktische Umsetzung
Das „Vaterunser" wird von Menschen unterschiedlicher Nationalität gleichzeitig in ihrer Sprache gesprochen. Nur durch gemeinsames Wollen und Handeln (hier im Beispiel: durch das Übersetzen und das Lernen der anderen Sprache) ergibt sich ein Sprechen des einheitlichen Textes in deutscher Sprache. Diesen dann gemeinsam mit der Gemeinde sprechen.

Gebet
Heiliger Geist,
Du tust Wunder, damals, wie heute.
Lehre uns zu sehen, zu hören und zu schmecken,
wie herrlich Du bist.

Lied
Strahlen brechen viel aus einem Licht

2. Gestaltungsidee

Das Wirken des Geistes ist wie das Wirken des Windes. Die Auswirkungen des Windes sollen erlebbar gemacht werden, weil man den Wind nicht sehen kann, genauso wenig wie der heilige Geist sichtbar ist, sondern nur erfahrbar.

Praktische Umsetzung
Blasen von Wattebällen, Aufblasen eines Luftballons. Die jeweilige Wirkung des Windes (des Atems) wird erfahren und kann selbst erprobt werden.

Einsatz eines großen Ventilators. Der Ventilator bläst die Menschen an und sie spüren den Wind, den Luftzug.

Hinführung zu den (Aus-)Wirkungen des Heiligen Geistes in Form von Hilfe bei Problemen, guten Ideen, Auswegen aus schwierigen Situationen, Ruhe vor Krankenhausaufenthalten usw.

Material
Wattebälle am Faden, auch zum Verteilen; Luftballons, auch zum Verteilen; Ventilator mit Stoffbändern dran. Wenn der Ventilator eingeschaltet wird, sieht man die Bänder flattern. Wenn er ausgeschaltet wird, hängen sie herunter.

Lied
Der Geist von Gott weht wie der Wind

Gebet
Heiliger Geist,
Du kommst wie ein Wind zu uns,
zart oder stürmisch.
Sei bei uns und reinige unsere Gedanken und unser Herz,
damit Du Platz finden kannst.

Variationen zur Gestaltungsidee: Einsatz von Tüchern, die geschwungen werden und Wind machen; die TeilnehmerInnen können aktiv sein beim Schwingen des Tuches.

Bewusst Kerzen ausblasen (Achtung!! Da wird symbolisch etwas beendet, nicht wie beim Heiligen Geist, der belebt!)

3. Gestaltungsidee

Die Taube, als Symbol für den Heiligen Geist, soll als Vermittler zwischen Gott und den Menschen erlebt werden.

Praktische Umsetzung
Die Geschichte der Taufe Jesu im Jordan erzählen, gegebenenfalls mit Dias erläutern. Die Taube ist die Verbindung zwischen Gott und Jesus und damit Vermittler der Botschaft von Gott zu den Menschen, dass Jesus Gottes Sohn ist.

Vergleich mit Brieftauben herstellen, die ebenfalls eine Nachricht überbringen.

Hans-Joachim Kaufeld: Feuer

Material

Biblische Geschichte von der Taufe Jesu (Mt 3,13 ff.),
Dias zur Geschichte, Dias von Brieftauben.

Lied

Christ, unser Herr, zum Jordan kam
Damit aus Fremden Freunde werden

Gebet

Heiliger Geist,
auf Flügeln der Morgenröte bist Du bei uns.
Lass uns in dieser Freiheit Deine Nähe finden.
Nimm Du uns mit auf den Flug in unser Leben.

Variationen zur Gestaltungsidee

In Kooperation mit einem Taubenzuchtverein Aus-
lassen von Tauben im Freien mit der Gemeinde zusammen.

Als Schmuck: Tauben basteln und im Kirchenraum
aufhängen, damit eine Taube gesehen werden kann
und als Symbol sichtbar ist. Die aufgehängte Taube
schwebt dann im Raum. Man fertigt eine Schablone
an. Mit Hilfe der Vorlage lässt sich leicht die Form
einer Taube auf Tonpapier oder Laubholz aufmalen
und anschließend mit einer Schere bzw. einer Laub-
säge ausschneiden. Flügel können aus einem Stück
Seidenpapier gefertigt werden, indem man es wie
eine Ziehharmonika faltet und durch einen Schlitz
am Körper der Taube schiebt. Die Pfingsttaube wird
schließlich mit Hilfe von bunten Bändern oder Ket-
ten frei aufgehängt.

Die Taube als Symbol für den Frieden zwischen
Gott und den Menschen (Noah; 1. Mose 7 ff.)

4. Gestaltungsidee

Der Heilige Geist in Form von Feuerzungen kommt
auf die Menschen (Apg 2,1–13) und schafft ein gegenseitiges Verstehen und Miteinander.

Praktische Umsetzung

Farbe Rot als Zeichen des Feuers aufgreifen (Parament-
farbe), große rote Tücher einsetzen sowie Redewen-
dungen einbauen wie „Feuer und Flamme sein" und
„der Funke ist übergesprungen" – die Pfingstkerze
anzünden und in der Gemeinde mitgeben als Zeichen
der Wärme.

Lied

Komm Heiliger Geist

Gebet

Heiliger Geist,
Dein Feuer wärme uns, wenn uns niemand wärmt,
Dein Feuer erleuchte uns, wenn wir im Dunkel
sind,
Dein Feuer bewahre uns vor allem,
was uns ängstigt.

Variationen zur Gestaltungsidee

Durch gemeinsames Grillen (auch mit der Gemeinde
zusammen möglich) ein Miteinander erleben lassen.

Material

Die TeilnehmerInnen bringen Grillwaren, Teller und
Besteck mit; Grill, Holzkohle u. ä. und Getränke werden gestellt.

5. Gestaltungsidee

Wir feiern Geburtstag.

Praktische Umsetzung

Über den persönlichen Geburtstag zum Geburtstag
der Kirche kommen. Eine Kerze am Geburtstagskuchen anzünden. Was macht einen Geburtstag aus?
Einladung von Gästen, ein Geburtstagslied und ein
Fest. Kirchenkaffee oder Gemeindefest anschließen.

Material und Mitwirkende

Geburtstagskuchen, Kerze, Geburtstagslied, Helfer
für Kirchenkaffee oder Gemeindefest.

Lieder

Sonne der Gerechtigkeit
Nun singe Lob, du Christenheit
Strahlen brechen viele aus einem Licht
Du bist heilig, Herr

Gebet

Heiliger Geist,
wir feiern Geburtstag,
den es ohne Dich nicht gäbe.
Wir feiern Geburtstag,
den Du gegründet hast.
Sei Du bei uns in all den Höhen und Tiefen
Und zeige Dich.

Gott ist groß und nah zugleich – Gottesdienstentwurf zu Trinitatis

Hintergrund

Am Trinitatisfest denken wir darüber nach, wie sich Gott uns in verschiedenen Gestalten, als Schöpfer im Vater, als Versöhner im Sohn und als Mittler im Geist, offenbart. Dieser Dreifaltigkeit des einen Gottes gehen wir auch im Glaubensbekenntnis nach, ohne recht das unergründliche Geheimnis verstehen zu können. Umso mehr danken wir Gott, dass er uns an diesem Offenbarungsgeschehen auf vielfache Weise teilhaben lässt.

Begrüßung

Heilig, heilig, heilig ist der Herr Zebaoth, alle Lande sind seiner Ehre voll. (Jes 6, 3)

Praktische Umsetzung

Aus dem Predigttext: Röm 11, 33–36:

O welch ein Tiefe des Reichtums, der Weisheit und der Erkenntnis Gottes. Wie unbegreiflich sind seine Gerichte und unerforschlich seine Wege. Denn von ihm und durch ihn und zu ihm sind alle Dinge. Ihm sei Ehre in Ewigkeit!

Jürgen Brost: Familie

Ansprache

In leichter Sprache kann man sagen: Gott ist so groß, dass wir ihn kaum begreifen können. Und andererseits ist er uns so nah, dass wir mit unserem ganzen Leben mit ihm verbunden sind: Er ist unser Schöpfer, er hat uns geschaffen und er hat uns erhalten bis zum heutigen Tage. Es gibt uns Essen und er schenkt uns Liebe.

Gott ist groß und fern und unbegreiflich und gleichzeitig können wir ihn spüren, er macht unser Leben gut und warm. Gott den Vater kann man mit der Sonne vergleichen; sie ist unbegreiflich groß und fern. Sie steht oben am Himmel und kein Mensch kann sie erreichen. Ja, es ist sogar gefährlich: Wenn man sie zu genau anschaut, dann kann man verbrennen.

So ist das auch mit Gott. In vielen Geschichten der Bibel wird uns erzählt, dass die Menschen Gott nicht anschauen dürfen, weil seine Heiligkeit zu überwältigend ist. Daher spricht er manchmal aus der Wolke zu den Menschen.

Und andererseits kommt uns die Sonne sehr nahe. Sie wärmt mit ihren Strahlen unseren Körper, und weil sie uns Licht gibt, können wir auf dieser Erde überhaupt leben. In Jesus kommt Gott uns sehr nahe, mit Jesus ist das Licht in unsere Welt gekommen. Wenn eine Pflanze kein Licht bekommt, dann muss sie sterben. So ist es auch bei uns Menschen: Wir brauchen das Licht, um leben zu können. Wenn es im Winter lange dunkel ist, dann erleben wir oft, dass wir müde und traurig werden.

Gott strahlt wie die Sonne in unser Leben, er macht es hell. Gott sendet uns den Heiligen Geist, den wir wie die Sonne spüren können, auch wenn wir ihn nicht sehen.

Umsetzungsaktion

Wir wollen versuchen, die Strahlen der Sonne auch musikalisch nachzufühlen: Helle Glockentöne erklingen im Raum und durchstrahlen ihn.

Einzelne Sätze dazu sagen: Gott ist wie die Sonne. Er macht unser Leben hell. Gott ist fern und nah zugleich.

Variante: Eine Bildmeditation einbauen.

Und wir wollen heute feiern und festliche Lieder singen.

Lieder

Vom Aufgang der Sonne
Die güldene Sonne bringt Leben und Wonne
Sonne der Gerechtigkeit
Strahlen brechen viele aus einem Licht, unser Licht heißt Christus
Gelobet sei der Herr
Wir glauben Gott im höchsten Thron

WILHELMINE FEHR
Trinitatiszeit

Hintergrund

Die Trinitatiszeit beginnt nach Pfingsten mit dem Dreieinigkeitssonntag und umfasst die Sommerzeit. Es bietet sich an, Gottesdienste und Andachten mit Themen zur Schöpfung und Natur zu füllen: „Sommerkirche". Schwerpunkt: Dank und Lob Gottes für Schöpfung und Natur; aber auch Beschäftigung mit der Dreieinigkeit: der Vater als Schöpfer, der Sohn als Erlöser, der Heilige Geist als anregende Kraft.

Aktionen

Ausdruck von Dankbarkeit und Lebensfreude durch Singen und Tanzen. Sammeln und Darstellen von Symbolen und Gegenständen, die für Natur und Sommer stehen.

Beispiel Sonne

Sie wärmt uns von außen und innen, erwärmt unser Herz, wir sind fröhlich.

Was erwärmt unser Herz? – Umfrage machen. Mögliche Ergebnisse der Umfrage: Liebe, menschliche Zuwendung, gemeinsame Beschäftigungen, freundlicher Umgang, Trost, Anerkennung, Besuch von Familie und Freunden, Musik und Singen, jeden Tag neu beginnen können, Natur beobachten und pflegen (Blumen gießen), in die Kirche gehen (Gottes Wort hören).

Die Umfrage kann entweder in der Gottesdienstvorbereitung oder auch während des Gottesdienstes in Form eines Interviews erfolgen. Zur Untermalung und Bekräftigung können Symbole eingesetzt und während des Gottesdienstes zum Altar getragen werden, wo wir sie an eine große Sonne aus Holz oder Pappe hängen.

Symbole
(Beispiele; entweder als Bilder oder real)
- Herz = Liebe
- Menschenkette = Gemeinsamkeit, Freunde, Familie

- Smilie = Freude und Freundlichkeit
- Noten = Musik und Singen
- Strohhut = Schutz vor Sonne, Schutz allgemein
- Picknickkorb = Erholung, Auftanken
- Schmetterling = Freiheit, Leichtigkeit, Tiere (Schöpfung)
- Blume = Natur allgemein
- Früchte = lebenserhaltende Nahrung (durch Gott)
- Kirche = Kirchgang, gemeinsam Gottes Wort hören

Lieder
Geh' aus mein Herz
Die güldene Sonne bringt Leben und Wonne
Gottes Liebe ist wie die Sonne
evtl. Psalm 23, 36, 104, 121

Beispiel Wasser (Regen)

Wasser ist ein Leben spendendes Element. Es lässt alles wachsen, was wir brauchen, und es erfrischt uns. Ohne Wasser gibt es kein Leben. Was erfrischt oder erquickt uns noch? – Menschlichkeit, Vertrauen, Frieden und Freundschaft, Gemeinschaft, Nächsten-

Peter Smoley: Radltruhe mit die Steine

liebe (im übertragenen Sinn genauso lebensnotwendig wie Wasser). Auch hierzu könnte eine Umfrage erfolgen, ähnlich wie zum Thema „Sonne".

Gestaltungsbeispiele

Große Keramikschale mit Wasser + Steine
Gießkanne mit Wasser + Topfpflanze
Blumenvase mit Wasser + Blumen
Wasserglas (für Menschen), Tränke (für Kleintiere)

Lieder

Wo ein Mensch Vertrauen schenkt, nicht nur an sich selber denkt …
Ins Wasser fällt ein Stein …
Alle Knospen springen auf
Lasst uns miteinander, singen, loben, danken dem Herrn …
Du bist da, wo Menschen leben …
Evtl. Psalm 23, 63, 96

Alternativ: Themenschwerpunkt „Gemeinschaft"

Abgeleitet von den Umfragen: „Was erwärmt unser Herz?", „Was erhält uns am Leben?", „Was erfrischt uns und gibt uns Kraft?": Die Gemeinschaft mit Gott und den Menschen.

Hier können gemeinschaftliche Aktionen eingesetzt werden, z. B. etwas gemeinsam aufbauen oder darstellen, etwas gemeinsam zubereiten, gemeinsam singen und tanzen.

Hans Heppenheimer:
Tanzanleitung – Erd und Himmel sollen singen

- Aufstellung im Kreis und durchfassen (rechte Handfläche dabei nach oben zeigend, linke Handfläche nach unten)
- 7 Schritte nach rechts in Tanzrichtung 1 Wiegeschritt zurück (gegen Tanzrichtung) (pro Takt 4 Schritte)
- Diese Schrittfolge 4-mal wiederholen. Danach Hände loslassen.
- Auf „Halleluja" die Hände zum Himmel heben, wieder sinken lassen auf Schulterhöhe, Handflächen nach oben geöffnet, dann mit den erhobenen Armen 4 Schritte nach rechts um eigene Achse.
- Zweiter Vers von vorne.

GEORG OTTMAR
Der 29. September – Tag des Erzengels Michael

Hinweise zum Thema

Der 29. September wird als Tag des Erzengels Michael begangen. Michael wird im Alten Testament als Schutzengel Israels beschrieben. Sein Name lautet übersetzt „Wer ist wie Gott?" In Daniel 12,1 und Offenbarung 12,7 erscheint Michael als Feldherr der himmlischen Heerscharen, die den Satan bekämpfen. In der christlichen Kunst wird er häufig mit den Waagschalen des Jüngsten Gerichts dargestellt. In der Kirchengeschichte erscheint Michael als der Engel, der sich für die Schwachen und besonders für die Kinder einsetzt.

Gestaltungsidee

Die biblische und kunsthistorische Gestalt des Erzengels Michael ist für Menschen mit geistiger Behinderung m. E. zu wenig greifbar. Deshalb will ich am Michaelistag anhand einer Beispielerzählung verdeutlichen, dass wir einander Engel sein können.

Praktische Umsetzung

Erzählung:

Manchmal sagen wir: Du bist ein Engel. Damit meinen wir: Was du gesagt oder getan hast, war hilfreich oder hat mich vor etwas bewahrt.

Wenn wir einen Engel malen sollen, dann malen wir meistens einen Menschen mit Flügeln. Die Flügel machen deutlich: Ein Engel ist ein besonderer Mensch. Er kommt von Gott. Tatsächlich bedeutet das Wort „Engel" soviel wie „Bote". Engel, das sind Boten Gottes.

Ob jemand wirklich ein Engel ist, bleibt für unsere Augen verborgen. Aber wir können es mit dem Herzen sehen. Wir spüren es, wenn jemand etwas Gutes zu uns sagt oder uns unterstützt und hilft. Wenn uns jemand beschützt oder bewahrt. Wenn jemand für uns einsteht oder für uns kämpft.

Eine kurze Geschichte kann das deutlich machen. Es ist die Geschichte eines Jungen, der von seiner Mutter zum Einkaufen geschickt worden war. Eigentlich wollte er lieber mit seinen Freunden Fußball spielen. Aber weil die Mutter auf den kleinen Bruder aufpassen musste, ging der Junge mit schnellem Schritt zum Supermarkt. Er beeilte sich sehr beim Einkaufen.

Als er den Supermarkt verlassen wollte, fiel ihm eine Bananenschale auf, die jemand achtlos auf den Boden geworfen hatte. Und er sah, wie eine alte Frau, auf einen Stock gestützt, geradewegs auf die Bananenschale zusteuerte. Rasch hält der Junge an, um die Bananenschale aufzuheben. In diesem Moment löst sich ein Dachziegel vom Dach des Supermarkts und fällt herunter. Wäre der Junge einfach weitergelaufen, dann hätte er den Dachziegel genau auf den Kopf gekriegt!

War das jetzt ein glücklicher Zufall? Ich würde sagen: Da war ein Schutzengel im Spiel. Der hat den Jungen in diesem Moment beschützt und vor dem Dachziegel bewahrt.

Aber auch der Junge in dieser Geschichte war ein Engel. Denn er hat die alte Frau mit ihrem Gehstock davor bewahrt, dass sie auf die Bananenschale getreten und gestürzt ist.

So können wir Engel für andere sein. Wenn einer mutlos ist, können wir ihn stärken. Wenn eine traurig ist, können wir sie trösten. Wenn einer einsam ist, können wir ihn besuchen. Wenn eine bedroht ist, können wir sie schützen. So können wir einander Engel sein – auch ganz ohne Flügel.

Elly Wessler: Drei Engel

Literatur

Aus der Vielzahl der in den letzten Jahren erschienenen Engelliteratur sei genannt: Franz Menke, Von Schutzengeln den Kindern erzählt, Kevelaer 1996.

Lieder

Sei Lob und Ehr dem höchsten Gut
Großer Gott, wir loben dich
Die helle Sonn leucht jetzt herfür
Aus meines Herzens Grunde

Texte

Rose Ausländer, Der Engel in Dir
Klaus Westermann, Käme kein Engel mehr ...

Bild

Ernst Barlach, Der Müde

(Texte und Bild aus dem Evangelischen Kirchengesangbuch, Ausgabe Württemberg)

ELKE KILPER

Erntedank – verschiedene Gestaltungsideen

Wohl schon solange es Menschen gibt, gibt es den Dank für die Ernte. Einige der bedeutendsten jüdischen Feste sind primär Erntedankfeste, z.B. das Laubhüttenfest.

Von den vielen früher verbreiteten Erntedankbräuchen sind nur wenige geblieben.

Der Akzent des kirchlichen Erntedankfestes liegt heute eindeutig auf dem Erntedank-Gottesdienst. Der Gedanke von Erntedank kann auch ausgeweitet werden, nicht nur auf den Dank für landwirtschaftliche Erzeugnisse, sondern auch für die Früchte der manuellen, geistigen und geistlichen Arbeit.

Die liturgische Farbe des Erntedankfestes ist grün. Dies ist die Farbe der sprossenden Saat. Das Erntedankfest liegt am Sonntag nach dem Michaelistag. Durch den Feiertag am 3. Oktober wird er in einigen Gemeinden nun erst am zweiten Sonntag im Oktober gefeiert.

Menschen in Einrichtungen der Behindertenhilfe sind oft sehr weit von den Prozessen der Ernährung entfernt. Sie kochen nicht selber, sie kaufen nicht ein, sie wissen oft nicht, wo die Produkte herkommen oder wie sie entstehen. Hier könnte gerade um die Erntedankzeit versucht werden, hierfür ein neues Bewusstsein zu schaffen, z.B. gemeinsam einkaufen, einen Bauernhof besuchen, das Essen gemeinsam zubereiten.

1. Gestaltungsidee

In der Einrichtung einen Tisch/Altar gemeinsam für Erntedank gestalten.

Praktische Umsetzung
Eventuell in Kooperation mit der örtlichen Kirchengemeinde, den Landfrauen oder anderen wird an einem Nachmittag ein Tisch/Altar dem Anlass – Erntedank – entsprechend geschmückt. Vorher die benötigten Materialien gemeinsam mit den Bewohnern bei einem Bauern holen, im Wald sammeln, vorher eventuell beim Bauern eine Führung über den Hof machen, schauen, woher unser Getreide, unsere Milch kommt.

Variation: Ausflug auf einen großen Wochenmarkt machen und die Vielfalt der Ernte kennenlernen.

2. Gestaltungsidee

„Ich bin das Brot des Lebens" (Joh 6,35). Dieser Aussage Jesu auf den Grund gehen und die verschiedenen Aspekte des Brotes erleben. Indem die elementare Herstellung des Brotes nachvollzogen wird, stellen sich auch Staunen, Freude an und Ehrfurcht vor den guten Gaben Gottes ein.

Praktische Umsetzung

Für den Erntedankgottesdienst Brot backen. In zwei vorhergehenden Sitzungen die Ähren auf einem Feld sammeln und zu Mehl mahlen. Während des Gottesdienstes den gemeinsam gestalteten Tisch betrachten und das selbst gemachte Brot, Obst usw. probieren.

3. Gestaltungsidee

Wir sagen Gott Dank für alles, was er uns geschenkt hat.

Praktische Umsetzung

Auslegen verschiedener Symbole, anhand derer wir unseren Dank verdeutlichen können:

- Brot – Dank für das Essen,

- Getränke – Dank für das Trinken,
- Luftballon – Dank für die Luft zum Atmen,
- Pullover – Dank für die Kleidung,
- Dachziegel – Dank für das Dach über dem Kopf,
- Papierherz – Dank für die Menschen, die wir lieb haben und die uns lieben.

Variation: Wir überlegen, was wir in diesem Jahr geerntet haben, an Ereignissen, Taten, guten und schlechten Erlebnissen. Wir überlegen gemeinsam: Was war gut, was war schlecht und was davon möchte ich „behalten" („einlagern") und wovon möchte ich mich trennen?

Variation: In der Vorbereitung auf die Andacht oder den Gottesdienst bereiten die unterschiedlichen Gruppen einen Bericht über ihre Freizeit vor. Zeigen

---

Herbstwind

Die Zeit ist da.
Der Monat ist schön.
Tanzen möchte ich.
Will ihn spüren,
will ihn fühlen.
Herbstwind
du bist da.

Ich drehe mich im Kreis.
Er ist in mir,
ich fühle mich schön,
es zu genießen.
Herbstwind,
du bist in mir.

Christiane Grieb

Angelika Conrad: Früchte

Bilder oder erzählen die Geschichte eines besonderen Erlebnisses, für das sie danken wollen. Es kann auch erwähnt werden, welche Anschaffungen gemacht oder Leistungen von Einzelnen erbracht wurden (z. B. Jan kann jetzt alleine zum Bäcker gehen). Dann kann auch dafür Dank ausgesprochen werden.

4. Gestaltungsidee

Staunen über Gottes Schöpfung. Am Beispiel einer wachsenden Pflanze das Staunen über Gottes Schöpfung erlebbar machen.

Praktische Umsetzung

Kresse (oder etwas anderes) einpflanzen und die verschiedenen Wachstumsstadien darstellen. Danach gemeinsam Butterbrot und Kresse verzehren.

Hans Heppenheimer:
Wir pflügen und wir streuen – Tanzanleitung

Aufstellen im Kreis und an den Händen fassen (dabei rechte Handfläche nach oben zeigend und linke Handfläche nach unten)

Beim jedem Vers
8 Schritte nach rechts (in Tanzrichtung)
8 Schritte nach links (gegen Tanzrichtung)
8 Schritte nach rechts
8 Schritte nach links

Beginnend jeweils mit dem vollen Takt. Der Vers hat 16 Takte, pro Takt 2 Schritte.

Beim Kehrvers „Alle gute Gabe kommt her von Gott dem Herrn"
Im Kreis stehen und die Hände zum Himmel heben mit den Handflächen nach oben.
Auf 8 Schläge die Hände langsam sinken lassen, sich hinhocken und die Hände bis zum Boden bringen.
Auf die nächsten 8 Schläge die Hände wieder in gleicher Ausrichtung zum Himmel heben („drum dankt...").

Lieder

Geh aus mein Herz
Nun danket alle Gott
Lobet den Herren
Wir pflügen und wir streuen
Ich singe dir mit Herz und Mund
Nun preiset alle Gottes Barmherzigkeit
Danke für diesen guten Morgen
Kein Tierlein ist auf Erden

Texte

- 1. Mose 2
- Ps 145,15
- Lk 12,13–14, 15–21
- 2. Kor 9,6–15
- Jes 58,7–12
- 1. Tim 4,4–5
- Mt 6,19–23
- Heb 13,15–16
- 1. Kön 17,7–16
- Ps 104, 10–15, 27–30

Sonstiges Material

Kees de Kort, Serie „Gott erschafft die Welt"

Bei alle diesen Vorschlägen wurden nur positive Aspekte zum Thema Erntedank berücksichtigt. Doch auch schwierige Themen können und sollen in Gottesdiensten für Menschen mit Behinderung angesprochen werden, z. B. „Gammelfleisch", Vogelgrippe, Hunger und Armut in der Welt und unsere Verantwortung für die Bewahrung der guten Schöpfung und ein gerechtes Teilen der Gaben.

RAINER HINZEN

Ansprache zum Buß- und Bettag

Die Geschichte vom Sündenfall, 1.Mose 3, 1–7, eine wichtige Geschichte. Eine Geschichte, die das Wesen von uns Menschen erklärt.

Als ich noch ein Schuljunge war, in der sechsten Klasse, also zwölf Jahre alt, konnte ich nicht glauben, dass Menschen so dumm sein können, dass sie nicht mal ein einziges Gebot halten können.

Ein Pfarrer machte mit uns ein Experiment:

Wir erhielten vier grüne Kästen mit guten Sachen; wenn es uns mal schlecht ginge, könnten wir etwas daraus nehmen: Sprüche, Bilder, Süßigkeiten. Und wir erhielten einen roten Kasten, an den sollten wir nicht rangehen.

Das war lange kein Problem, aber irgendwann haben wir dann doch reingeschaut.

„Ihr Strolche! Ihr seid auch nicht besser als Adam und Eva!"

Seitdem weiß ich: Kein Mensch ist besser. Keiner kann einer solchen Versuchung widerstehen.

Und warum das so ist, sage ich euch nach einer Musik.

[Musik]

Wir Menschen sind so. Grundsätzlich neugierig. Grundsätzlich wollen wir immer mehr haben und erleben als gerade möglich. Wir wollen Grenzen überwinden.

Jede Mutter kann ein Lied davon singen, weil ihr Kind immer neue Dinge probiert und haben mag und sich nicht an Verbote halten will.

Das hat zwei Seiten, eine gute und eine schlechte.

Gut ist es, weil die Menschen dadurch immer weiter Fortschritte machen. Zuerst laufen, dann lesen, dann montieren, dann fortgehen usw.

Die Menschheit insgesamt macht dadurch Fortschritte, weil die Wissenschaft immer neue Dinge ausprobiert. So wurde das Rad erfunden und viele Medikamente, Wasserkraftwerke und Glühbirnen. Sehr gute Sachen, die uns das Leben erleichtern.

Aber: So wurden auch Atombomben erfunden, Schwerter und Schießpulver, Gewehre und Panzer. So wird mit Genen manipuliert und geforscht.

Hubert Lucht: Eva und die Schlange

Das Problem ist, dass alle Entdeckungen zum Guten und zum Bösen verwendet werden können. Messer sind wichtige Werkzeuge, aber auch gefährliche Waffen. Man kann sehr gut damit essen, aber auch jemanden damit umbringen.

Und so ist es mit allen Dingen.

Also ist das Wichtigste, dass wir unterscheiden können zwischen Gut und Böse. Die Geschichte erzählt, dass den Menschen die Augen aufgetan wurden und dass sie Gut und Böse erkennen konnten.

Und jetzt kommt das größte Problem. Obwohl wir wissen, was gut oder schlecht ist, wählen wir manchmal das Schlechte, weil wir meinen, damit könnten wir einen Vorteil für uns kriegen. Aber oft stimmt das nur für kurze Zeit.

Und oft erreichen wenige Menschen einen Vorteil dadurch, dass sie anderen Menschen Schaden zufügen. Die werden dann sauer und beantworten Böses wieder mit Bösem. Und so entsteht plötzlich ein böser Teufelskreis. Obwohl wir wissen, was besser wäre, wählen wir das Schlechte.

Es gibt aus diesem Teufelskreis nur einen Ausweg. Jemand muss das Böse mit Gutem überwinden und uns Menschen aus dem Bösen befreien. Deshalb kam Jesus auf die Welt. Er hat den Teufelskreis durchbrochen. Und zu uns hat er gesagt: Macht es wie ich, überwindet das Böse mit Gutem. Und jetzt haben alle Christen die Aufgabe, das zu tun. Und zwar durch Liebe und Vergebung. Aber das braucht viel Geduld und ist sehr anstrengend. Und so kommt es, dass immer wieder auch Christen meinen, sie müssten einen schnelleren und gewaltsamen Weg finden, um das Böse zu überwinden. Und schon fallen auch Christen wieder in den Teufelskreis zurück, obwohl sie es besser wissen könnten.

Deshalb feiern wir Buß- und Bettag, damit wir uns wieder erinnern. Alle Menschen erliegen der Versuchung. Alle Menschen brauchen Hilfe, um das Böse zu überwinden, auch wir Christen. Nur mit Vergebung und Liebe wird das Böse überwunden. Schwer, aber wir können es immer besser. Jesus hat uns vergeben, und so können auch wir uns und anderen vergeben. Und damit wird das Böse in uns und in anderen Menschen besiegt.

MARTIN SPERL

Hoffen auf die neue Schöpfung – Gottesdienst mit Kuscheltieren am vorletzten Sonntag des Kirchenjahrs

Der nachfolgend skizzierte Gottesdienst thematisiert die Polarität, die in der individuellen Erfahrung von Vergänglichkeit und in der Hoffnung auf Ewigkeit, auf neues Leben begründet liegt. Über das Medium des persönlichen Kuscheltiers, das jeder Gottesdienstteilnehmer mitbringt, soll hier die Bildhaftigkeit christlicher Hoffnung nahe gebracht werden.

Vorbemerkung

Grundsätzlich sind Erfahrungen von Verlust unvermeidlich. Sie sind wesentliche Voraussetzung für Entwicklung und Wachstum des Menschen. Dass die Mutter nicht immer verfügbar ist, veranlasst das Kind, sich ein „Übergangsobjekt" (D. W. Winnicott, Die Fähigkeit zum Alleinsein, 1984) zu suchen, das ihm die Kluft zwischen der „unauslöschlichen Paradiesessehnsucht und der Realität" auszuhalten und zu überwinden hilft (Ludwig Zeier, Die Wirklichkeit und ihre Spielräume. Symbolische und religiöse Erfahrung im Bibliodrama interpretiert aus der Sicht der neueren psychologischen Literatur. Stuttgart 2002).

Bei vielen Heimbewohnern mit geistiger Behinderung haben vielfache Abschiede, Wechsel von Bezugspersonen, Umzüge in neue Wohnbereiche usw.

Wunden und Narben hinterlassen, die selten oder auch gar nicht bewusst gemacht und zur Sprache gebracht werden können. Eine aktive Auseinandersetzung und emotionale Verarbeitung dieser Erfahrungen hat in aller Regel also kaum stattgefunden. Umso ungeschützter werden dann jeweils auch neue Beziehungsangebote wahrgenommen und mit überhöhten Erwartungen besetzt.

Auch für erwachsene Heimbewohner erfüllen daher Kuscheltiere als Übergangsobjekte verschiedene Funktionen, die über das Besitzen und das Dekorative weit hinausgehen. Der Umgang mit einem oder auch mehreren Kuscheltieren setzt Kreativität frei, die unabhängig von sprachlichen Fähigkeiten tiefere emotionale Schichten berühren und diese zum Ausdruck bringen kann.

Nicht von ungefähr werden auch in den Texten der Bibel Tiere als Mitgeschöpfe des Menschen in verschiedensten symbolischen Funktionen dargestellt, um die Beziehung Gottes zu uns Menschen anschaulich werden zu lassen. So wird in den Psalmen die Zuflucht unter Gottes Schutz und Liebe je nach der Erfahrung des Beters mit der Glucke und ihren Küken oder aber mit den starken Schwingen des Adlers verglichen. Jesus nützt immer wieder das Gleichnis vom guten Hirten und seinen Schafen oder den Hinweis auf die Vögel unter dem Himmel, um Glauben, Vertrauen und Liebe als Grundhaltungen zu beschreiben. Er selbst wird in den Evangelien als das „Lamm Gottes" bezeichnet, um sein Leiden und Sterben

als Opfer zu deuten – und was wäre das Weihnachtsevangelium ohne Schafe, Ochs und Esel, die in ihrer Nähe zur Krippe das Wunder der Menschwerdung Gottes unterstreichen!

„Der Wunsch, die Sehnsucht nach der vollkommenen Umwelt, dem Paradies, lässt den Menschen sein Leben lang nicht los." (Ludwig Zeier, Weil das Paradies in uns wurzelt. Vortrag zum Bibliodramasymposion am 6. 9. 2002 in Graz)

Besondere Vorbereitungen

- Einladungsschreiben mit der Bitte, zum Gottesdienst das liebste Kuscheltier mitzubringen
- Liedblatt (mit Tierbildern)
- im Gottesdienstraum Tisch neben den Altar für die Aufstellung der Tiere bereitstellen

Geplanter Ablauf des Gottesdienstes

- Begrüßungslied: *Guten Morgen für uns alle*
- Begrüßung
- Eingangslied: *Morgenglanz der Ewigkeit,* Verse 1, 2 und 5
- Psalm 126 *Wenn der Herr die Gefangenen Zions erlösen wird*
- Ehre sei dem Vater ...
- Gebet: Großer Gott, die ganze Schöpfung singt dein Lob und preist deine Herrlichkeit. Auch uns Menschen hast du wunderbar erschaffen und jedem von uns seine Würde verliehen. Wir bitten dich: Lass uns immer wieder darüber staunen und uns freuen an deinen Werken. Amen.
- Kanon: *Lobet und preiset, ihr Völker*
- **Wir sind da – unsere Tiere sind da**
- Alle Tiere werden in die Höhe gehoben, gezeigt, benannt (Bär, Hase, Katze, Papagei, Schildkröte, Frosch, Affe, Löwe, Elefant usw.). Wir stellen fest, ob mehrere und wie viele Bären oder Enten usw. da sind. Wir fragen, ob die Tiere auch noch einen besonderen Namen haben (Fifi, Mausi ...)
- Lied: *Laudato si,* Verse 1-5
- Wir freuen uns miteinander, dass wir leben Was unsere Tiere alles können (singen, zwitschern, brummen, fliegen, krabbeln, springen, klettern, schlafen, fressen ...), welche Eigenschaften wir an unseren Tieren besonders mögen (weich, schmusig, „knuddelig", groß, klein, brav, warm ...)

Hubert Lucht: Streichelzoo

- Lied: *Kein Tierlein ist auf Erden,* Verse 1–2
- **Unsere Tiere haben Angst und sind traurig**
  Wir stellen fest, wovor Tiere Angst haben (vor stärkeren und größeren Raubtieren, dass andere ihnen alles wegfressen, dass sie von ihrem Platz vertrieben werden, vor bösen Menschen, vor dem Tod ...). Worüber sind sie traurig (wenn ihr Nest zerstört ist, wenn ihre Jungen weggenommen werden, wenn sie verletzt sind und Schmerzen haben, wenn sie nicht mehr laufen oder fliegen können ...)?
- Schriftlesung: *Röm 8,18 ff.* (in Auswahl)
  „Das ängstliche Harren der Kreatur" – Teilhabe am befreiten Leben der Kinder Gottes
- Lied: *Wir warten dein, o Gottes Sohn*
- **Mit unseren Tieren freuen wir uns auf Gottes neue Schöpfung**

- Wir bringen unsere Tiere nach vorne und stellen oder legen sie zusammen auf den Altar und auf einen daneben bereitgestellten Tisch: Alle sind friedlich beieinander: Löwen und Schafe, Bären und Hasen ... Wir selber bleiben vorne dabei stehen und hören auf Gottes Verheißung.
- Schriftlesungen: *Jesaja 11,6–9 / Offb 21,1–5*
  Niemand wird Böses tun und Unheil stiften – kein Leid und Schmerz wird mehr sein noch Geschrei
- Lied: **Laudato si,** Verse 7–9
- Schlussgebet und Vaterunser
  Wir fassen uns dabei an den Händen
- Lied: *Segne uns, o Herr,* Verse 1–3 dazu nehmen wir unsere Tiere wieder mit an unseren Platz zurück
- Segen für Menschen und Tiere

ANGELIKA JANSSEN

Der Tod hat nicht das letzte Wort – Vorschlag für einen Andachtsablauf

Lied	Meine Zeit steht in Gottes Händen
Hinführung	Wenn jemand stirbt ... (Beispielverse aus dem Gedicht von Benoit Marchon) **Verse weiter schreiben,** anschließend in der Runde vorstellen
	Überleitung: Die Hand, die mich hält
	Bildbetrachtung: *Ruhen im Frieden seiner Hände* von Käthe Kollwitz
Körperübung	Wir legen uns die Hände auf und spüren, wie viel Kraft uns das gibt
	Refrain: Meine Zeit steht in Gottes Händen
Gebet	Vaterunser (mit Gebärden)
Segen	Psalm 91

Bild und Gedicht stehen in dem Buch „Kinder und die großen Fragen" von Rainer Oberthür, Kösel Verlag, München

MIRJA KÜENZLEN

Gottesdienst zum Ewigkeitssonntag

Gestaltungsidee

Alles hat seine Zeit. Lachen hat seine Zeit und Weinen hat seine Zeit. Pflanzen hat seine Zeit und Ausreißen hat seine Zeit. Geborenwerden hat seine Zeit und Sterben hat seine Zeit.

Aktion

Am kommenden Sonntag ist Ewigkeitssonntag, da denken wir an die, die im vergangenen Jahr verstorben sind:

- Erinnerungsbuch zeigen,
- von den Menschen erzählen,
- für jeden einen Stein hinlegen,
- Erde drauf werfen,
- Kerze anzünden,
- Singen: Meinem Gott gehört die Welt, Verse 1 und 5
- Beten: Vater, diese Menschen sind in deiner Ewigkeit. Sie sind nicht mehr bei uns. Manchmal sind wir traurig. Wir denken an sie. Und wir bitten dich: Bewahre du sie in deinem Frieden. Bewahre auch uns heut und jeden Tag. Amen.

Aktion

In der Bibel heißt es an einer Stelle: Nichts kann uns trennen von der Liebe Gottes: weder Tod noch irgendeine Macht kann uns trennen von der Liebe Gottes.

Ich dachte: Wie kann sich das anfühlen, dieses „nichts kann uns trennen"? – Ich dachte, das ist, wie wenn man sich ganz fest unterhakt.

Ausprobieren: Zu dritt oder zu viert nebeneinander stehen, ganz fest unterhaken. Jemand von außen kann mal prüfen, ob das gut zusammenhält.

Willibald Lassenberger: Der Auferstandene

Lieder

Jesu geh voran auf der Lebensbahn
Von guten Mächten wunderbar geborgen
Wenn wir nun weitergehen,
dann sind wir nicht allein
Komm, Herr, segne uns

Biblische Geschichten

Erzählen, hören, auslegen, nachspielen

Am Anfang war das Wort und das Wort ward Fleisch
und wohnte unter uns. *(Joh 1,1a.14)*

Auf dem Wort Gottes gründen unser Glaube und unser Leben – in der Bibel sind grundlegende Worte und Geschichten von der Erfahrung mit Gott gesammelt. Die Gestaltungssideen laden ein, diese Geschichten kennenzulernen und zu erkunden: Erzählen, hören, auslegen, nachspielen.

Viele Geschichten sind bekannt – und bieten doch immer wieder neue Aspekte. Fragen nach Grund und Ziel, nach Schuld und Heil, nach rechtem Leben und Gemeinschaft stellen sich immer wieder neu – im Licht der biblischen Geschichte ergeben sich neue Einsichten und Aussichten. Die gemeinsame Auslegung, bei der unterschiedliche Lebens- und Gotteserfahrungen eingebracht werden, bringen den Schatz der Wahrheit zu Tage.

Und wir sahen seine Herrlichkeit! *(Joh 1,14b)*

Inhalt

MIRJA KÜENZLEN

Schöpfungspsalm:
Die Erschaffung der Erde

Gott, Du hast die Welt erschaffen.
Es war dunkel und Du hast das Licht gemacht,
die Sonne, den Mond und die Sterne.
Deswegen können wir im Licht leben.

Gott, Du hast die Welt erschaffen,
die Erde und das Wasser.
Das Wasser löscht unseren Durst,
und lässt die Pflanzen wachsen.

Gott, Du hast die Welt erschaffen
und alles Leben, was darauf ist,
Tiere, Pflanzen und Menschen.
Wir alle dürfen auf Deiner guten Erde leben.

Gott, Du hast die Zeit erschaffen,
Du allein bist in Ewigkeit.

Du hast uns Arbeit und Ruhe geschenkt.
Auf all dem liegt Dein guter Segen.

Gott, wir staunen über die schönen Dinge auf der Erde,
und wir staunen über Dich!

Du hast auch uns geschaffen:
Jede und jeden von uns hast Du ins Licht gerufen.
Als Dein Ebenbild.

Hallelujah!

[Kurzansprache zum „Tag der Schöpfung" (Ps 8) von Mirja Küenzlen finden sich auf der diesem Buch beigefügten CD]

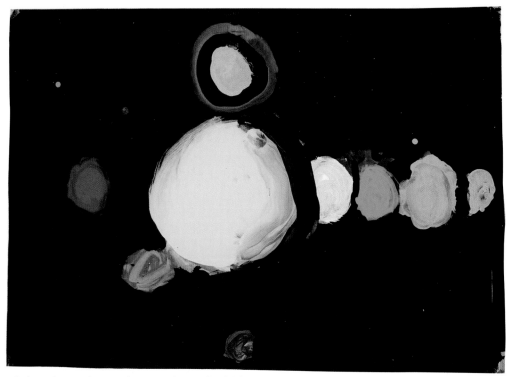

Christopher Weinert: Die Entstehung der Welt

KLAUS VON LÜPKE UND TEAM

Die Geschichte von der Sintflut

(zu 1. Mose 6,9–8,22)

Praktische Umsetzung

1. *Dekoration:* Der ganze Raum hängt voll bunter Regenbogenbilder; bei einem Vorbereitungstreffen hat jeder ein kleines Regenbogenbild gemalt, und eine Gruppe hat einen großen Regenbogen auf eine lange Papierbahn gebracht. Zur Gestaltung des Gottesdienstes haben wir alle Bilder aufgehängt. Die kleinen Bilder lassen sich zum Teil mobileartig an einem großen Reifen aufhängen. Dazu haben wir Osterglockensträuße aufgestellt und viele Kerzen angezündet.

2. *Darstellung der Geschichte:* Alle Gottesdienstteilnehmer bekommen eine Tütenpuppe: auf Tüten gemalte Menschen- und Tierköpfe (Löwen, Schafe, Marienkäfer usw., jeweils paarweise; Noah und seine Familie). Jeder steckt sich die Tütenpuppe über

die Hand, hält sie hoch und sucht seinen Partner. In einem großen Umzug zu Musik (evtl. Lied: „Er hält die ganze Welt in seiner Hand") ziehen alle in die Arche ein. Dann wird der Sintflutregen mit Orffschen Instrumenten hörbar, von ersten langsamen Tropfen bis zum lauten Unwettergetöse. Dann wird es sehr still. In die Stille hinein folgt der nächste Erzählabschnitt. Den Auszug aus der Arche stellen wieder alle zusammen mit ihren Tütenpuppen durch einen großen Freudentanz und gemeinsames Singen des Halleluja-Liedes dar.

Ansprache

[Die Ansprache findet sich auf der diesem Buch beigefügten CD]

Franz-Josef Dosot: Arche Noah

Gebet

Gott, du hast uns versprochen: Solange die Erde steht, sollen nicht aufhören Saat und Ernte, Frost und Hitze, Sommer und Winter, Tag und Nacht. Du hast uns versprochen, bei uns zu sein, heute und alle Zeit.
Dafür danken wir dir. Amen

BEHINDERTENHILFE LEONBERG, SUSANNE WÖHR VAN WEEREN MIT TEAM

Der Kleinste wird von Gott erwählt

(zu 1. Sam 16)

Hintergrund

Ein Mensch sieht, was vor Augen ist, der Herr aber sieht das Herz an (1. Sam 16).

Unsere Welt ist sehr auf äußerlichen Glanz eingestellt. Da können viele Menschen nicht mithalten. Gerade Menschen mit einer Behinderung müssen sich durch die Sucht nach äußerer Schönheit oft ausgegrenzt fühlen. Da rückt die Botschaft von einem Gott, der das Herz anschaut, Vieles ins rechte Licht. In unserem Verständnis ist das Herz vor allem Symbol und Sitz der Gefühle, nach alttestamentlicher Vorstellung hat das Herz vielfache Bedeutung: Es ist das Zentrum des geistig-seelischen Lebens, nämlich Sitz der Empfindung, aber auch der Sitz von Gedanken und Vorstellungen, von Verstand und Weisheit.

Gestaltungsidee

In dem Gottesdienst den Gedanken verdeutlichen, dass es für Gott entscheidend ist, wie es in unserem Innern aussieht. Dies soll an der Geschichte von der Erwählung Davids herausgearbeitet werden.

Praktische Umsetzung

Lesung: Psalm 139, Gebet und stilles Gebet
Einführung ins Thema: mit Bildern, die Bewohner/innen zum Thema „Herz" gemalt haben
Geschichte vorlesen: Erwählung Davids vorlesen (1. Samuel 16)

Hubert Lucht: Das glücklichste Schwein der Welt

Anspiel zu der Geschichte aus Samuel 16 (siehe dazu das Material auf der diesem Buch beigefügten CD)

Ansprache

Wie sehen wir uns mit unseren Herzen? Herzlichkeit – Der, der es nicht erwartet hat, wird erwählt. Auch für uns ist es gut, sich selbst und andere mit dem Auge Gottes zu sehen ...

Gebet

Gott, Du schaust nicht nur danach, ob jemand groß und stark, schön und schnell ist. Du kennst uns von innen her. Du weißt von all dem, was wir in unseren Herzen tragen. Wir danken Dir und wir bitten Dich, lass uns von Deinem Blick immer wieder lernen. Lass uns auf das achten, was wir im Herzen tragen. Bei uns und bei anderen. Darum bitten wir Dich. Amen

Lieder

Geh aus mein Herz und suche Freud
Wo ein Mensch Vertrauen gibt
Bewahre uns Gott, behüte uns Gott
Segne uns o Herr

Zum Mitgeben: Postkarte mit einem „Herzbild", Weingummis in Herzform

---

MARGRET MÜLLER
Psalm 23 – eine Auslegung

Gestaltungsidee

Für eine kleinere Gruppe kann der Psalm 23 in einzelnen Stationen gestaltet werden, die im Raum verteilt sind und von der Gruppe nach und nach erkundet werden. Diejenigen, die nicht selbst laufen oder greifen können, bekommen dabei Unterstützung. Im günstigen Fall steht bei jeder Station eine Person bereit, die die Station erkunden hilft.

Praktische Umsetzung

Die Verse des Psalms werden in großer Schrift ausgedruckt, sodass je ein Vers auf einem DIN A3-Blatt zu lesen ist. Diese Blätter werden als Stationen im Raum ausgelegt und gestaltet: Nach einem gemeinsamen Beginn im Kreis mit Begrüßung, Lied und Einstimmung wird der Weg angekündigt, und erläuternde Hinweise werden gegeben. Die Teilnehmenden gehen allein oder in kleinen Gruppen von Station zu Station und lassen sich Zeit, dort die ausgelegten Dinge zu erkunden.

1. Station

Der Herr ist mein Hirte: Egli-Figur eines Hirten und Schafe (weitere Gegenstände auslegen: Schaffell zum Fühlen auslegen, Schafwolle zum Riechen, evtl. einen Hirtenstab).

2. Station

Er weidet mich auf einer grünen Aue: Ein grünes Tuch mit Blumenstrauß – wenn möglich frisches Gras zum Fühlen und Riechen. Gott gibt mir genug zu essen; er gibt mir, was ich zum Leben brauche: ein Brot brechen und verteilen.
Er führet mich zum frischen Wasser: Blaues Tuch und eine Schale mit Wasser zum Hören und Fühlen. Aus einem Krug wird für jeden ein Glas frisches Wasser gereicht.

3. Station

Er erquicket meine Seele. Er führet mich auf rechter Straße um seines Namens willen: Ein Weg wird gelegt mit einem braunen (oder grauen) Tuch. Neben dem Weg liegen Steine, aber auf dem Weg kann man gut gehen. Jede(r) wird ein Stück weitgeführt.

4. Station

Und ob ich schon wanderte im finsteren Tal, fürchte ich kein Unglück, denn du bist bei mir, dein Stecken und Stab trösten mich: Ein schwarzes Tuch, auf dem Dornen und Stacheldraht liegen, symbolisieren das „finstere Tal". Die Figur des Hirten wieder einsetzen und den Hirtenstab.

5. Station

Du bereitest vor mir einen Tisch im Angesicht meiner Feinde, du salbest mein Haupt mit Öl und schenkst mir voll ein: Ein rotes/oranges Tuch, auf dem Früchte liegen, verschiedenes Obst – Weintrauben, Äpfel (evtl. auch Süßigkeiten) – gemeinsam teilen und genießen. Eine kleine Schale mit Öl – jede(r) bekommt ein Zeichen mit Öl auf die Stirn.

Abschluss

Gutes und Barmherzigkeit werden mir folgen ein Leben lang, und ich werde bleiben im Hause des Herrn immerdar: „Ich bleibe bei Gott – ich bleibe in Gottes Nähe verbunden im Gebet." – Gemeinsam zum Abschluss das Vaterunser beten.

IRMGARD STROM
Gott ist immer bei mir (zu Psalm 23,4)

Hintergrund

Und ob ich schon wanderte im finsteren Tal, fürchte ich kein Unglück, denn Du bist bei mir.

Gestaltungsidee

Geborgenheit und Zuspruch erfahren auch in Krisen des Lebens. Gottes Nähe spüren und trotz Angst Vertrauen entwickeln. Das wird in einer Erzählung und einer Symbolhandlung verdeutlicht.

Praktische Umsetzung

Begrüßung: Als Hirte ist Gott immer bei mir in guten wie auch in schweren Tagen. In den Ängsten und Krisen des Lebens, im „dunklen" Tal, wenn „Steine" auf dem Weg unseren Gang schwer machen, dann kann ich bei Gott ausruhen und Vertrauen finden. Ich erlebe, dass Gott mir nahe ist. Er ist immer bei mir, wie ein Hirte seine Schafe begleitet – ich bin nie allein.

Gemeinsam: Der ganze Psalm 23 wird gemeinsam gebetet oder gesungen: Der Herr ist mein getreuer Hirte, oder im Kanon: Der Herr ist mein Hirte.

Gebet

Wir werden jetzt ganz ruhig und beten miteinander [kurze Zeit, bis alle ruhig sind und zuhören. Das Gebet kann man auch durch Gesten begleiten].

Du unser großer Gott, wir danken Dir, dass Du uns an der Hand nimmst wie ein Hirte. Dass Du unsere Hand fest hältst, damit bist Du ganz nah bei uns. Danke, dass Du uns verstehst, wie wir sind, und was uns beschäftigt. Wir freuen uns, dass Du so ganz nah bei uns bist. Du bist da, ob es dunkel ist oder hell. Weil Du ganz nah bei uns bist, können wir jetzt ruhig werden und hören, was Du uns sagen willst. Guter Gott, wir danken Dir für diesen Tag.

Amen.

Erzählung

Frau E. lebte viele Jahre in einem Wohnheim für Menschen mit Behinderungen. Ihr Leben war geprägt von einem großen Vertrauen zu Gott, der als guter Hirte immer bei einem ist. Diesen Zuspruch gab sie immer wieder auch an Mitarbeiter weiter. Sie gestaltete Schafe aus allerlei Materialien, aus Ton, Wolle, Papier usw. und sammelte Schafe in allen Größen. Sie mochte Schafe sehr gerne. Am Abend hat sie die Mitarbeiterinnen mit folgenden Worten in den Feierabend verabschiedet: „Komm gut nach Hause, schlaf gut, der liebe Gott bleibt bei dir. Und gesund und munter aufgewacht, bis morgen früh."

Symbolhandlung

Dunkelheit im Raum, Lichter, die langsam verlöschen – die Dunkelheit breitet sich aus. Nur das Licht einer Kerze erhellt den Raum. Statt Kerze kann man auch ein helles Tuch von hinten anstrahlen.

Ein Tuch oder eine Decke, von zwei oder vier Mitarbeitern gehalten, wird wie ein Dach über jeden Teilnehmer gehalten. Damit kann jeder erleben: Jetzt wird es Nacht, ich kann nicht mehr weit sehen, ich bin vom Licht getrennt, aber es kann auch Geborgenheit und Sicherheit vermitteln. Jeder kann es erleben und spüren: Es wird um mich dunkel und wieder hell, aber auch im Dunkeln bin ich geborgen. Ich brauche mich nicht zu fürchten.

Lieder

Nichts soll dich ängsten (Nada te turbe)
Meine Hoffnung und meine Freude
Abend ward, bald kommt die Nacht
Von guten Mächten wunderbar geborgen
Von allen Seiten umgibst Du mich, o Herr

Der Musik Raum geben zur Stille

Material

Dunkles Tuch oder Decke, damit die Nacht wahrgenommen werden kann. Als Lichtquelle je nach Raumgröße eine Kerze, eine Taschenlampe, Strahler oder ein Diaprojektor.

Variationen

Distanz zu anderen erleben lassen – allein sein oder Nähe erfahren durch eine Hand, die mich hält. Das Thema mit Farben gestalten: dunkle Farben im Kontrast zu hellen, leuchtenden Farben, kalte oder warme Farben. Oder mit Schwarzlicht dunkel – hell. Mit Tönen dunkle „Bässe" und Flöten. Mit Musik von Brahms und Mozart. Mit Schuhen als Symbolen: schwerer Weg mit Wanderstiefeln und Rucksack, Geborgenheit bei Gott symbolisiert durch Hausschuhe und Kuschelkissen. Kontraste wie Kälte durch Eisbeutel gegenüber Wärme durch Gelkissen. Introver-

Arno Krist: Vater hat Kinder verloren

tierte Haltung (zusammenkauern und aufstehen) im Gegensatz dazu, sich frei zu fühlen und aus sich herauszugehen (ausstrecken). Oder die Alternative: in seinen Ängsten gefangen sein (Arme eng am Körper, eventuell ein Tau lose umlegen) oder frei sich zu bewegen (die Arme heben oder tanzen vor Freude).

Allein sein oder eine Bezugsperson ganz nah bei sich haben, sich selbst ganz nah sein (z. B. Hand auf den Bauch legen, den eigenen Atem spüren und ruhig werden). Bei Sorgen und Ängsten friert man, bei Gott kann man sich geborgen fühlen, er umgibt uns wie eine Burg oder ein Mantel.

MIRJA KÜENZLEN

Ich danke Dir, dass ich wunderbar gemacht bin (Psalm 139,14)

Hintergrund

Gott, Du hast mich gebildet im Mutterleib. – Ich danke Dir Gott, dass ich wunderbar gemacht bin, wunderbar sind deine Werke. Es war Dir mein Leib nicht verborgen, als ich im Verborgenen gemacht wurde – Deine Augen sahen mich von Anfang an.

Wir sind es gewohnt; Gott für vieles auf dieser Welt zu danken, für die Natur, für andere Menschen usw. Es fällt gar nicht so leicht, den Satz zu sagen: Ich danke Dir Gott, dass *ich* wunderbar gemacht bin!

Hubert Lucht: Das bin ich!

Gestaltungsidee

Dank und Staunen, wie wunderbar Gott uns alle geschaffen hat. Dabei die verschiedenen Sinne und Körperteile erleben und bewusst machen.

Praktische Umsetzung

Gemeinsam entdecken, was Gott an uns alles gut gemacht hat. Dabei den verschiedenen Sinnen und Körperteilen nachspüren. Zum Beispiel lassen sich mehrere Andachten gestalten, in denen je auf ein Sinnesorgan eingegangen wird (Augen: schöne Bilder ansehen; Ohren: schöne Musik anhören, Klängen lauschen; Fühlen: einander die Hände mit Öl salben, Hand auflegen auf den Rücken; Schmecken: verschiedene Geschmacksrichtungen ausprobieren, Brot, Süßes und Bitteres; Riechen: verschiedene Düfte mit geschlossenen Augen wahrnehmen). Oder: in einem Gottesdienst verschiedene Stationen anbieten, in denen die Sinne ausprobiert werden können.

Gedankenanstoß

Ich danke dir, dass ich wunderbar gemacht bin. – Was ist an mir wunderbar? Bin ich mit mir zufrieden? Was mag ich an mir/was nicht? Worum möchte ich Gott bitten?

Zu ruhiger Musik Zeit geben, darüber nachzudenken. Möglichkeit geben, es auf Zettel zu schreiben und in eine Schale im Altarraum zu bringen.

Lieder

Du meine Seele, singe
Nun lob mein Seel´ den Herren
Lobe den Herrn
Gott gab uns Atem

Gebet

Psalm 139 (in Auszügen, Verse 1–7 und Verse 8–16, eventuell über den Gottesdienst verteilt)
Gott, Du hast mich wunderbar gemacht,
dafür danke ich Dir.
Manchmal fühle ich mich nicht so wunderbar.
Hilf mir an diesen Tagen.
Von allen Seiten umgibst Du mich und
hältst Deine Hand über mir.
Danke.
Amen.

KLAUS VON LÜPKE UND TEAM
Das Gleichnis vom Senfkorn (zu Mt 13,31–32)

Thema

Klein – Groß: Wachsen aus Gottes Kraft. Aus einem einzigen Korn wächst ein Baum, aus kleinen Kernen wachsen riesengroße Sonnenblumen.

Aktion

Alle Gottesdienstbesucher, vor allem aber die Kinder mit und ohne Behinderung, drücken Sonnenblumenkerne in Blumenerde, die in drei Obstkisten vorm Altar stehen. Die Samenkörner sind nur klein, sie werden völlig unsichtbar, verschwinden im Dunkel der Erde.

Alle Teilnehmer reißen Blütenblätter aus gelbem Papier, das sie zusammen mit dem Liedblatt am Eingang in die Hand bekommen haben. Die Blütenblätter kleben sie zu großen Sonnenblumenblüten auf Stellwänden rechts und links neben dem Altar auf, die vorher mit Leim bestrichen wurden.

So entstehen große, gelb leuchtende Blüten aus den kleinen unscheinbaren Samenkörnern.

Schälchen mit Sonnenblumenkernen zum Essen durch die Sitzreihen hindurch herumreichen, so viel, dass jeder eine kleine Handvoll nehmen kann und richtig etwas zum Kauen und Schmecken bekommt.

Christoph Eder: Der Baum, der lacht, und der Vogel, der spricht

Vieles von dem, was den Keim zum Großen in sich trägt, gelangt nicht zum Wachstum, sondern dient zum Lebensunterhalt und hilft dazu, durch den Alltag zu kommen.

Lieder

Wo ein Mensch Vertrauen gibt
Alles muss klein beginnen (kann von Kindern des Kindergartens mit Gesten vorgeführt werden)

Ansprache

[Die Ansprache findet sich auf der diesem Buch beigefügten CD]

KLAUS VON LÜPKE UND TEAM

Die Speisung der Fünftausend (zu Mt 14,13–21))

Thema

Teilen mit Liebe macht aus wenig viel

Aktion

1. Variante (Freizeitgottesdienst), Anspiel

Eine große Gruppe sitzt in einem großen Kreis, ein Einzelner sitzt außerhalb des Kreises an einem Tisch. Mitarbeiter haben für den Gottesdienst ganz frische Waffeln gebacken. Ein Teller mit klein geschnittenen Waffelstücken wird im großen Kreis von einem zum anderen weitergereicht; das Aufteilen weniger Waffeln in kleine Stücke macht es möglich, dass jede und jeder ein Stück bekommt. Der Einzelne außerhalb des Kreises hat als „Reicher" seinen Tisch mit Waffelbergen gedeckt bekommen, viel zu viel für ihn allein. Ein Zwiegespräch zwischen einem „Armen" und dem „Reichen" macht deutlich: Alle im Kreis sind glücklich über die gerechte Verteilung des Wenigen und über ihre Gemeinschaft; der „Reiche" ist unglücklich über sein Ausgeschlossensein. Das Gespräch bewegt den „Reichen" schließlich dazu, mit in den Kreis zu kommen und seine Waffelberge ebenfalls zu verteilen. Die Freude findet Ausdruck in dem gemeinsamen Singen des Halleluja-Liedes.

2. Variante (normaler Familiengottesdienst)

An einem Tisch stehen Brot und Weintrauben und Käsestückchen für das gemeinsame Mahl bereit. Hinweis auf die Möglichkeit, dass einer allein alles isst, und auf die andere Möglichkeit, Brot, Weintrauben und Käse, die sich ja besonders gut zum Teilen eignen, unter alle aufzuteilen. Geistig behinderte Jugendliche geben die Speisen auf Tellern durch die Sitzreihen, alle bekommen gleich viel und feiern dieses Essen als Gemeinschaftsmahl.

Lied

Wo jeder gibt, was er hat
Wo ein Mensch Vertrauen gibt
Die Erde ist des Herrn

Ansprache

[Eine Kurzansprache findet sich auf der diesem Buch beigefügten CD]

KLAUS VON LÜPKE UND TEAM

Die Stillung des Sturms (Mt 8, 23–27)

Hintergrund

Angst und ihre Überwindung – Jesus ist stärker als der Sturm. Es gibt viele Ängste, die einen wie Stürme bedrängen können und doch überwunden werden können.

Aktion und Aussage im Wechsel

1. Handlung

Eine Teilnehmergruppe spielt mit Orffschen Instrumenten den Sturm: vom leisen Wehen bis zum Angst machenden Sturmgetöse, worauf die Sturmstillung erfolgt: abrupter Abbruch und absolute Stille.

2. Aussagen

Jeweils in die Stille hinein sprechen Teilnehmer mit und ohne Behinderung kurze Dialoge, die in einem Gruppengespräch vorbereitet wurden.

Ablauf

- Sturm: Crescendo und Stille
- Erster Dialog: Rainer: Ich habe im Dunkeln Angst, alleine zu gehen. – Georg: Ich begleite dich mit meiner Taschenlampe; dann brauchst du keine Angst mehr zu haben.
- Sturm: Crescendo und Stille
- Zweiter Dialog: Ellen: Nach einem Anfall bin ich manchmal so benommen, dass ich fast blind bin; dann fühle ich mich sehr allein. – Gabi: Dann

Hans-Joachim Kaufeld: Tsunami

spreche ich dich an und rede mit dir; dann bist du nicht mehr allein und brauchst keine Angst mehr zu haben.

- Sturm: Crescendo und Stille
- Dritter Dialog: Ute: Ich habe Angst davor, einmal hungern zu müssen. – Susanne: Davor brauchst du doch keine Angst zu haben; du kannst immer zu mir kommen und mit mir mittrinken und mitessen.
- Sturm: Crescendo und Stille
- Vierter Dialog: Heidi: Ich habe immer so dolle Angst, wenn der Sturm so furchtbar tobt und wenn es donnert. – Susanne: Dann kannst du dich bei mir festhalten, und ich halte dich fest. Dann kann dir nichts passieren.
- Sturm: Crescendo und Stille
- Fünfter Dialog: Egon: Ich habe Angst vor Hunden, auch schon vor kleinen Hunden. – Jürgen: Dann gehen wir einfach zu zweit, dann kriegen die Hunde Angst vor uns.
- Sturm: Crescendo und Stille
- Sechster Dialog: Anne: Wenn ich allein bin, fühle ich mich manchmal einsam. – Rainer: Ich gebe

dir meine Telefonnummer, dann kannst du mich einfach anrufen.

- Sturm: Crescendo und Stille
- Siebter Dialog: Ulli: Ich mache manchmal Fehler und habe Angst vor so großen Fehlern, dass ich nicht alles wiedergutmachen kann. – Klaus: Davor brauchst du keine Angst zu haben. Denn etwas, das man selber nicht wiedergutmachen kann, das kann einem immer noch vergeben werden, und mit Vergebung kann man weiterleben und weiterarbeiten.

Lieder

In Ängsten die einen und die anderen leben ...
Gott hält die ganze Welt
Wenn der Sturm tobt
Meinem Gott gehört die Welt

KLAUS VON LÜPKE UND TEAM

Bruchstückhaft und dennoch sinnvoll

(zu 2. Korinther 4,6–10)

Gestaltungsidee

„Wir haben diesen Schatz in irdenen Gefäßen." Die Schönheit und die Zerbrechlichkeit von Liebe darstellen anhand von Seifenblasen. Die Seifenblasen werden im Altarraum geblasen, während eine ruhige schöne Musik gespielt wird. Es stehen viele Seifenblasen-Pustefixe zur Verfügung, sodass sich alle, die gern wollen – Kinder, Jugendliche, Erwachsene, geistig Behinderte und Nicht-Behinderte-, beteiligen können. Alle pusten ihre Seifenblasen hoch in die Luft des Kirchenraumes. Die Seifenblasen schweben langsam herab, als ob sie zu der Musik tanzen würden, und zerplatzen still hier und da. Wir geben ge-

nug Zeit, dass sich eine meditative Konzentration bei diesem wortlosen Seifenblasenspiel entwickelt. Diejenigen, die nicht selbst Seifenblasen pusten, gucken gerne von ihren Plätzen aus zu.

Lieder

Hilf, Herr meines Lebens, dass ich nicht vergebens ...
Ich möchte mit einem Zirkus ziehen
Freunde, dass der Mandelzweig wieder blüht und treibt

Ansprache

[Die Ansprache findet sich auf der diesem Buch beigefügten CD]

Gebet

Das Hohelied der Liebe (1. Kor 13,1–13)

Jo Toonen: Stilleven I

Lebensthemen und Symbole

Wir haben Gottes Spuren festgestellt auf
unsern Menschenstraßen ...

Ein reicher Mann kam zum Rabbi und sagte zu ihm: „Ich gebe dir einen Goldtaler, wenn du mir sagt, wo Gott ist!" Darauf antwortete der Rabbi: „Ich gebe dir einen Sack voll Gold, wenn du mir sagt, wo er nicht ist!"

Die folgenden Gestaltungsideen sind eine Sammlung zu unterschiedlichen Themen und Symbolen. Es sind Materialien, die sich in der Praxis gut bewährt haben. Allgemeine Themen sind „Anfangen", „Ich habe einen Namen" und „Zeit". Andere Themen stammen aus der Lebenswelt von Menschen mit einer Behinderung. In der Durchführung zeigt sich, dass auch die „Nicht-Behinderten" mit diesen Themen angesprochen werden: „Du schaust mich freundlich an", „Selbstständigkeit und Hilfe", „Grenzen annehmen und aufbrechen".
Die gemeinsame Beschäftigung mit diesen Themen im Horizont des Glaubens wurde als eine Bereicherung für alle erlebt.

Gott ist nicht ferne von einem jeden von uns. Denn in ihm leben,
weben und sind wir. (Apg 17,27f.)

Inhalt

Du schaust mich freundlich an!

Hinweis zum Hintergrund

Alle Menschen haben besondere Gaben und besondere Grenzen. Oft gerät es aus dem Blick, was wir alles an „guten Gaben" haben, und der Blick ist auf das konzentriert, was wir nicht haben und was wir nicht können. Die Unzufriedenheit mit den eigenen Fähigkeiten ist oft besonders bei Menschen, die normalerweise nicht als „behindert" gelten, sehr groß.

Praktische Umsetzung

Erzählung über Erfahrungen mit den eigenen Fähigkeiten: Menschen mit und ohne Behinderung berichten darüber, wie es ihnen mit den Fähigkeiten/Grenzen geht, die sie im Leben erleben.

Idee zu einem Anspiel: Ein Mensch (von einer Person gespielt oder als Figur als Pappe symbolisiert) wird von zwei Seiten beschrieben. Von der negativen Seite: Was er alles nicht kann und nicht hat. Der Mensch wird mit schwarzen oder dunklen Tüchern behängt. Eine weitere Beschreibung folgt – die positiven Dinge werden benannt: Was kann der Mensch und was hat er/sie alles? Und der Mensch wird mit bunten Tüchern behängt.

Abschluss des Anspiels könnte sein: Die Tücher werden zusammen gerafft und auf den Altar oder in die Mitte des Raumes gelegt und in einer Betrachtung, oder in einem Gebet, vor Gott gebracht.

Peter Hausweiler: Die Angst, beobachtet zu werden

Gebet

„Du bist ein Gott, der mich sieht, mit meinen Grenzen und mit meinen Gaben. Du schaust mich freundlich an. Bitte hilf mir, dass ich mich auch freundlich anschaue. Hilf mir, dass ich mit dem, was ich kann, und mit dem, was ich nicht gut kann, gut umgehe."

Biblische Geschichte

Erzählung von Hagar (1. Mose 16), die mit dem Spruch endet: Du bist ein Gott, der mich sieht.

Lieder

Sonne der Gerechtigkeit
Meine engen Grenzen
Geh unter der Gnade
Wo die Liebe wohnt
Kindermutmachlied

MIRJA KÜENZLEN
Ins Spiel kommen, am Ball bleiben

Hinweis zum Hintergrund

Für Menschen mit einer Behinderung ist es sehr wichtig, in unserer Gesellschaft ins Spiel zu kommen. Der Ball ist bei vielen Spielen sehr wichtig. Er ist das älteste Spielgerät. Fußball und andere Ballsportarten sind populär. Lebenserfahrungen werden aus dem Spiel abgeleitet: „Im Spiel bleiben", „am Ball bleiben", „ins Abseits geraten", „der Ball rollt oder nicht" ...

Der Ball ist zugleich Symbol des Ewigen, weil er ohne Anfang und Ende ist. Früher gab es Tänze mit einem Ball, als Zeichen der Freude über die „Ostersonne" Christus, die alle Finsternis überwunden hat.

Gestaltungsidee

In diesem Gottesdienst wird richtig gespielt! Ziel ist es, miteinander eine Aktion zu entwickeln und erfolgreich zu präsentieren.

Praktische Umsetzung

Verschiedene Bälle werden durch die Gruppe durchgegeben (Tennisbälle, Fuß- oder Handbälle, Tisch-
tennisbälle oder großer Softball). Je in Zweier- oder Dreiergruppen von Menschen mit und ohne Behinderung ist ein „Kunststück" einzuüben (5 Minuten Zeit); einige (je nach Größe der Gruppe) werden vorgeführt. Kunststück kann etwas ganz Einfaches sein: Ball hin und her werfen, mit dem Ball hochhüpfen, den Ball hochwerfen und wieder fangen, auf dem Kopf balancieren – eine Sekunde, gut gemacht!

Zur Belohnung zum Abschluss einander mit dem Ball den Rücken/oder andere Körperstellen massieren.

Lieder

O komm, du Geist der Wahrheit
Herr, gib mir Mut zum Brücken bauen
Gott gab uns Atem, damit wir leben

Gebete

Guter Gott,
es ist nicht immer einfach, im Leben am Ball zu bleiben.
Schnell geraten wir ins Abseits, sind wir aus dem Spiel.

Du aber schenkst uns den Geist der Kraft und der Liebe und der Besonnenheit.
So führst du uns ins Spiel des Lebens zurück, gibst uns Kraft, füreinander da zu sein.

Material

Verschiedene Bälle, Luftpumpe

Dieses spielerische Element eignet sich als Teil von Andachten oder Gottesdiensten im Freien, auf dem Sportplatz, in der Turnhalle, auch als Einlage bei einem Gemeindefest.

TRAUGOTT ZIWICH / MIRJA KÜENZLEN
Barrieren überwinden, einander tragen

Gestaltungsidee

Die Geschichte in der Sicht der unterschiedlichen Personen nachvollziehen. Dies entweder in unterschiedlichen Gottesdiensten oder Andachten oder (in Auswahl) in einem Gottesdienst.

Praktische Umsetzung

Hinführung: Symbolisches Anspiel

Menschen stehen im Kreis und blicken nach innen, halten sich an den Händen und bilden eine Mauer, stehen sehr eng zusammen. Eine Person will von außen in den Kreis. Er wird nicht durchgelassen und zieht sich traurig zurück.

Nach einem Gong drehen sich die Menschen im Kreis um und öffnen den Kreis – Menschen von außen werden eingelassen, sie reichen sich gegenseitig die Hand. *Frage:* Was bewirkt, dass wir uns umdrehen? *Text lesen/nacherzählen.* Dann die einzelnen Personen betrachten oder zu Wort kommen lassen.

Die erste Person: Jesus

Jesus schaut in erster Linie danach, was der Mensch braucht, was ihn quält. Bei dem Gelähmten hilft er, dass die Beziehung zu Gott in Ordnung kommt. Er vergibt ihm seine Sünden. Danach erst kommt die Heilung von der Lähmung – eigentlich eher als Machtbeweis den Schriftgelehrten gegenüber?

Die zweite Person: der Gelähmte

Gedanken zu unserer Situation: Wohin kann ich nicht gehen? Wodurch bin ich gelähmt? Wo stoße ich an Mauern? Wem bin ich eine Last? Wer trägt mich? Wo brauche ich jemanden, der mich trägt – der mich zu Jesus trägt? Der mich zur Quelle des Lebens trägt?

Dazu können Menschen mit und ohne Behinderung erzählen oder vor dem Gottesdienst befragt werden. Wichtig ist, dass unterschiedliche Erfahrungen zur Sprache kommen, zum Beispiel: Ich erlebe mich oft als gelähmt von – ausgesprochenen oder unausgesprochenen – Erwartungen; wir sind gelähmt von gesellschaftlichen Zwängen ... Menschen mit geistiger Behinderung helfen uns oft über diese Grenzen der Konvention hinweg: Ich sitze im Rollstuhl. Oft komme ich nicht weiter. Das macht mich wütend. Manchmal kommen Menschen und helfen mir. Ich kann nicht so gut sprechen. Andere reden viel. Da bin ich ausgeschlossen.

Personengruppe I: Die Freunde

Wo trage ich die Last eines anderen? Wo tragen wir gemeinsam?

Beobachtungen zur Geschichte: Die Freunde bringen ihren Freund zu Jesus. Sie wissen: Er gehört dazu, sie überwinden alle Hindernisse und Barrieren, sie finden ungewöhnliche Wege. Die Freunde finden sich nicht mit der Ausgrenzung ab – sie steigen aufs Dach und durchbrechen es.

Personengruppe II: Die Menschenmenge

Wo bauen wir Grenzen und nehmen Ausgrenzungen in Kauf? Alle wollen dabei sein, vorne stehen. Da, wo sich was Wichtiges ereignet. Sie sehen nicht, wem sie den Rücken zuwenden, wem sie im Weg stehen, wen sie aussperren. – Wo versperren wir Menschen den Weg?

Abendmahlsfeier

Wir feiern in diesem Gottesdienst Abendmahl und achten darauf, dass im Kreis niemand ausgeschlossen ist. Haben im Kreis um den Altar auch Rollstuhlfahrer Platz, auch Menschen mit Gehbehinderung?

Vielleicht ist es gut, das Abendmahl mal auf eine andere Art zu feiern, etwa in kleinen Kreisen im Got-

tesdienstraum, wo man näher zusammensteht und darauf achten kann, wer lieber sitzt oder steht.

Beim Schlusssegen reichen wir einander die Hände und empfangen den Segen Gottes.

Lieder

Herr, deine Liebe
Herr, gib mir Mut zum Brückenbauen
Wo einer dem anderen neu vertraut
Das lasst uns Jesu Jünger nicht vergessen

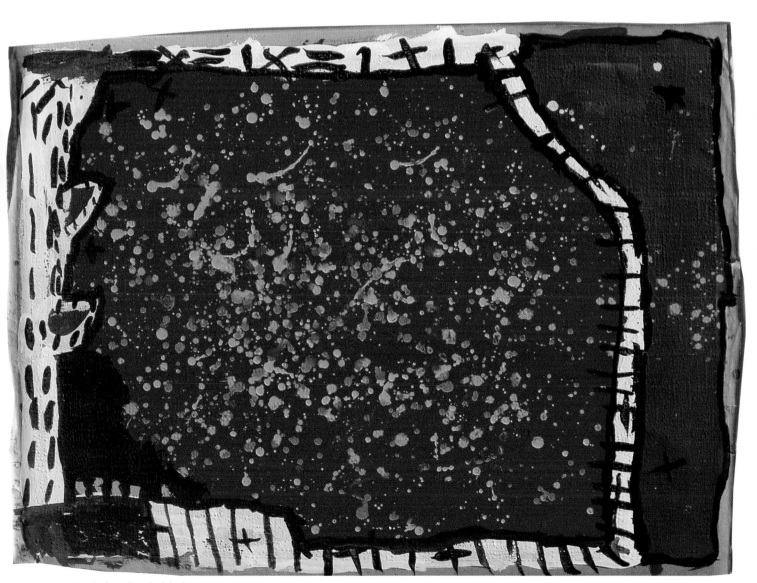

Peter Bohn: Stacheldraht

MIRJA KÜENZLEN

Klagepsalm: Herr, hilf!

Gott,
es gibt so schreckliche Dinge auf der Welt.
Warum müssen Kinder Hunger haben?
Warum gibt es Streit und Krieg?
Ich finde es furchtbar, wenn ich davon höre.

Kannst Du das nicht verhindern?
Manchmal muss ich weinen,
wenn ich an die Bilder denke
von Unglück und Katastrophen,
und die Brust wird mir ganz schwer.

Ich habe Angst, dass hier bei uns so etwas passiert.

Gott, wir schreien zu Dir und bitten dich: Greife ein!
Schau nicht einfach zu, wenn Unglück und Unrecht geschieht!
Dein Sohn ist selbst am Kreuz gestorben.
Herr, hilf!

Ralf Paulik: Verhungerte Kinder

Grenzen annehmen, Grenzen aufbrechen

Hinweis zum Hintergrund

Für alle Menschen spielen Grenzen und Begrenzungen eine Rolle. Für Menschen mit Behinderung trifft das ebenso zu. Das Ansprechen von Grenzen ist aber oft ein Tabu, weil es für die durchführenden Menschen (meist Menschen „ohne Behinderung") nicht möglich ist, für Menschen mit Behinderung angemessen über Begrenzungen zu sprechen.

Themenstellung

Annehmen und Aufbrechen: Der Gottesdienst soll das Thema Leben mit Grenzen aufnehmen und den Mitfeiernden die Gelegenheit bieten, vor Gott zu bringen, was sie zu dem Thema auf dem Herzen haben. Grenzen annehmen, wo sie nicht zu ändern sind, und Grenzen aufbrechen – allein oder gemeinsam mit anderen –, wo dies möglich ist, und Gott um Unterstützung für das eine und das andere zu bitten.

Praktische Umsetzung

Die beste Möglichkeit ist es, eine gemeinsame Vorbereitung mit Menschen mit und ohne Behinderung zu machen, so dass jede(r) die Aspekte einbringen kann, die sie oder er wichtig findet. In Fällen, in denen Menschen Schwierigkeiten haben, sich sprachlich zu äußern, können nahe stehende Menschen assistieren. Es sollte deutlich werden, dass das Thema Grenzen alle Menschen betrifft, je nach Lebenssituation mehr oder weniger offensichtlich. Wichtig ist, keinen „Relativismus" zu betreiben („Wir sind doch alle irgendwie eine bisschen behindert ..."), sondern ehrlich anzusprechen, was ist. Menschen mit einer (offensichtlichen) Behinderung können das oft viel besser als die „Nichtbehinderten".

Erzählung über Erfahrungen mit Grenzen: Menschen mit und ohne Behinderung berichten darüber, wie es ihnen mit den Grenzen geht, die sie im Leben erfahren.

Anny Servais: Put on the wrong way

Mögliches Anspiel: eine Situation, in der ein Mensch an Grenzen stößt und mit Hilfe von anderen diese Grenzen erweitern kann (etwa ganz konkret: eine Barriere überwinden, einen Weg gehen, den ich allein nicht schaffe).

Symbolisches Anspiel: verschlossene Tür als Sinnbild für eine Grenze. Mit einfachen Kulissen z. B. ein mit einem Seil abgestecktes „Raum" darstellen, ein(e) Spieler(in) verdeutlicht in einer Pantomime: Der Raum hat verschiedene Türen. Einige gehen auf, andere bleiben verschlossen. Traurig bleibt der/die Spieler(in) vor einer verschlossenen Tür sitzen. Dann kommt ihm/ihr eine Idee: Vielleicht lassen sie sich mit Hilfe von anderen Menschen öffnen.

Und tatsächlich, gemeinsam schaffen sie es!

Ansprache

Vielleicht bleibt auch eine Tür ganz verschlossen. Das ist schade, aber ich kann die anderen Türen benutzen und ich kann Gott um Hilfe bitten, sie für mich zu öffnen, oder darauf hoffen, dass zumindest bei ihm in seinem Reich keine Tür verschlossen bleibt.

Klage

Es kann ein wichtiger Punkt sein, einfach auch die Grenzen, unter denen wir leiden, in einer Klage vor Gott zu bringen. Das lässt sich evtl. als Klagegebet vorbringen. Sehr passend mit dem Lied *Meine engen Grenzen.*

MIRJA KÜENZLEN

Ich habe einen Schlüssel. Gottesdienstentwurf zum Thema Selbstständigkeit und Hilfe

Hintergrund

Der Schlüssel öffnet und versperrt. Er ist das Symbol für die Zuständigkeit in einem (wichtigen) Bereich. Petrus wird mit dem Symbol der Schlüssel dargestellt. Wenn ich einen Schlüssel für meine Wohnung habe, kann ich selbstständig entscheiden, wer ein- und ausgehen kann. Für Menschen mit einer Behinderung ist der Schlüssel ein Zeichen für ein eigenes Zimmer oder eine eigene Wohnung, Symbol der Selbstständigkeit. Einen Schlüssel kann ich aber auch verlieren. Dann ist ein Raum, ein Bereich nicht mehr zu öffnen. Die Ambivalenz des Symbols lässt sich auch auf die Selbstständigkeit übertragen: Selbstständigkeit ist gut. Aber Selbstständigkeit kann uns auch überfordern, kann übersteigert auch zum „Abgott" werden. Ich kann und muss mein Leben nicht völlig allein bewältigen. Es gehört zum Leben, Hilfe zu brauchen. Wir können den Umgang mit Schlüsseln in unserem Leben lernen. Der

Schlüssel zu unserem Leben ist nicht einfach zu finden. Gott hat den Schlüssel zu unserem Leben. Es ist die Liebe und das Vertrauen und die Vergebung.

Gestaltungsidee

Gott hat uns als selbstständige Menschen geschaffen, die zugleich auf gegenseitige Hilfe angewiesen sind. Wir sagen Danke für die Schlüssel, über die wir verfügen, und bitten ihn für die Bereiche, die uns im Leben verschlossen sind.

Praktische Umsetzung

Verschiedene Menschen zeigen ihre Schlüssel und berichten, was sie bedeuten. Verschiedene „Schlüsselerlebnisse" zum Thema Selbstständigkeit werden erzählt. Dabei wird deutlich, dass unsere Selbstständigkeit etwas Schönes ist, aber auch ihre Grenzen hat. Es ist auch schön, Hilfe anzunehmen, wenn sie partnerschaftlich geschieht.

Den Schlüssel zu unserem Leben gibt uns Gott; es ist die Liebe: Dieser Schlüssel kann mit Pappe auch im Großformat symbolisiert werden.

Beispiele zum Thema „Selber bestimmen" aus einem Wohnheim in Waiblingen

Sandra H. und Christoph R.
Wenn wir zusammen ziehen, wollen wir noch selbstständiger sein. Schon jetzt putzen wir die Zimmer selber. Aber wir wollen auch das Frühstück selber machen. Und wir wollen auch für das Abendessen selbst einkaufen. Der Kühlschrank, der Herd und ein Spülbecken sind schon da. Einfache Sachen wie Maultaschen, Spiegelei und Spaghetti können wir selber kochen. Wir brauchen natürlich noch Hilfe. Aber wir wollen uns das selbst aussuchen. Dazu sagt man assistieren. Da werden wir auch von unseren Verwandten unabhängiger.

Lisbet W.
Auf der Hangweide habe ich einen Schlüssel gehabt für die Pforte. Damit ich selber rein und raus komme. In Waiblingen brauche ich ihn nicht mehr. Es ist ja alles offen. Mein Bett beziehe ich selbstständig. Geld brauche ich für das Trinken und den Kochkurs, wenn ich hingehe. Geld bekomme ich von Frau E., weil ich die Post austrage in zwei Häusern, in Nummer vierzehn und Nummer zwölf. Das mache ich ganz allein. Da brauche ich niemand dazu.

Lore H.
Ich suche mir alle meine Kleider selber aus. Ich bin immer dabei, wenn die Kleider gekauft werden. Sie müssen mir gefallen. Uli wäscht mir meine Pullover und T-Shirts. Das machen wir selber. Die stecken wir nicht in den Wäschesack. Von meinem Geld kaufe ich mir CDs, ganz verschiedene, aber am liebsten Volksmusik. Und wenn ich in die Wirtschaft gehe, bestelle ich immer mein Lieblingsessen: Nudeln mit weißer Soße.

Biblischer Text

Gott hat uns nicht den Geist der Furcht gegeben, sondern der Kraft und der Liebe und der Besonnenheit. (2. Tim 1,7)

Freiheit

*Ich lebe die Freiheit
und fühle mich frei.
Ich renne dem Licht entgegen.
Freiheit.*

*In mir spüre ich
meine Lust am Leben.
Ich fühle den Wind,
der mich streichelt.
Freiheit.*

*Mein ist das Leben,
es gehört mir allein,
es ist, wie es ist, sagt mein Gefühl*

*Es regt mich an,
mich zu entspannen.
Ich spüre die Wärme
auf meiner Haut
in meinem Traum*

Ich lebe die Freiheit.

Christiane Grieb

Gebete

Magnificat – Lobgesang der Maria (Lk 1,46–55)
Gott, du hast Großes an uns getan,
Du traust uns zu, dass wir unser Leben meistern.
Du siehst in uns, was möglich ist,
und schenkst und Mut und Zutrauen,
Wir bitten dich, lass uns eigene Schritte tun und
sende uns Hilfe, wo wir sie benötigen.
Du stehst uns zur Seite,
dafür danken wir dir.
Amen.

Lieder

Du meine Seele singe
Herr, deine Liebe ist wie Gras und Ufer
When Israel was in Egypt's Land
Komm, Herr, segne uns
Bewahre uns Gott, behüte uns Gott

Dieser Entwurf ist besonders geeignet für Menschen,
die im ambulant betreuten Wohnen oder im Wohn-
training leben.

ANGELIKA JANSSEN

Gottes Liebe ist wie die Sonne

A. Die Bedeutung der Sonnensymbolik für die Menschen

I. Begrüßung
II. Lied: Vom Aufgang der Sonne

III. Hinführung: Dinge sind ausgebreitet, die alle etwas gemeinsam haben – was?
IV. Geschichte von der sich vergeudenden Sonne. Anschließend vervollständigen wir eine Sonne mit unseren Strahlen.

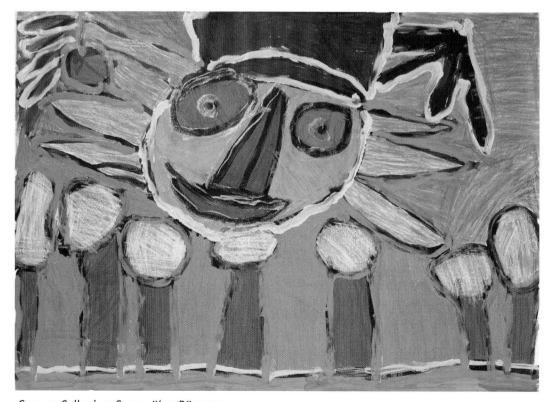

Susann Callenius: Sonne über Bäumen

(Geschichten, Lieder, Gedichte, Erlebnisse...)
Jedes legt dazu seinen Strahl an die Sonne

V. Zwei Gebete von zwei unterschiedlichen Menschen:

„Du erscheinst so schön am Horizont des Himmels
du lebendige Sonne, die mit Leben begann.
Du bist im östlichen Horizont
und hast alle Lande mit deiner Schönheit erfüllt.
Deine Strahlen erfassen die Länder bis zum Ende dessen,
was du erschaffen hast.
Du bändigst die Länder deinem geliebten Sohne, König Echnaton."

„Gelobt sei mein Gott, mein Herr,
mit allen Geschöpfen, vornehmlich mit der hohen Herrin,
unserer Schwester Sonne!
Sie ruft den Tag herauf, schenkt uns Licht.
Und wie schön sie ist und strahlt in gewaltigem Glanze!
Von dir, o Höchster ist sie das Abbild.

Franz von Assisi

VI. Loblied auf Gott *Laudato si* mit Rhythmusinstrumenten

VII. **Gebet:** Vater unser

VIII. **Segen**

Der Herr segne dich, so wie die Sonne,
die die Blumen zum Leuchten bringt.
Der Herr segne dich, so wie der Regen,
der den Pflanzen den Saft zum Leben gibt.
Der Herr segne dich, so wie der Wind,
der die schwarzen Wolken vertreibt.
Der Herr segne dich, wie der Tag,
der dich zum neuen Leben erweckt.
Der Herr segne dich, so wie die Nacht,
die dir Ruhe gönnt von des Tages Last
und dich stärkt für neues Tun.

VIIII. **Lied**

Gottes Liebe ist wie die Sonne oder
Strahlen brechen viele

JOCHEN STIEFEL / JÜRGEN ISSELER
Herr, mach mich zu einem Werkzeuge Deines Friedens

Hinweis zum Hintergrund

Jeder Mensch hat Gaben und kann etwas tun. Jeder Mensch ist ein Werkzeug Gottes.

Gestaltungsidee

Werkzeuge werden gebraucht. Leute aus der Werkstatt zeigen oder berichten von den Werkzeugen, mit denen sie arbeiten: von der Stanzmaschine, von der Zange usw. Wie muss man mit Werkzeugen umgehen, welche Sicherheitsmaßnahmen sind auch nötig? Was kann ich mit dem Werkzeug machen? Was wird produziert? Beispiel: Ich fertige ein kleines Kabel, damit im Auto die Bremsleitung funktioniert. Ein kleines Teil ist wichtig für das Ganze!

Dann den theologischen Vergleichspunkt darstellen: Wir sind Werkzeuge Gottes, als Einzelne und als seine Gemeinde: Wir können etwas dazu tun, dass Frieden geschieht. Seligpreisungen der Bergpredigt: Mt 5,3–10. Dazu Lied: *Selig seid ihr*.

Praktische Umsetzung

Die Darstellung kann durch Erzählen oder in einem Anspiel geschehen. Was wir dazu tun können, dazu kann Römer 12,9–21 sehr konkrete Anweisungen liefern.

Lieder

Liebe ist nicht nur ein Wort
Lass uns den Weg der Gerechtigkeit gehen
Schalom Chaverim
Ins Wasser fällt ein Stein
Gott gab uns Atem, damit wir leben

Gebet

Du guter Gott,
wir alle können etwas und wir alle sind deine Werkzeuge.

Hilf, dass wir unsere Gaben zu etwas Gutem gebrauchen.
Stärke uns, wenn wir mutlos sind
und lass uns froh sein, auch über die Gaben der Anderen. Amen.

Material

Werkzeuge aus der Werkstatt

Variation der Gestaltungsidee

Beispielgeschichte: Beim Bau des Münsters in Freiburg wurden drei Steinmetze nach ihrer Arbeit gefragt. Der erste antwortete: „Ich behaue Steine." Der zweite entgegnete: „Ich verdiene Geld." Der dritte überlegte und sprach: „Ich baue am Dom."

ANGELIKA JANSSEN
Name und Psalm

Helmut Nolten: Freundliches Gesicht

Hintergrund

Was bedeutet mein Name? Was bedeutet ein Psalmwort?

1. Lied: *Ubi caritas*
2. Hinführung: Ich sage laut meinen Namen. Was weiß ich über ihn, welche Menschen tragen den gleichen Namen? – Eigenbesinnung
3. Namen und Bilder: Jede/r sucht sich das Bild heraus, das zu seinem Namen passt
4. Überleitung: Psalmworte stärken uns und geben uns Kraft. Jedes sucht das passende Psalmwort zu seinem Bild heraus und hört sich in seinen Text ein: Du bist ein Bild der großen Güte ...
5. Lied: *Weil Gott in tiefster Nacht erschienen*
6. Gebet: Vaterunser
7. Segen: Psalm 91

Gottes Segen über unsere Gemeinschaft

Bildbetrachtung

zu „Sonne über Bäumen".

Dann Erfahrungsteil: Übertragung vom Bild auf die Gruppe: Zusammenstehen und alleine stehen. „Ich und die anderen – Wir stehen zusammen, jede(r) für sich und doch alle zusammen." Gottes Segen scheint über uns alle und verbindet uns.

Aktion

Unterschiedliche Formen der Gemeinschaft.

Mit einigen Leuten in der Andacht ausprobieren:
- Wie fühlt es sich an, in der Reihe zu stehen?
- mit großem und mit kleinem Abstand?
- mit vielen und mit wenig Leuten?
- im Kreis zu stehen?
- Sich an den Händen fassen – loslassen.
- Jemand steht in der Mitte: großer Kreis – kleiner Kreis.
- Lied: *Liebe ist nicht nur ein Wort*
- Gemeinsam das Bild anschauen; Austausch darüber, was denn die Sonne in unserem Leben ist: Wo haben wir die Sonne erlebt, die ersten Strahlen im Frühjahr – ganz zart –, später im Sommer kräftig und im Herbst dann mild?

Variation: Musikalische Umsetzung. Ausprobieren der Röhrenglocken und anderer Instrumente, die Strahlen der Sonne nachempfinden.

Gebet

Gott, du lässt deine Sonne über uns alle scheinen,
über große und kleine Menschen,
über junge und alte.
Die Sonne tut uns gut.
Wir bitten dich: Stärke unsere Gemeinschaft
und gib uns Raum, wo wir ihn brauchen.
Amen.

Lieder

Komm Herr, segne uns
Meine Hoffnung und meine Freude
Herr, deine Liebe ist wie Gras und Ufer
Wir strecken uns nach dir

Segen

ANGELIKA JANSSEN

Thema: Zeit – Eine Andacht aus dem Projekt „Glauben erleben"

Lied

Meine Hoffnung und meine Freude

Hinführung

Zeitmessgeräte ansehen: Woran sehen wir, wie die Zeit vergeht? – *Übung:* Zeit erspüren: Wie lange dauert eine Minute?

Fragestellung

Was ist Zeit für uns? – Brainstorming [mitschreiben] und in der Mitte auslegen.

Text

- Es gibt einen Unterschied zwischen gemessener Zeit und gelebter Kraft. Deutlich wird dies im Text des Alten Testaments, Prediger 3, 1–14: Alles hat seine Zeit.
- Mehrmaliges Lesen
- Gemeinsam weitere Verse schreiben, zum Beispiel: Schlafen hat seine Zeit, Wachen hat seine Zeit ...

Lied

Meine Zeit steht in Gottes Händen

Vaterunser (mit Gebärden)

Segenansage und **Segen**

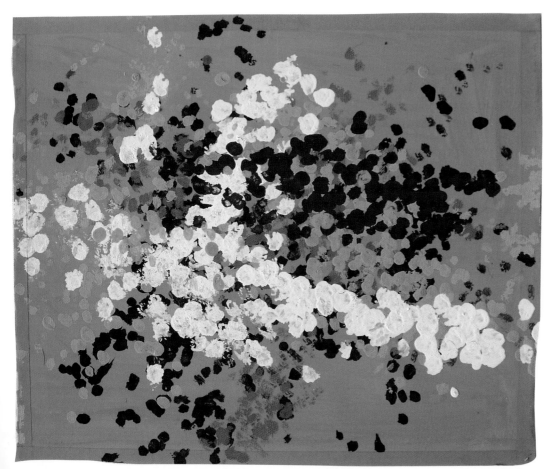

Bodo Paashaus:
Schnee auf der Blumenwiese

MARTIN SPERL / MIRJA KÜENZLEN

Gebete

Für den Tageslauf

Am Morgen,
Vater im Himmel,
ein neuer Tag hat angefangen.
Wir dürfen leben,
weil Du uns liebst.
Hab Dank dafür!

Jesus, unser Bruder,
du hast versprochen,
alle Tage bei uns zu sein.
Geh mit uns auch an diesem Tag!

Heiliger Geist,
Du tröstest uns,
wenn wir traurig sind.
Du gibst uns Mut,
wenn wir Angst haben.
Hilf uns!
Amen.

Mittag

Lieber Gott, in der Mitte des Tages denken
wir an Dich – vieles ist an diesem Tag schon
geschehen.
Wir wollen innehalten und uns besinnen. Auf
das, was wichtig ist, auf das, was uns beschäftigt. Wir wollen uns besinnen auf Dich.
Sei uns nah und begleite uns auch weiter
durch diesen Tag. Schenke uns Freude an
dem, was heute dran ist. Schenk uns Gelassenheit mir dem, was uns ungeduldig macht.
Schenke uns Vertrauen darauf, dass Du es
gut mit uns meinst.
Dein Wille geschehe an uns und durch uns.
Amen.

Abend

Vater im Himmel,
ein langer Tag liegt hinter uns.
Vieles war gut und schön
[konkret benennen],
dafür danken wir Dir.
Manches war nicht gut [konkret benennen],
das wollen wir Dir ans Herz legen.
Lass uns zur Ruhe kommen und im Frieden
schlafen!
Amen.

Nacht

Herr, es will Abend werden,
draußen neigt sich die Dämmerung.
Bleib bei uns und hülle uns ein mit
Deinem Mantel und gibt uns Schutz vor der
Dunkelheit.
Schenke uns eine ruhige Nacht
und bewahre uns in deinem Frieden.
Amen.

Am Ende des Tages lege ich ab: meine
Kleider, meine Uhr und meine Hilfsmittel.
Am Ende des Tages lege ich ab, meine
Müdigkeit, meine schweren Glieder und
meine Sorgen.
Am Ende des Tages lege ich mich ganz in
deine Hand.
Lass mich gut schlafen und halte mich ganz
sicher und sanft.
Amen.

Für den Wochenlauf

Anfang

Guter Gott,
eine neue Woche liegt vor uns.
Segne Du alles, was uns begegnen wird.
Schenke uns Freude aneinander und
miteinander.
Sei uns nah, wenn wir es brauchen, und
gib uns Raum, dass unsere Füße ihren
Weg finden.
Amen.

An jedem Tag

An jedem Tag lass uns entdecken, dass es
schön ist, auf der Welt zu sein.
An jedem Tag lass uns entdecken, dass Du
uns das Leben schenkst – im Großen und im
Kleinen.
Jeden Tag sind wir hungrig und durstig.
Du gibst uns Brot, das den Hunger stillt,
und Wasser, das den Durst löscht.
So gib uns auch heute das, was wir zum
Leben brauchen.
Amen.

Ende des Tages/ der Woche

Eine Woche/der Tag ist wieder vorbei – vor
uns liegt das Wochenende/der Abend.
Vielen Dank für alles, was du uns in dieser Woche/an diesem Tag hast begegnen
lassen. Die Stunden/Tage gehen so schnell
vorbei. Lass uns still werden und bedenken,
was in dieser Woche/an diesem Tag wichtig
war. An Gutem und an Schlechtem.

Pause: jede/r, der etwas Wichtiges sagen
möchte, kann es jetzt tun.

Gott, aus Deiner Hand kommt alles, und Du
hilfst uns in allem, was schwer für uns ist.
Lass uns Deine Liebe erkennen, jeden Tag.
Sei bei uns auch am Wochenende, lass uns
Ruhe finden und schenke uns Erholung.
Amen.

Sonntag

Alles ist ruhig,
heute gehen wir nicht zur Arbeit.
Die Ruhe soll uns gut tun, aber mich macht
das unruhig. Der Tag hat keine Struktur, so
wie die anderen. Hilf mir, dass ich Halt finde
an diesem Tag.
Damit ich die Ruhe auch genießen kann.
Danke.
Amen.

Sonntag

Heute ist Sonntag. Jeder Sonntag ist ein wenig wie Ostern. Ich freue mich über die freie
Zeit. Du hast dich nach den sechs Tagen auch
ausgeruht, an denen Du die Welt erschaffen
hast. Ich freue mich über viele Dinge in dieser
Welt, die Du gemacht hast. Sei bei mir, dann
können wir uns gemeinsam ausruhen und uns
gemeinsam freuen an der guten Schöpfung.
Amen.

Für den Jahreslauf

Advent

Lieber Gott,
die Adventszeit ist schön.
Wir freuen uns über den Duft der grünen
Zweige
und über das warme Licht der Kerzen.
Es ist prima, dass wir uns etwas zu Weih-
nachten wünschen dürfen.
Es macht Spaß, sich heimlich Geschenke für
andere Menschen auszudenken.
Wir denken aber auch an Menschen, die sich
gar nicht freuen können, weil ...
Wir bitten Dich:
Komm zu uns und lass es überall hell werden,
wo es dunkel ist bei uns und in der ganzen
Welt!
Amen.

Weihnachten

Großer Gott,
Du bist so klein geworden
und liegst in der Krippe auf Heu und auf
Stroh.
Die Engel verkündigen:
„Der Heiland ist geboren!"
Du bist unser Bruder geworden,
und wir feiern Deinen Geburtstag.
Alle Menschen sollen sich mit uns freuen.
Lass Frieden werden auf Erden,
in unseren Herzen,
in unseren Häusern
und in der weiten Welt.
Amen.

Passion

Du Mann am Kreuz,
es ist so viel Unrecht und Leiden in dieser
Welt.
Du weißt es und du kennst es.
Du hast selber so viel Böses erleiden müssen:
Menschen haben dich verspottet, gequält
und getötet,
und Du warst ganz allein.
Du hast es erduldet und ausgehalten bis
zum Ende.
So bitten wir Dich:
Lass uns nicht allein, wenn wir leiden
müssen und Schmerzen haben!
Hilf uns, dass wir andere nicht allein las-
sen, wenn sie Leid tragen!
Herr, erbarme dich!
Amen.

Ostern

Jesus Christus,
Du bist auferstanden,
Du lebst in Ewigkeit.
Du bist stärker als der Tod.
Über allen Gräbern leuchtet die Ostersonne.
Darüber sind wir froh.
Wir loben Dich und singen:
Halleluja!
Amen.

Christi Himmelfahrt

Vater im Himmel,
Jesus ist zu Dir gegangen.
Er ist weit weg von uns –
und ist uns doch so nah.
Jesus hat gesagt:
Ich will, dass ihr auch dort seid, wo ich bin.
Darum wissen wir:
Wir sind auch unterwegs zu Dir.
Darüber sind wir froh.
Wir danken Dir.
Amen.

Pfingsten

Lieber Gott,
oft fühlen wir uns so klein und schwach.
Wie gut ist es,
dass es eine Gemeinde gibt,
zu der alle Menschen in der weiten Welt
gehören,
die an Dich glauben.

Es ist schön, dass wir im Gottesdienst
mit vielen anderen Menschen
gemeinsam auf Dich hören und miteinander
singen und beten.
Damit wir auch im Alltag gut zusammen
leben können,
bitten wir Dich:
Lass Deinen Heiligen Geist bei uns wohnen!
Amen.

Für besondere Anlässe

Geburtstag

Lieber Gott, heute hat (...) Geburtstag. Du
hast ihn/sie ins Leben gerufen und ihm/ihr
besondere Gaben gegeben. Wir danken Dir
für (...) und dafür, dass er/sie Teil unserer
Familie/Gemeinschaft ist.
Wir bitten Dich, sei mit (...) an diesem Tag,
schenke uns ein frohes Fest und lass (...)
spüren, dass es heute sein/ihr Festtag ist.
Sei bei ihm/ihr an jedem Tag in seinem/
ihrem neuen Lebensjahr mit Deiner Liebe
und Deinem Segen.
Amen.

Wenn jemand gestorben ist

Lieber Gott,
(...)ist gestorben.
Gestern war er/sie noch bei uns.
Nun lebt er/sie nicht mehr.
Darüber sind wir sehr traurig.
(...) wird uns fehlen mit [charakteristische Eigenschaft ergänzen],
sein Platz wird leer sein.
Wir danken Dir für alles Schöne,
was wir mit (...) erlebt haben.
Wir bitten Dich:
Vergib uns, wenn wir ihm/ihr weh getan haben (...)
Wir wissen:
(...) ist heimgegangen zu Dir.
Bei Dir ist er/sie zu Hause für immer.
Das tröstet uns und darüber sind wir froh.
Amen.

Krankheit

Gott, heute geht es mir schlecht. Ich bin krank und fühle mich sehr schlecht. Hilf, dass die Medizin wirkt, und lass mich Kraft finden,
Ich möchte, dass es bald wieder besser wird und dass Du bei mir bist. Ich fühle mich so elend.
Danke für die Menschen, die für mich sorgen.
Sei Du bei mir mit deinem Schutz und Schild und vertreib die Angst und den Schmerz. Bitte.
Amen

Abschied

Du Gott, heute ist der Tag des Abschieds von (...)
Wir sind traurig, dass er/sie gehen muss.
Die Zeit mit ihm/ihr war gut. Wir danken dir dafür. Der Abschied tut weh. Hilf Du uns dabei.

Segne (...) auf seinem/ihrem Weg und lass uns das Gute, das wir miteinander erlebt haben, in unseren Herzen bewahren.
Darum bitten wir dich im Namen Jesu.
Amen.

Aufbruch

Lieber Gott, jetzt geht es bald los.
Eine Reise/ein neuer Weg liegt vor uns/ Wir müssen umziehen. Wir hoffen, dass es gut wird, und bitten Dich, dass Du uns begleitest in allem, was neu und ungewohnt ist. Lass uns einen guten Weg finden. Begleite uns mit Deinem Segen.
Amen.

Aufgewühlt

O mein Gott, vieles stürmt auf mich ein, und manchmal weiß ich nicht, wie ich das alles bewältigen soll. Gib mir doch Stille, auf Dich zu hören. Mach mich gewiss, dass Du mir nicht mehr zumutest, als ich leisten kann. Stelle mir Menschen an die Seite, die rechtzeitig erkennen, wann und wo ich Hilfe brauche. Gib mir die Kraft, das Nötige zu tun.

Lieber Gott,
mir geht es heute nicht so gut.
Ich habe das Gefühl, um mich herum tobt alles
und ich werde hin und her geworfen,
dass mir Angst und Bange ist.
Bitte hilf mir, dass ich eine Insel finde und einen sicheren Hafen.
Bitte.

Dank

Danke, dass Du da bist. Danke, dass Du mir zuhörst. Danke, dass Du mich liebst.
Amen.

Einsamkeit

Gott, ich bin so allein. Niemand ist da, der mich besucht. Dabei sehne ich mich so nach jemandem, nach einem Freund. Jemand, der sich für mich interessiert und der nach mir fragt. Bitte, Gott, schenke mir einen Freund/ eine Freundin, der/die Zeit für mich hat. Amen.

Erwartung

Ach Gott, wie sind meine Erwartungen so hoch – ich habe Angst; enttäuscht zu werden.

Freude

Lieber Gott, heute bin ich ein König, alles gelingt mir und ich fühle mich super.
In meiner Brust ist alles hell und weit und ich sitze wie auf einem Thron:
Das wollte ich Dir einfach mal sagen. Ich weiß, Du verstehst es!
Amen.

Freude II

Lieber Gott,
ich fühle mich heute wie ein König und sitze auf einem hohen Thron.
Hoffentlich falle ich von dem Thron nicht runter! Bist Du da und fängst mich auf?
Amen.

Gemeinschaft

Du Gott, unser Vater und unsere Mutter, wir sind zusammengekommen, so verschieden, wie wir alle sind.
Menschen mit und ohne Behinderung
– Menschen mit mehr oder weniger Behinderungen.

Lass uns erkennen, dass wir zusammengehören, lass uns erkennen, was jede und jeder einzubringen hat.
Vor Dir sind wir alle gleich – Du bist der Grund und das Ziel unseres Lebens. Verbinde uns durch Deinen Geist der Liebe. Öffne unsere Herzen und Ohren füreinander und lehre uns die Sprache des Herzens, die jeder versteht. Darum bitten wir Dich, im Namen Jesu Christi.
Amen.

Kinder der Freiheit

Gott, wir bitten Dich:
Mach uns zu Kindern der Freiheit,
dass unser Mund voll Lachens ist.
Dass wir Freude haben aneinander
und miteinander.
Lass uns lachen und lass uns Trost spenden denen, die traurig sind.
Hilf uns Mut, zu geben denen, die in Ängsten sind.
...
... Hilf uns, dass unsere Schritte ihren Weg finden
auf dem Weg, den Du uns führst.
Amen.

Du traust uns was zu

Gott, unser Vater und unsere Mutter,
Du stellst unsere Füße auf weites Land.
Du traust uns zu,
dass wir gehen können
und unseren Weg finden.
Du stellst unsere Füße auf weites Land
und schenkst uns Deine Liebe und Dein Vertrauen.
Dein Zutrauen tut uns gut. Danke.
Amen.

Mitteilung

Herr, öffne meine Lippen,
wenn ich froh bin,
und lass mich Dir sagen, was gut ist.

Herr, öffne meine Lippen,
wenn ich verstummt bin,
und lass mich sagen,
was mir auf dem Herzen liegt.

Herr, öffne meine Lippen,
wenn sie nach einem Streit verschlossen
sind,
und lass mich das Wort der Vergebung
sagen.

Du verstehst alles, was ich sage.
Gib Du mir die Kraft und die Worte,
die ich brauche.
Amen.

Trauer

Mein Gott, ich bin traurig, mein Herz ist
schwer und in meiner Kehle steckt ein großer
Kloß. Wie kannst Du das [konkret benennen]
nur zulassen? Ich verstehe das nicht.
Ich bin schon ganz müde vom Weinen. Woher kommt mir Hilfe?
Mein Gott, komm und sei mir Hilfe. Ich
brauche sie so sehr.
Amen.

Ungewissheit

Gott, wir wissen nicht, wie es weiter gehen
soll – so viele Veränderungen machen uns
Angst.
Unsere Welt verändert sich – die große Welt
und unsere kleine Welt.
Wir möchten Sicherheit und wissen, dass
sich alles verändert.
Du, Gott bleibst in Ewigkeit. Du bist treu
– und Deine Zusage ist gewiss. Schenke uns
Mut und Zuversicht, dass das, was kommen
wird, auch Gutes für uns hat. Gib uns die
Kraft, gegen Unrecht zu protestieren und uns
einzusetzen für Dein Reich.
Denn Du bist der Anfang und das Ende – Dein
Segen ist mit uns auf unserem Weg.
Amen.

Wertvoll

Du, treuer Gott, schaust uns freundlich an.
Du siehst uns mit dem, was wir gut können,
Du siehst uns auch mit unseren Schwächen.
Beides schaust du freundlich an. Hilf auch
uns, dass wir uns annehmen, so wie wir sind,
nicht größer und nicht kleiner, und mit beidem Freundschaft schließen.
Amen.

Zweifel

Wunderbar bin ich gemacht – so heißt es in
Psalm 139. Mir fällt das schwer, das so für
mich zu sagen: Vieles an mir finde ich nicht
so wunderbar. Einiges wünschte ich mir anders. Aber Du liebst mich so, wie ich bin –
hilf mir, meine Grenzen anzunehmen.

Inhalt der CD

Gottesdienstvorlagen und -planungen
Ablauf eines Gottesdienstes; Ablauf einer Andacht; Das Vaterunser mit Gebärden; Andachtsthemen und Tipps zur Andachtsthemenfindung; Ausformulierte Liturgien; Ausgearbeitete Andachten und Gottesdienste

Anspiele und Dialoge

Predigtentwürfe

Einfache Sprache
Praktische Grundlegung: „So kann's jeder verstehen"; Psalmen in einfacher Sprache

Bilder
Werke von Künstlern aus der Diakonie Stetten, dem Mariaberger Atelier 5 und der Künstlergruppe „Ausdruck", Cochem

Bildmeditationen

Musik
Aufnahmen der Gruppen Na und!, Schwebendes Orchester, Brenz Band und Lautenbacher Musikkapelle

Tanz und Bewegung
Vorschläge für Gottesdienst und Gemeindefest

Freizeiten
Konzepte und Abläufe

Weiterführende Hinweise und Empfehlungen
Tipps zur Medienrecherche; Film- und Medientipps des Ev. Medienhauses; Literaturempfehlungen; Links zum Themenumfeld dieses Buches

Ton-Bild-Schau
„Bin überreich beschenkt!"

Folgende Lieder wurden mit freundlicher Genehmigung der Rechteinhaber auf die dem Buch beiliegende CD aufgenommen:

„Na und!"
Von der CD „Eigenheiten":
Allgaier-Song (H. Müller, H. Feuerstein, P. Nikolaus)
Wie ich bin (C. Weishaupt, H. Feuerstein)

Das schwebende Orchester
Von der CD „Opus 1":
Jiddische Melodie
Noël Nouvelet

Die Brenz Band
Von der CD „Die Brenz Band":
Ländler
Salvatores Mozart

Die Lautenbacher Blaskapelle
Von der CD „Die Lautenbacher Blaskapelle spielt auf":
Czardas

Die **Ton-Bild-Schau** „Bin überreich beschenkt!" wurde übernommen von der CD „40 Jahre in guten Händen". Herausgeber und Verlag danken der **Beschützenden Werkstätte für geistig und körperlich Behinderte Heilbronn e.V.** für die Genehmigung, das Werk in der vorliegenden Form zu verwenden.

Bildnachweis

Künstler aus der Diakonie Stetten
Doris Maier: Berufung des Matthäus S. 26; Segnung der Kinder, S. 209; **Karl Heinz Maurer:** Das Kirchenfenster, S. 202–203; Dorfbild, S. 108–109; **Susann Callenius:** Sonne über Bäumen S. 16–17; Kreuzigung S. 299; **Gisela Doermer:** Jahresfest, S. 36–37; **Sabine Zech:** Gisela ist gestorben, S. 192; **Lothar Zidorn:** Passionsandachten, S. 292, 294; **Angelika Conrad:** Früchte, S. 311

Künstler aus dem Atelier 5 (Mariaberger Heime)
Matthias Sattler: Gespaltener Engel, S. 181; **Elly Wessler:** Drei Engel, S. 309; Die Heiligen Könige, S. 288; Sterne, S. 165; **Emina Kajtazaj:** Kerze, S. 279; **Gerd Stauss:** Chilehaus mit rotem Mond, 184–185; **Melanie Ruf:** Engel, S. 34; **Roland Fischer:** Menschen (aus der Reihe Schöpfung), S. 65; Blumenwiese, S. 99; Der Gekreuzigte, S. 190; **Hagos Nestreab:** Ihr alle!, S. 62; **Christoph von Aichelburg:** König, S. 48; Zyklus zum Tod, S. 195–195; Christuskind, S. 287: **Jasmin Ludwig:** Strelizie, S. 100; Rosenreihe, S. 101; Ich und die Blumen, S. 152–153; Iris, S.163; Teufelchen mit Herz, S. 180

Künstler aus der Werkstatt de La Tour (Diakonie Kärnten)
Christoph Eder: Letztes Abendmahl S. 253; Der Baum, der lacht, und der Vogel, der spricht, S. 327; **Peter Smoley:** Radltruhe mit die Steine, S. 307; Jesus und die 1000, S. 300; **Willibald Lassenberger:** Abendmahl, 251; Der Auferstandene, S. 317

Künstlergruppe „Ausdruck" (Kloster Ebernach, Cochem)
Hubert Lucht: Im Gespräch S. 128–129; Brautpaar, S. 270; Nikolaus, S. 281; Eva und die Schlange, S. 313; Streichelzoo, S.315; Das glücklichste Schwein der Welt, S. 322; Das bin ich!, S. 326; **Arno Krist:** Schwanger, S. 239; Vater hat Kinder verloren, S. 325; **Jürgen Neidhardt:** Freunde S. 167; Mann und Frau schieben Kinderwagen; S. 240; **Jürgen Brost:** Familie, S. 305; **Franz-Josef Dosot:** Arche Noah, S. 321; **Manfred Rütt:** Kirche, S. 274–275; **Christopher Weinert:** Die Entstehung der Welt, S. 320; **Peter Hausweiler:** Die Angst beobachtet zu werden, S. 334; **Peter Bohn:** Stacheldraht, S. 337; **Edmund Krengel:** Jesuskind in der Krippe, S. 284; **Reinhard Lueg:** Weihnachtskrippe, S. 285; **Ralf Pau-**lik: Verhungerte Kinder, S. 338; **Wolfgang Schmitz:** Weihnachten, S. 282; **Hans-Joachim Kaufeld:** Feuer, S. 303; Tsunami, S. 329; **Bodo Paashaus:** Schnee auf der Blumenwiese, S. 346; **Helmut Nolten:** Freundliches Gesicht, S. 344

Weitere Künstler
Anny Servais (CREAHM, Liège, Belgien; s. a. xpo-online.de): Put on the wrong way, S. 339; **Jo Toonen** (Wijchen, Niederlande; s. a. xpo-online.de): Stilleven I, S. 331; **Peter David** (Die Schlumper, Hamburg): Kreuz, S. 32; **Werner Voigt** (Die Schlumper, Hamburg): S. 38–40

Fotokünstler
Dieter Blum
Künstlerpose, S. 93; Klavierspieler, S. 95; Vom Rolli zum Tisch, S. 118; Andacht mit Zivi, S. 125; Friedlich gelagert, S. 127; Lachend im Rollstuhl, S. 139; Andacht in der Werkstatt, S. 159; Andacht unter Sternen, S. 160; Segenskreis, S. 212

Patrick Werner
Jugendliche Wasserspritzer; S. 42–43; Schachspieler, S. 53; Motorradfahrer, S. 56; Traumhaft schön!, S. 58; I Have A Dream, S. 62; Portraits (schwarzweiß), S. 67; Zeitungsleser, S. 81; Kinder beim Malen, S. 133; Skater, S. 137; Paulmichel unter dem Kreuz, S. 201; Liebespaar mit Sonnenblume, S. 271; Hochzeitspaar, S. 272

Bildquellen

Die Fotos im Buch wurden mit der freundlichen Genehmigung folgender Fotografinnen und Fotografen und Institutionen abgedruckt:

Beschützende Werkstätte Heilbronn: S. 210; **Blum, Dieter**: Aus dem Buch „Der Fluss des Lebens. 150 Jahre Diakonie Stetten. Diakonie Stetten 2003". S. 86, 93, 95, 118, 125, 127, 139, 160, 161, 212; **Einberger, Thomas** (argum, München; Mariaberg); S. 70–71, 77, 90, 91, 105, 106, 133, 148, 156, 158,19; **Enz, Martin**: S. 196, 197; **Eppler, Frank**: S. 206; **Ertel, Oliver**: Offen Hilfen Heilbronn S. 210; **Haase, Annegret**: S. 263; **Harscher Wenzel, Sabine** (Diakonie Stetten): S. 97; **Haslachmühle – Zieglersche Anstalten**: S. 230, 232, 260, 261; Heppenheimer, Hans: S. 220; **Janssen, Angelika**: S. 168, 170;

Küenzlen, Mirja: S. 15, 120, 121, 206 li, 236, 237, 238; Kopani, Bernhard: S. 149, 229; Neufert, Karin: S. 216, 272; Neumann, Manfred E.: S. 223, 255; Olbrich, Birgit: S. 144; Pfisterer, Reiner: S. 20, 22, 119, 216, 221; Ramazani, Darius (Beschützende Werkstätten Heilbronn): 225; Schmid, Wolfgang: S. 96, 178; Stoppel, Gottfried: S. 227; Supper, Melanie: S. 262; Tresvik, Kari L.: S. 223, 247; Werner, Patrick (im Auftrag von Lebenhilfe Landesverband BW – aus dem Katalog „Lebensträume – Lebensräume"): S. 58, 62, 201, 272; (Lebenshilfe Pforzheim): S. 56, 82, 137; (Reha Südwest, Karlsruhe): S. 42–43, 133; Zavodivker, Amil: S. 150; Ziwich, Traugott: S. 13, 103, 104, 226; Zolling, Robert: S. 213.

Literatur- und Textquellenverzeichnis

Appelt, Wolfgang Bernhard: „Erfahrungen in der Sterbebegleitung schwerstbehinderter Menschen", in: Lilie, Ulrich / Zwierlein, Eduard (Hg.) , Handbuch Integrierte Sterbebegleitung, Gütersloh 2004

Baltruweit, F., Ruddat,G.: Gemeinde gestaltet Gottesdienste, Bd. 2: Taufe, Konfirmation, Trauung, Beerdigung. Gütersloh 2000, S. 68 f.

Bihler, Elsbeth: Symbole des Lebens – Symbole des Glaubens Band 1-3

Bihler, Elsbeth: Werkbuch für Religionsunterricht und Katechese, Limburg, 4. Aufl. 2002 (Bde. 1 u. 2); 3. Aufl. 1999 (Bd. 3)

Bodelschwinghsche Anstalten: Qualitätsgrundsätze. Bielefeld 2000

Bora, Alfons: „Wer gehört dazu?" Überlegungen zur Theorie der Inklusion. In: Hellmann, Kai-Uwe / Schmalz-Bruns, Rainer (Hrsg.): Theorie der Politik. Niklas Luhmanns politische Soziologie. Frankfurt a. M. 2002, 60–84

Bukowski, Peter: Predigt wahrnehmen, Neukirchen-Vluyn 1995

Bundesverband Evangelischer Behindertenhilfe: Schau doch meine Hände an. Sammlung einfacher Gebärden zur Kommunikation mit nichtsprechenden Menschen. Reutlingen 2005

Bundesvereinigung Lebenshilfe für Menschen mit geistiger Behinderung: Bäume wachsen in den Himmel. Sterben und Trauern. Ein Buch für Menschen mit geistiger Behinderung. Marburg 2003.

Collmar, Norbert / Rose, Christiane: das soziale lernen- das soziale tun – Spurensuche zwischen Diakonie, Religionspädagogik und sozialer Arbeit Neukirchen-Vlyn 2003

Conradi, Elisabeth: Take care, Grundlagen einer Ethik der Achtsamkeit, Frankfurt /M./New York 2001

Deutsche Arbeitsgemeinschaft für Evangelische Gehörlosenseelsorge e. V.: Religiöse Gebärdensprachbegriffe, Version 2.0, 2006 (CD-Rom). (lt. Hinweis auf der Homepage der DAFEG soll Ende 2007/Anfang 2008 eine Seite mit Ergänzungen und Änderungen für das Gebärdenlexikon eingerichtet werden: http://www.dafeg.de/)

Domay, Erhard (Hg.): Integrative Gottesdienste: Gottesdienste, Predigten, Gestaltungsvorschläge, liturgische Texte. Gütersloh 1993, S. 69

Domay, Erhard (Hg.): Taufe: Gottesdienste, Predigten, Gestaltungsvorschläge, liturgische Texte. Gütersloh 1993, S. 128.

Dörner, Klaus: Kirche ohne Diakonie verliert die Erde und Diakonie ohne Kirche verliert den Himmel. Vortrag Hamburg 2006. epd-Dokumentation Nr. 13, 21. 3. 2006

Ebach, Jürgen: Biblische Erinnerungen im Fragenkreis von Krankheit, Behinderung, Integration und Autarkie, in (Hrsg.) Inklusive Didaktik: Handbuch integrative Religionspädagogik : Reflexionen und Impulse für Gesellschaft, Schule und Gemeinde /.. Eine Veröffentlichung des Comenius-Instituts. - Gütersloh 2002

Engelmann, Wilfried: „Einführung in die Homiletik", Tübingen – Basel 2002

Engelmann, Wilfried: „Ernten, wo man nicht gesät hat", Bielfeld 2001

Eucrea Deutschland e.V. (Hrsg): Ich getraue mich ins Leben vorzudringen. Beiträge von Autoren mit einer geistigen Beeinträchtigung. Berlin 2005

Evangelische Brüderunität: Die täglichen Losungen und Lehrtexte der Brüdergemeine für das Jahr 2007. Lörrach/Basel 2007.

Evangelische Schwerhörigenseelsorge in Deutschland: Seelsohrge. Zeitung für die Evangelische Schwerhörigenseelsorge, Kassel.

Finnie, Nancie R. :Hilfe für das cerebral gelähmte Kind – eine Anleitung zur Förderung des Kindes zu Hause nach der Methode Bobath. Ravensburg 1985.

Gadamer, Hans-Georg: Wer bin ich und wer bist du? Frankfurt 1986

Gemeinschaft St. Egidio: Jesus als Freund. Würzburg 2004

Habel, Luise: Herrgott, schaff die Treppen ab! Erfahrungen eines Behinderten, Stuttgart1978 (http://

www.ibsnetworld.de/ferkel/fuchsbehinderungen. shtml, entnommen am 20. 5. 2002).

Haberer, Tilman: Die Thomasmesse: ein Gottesdienst für Ungläubige, Zweifler und andere gute Christen", München 2000.

Halbfas, Hubertus: Religionsunterricht in der Grundschule, Lehrerhandbücher 1–6, Düsseldorf 1983 ff.

Halbfas, Hubertus: Religionsunterricht in der Grundschule, Lehrerhandbücher, Düsseldorf 1983 ff.

Hartenstein, Markus / Mohr, Gottfried: Liederbuch für die Jugend. Geistliche Lieder für Schule und Kindergottesdienst, Gütersloh 2006

Heinen, N. / Lamers, W. (Hrsg.): Geistigbehindertenpädagogik als Begegnung, Düsseldorf 2000

Henning, Rainer: „Damals, vor 2000 Jahren ..." Ein Adventgeschichtenbuch mit 26 Geschichten zur Geburt von Jesus. Zu beziehen bei Rainer Henning, Amselweg 28, 71394 Kernen, für 10. Siehe auch www. gute-Geschichte.de

Kanzleiter, Götz (Hrsg): An den Grenzen geschieht Leben. Grundsätze – Konzepte – Programmbausteine. Praxis Handbuch für integrative Jugendarbeit. Stuttgart 2003

Klessmann, Miachael: Von der Annahme der Schatten: in Kursbuch Diakonie, Versuch einer theologischen Orientierung, hrsg. v. Schibilsky, Michael. Neukirchen 1991

Mensch zuerst. Netzwerk People First Deutschland e. V.: Wörterbuch für leichte Sprache. Kassel 2001

Mollenhauer, Klaus: Umwege. Weinheim/München 1986

Müller-Friese, Anita: Vom Rand in die Mitte, Erfahrungsorientierter Religionsunterricht an der Schule für Lernbehinderte. Stuttgart 2001

Nipkow, Enrst: Pädagogik und Religionspädagogik im neuen Jahrhundert, Bd 1: Revision der Bildungstheorie – Religionspädagogik im Lebenslauf – Elementarisierung, Gütersloh 2005.

Pawlas, Philine / Ströver: „Das Boot ist noch nicht voll". Erzählende Predigten, Nübbel-Warnau 2005

Petersen, Nils: „Aktuelle Anekdoten". Erzählende Predigten und Geschichten. Nübbel-Warnau 2005

Pithan, Annabelle (Hrsg.): Inklusive Didaktik: Handbuch integrative Religionspädagogik: Reflexionen und Impulse für Gesellschaft, Schule und Gemeinde /.. Eine Veröffentlichung des Comenius-Instituts. - Gütersloh 2002

Profanter, Günther: Musik macht mich fröhlich, in: Eucrea Deutschland e.V. Ich getraue mich ins Leben, Norderstedt 2005.

Rat der EKD: Klarheit und gute Nachbarschaft. Hannover 2006

Rheinischer Verband für Kindergottesdienst (Hg.): Erzählen mit allen Sinnen: Ein Kreativbuch mit über 50 Methoden und biblischen Erzählbeispielen.

Rummelsberger Anstalten: Handreichung: „Nun segne und behüte uns, zeig uns dein Angesicht" – Eine Reise durch das Kirchenjahr. Impulse, Gottesdienste und Predigten für die geistliche Begleitung für und mit Menschen mit einer Behinderung in diakonischen Einrichtungen", Rummelsberg 2006

Rundbuch 1940 –46- Aus dem Archiv der Diakonie Stetten. Kernen 2003

Saal, Fredi: Warum sollte ich jemand anderes sein wollen? Erfahrungen eines Behinderten, Neumünster 2002

Schmidt, Rainer: Lieber Arm ab als arm dran. Grenzen haben – erfüllt leben. 3. Auflage 2006. Gütersloh

Schneider-Flume, Gunda: Leben ist kostbar – Wider die Tyrannei des Gelingenden Lebens. Göttingen 2004

Schweiker, Wolfhard: Verstehende Krisenbegleitung im Kontext einer integrativen Seelsorge, In: Pithan, Annabelle: (Hrsg.) Inklusive Didaktik: Handbuch integrative Religionspädagogik: Reflexionen und Impulse für Gesellschaft, Schule und Gemeinde. Eine Veröffentlichung des Comenius-Instituts. Gütersloh 2002

Spurensuche zwischen Diakonie, Religionspädagogik und sozialer Arbeit Neukirchen-Vlyn 2003

Terfloth, Karin: Inklusion und Exklusion. Konstruktion sozialer Adressen im Kontext geistiger Behinderung. Dissertation. Köln 2007

Vopel, Klaus W.: Handbuch für Gruppenleiter – Zur Theorie und Praxis der Interaktionsspiele. Hamburg 1980

Wacker, Elisabeth: „Paradigmenwechsel in der Behindertenhilfe?" „Persönliche Budgets", „Kundenorientierung", „Verbraucherschutz" – Chancen zur Stärkung der Selbstbestimmung behinderter Menschen im Sozialleistungsrecht oder Signale zum Ausstieg des Staates aus seiner Verpflichtung zur öffentlichen Daseinsvorsorge? In: Bundesverband Evangelische Behindertenhilfe: Paradigmenwechsel in der Behindertenhilfe. Freiburg: 2001

Zimmerling, Peter: Evangelische Spiritualität, Göttingen 2003

Zöllner, Dietmar: Autismus und Alter, Berlin 2006

Textquellen

Folgende Texte im Buch wurden mit der freundlichen Genehmigung folgender Verlage und Institutionen abgedruckt:

Reinhard Bäcker: Einen Engel wünsch ich mir, aus: Bäcker, Reinhard: Zwischen Himmel und Erde, Luther Verlag, Cloppenburg 2001

Gunda Dzubiel/Jochen Luginsland: Gebärden in der Liturgie, aus: „Nichtsprechend, aber doch nicht sprachlos", in Lernen Konkret, H. 304, S. 20 ff.

Texte aus dem „Gruppenecho", aus: Diakonie Stetten e.V.: Man muss etwas tun, nicht nur schwätzen, Waiblingen 2000

Rolf Gutsche und Monique Hillebrandt, Gedichte, aus: Weid-Gotdschmidt (Hrsg): Ich fühle mich wie dieser Fluss, Athena Verlag, Oberhausen, 2001, S. 1 u. 57

Sabine Hofmann: Gottesliebe ist stärker; aus: Dietmar Zöller: Autismus und Alter, Weidler Buch, Berlin. S. 65–66

Susanne Niemeyer: Beten – Der Andere Advent 2006/07. Andere Zeiten e.V., Hamburg

Georg Paulmichl: Karfreitag und Auferstehung, aus: Paulmichl, Georg: Ins Leben gestemmt, Innsbruck 1994

Georg Paulmichl: Friedhof, aus: Lebensträume – Lebensräume der Lebenshilfe, Landesverband Baden-Württemberg, Stuttgart 2003

Rainer Schmidt: Ich habe einen Traum; aus: Schmidt, Rainer: Lieber Arm ab als arm dran, Gütersloh 2004. S. 190–191

Verzeichnis der Autorinnen und Autoren

Amend, Gerhard, Pfarrer in der Behindertenhilfe der Zieglerschen Anstalten Wilhelmsdorf

Askvik, Egon, Pfarrer bei Bergen, Norwegen

Baumgärtner, Stefan, Dozent für Musik und Rhythmik an der Ludwig Schlaich Schule, Gründungsmitglied der Gruppe „Taktzente"

Baumgärtner, Thomas, Pfarrer in Neuhausen/Erms

Blanke, Eberhard, Hildesheim, Pastor und Kommunikationsmanager

Boderke, Friedhelm, Bereichsleiter Wohnen, Samariterstift Neresheim

Bollag, Esther, Dr. theol., Pastorin im „Feuerherz", Diakonisches Begegnungszentrum, Hamburg

Brandhorst, Reinhard, Pfarrer im württembergischen Gemeindedienst und bei Sonderaufgaben

Dieterle, Klaus, Pfarrer in Marbach am Neckar

Dinzinger, Susanne Birgit, Diakonin und Bereichsleiterin Migration im Diakonischen Werk Württemberg und Landeskirchliche Beauftragte für den Migrationsdienst in Württemberg

Dinzinger, Ludwig, Bereichspsychologe in der Region Stuttgart/Esslingen der Diakonie Stetten

Drolshagen, Eva, Projektleiterin Ferienfreizeiten bei der Aktion Menschenstadt / Behindertenreferat des Ev. Stadtkirchenverbandes Essen

Dudichum, Werner, Heimleiter Zieglersche Anstalten Behindertenhilfe gGmbH Rotachheim-Haslachmühle

Dzubiel, Gunda, Lehrerin in der Haslachmühle, Zieglersche Anstalten

Eichhorn, Daniela, Pastorin im seelsorgerlichen Dienst der von Bodelschwinghschen Anstalten, Bethel, im Bereich der Behindertenhilfe

Enz, Martin, Pfarrer im Bereich Theologie und Ethik bei der Bruderhaus Diakonie, Reutlingen

Etzelmüller, Gregor, Dr. theol., Assistent an der Theologischen Fakultät der Universität Heidelberg

Fehr, Wilhelmine, Wohnbereichsleiterin im Tanner Diakoniezentrum gGmbH

Fetzer, Antje, Dr. theol., Theologische Referentin im Diakonischen Werk Württemberg, Stuttgart

Feuerstein, Herbert, Sozialarbeiter im Psychologisch-heilpädagogischen Fachdienst des Heims Pfingstweid e.V. in Tettnang, Gründer der Musikgruppe „Na und!"

Fuchs, Angelika, lebt und arbeitet in der Diakonie Stetten, schreibt für das „Gruppenecho"

Gottschlich, Jürgen, Wohnheim der Diakonie Stetten in Bad Cannstatt

Grieb, Christiane, Mitautorin der Zeitschrift „Ohrenkuss", Veröffentlichungen und Ausstellungen in den Bereichen Sprache und Malerei

Gutsche, Rolf, lebt und arbeitet in Potsdam, buchhalterische Tätigkeit im Oberlinhaus, Gedichtveröffentlichungen

Haase, Annegret, Sozialpädagogin in der Bruderhaus Diakonie, Behindertenhilfe Ermstal, in Metzingen.

Henning, Rainer, Heilpädagoge in der Diakonie Stetten

Heppenheimer, Hans, Pfarrer, Mariaberger Heime e. V., Gammertingen

Hillebrandt, Monique (†), Schülerin in einer Schule für Körperbehinderte in Dronten (NL) kommunizierte über ein Buch mit mehreren hundert BLISS-Symbolen, die sie über einen Augencode auswählte, nutzte auch eine elektronische Kommunikationshilfe mit synthetischer Sprachausgabe

Hinnecke, Hans-Jürgen, Jugendreferent, Leiter der inklusiven Jugendarbeit im Evangelischen Jugendwerk Bezirk Bad Cannstatt.

Hinzen, Rainer, Pfarrer, Vorsitzender des Fachverbandes Behindertenhilfe im Diakonischen Werk Württemberg, Vorstand der Beschützenden Werkstätte Heilbronn e.V.

Hofmann, Sabine, wohnt in der Diakonie Stetten, Kernen im Remstal, schreibt durch gestützte Kommunikation (f.c) ein- bis zweimal pro Woche

Hövel, Birgit, Pfarrerin der Evangelischen Landeskirche in Württemberg, Dozentin am Pädagogisch-Theologischen Institut der Württembergischen Landeskirche in Birkach

Hora, Karl-Heinz, lebt in der Diakonie Stetten und arbeitet in Waiblingen in der WfbM. Gründungsmitglied des „Gruppenecho"

Irschik, Benjamin, Erzieher im Freizeitbereich des Sonnenhof Gaildorf

Issler, Jürgen, Heilpädagoge in der Bruderhaus Diakonie Ermstal im Johannes-Brenz-Haus, Bad Urach

Jakubowski, Thomas, Pfarrer, Behindertenseelsorger und Vertrauensperson der schwerbehinderten Pfarrerinnen und Pfarrer in der Ev. Kirche der Pfalz, Vorsitzender des Konvents der schwerbehinderten SeelsorgerInnen und SchwerbehindertenseelsorgerInnen)

Janssen, Angelika, Theaterpädagogin im Therapiebereich Bruderhaus Diakonie Buttenhausen

Kief, Michael, Psychologe und Psychotherapeut in der Diakonie Stetten, Leiter der Fachkonferenz des psychologischen Dienstes

Kilper, Elke, Diakonin und Sozialpädagogin in einem Wohnheim der Behindertenhilfe Leonberg

Klee, Manuela, Heilerziehungspflegerin und Spiel- und Theaterpädagogin, Karlshöhe Ludwigsburg

Kopani, Bernhard, Informationselektroniker, Lektor und Kommunionshelfer in der Kirchengemeinde Esslingen

Kottnik, Klaus Dieter, Pfarrer, Theologischer Vorstand und Vorstandsvorsitzender der Diakonie Stetten, Kernen im Remstal, Präsident des Diakonischen Werkes der EKD

Kottnik, Roswitha, Pfarrerin im Wohnstift Augustinum in Stuttgart, Referentin für Hospizarbeit und für das Arbeitsfeld Ältere Menschen (Demographischer Wandel) im Diakonischen Werk der EKD

Küenzlen, Heiner, Pfarrer und Oberkirchenrat der Evangelischen Landeskirche in Württemberg, Leiter des Dezernates für Theologie, Ökumene und Weltweite Kirche

Küenzlen, Mirja, Pfarrerin z. A., Projektleitung des Buchprojekts „Christliche Spiritualität gemeinsam leben und feiern!", Mutter einer Tochter mit Down-Syndrom

Lechner, Gerhard, Diakon der Rummelsberger, Seelsorger im „Auhof" – Wohnenlernen, Arbeiten für Menschen mit Behinderung in Hilpoltstein.

Leibbrandt, Sabine, Pfarrerin, Mutter eines Sohnes mit Handicap

Leicht, Thomas, Diakon, Heilerziehungspfleger und Heilpädagoge in der Diakonie Stetten e.V.

Lilienthal, Ralf, Gartengestalter, Journalist, Seminarleiter und Buchautor

Lindenmaier, Werner, Diplompädagoge in der Diakonie Stetten mit Arbeitsschwerpunkten Wohnen und heilpädagogische Förderung.

Luginsland, Jochen, Diakon und Sozialpädagoge, tätig als Lehrer in der Haslachmühle, Zieglersche Anstalten.

Lüpke, Klaus von, ehemaliger Leiter des Behindertenreferates des Evangelischen Stadtkirchenverbandes Essen, Aktion Menschenstadt

Majohr, Klaus, tätig im Sozialdienst Werkstätten der Bruderhaus Diakonie, Lektor im Kirchenbezirk Münsingen

Mellin, Marlene, Kindergärtnerin und Lehrkraft für Geistigbehindertenpädagogik, Gymnastik- u. Sportlehrerin i. R., Mitarbeiterin der Vorwerker Diakonie

Meyer, Regine, Altenpflegerin, Gruppenleiterin im Wohnheim für Menschen mit einer Behinderung im Samariterstift Neresheim, Haus an der Eger, in Bopfingen

Müller, Margret, Sonderschullehrerin, Arbeit mit mehrfachbehinderten Hörgeschädigten (Taubblindenarbeit)

Molz, Ingo, lebt in der Diakonie Stetten, arbeitet als Gruppenhelfer in einer Wohngruppe mit älteren Männern im Gärtnerhaus, Gründungsmitglied und ehemaliger Redakteur des „Gruppenecho"

Mürner, Christian, Dr. phil., freier Publizist und Behindertenpädagoge; Publikationen u. a. zum Themenbereich Behinderte Menschen und Medien

Muth, Rosemarie, Pfarrerin und Audiotherapeutin (DSB), Landeskirchliche Beauftragte für Schwerhörigenseelsorge in Württemberg

Niemeyer, Susanne, Redakteurin im Verein Andere Zeiten

Økland, Leif Arne, Diakon und Sozialarbeiter, Berater für Inklusion und Arbeit mit Menschen mit einer Lernbehinderung in der Diözese Bjørgwin, Lutherische Kirche von Norwegen

Ottmar, Georg, Theologe, Heilerziehungspfleger, Gemeindeberater. Geschäftsführender Pfarrer am Evangelischen Diakoniewerk Schwäbisch Hall

Paulmichel, Georg, nach Sonderschulbesuch Eintritt in die Behindertenwerkstätte Tschengls/Prad. Dort intensive literarische Tätigkeit; mehrere Literaturpreise, Träger des Ehrenkreuzes der Republik Österreich

Petersen, Nils, Dr. theol., Pastor der Kirchengemeinde Fockbek und Dozent für Ethik am IBAF der Diakonie in Rendsburg

Pilz, Bettina, arbeitet in der WfbM Mercedesstr. in Stetten, zeitweise Redakteurin des „Gruppenecho"

Pörnbacher, Klaus, nach künstlerischer Ausbildung in Malerei, Musik, Theater, Verfasser von Texten und Fotograf. Tätigkeit im Integrierten Kunstatelier (IKA) an der Weiterbildungseinrichtung GRAIN in Bruneck (Österreich)

Prister, Susanne, Heilpädagogin und Sozialwirtin, tätig als Verbundleiterin im Wohnheim für Menschen mit geistiger Behinderung der Stiftung Karlshöhe Ludwigsburg

Profanter, Günther, nach künstlerischer Ausbildung in Malerei, Musik, Theater, Verfasser von Texten und Fotograf. Tätigkeit im Integrierten Kunstatelier (IKA) an der Weiterbildungseinrichtung GRAIN in Bruneck (Südtirol)

Projektteam Rummelsberger, Pfarrerin Gabriele Gerndt, Diakon Robert Hager, Diakon Christoph Karwtah-Päge, Diakon Michael Kemner, Diakon Frank Larsen, Diakon Gerhard Lechner, Diakon Hans-Georg Reuther, Herr Felix Städler, Diakon Markus Wechsler, Auszubildende des Berufsbildungswerkes Wichernhaus Rummelsberg Vanessa Heil und Tanja Baumgärtner. Rummelsberger Anstalten der Inneren Mission e.V.

Reetz, Hanne-Lore, Bibliothekarin i. R., Kirchenmusikerin, Mitarbeiterin der Vorwerker Diakonie

Roller, Eckhart und Ursula, Eltern einer Bewohnerin in der Diakonie Stetten

Rommel, Manfred, lebt in der Diakonie Stetten und arbeitet in der WfbM Mercedesstr., Gründungsmitglied des „Gruppenecho"

Rothacker, Christoph, arbeitet und wohnt in der Diakonie Stetten, engagiert im Taizé-Gebet in Esslingen

Sattler, Elke, Diakonin, Mitarbeiterin der Paulinenpflege Winnenden im Theologischen Dienst und Freizeitbereich

Schmid, Harald, mehrfach behinderter Arbeiter in der Theo Lorch Werkstatt Ludwigsburg, Schriftsteller und Musiker in der Brenz Band

Schmid, Rainer, Pastor im Sonderdienst am Pädogogisch-Theologischen Institut Bonn, Arbeitsbereich Integrative Gemeindearbeit

Schmid, Rudolf, Pfarrer, Dipl.-Psychologe, Theologisch-Pädagogischer Vorstand Sonnenhof e.V. Schwäbisch Hall

Schneider, Pierre, Musiktherapeut in der Diakonie-Stetten, hauptsächlich in der Arbeit mit Erwachsenen

Schoch, Gerhard, arbeitet im Gartenbau der Beschützenden Werkstätten Heilbronn. Engagiert bei den Jesus Freaks

Schweiker, Wolfhard, Dr. rer. soc., Pfarrer und Dipl.-Sonderpädagoge in der Bruderhaus Diakonie Reutlingen, Dozent am Pädagogisch-Theologischen Zentrum Stuttgart mit den Schwerpunkten Sonderschulen, inklusive Pädagogik und Godly Play

Seiffert, Rolf. M., lebt in der Diakonie Stetten und arbeitet in der Briefmarkenstelle. Von Beginn an in der Redaktion des „Gruppenecho"

Seitz-Bay, Hartmut, Sozialpädagoge, Geschäftsführer Offene Hilfen Heilbronn, Vorsitzender des KGR der Wartberg Augemeinde

Sigrist Mauz, Sabine, Diakonin, Seelsorgerin im Dauerwohnheim für behinderte Menschen im Stephanuswerk Isny im Allgäu

Sperl, Martin, Pfarrer und Heilpädagoge, Leiter der Ludwig Schlaich Schule Waiblingen – Institut für soziale Berufe der Diakonie Stetten

Stiefel, Jochen, Pfarrer in Stuttgart-Feuerbach, Vater eines Kindes mit Down-Syndrom

Stoppig, Christine, Theologin und Religionspädagogin, Pfarrerin für gemeindliche Behindertenarbeit, Aktion Menschenstadt – Behindertenreferat des Evangelischen Stadtkirchenverbands Essen

Strom, Irmgard, Heilpädagogin, Diakonie Stetten

Synovzik, Erika, Bereichsleiterin der Offenen Hilfen bei der Lebenshilfe für Menschen mit Behinderung in Esslingen

Terfloth, Karin, Akademische Rätin an der Pädagogischen Hochschule Heidelberg, Fach Geistig- und Mehrfachbehindertenpädagogik

Thorsen, Heide, lebt und arbeitet in Norwegen als Diakonin, u.a. in der Flüchtlingsarbeit, Demenzfürsorge und mit Menschen mit Behinderungen

Wagner, Angelika, Pfarrerin im Schuldienst; verantwortlich für den ehrenamtlichen Dienst mit Menschen mit geistiger Behinderung der Gemeinschaft Sant' Egidio in Deutschland, Schwerpunkt Seelsorge und Malwerkstatt

Wagner, Matthias, Pfarrer in der evangelischen Stephanusgemeinde, Stuttgart

Weber, Mirjam, Kunstpädagogin, Soziologin und Ethnologin, Leiterin der Kreativen Werkstatt und Geschäftsführerin der Stiftung Kunst und Kultur der Diakonie Stetten

Weissenrieder, Annette, Dr. theol., Wissenschaftliche Assistentin an der Theologischen Fakultät der Universität Heidelberg

Wilkens, Inge, Pastorin u. Heilpädagogin i. R., Mitarbeiterin der Vorwerker Diakonie

Wöhr-van Weeren, Susanne, Sozialarbeiterin und Diakonin in der Behindertenhilfe Leonberg e.V., Tätigkeitsbereich Ambulantes Wohnen

Zidorn, Lothar, schreibt Poesie und malt für das „Gruppenecho"

Zimmerling, Peter, Dr. theol. habil., Professor für Praktische Theologie mit Schwerpunkt Seelsorge an der Universität Leipzig; Forschungsschwerpunkte u.a. Seelsorge, Spiritualität, charismatische Bewegungen

Ziwich, Traugott, Heilpädagoge, Fachbereichsleiter im Zentrum an der Devizesstr. der Diakonie Stetten.

Zöller, Dietmar, Schriftsteller mit Autismus, verschiedene Veröffentlichungen zum Thema Autismus

Register